# 도시정비법의 주요쟁점

법무법인(유한)태평양 변호사 범현

박영사

# 머리말

    2002년 도시정비법이 제정되어 과거 다수의 개별법에 의하여 진행되던 재개발·재건축사업과 주거환경개선사업 등이 단일·통합법으로 규율됨에 따라, 실무상 도시정비법의 해석과 적용에 대하여 상당한 혼란이 있었다. 뿐만 아니라 도시정비법을 적용하는 과정에서 드러난 여러 문제점을 해소하기 위하여 도시정비법과 그 하위법령이 빈번히 개정되었는데, 그 결과 도시정비법의 해석과 적용에 관한 많은 논란이 있었고 다수의 판례와 법리가 형성되었다.

    이 책은 그동안 저자의 실무경험을 토대로 도시정비법 관련 판결례, 특히 실무상 자주 다루어지는 대법원판결들과 주요 법리를 18개의 쟁점별로 정리한 것으로서, 정비사업 현장에서 활동하고 있는 실무가들께 도움이 되기를 기대한다.

    집필을 시작할 때는 대법원판결만이 아니라 저자가 도시정비법 실무를 담당하는 과정에서 연구하고 분석한 하급심판결례까지 포함하여 도시정비법 관련 주요 판결들을 집대성하고자 하였으나, 저자의 역량 부족으로 대법원판결들을 중점적으로 다루었다. 도시정비법에 관한 훌륭한 저서들이 있음에도 불필요한 책을 출간하는 것이 아닌가 하는 걱정이 앞선다. 독자들의 많은 이해와 조언을 바란다.

    이 책의 집필과정에서 주변의 여러 분들의 도움을 받았다. 특히 변호사 업무 외에도 연구와 집필을 이유로 함께 많은 시간을 보내지 못한 가족들에게 감사함과 미안함을 전한다. 존경하는 부모님과 사랑하는 아들 완(完)에게 이 책을 바친다.

2021년 8월

저자 **범현** 씀

# 차 례

## 제 5 장   토지등소유자의 동의방법과 조합원의 자격

## 제 6 장   정 관

## 제 7 장   조합임원

# 제8장 총회, 대의원회와 주민대표회의

# 제9장 사업시행계획인가

# 제10장 임시거주시설의 설치, 토지 등의 수용·사용과 보상

# 제11장 매도청구 등 재건축사업의 특례

# 제15장 정비기반시설과 토지 등의 귀속

# 제16장 관련 자료의 공개, 보관과 인계

# 제17장 벌 칙

# 제18장 기 타

# [법률 약어표]

- 도시 및 주거환경정비법(2020. 12. 22. 법률 제17689호로 개정되어 2021. 1. 1. 부터 시행된 것) - **법 또는 도시정비법**
- 도시 및 주거환경정비법 시행령(2021. 1. 5. 대통령령 제31380호로 개정되어 2021. 1. 5.부터 시행된 것) - **시행령**
- 도시 및 주거환경정비법 시행규칙(2020. 12. 11. 국토교통부령 제914호로 개정되어 2020. 12. 11.부터 시행된 것) - **시행규칙**
- 감정평가 및 감정평가사에 관한 법률 - **감정평가법**
- 공유재산 및 물품 관리법 - **공유재산법**
- 공익사업을 위한 토지 등의 취득 및 보상에 관한 법률 - **토지보상법**
- 국토의 계획 및 이용에 관한 법률 - **국토계획법**
- 도시재정비 촉진을 위한 특별법 - **도시재정비법**
- 상가건물 임대차보호법 - **상가임대차법**
- 소송촉진 등에 관한 특례법 - **소송촉진법**
- 전통시장 및 상점가 육성을 위한 특별법 - **전통시장법**
- 재건축초과이익 환수에 관한 법률 - **재건축이익환수법**
- 집합건물의 소유 및 관리에 관한 법률 - **집합건물법**
- 특정범죄 가중처벌 등에 관한 법률 - **특정범죄가중법**

# 제 1 장

# 도시정비법의 제정과 전부 개정 경과

## 1. 도시정비법 제정 경위[1]

1970년대 이후 산업화·도시화 과정에서 대량 공급된 주택들이 노후화됨에 따라 이들을 체계적이고 효율적으로 정비할 필요성이 커졌으나, 과거에는 재개발사업·재건축사업 및 주거환경개선사업이 각각 개별법으로 규정되어 이에 관한 제도적 뒷받침이 미흡하였다. 도시정비법은 이를 보완하여 일관성있고 체계적인 단일·통합법을 마련하려는 목적에서 제정되었다.

제정법의 주요 내용은 아래와 같다.

- 특별시장·광역시장 또는 시장은 주거환경개선사업·주택재개발사업·주택재건축사업 및 도시환경정비사업의 기본방향, 계획기간, 개략적인 정비구역의 범위 등의 내용이 포함되어 있는 도시·주거환경정비기본계획을 10년 단위로 수립하고, 5년마다 그 타당성 여부를 검토하도록 함(제3조)
- 시·도지사는 시장 등의 신청에 의하여 도시계획절차에 따라 정비구역을 지정할 수 있도록 하고, 정비구역지정 신청시 건폐율·용적률 계획 등 정

---

1) 본항은 2002. 12. 30. 법률 제6852호로 제정된 도시정비법(이하 제1장에서 "제정법")의 제정이유를 정리한 것이다.

비계획을 함께 수립하도록 하며, 정비계획이 수립된 경우에는 국토계획법에 의한 지구단위계획이 수립된 것으로 보도록 함(제4조)

• 정비구역으로 지정된 지역에서는 정비계획의 내용에 위배되는 건축물이나 공작물의 설치를 제한하여 사업시행시 건축물의 철거로 인하여 발생할 수 있는 주민의 불이익을 예방하고 정비계획이 실효성을 갖도록 함(제5조)

• 주택재개발사업 및 주택재건축사업은 조합 단독으로 시행하거나 지방자치단체 또는 대한주택공사 등과 공동으로 시행하도록 하고, 시공자는 사업시행인가 이후 경쟁입찰을 통하여 선정하도록 함(제8조 및 제11조)

• 정비사업의 추진위원회를 제도화하여 조합의 설립 등 사업추진 준비를 하도록 하고, 그 역할을 명확히 규정하여 사업추진과 관련된 분쟁 및 비리요인을 제거하고자 함(제13조 내지 제15조)

• 조합의 정관 및 관리처분계획에 정비사업비와 조합의 부담비용 등 사업시행과 관련된 사항을 구체적으로 명시하도록 하고, 관리처분계획 수립시의 재산평가방법을 구체적으로 정함으로써, 조합과 시공자 간의 분쟁을 예방하고자 함(제20조 및 제48조)

• 정비사업에 참여하는 시공자에게 의무적으로 시공보증을 받도록 하여 시공자 부도시 조합원 피해를 최소화하고자 함(제51조)

• 지방자치단체 등 사업시행자가 세입자 등을 위한 임대주택을 건설하기 위하여 국·공유지를 사용하고자 하는 때에는 국유재산법 또는 지방재정법에 불구하고 장기임대하여 사용할 수 있도록 함(제67조)

• 국가 또는 지방자치단체는 주거환경개선사업의 사업시행자에게 국·공유지를 무상양여하도록 하되, 행정재산 또는 보존재산 등의 경우에는 무상양여에서 제외할 수 있도록 함(제68조)

• 정비사업의 시행을 위하여 필요한 사항을 위탁받거나 자문할 수 있는 정비사업전문관리제도를 도입하여 조합의 비전문성을 보완하고 효율적인 사업추진을 도모함(제69조 내지 제74조)

제정법은 부칙으로 여러 경과규정과 간주규정을 두어 개별법이 각각 규율하였던 재개발사업·재건축사업 및 주거환경개선사업이 도시정비법으로 통합됨에 따라 발생할 수 있는 혼란들을 최소화하고자 하였으나, 그럼에도 실무상 상당한 혼란이 있었고 그 결과 부칙 등의 해석에 관한 여러 판례들이 축적되었다.

다만 현재 제정법이 시행된 지 20년 가까이 경과되어 이러한 혼란이 대부분 해소되었으므로, 이에 대한 상세한 설명은 대표적인 대법원판결들을 소개하는 것으로 갈음한다.

---

[대법원 2019. 3. 14. 선고 2018두56787 판결]

2002. 12. 30. 법률 제6852호로 제정되어 2003. 7. 1. 시행된 도시 및 주거환경정비법(이하 '구 도시정비법'이라고 한다) 부칙(2002. 12. 30., 이하 '이 사건 부칙'이라고 한다) 제5조 제3항은, '국토의 계획 및 이용에 관한 법률에 의한 용도지구 중 대통령령이 정하는 용도지구는 이 법에 의한 주택재건축구역으로 보며, 주택건설촉진법 제20조의 규정에 의하여 수립된 아파트 지구개발기본계획은 본칙 제4조의 규정에 의하여 수립된 정비계획으로 본다'는 취지로 규정하고 있다. 그 위임에 따라, 2003. 6. 30. 대통령령 제18044호로 제정되어 2003. 7. 1. 시행된 같은 법 시행령(이하 '구 도시정비법 시행령'이라고 한다) 부칙(2003. 6. 30.) 제9조 제1항은 '대통령령이 정하는 용도지구'로서 '아파트 지구'를 규정하고 있다.

위와 같은 규정 내용과 취지를 종합하면, 구 도시정비법이 제정·시행됨으로써, 이 사건 부칙 제5조 제3항에 의하여 기존의 아파트 지구는 정비구역으로, 기존의 아파트 지구개발기본계획은 정비계획으로 간주되므로, 기존의 아파트 지구에서 구 도시정비법상 재건축사업을 하는 경우에는 별도로 정비구역을 지정고시하거나 정비계획을 수립하지 않더라도 그 사업을 진행할 수 있다고 보아야 한다.

이 사건 부칙 제9조는 "이 법 시행 당시 재개발사업 또는 재건축사업의 시행을 목적으로 하는 조합을 설립하기 위하여 토지등소유자가 운영 중인 기존의 추진위원회는 본칙 제13조 제2항의 규정에 의한 동의의 구성요건을 갖추어 이 법 시행일부터 6월 이내에 시장·군수의 승인을 얻은 경우 이 법에 의한 추진위원회로 본다."라고 규정하고 있고, 구 도시정비법 제13조 제2항은 그 요건으로 "토지등소유자 2분의 1 이상의 동의"를 규정하고 있다.

기존 추진위원회의 자격으로 토지등소유자로부터 교부받은 조합설립인가에 대한 동의서에는 특별한 사정이 없는 한 기존 추진위원회의 존재를 인정하고 조합설립인가에 대한 업무처리를 위임한다는 취지가 포함되어 있다고 볼 수 있으므로, 기존 추진위원회가 토지등소유자로부터 교부받은 조합설립인가에 대한 동의서에는 기존 추진위원회의 설립·승인에 대한 동의의 의사가 포함되어 있다고 보아야 한다(대법원 2008. 7. 24. 선고 2007두12996 판결 참조).

[대법원 2014. 2. 27. 선고 2011두11570 판결]

도시정비법 부칙(2002. 12. 30.) 제3조, 제10조 제1항의 내용과 취지에 비추어 보면, 행정청이 종전법률인 구 주택건설촉진법(2003. 5. 29. 법률 제6916호 주택법으로 전부 개정되기 전의 것, 이하 '구 주촉법'이라 한다)에 의하여 주택재건축정비사업조합(이하 '재건축조합'이라 한다)에 대하여 조합설립인가처분을 하였더라도 <u>도시정비법이 시행되고 해당 재건축조합이 도시정비법 부칙 제10조 제1항에 따라 설립등기를 마친 후에는 재건축조합을 행정주체(공법인)로 보게 되고, 위와 같은 조합설립인가처분도 도시정비법 부칙 제3조에 의하여 일종의 설권적 처분으로 의제되어 그 처분의 당부를 항고소송으로 다툴 수 있다.</u>

도시정비법 부칙(2002. 12. 30.) 제3조에 의하여 구 주촉법상 조합설립인가처분의 법적 성격이 설권적 처분으로 의제된다고 하더라도 이는 구 주촉법상 유효하게 성립한 조합설립인가처분만을 대상으로 하는 것일 뿐 주촉법상 무효였던 조합설립인가처분이 도시정비법의 시행으로 인하여 유효하게 된다고 볼 것은 아니다. 따라서 <u>구 주촉법상 조합설립인가처분의 기본행위였던 조합설립행위가 무효여서 그에 대한 인가처분이 무효인 경우에는 그 후 도시정비법의 시행 등으로 인하여 인가처분이 설권적 처분으로 의제된다 하더라도 여전히 무효이다.</u>

[대법원 2013. 7. 25. 선고 2011다19768,19775 판결][2]

[1] 도시정비법 부칙(2002. 12. 30.) 제7조 제1항은 '사업시행방식에 관한 경과조치'라는 표제로 "종전 법률에 의하여 사업계획의 승인이나 사업시행인가를 받아 시행 중인 것은 종전의 규정에 의한다."고 규정하고 있는데, 도시정비법이 시행되기 전의 재건축사업에 대하여 사업계획의 승인을 얻으면 원칙적으로 행정청의 관여는 종료되고 조합원은 이로써 분양받을 권리(입주자로 선정된 지위)를 취득하게 되며(대법원 2007. 6. 15. 선고 2005두5369 판결), 원래 재건축조합의 운영과 조합원 사이의 권리분배 및 신축된 건물 또는 대지의 소유권 이전 방식 등은 일반 민법 등에 의하여 자율적으로 이루어질 것이 예정되었던 것이어서, 이미 사업계획의 승인을 얻은 재건축조합에 대하여 도시정비법에 따른 절차나 방식에 따라 잔존 사업을 시행할 필요성이나 합리성이 있다고 볼 수 없다. 그리고 도시정비법 제6조는 '정비사업의 시행방법'이라는 표제로 그 제3항 본문에서 "주택 재건축사업은 정비구역 안 또는 정비구역이 아닌 구역에서 제48조의 규정에 의하여 인가받은 관리처분계획에 따라 공동주택 및 부대·복리시설을 건설하여 공급하는 방법에 의한다."고 규정하고 있는데, 위 조항은 도시정비법 부칙 제7조 제1항에 의하여 도시정비법의 적용이 배제되

---

2) 대법원 2013. 7. 25. 선고 2011다19744,19751 판결도 같은 취지이다.

는 '사업시행방식'에 관한 규정이라고 볼 수 있고, 위와 같이 도시정비법에 핵심적인 조항이라고 할 수 있는 관리처분계획의 인가와 이를 기초로 한 이전고시에 관한 조항 등이 위 부칙 조항에 의하여 배제된다면 그 밖의 세부적인 도시정비법의 절차나 방식에 관한 규정들 역시 배제된다고 보는 것이 자연스러운 해석이다.

따라서 <u>재건축조합의 경우 도시정비법 부칙 제7조 제1항에서 종전의 규정에 따르도록 한 '사업시행방식'은 특별한 사정이 없는 한 도시정비법 제3장 '정비사업의 시행'에서 규정하고 있는 방식이나 절차를 모두 포함한다고 할 것이므로 이러한 방식이나 절차에 관한 사항은 종전의 규정에 따라 규율되어야 할 것이다</u>(대법원 2009. 6. 25. 선고 2006다64559 판결 참조).

[2] 도시정비법 시행 전에 구 주택건설촉진법에 따른 사업계획의 승인을 얻은 재건축조합이 정관이나 규약 등에서 토지 등에 대한 현금 청산에 관한 조항을 두고 있는 경우에는, 분양신청을 하지 아니하거나 철회하는 조합원에 대하여 그 정관이나 규약 등이 정한 방법과 절차에 따라 현금 청산을 하여야 한다(대법원 2011. 9. 8. 선고 2010다15134 판결 등 참조). 그리고 정관이나 규약 등에서 현금 청산에 관한 기본적인 사항만을 정하였을 뿐, 청산금 지급의무의 발생 시기와 청산금 산정의 기준 시점에 관하여 정하지 아니한 경우에는, 원칙적으로 <u>청산금 지급의무는 조합원이 확정적으로 분양신청을 하지 아니하거나 철회함으로써 조합원 지위를 상실하게 되는 때에 발생한다고 보아야 하고, 청산금도 그 시기를 기준으로 산정하여야 한다.</u>

[3] 도시정비법 시행 전에 구 주택건설촉진법에 따른 사업계획의 승인을 얻은 재건축조합이 분양신청을 하지 아니한 조합원 등에게 청산금 지급의무를 부담하는 경우에, 공평의 원칙상 조합원은 권리제한등기가 없는 상태로 토지 등의 소유권을 재건축조합에 이전할 의무를 부담하고, 이러한 <u>권리제한등기 없는 소유권 이전의무와 재건축조합의 청산금 지급의무는 동시이행 관계에 있는 것이 원칙이나, 조합원이 그 소유 토지 등에 관하여 이미 재건축조합 앞으로 신탁을 원인으로 한 소유권이전등기를 마친 경우에는 청산금을 지급받기 위하여 별도로 소유권을 이전할 의무는 부담하지 아니한다</u>(대법원 2008. 10. 9. 선고 2008다37780 판결 등 참조).

## [대법원 2013. 2. 14. 선고 2012두9000 판결]

[1] 도시정비법(2002. 12. 30. 법률 제6852호로 제정되어 2003. 7. 1. 시행된 것) 제11조 제2항, 부칙(2002. 12. 30.) 제7조 제2항의 취지는 정비사업의 내용이 가시화되지 않은 상태에서 시공자가 재개발·재건축을 부추기고 과대 포장된 지분을 제시하는 등 재개발·재건축 수주시장의 혼탁을 가져오는 등의 부작용을 방지하기 위하여 경쟁입찰의 방법으로 시공자 선정방식을 변경하되, 일정한 요건을 갖춘 기존의 시공자는 신법상의 시공자로 인정하여 줌으로써 재개발·재건축사업 추진의 혼란을

방지하겠다는 것으로 봄이 타당하다. 따라서 위 부칙 제7조 제2항에서 정한 '토지등소유자 2분의 1 이상의 동의'라는 것은 그 문언대로 전체 토지등소유자 2분의 1 이상의 동의를 의미하는 것이지, 그 문언의 한계를 벗어나 '당해 총회에 참석한 토지등소유자의 2분의 1'을 의미하는 것이라고는 볼 수 없다.

[2] 구 도시정비법(2002. 12. 30. 법률 제6852호로 제정되어 2003. 7. 1. 시행된 것) 부칙(2002. 12. 30.) 제7조 제2항에서 '2002. 8. 9. 이전에 토지등소유자 2분의 1 이상의 동의를 얻어 시공자를 선정한 주택재건축사업으로서 이 법 시행일 이후 2월 이내에 건설교통부령이 정하는 방법 및 절차에 따라 시장·군수에게 신고한 경우에는 당해 시공자를 본칙 제11조의 규정에 의하여 선정된 시공자로 본다'고 규정하고 있는 이상, 2002. 8. 9. 이전에 '토지등소유자 2분의 1 이상의 동의'를 얻어야 하는 것이지, 2002. 8. 9. 이전에 시공자 선정만 있으면 되고 이후 시공자 선정 신고 시까지 추가로 동의서를 받는 것도 허용된다고 볼 수는 없다.

**[대법원 2011. 4. 14. 선고 2010다96072 판결]**

도시정비법 부칙(2002. 12. 30. 법률 제6852호) 제7조 제1항은 '사업시행방식에 관한 경과조치'라는 표제로 "종전 법률에 의하여 사업계획의 승인이나 사업시행인가를 받아 시행 중인 것은 종전의 규정에 의한다."고 규정하고 있으므로, 종전 법률인 구 주택건설촉진법에 따라 주택건설사업계획의 승인을 받은 재건축조합에 대하여는 도시정비법에 의한 재건축사업의 시행방식인 관리처분계획의 인가와 이를 기초로 한 이전고시에 관한 조항 등은 물론 그 밖의 세부적인 도시정비법의 절차나 방식에 관한 규정들 역시 배제되며, 원칙적으로 그 사업계획의 승인으로 행정청의 관여는 종료되고 조합원은 이로써 분양받을 권리를 취득하며, 재건축조합의 운영과 조합원 사이의 권리분배 및 신축된 건물 또는 대지의 소유권이전방식 등은 일반 민법 등에 의하여 자율적으로 이루어질 것이 예정되어 있다(대법원 2010. 1. 28. 선고 2009다78368 판결 등 참조).

한편 재건축조합이 구 주택건설촉진법 제44조의3 제5항에 의하여 준용되는 구 도시재개발법(2002. 12. 30. 법률 제6852호로 폐지, 이하 '구 도시재개발법'이라고 한다) 제33조 내지 제45조에 정한 관리처분계획 인가 및 이에 따른 분양처분의 고시 등의 절차를 거치거나 도시정비법상의 관리처분계획 인가 및 이에 따른 이전고시 등의 절차를 거쳐 신 주택이나 대지를 조합원에게 분양한 경우에는 구 주택이나 대지에 관한 권리가 권리자의 의사에 관계 없이 신 주택이나 대지에 관한 권리로 강제적으로 교환·변경되어 공용환권된 것으로 볼 수 있으나, 이러한 관리처분계획 인가 및 이에 따른 분양처분의 고시 내지 이전고시 등의 절차를 거치지 아니한 채 조합원에게 신 주택이나 대지가 분양된 경우에는 당해 조합원은 조합규약 내지 분양계약에 의하여 구 주택이나 대지와는 다른 신 주택이나 대지에 관한 소유권을 취득한 것에 불과할 뿐 이를 가리켜 구 주택이나 대지에 관한 소유권이 신 주택이나 대지에 관한 소유권으로 강제적으로 교환·변경되어 공용환권된 것으로 볼 수는 없다(대법원 2009. 6. 23. 선고 2008다1132 판결 등 참조).

따라서 재건축조합이 구 주택건설촉진법 제44조의3 제5항에 의하여 준용되는 구 도시재개발법 제33조 내지 제45조에 정한 관리처분계획 인가 및 이에 따른 분양처분의 고시 등의 절차를 거치거나 도시정비법상의 관리처분계획 인가 및 이에 따른 이전고시 등의 절차를 거친 경우에는 구 도시재개발법 제40조 및 구 도시재개발 등기처리규칙(2003. 6. 28. 대법원규칙 제1833호로 폐지) 제5조나 도시정비법 제56조 및 도시 및 주거환경정비 등기처리규칙(제2025-2호) 제5조에 의해 관리처분계획 및 그 인가를 증명하는 서면과 분양처분의 고시 또는 이전고시를 증명하는 서면을 첨부하여 대지 및 건축시설에 관한 등기를 할 수 있으나, 구 도시재개발법 제33조 내지 제45조에 정한 절차를 거치지 않은 경우에는 그와 같은 등기를 할 수 없다.

**[대법원 2009. 4. 23. 선고 2008두22853 판결]**
도시정비법 시행령의 위임에 따라 서울특별시 도시 및 주거환경 정비조례(이하, '이 사건 조례'라고 한다) 제24조 제2항 제3호는 "하나의 주택 또는 한 필지의 토지를 수인이 소유하고 있는 경우에는 수인의 분양신청자를 1인의 분양대상자로 본다"고 규정하고 있고, 이 사건 조례 부칙 제7조는 다가구주택의 분양기준에 관한 경과조치로서 "1997년 1월 15일 이전에 가구별로 지분 또는 구분소유등기를 필한 다가구주택(1990년 4월 21일 다가구주택제도 도입 이전에 단독주택으로 건축허가를 받아 지분 또는 구분등기를 필한 사실상의 다가구주택을 포함한다)은 제24조 제2항 제3호의 규정에 불구하고 다가구로 건축허가 받은 가구 수에 한하여 가구별 각각 1인을 분양대상자로 한다"라고 규정하고 있다.

이와 같은 법령 및 조례의 규정에 따르면, <u>다가구주택의 공유자들이 가구별로 각각 주택재개발사업으로 건립되는 공동주택의 분양대상자로 인정되기 위해서는 1997. 1. 15. 이전에 그 각 가구에 상응하는 지분 또는 구분소유등기를 경료할 것을 요한 다고 할 것이다.</u>[3]

또한 이 사건 조례 부칙 제7조의 취지는, 다가구주택이 독립된 구조를 가진 가구별로 구분 거래되기도 하는 현실을 반영하여, 설계 및 건축 단계부터 독립된 구조를

---

3) 1990. 4. 21. 다가구주택제도 도입 이전에 건축허가 신청을 하여 그 시행 후에 건축허가를 받고 가구별로 지분등기를 마친 단독주택은 이 사건 조례 부칙(2003. 12. 30.) 제7조에 정한 사실상의 다가구주택에 해당하므로, 가구별로 각각 1인을 분양대상자로 보아야 한다(서울행정법원 2008. 9. 11. 선고 2008구합19666 판결, 서울행정법원 2009. 1. 9. 선고 2008구합32850 판결).

가지고 있고 그에 상응한 지분등기가 마쳐짐으로써 그 지분등기를 이전하는 방법에 의하여 사실상 가구별로 독립적 거래가 가능한 경우에는 예외적으로 다가구주택의 가구별로 개별 분양대상자격을 인정하되, 다만 주택재개발사업에 의하여 공급되는 주택을 다수 취득할 목적으로 이른바 '지분 쪼개기'와 같은 행위를 하는 폐해를 방지하기 위해서 일정한 시점까지 지분등기를 마칠 것을 요구하는 것으로 보이는바, 이는 다가구주택의 거래실정 및 주택재개발사업에 따른 주택분양 법률관계의 현실에 비추어 합리성이 인정되므로, 이 사건 조례 부칙 제7조가 헌법상 평등의 원칙을 침해한다고 보기는 어렵다.

**[대법원 2008. 7. 24. 선고 2008도4488 판결]**
도시정비법 시행 이전에 종전의 근거법령 등에 따라 총회의 의결을 거쳐 특정 건설업자가 시공자로 선정되었더라도 도시정비법 시행 후에 법 부칙 제7조 제2항에서 규정하는 예외적인 인정요건을 갖추지 못하였다면 종전의 총회에서의 시공자 선정 의결은 그 효력이 없게 되고 따라서 도시정비법의 규정에 따라 다시 시공자 선정의 절차를 거쳐야 할 것이지만(대법원 2008. 1. 10. 선고 2005도8426 판결 참조), <u>법 부칙 제7조 제2항 및 시행규칙 부칙 제2조의 규정에 따라 도시정비법 시행 전에 선정된 시공자가 시장·군수에게 신고하고 이러한 신고가 심사를 거쳐 적법하게 수리되었다면 위 시공자는 도시정비법 제11조의 규정에 의하여 선정된 시공자로 인정받는 것이므로, 위 신고의 수리처분 자체가 당연무효라거나 행정쟁송절차에 의하여 취소된 경우를 제외하고는 다시 시공자 선정의 절차를 거쳐야 할 필요가 없는 것이다.</u> 따라서 도시정비법 시행 전에 선정된 시공자가 법 시행 이후 시공자 선정 신고를 하여 불수리처분을 받았다가 행정심판을 청구한 결과 신고가 수리되었다면 다시 시공자 선정절차를 거칠 필요가 없다.

**[대법원 2008. 4. 24. 선고 2007두25855 판결]**
2003. 12. 31. 이후 투기과열지구 안의 토지 등이 기존 주택재건축정비사업조합에 대한 설립변경인가에 의하여 그 조합의 사업부지로 편입된 경우, 그 편입된 토지 등을 매수한 양수인은 도시정비법 부칙(2003. 12. 31.) 제2항에 해당하지 않아 조합원 자격을 취득할 수 없다.

**[대법원 2008. 3. 13. 선고 2006두2954 판결]**
원심이 확정한 사실관계에 의하면, 피고의 이 사건 재개발사업은 구 도시재개발법에 근거하여 시행되어 오던 중 분양처분이 있은 이후인 2003. 6. 30. 위 법이 폐지되고 그 다음날부터 도시정비법이 시행됨에 따라 도시정비법의 적용을 받게 되었고,

재개발구역 내 토지소유자로서 관리처분계획에 의해 분양대상에서 제외된 원고에 대한 피고의 이 사건 청산금지급통지는 그 후인 2003. 7. 31. 행하여졌다는 것인바, 도시정비법에서 청산금의 산정·지급과 관련하여 구법인 도시재개발법의 관련 규정이 적용된다는 경과규정을 두고 있지 아니한 이상, 위 법리에 따라 이 사건 청산금 산정·지급의 근거 법령은 도시정비법이 되어야 하는 것이다.

그런데 구 도시재개발법이 재개발구역 내 토지 등 소유자 중 분양신청을 하지 않거나 분양신청을 철회한 자 혹은 관리처분계획에 의해 분양대상에서 제외된 자(이하 이들을 '현금청산대상자'라 한다)에 대하여는 대지 또는 건축시설을 분양받은 자와 동일하게 분양처분의 고시가 있은 후 청산금을 지급하도록 규정한 것과는 달리(구 도시재개발법 제36조, 제31조 제2항 각 호, 제42조 참조), 도시정비법은 제47조 및 같은 법 시행령 제48조에서 사업시행자는 현금청산대상자에 대하여 그 해당하게 된 날부터 150일 이내에 토지·건축물 또는 그 밖의 권리에 대하여 현금으로 청산하되, 청산금액은 사업시행자와 현금청산대상자가 협의하여 산정한다고 규정하고 있을 뿐, 도시재개발법에서와 같은 규정이나 그들 사이에 청산금액에 관한 협의가 성립되지 않았을 경우에 대한 규정은 따로 두고 있지 않으며, 한편으로 같은 법 제38조, 제40조 제1항에서는 사업시행자는 정비구역 안에서 정비사업을 시행하기 위해 필요한 경우 공익사업을 위한 토지 등의 취득 및 보상에 관한 법률(이하 '공익사업보상법'이라 한다) 제3조의 규정에 의한 토지·물건 또는 그 밖의 권리를 수용 또는 사용할 수 있고, 이 경우 도시정비법에 특별한 규정이 있는 경우를 제외하고는 공익사업보상법을 준용한다고 규정하고 있는바, 이러한 규정들을 종합하여 보면, 도시정비법에서는 현금청산대상자들에 대한 청산금은 사업시행자와 현금청산대상자가 협의에 의해 그 금액을 정하되, 협의가 성립되지 않을 때에는 공익사업보상법에 의한 수용절차로 이행될 것을 예정하고 있다고 보아야 할 것이다.[4]

그러나 도시재개발법에 의해 분양처분이 이루어진 후 사업시행자가 청산금을 지급하기 전에 도시재개발법이 폐지되고 도시정비법이 시행된 경우에는, 분양처분으로 인해 현금청산대상자의 토지소유권이 상실하게 됨으로써 도시정비법이 시행될 당시에는 이미 도시정비법이 예정하고 있는 수용절차로의 이행은 불가능하게 되었다 할 것이므로, 이러한 경우에는 예외적으로 사업시행자가 현금청산대상자에 대하여 청산금지급처분을 할 수 있으며, 이때의 청산금산정의 기준시점은 앞서 본 도시정비법 규정의 취지에 비추어 볼 때 현금청산대상자가 소유권을 상실하게 되는 시점인 분양처분 고시일이라고 봄이 상당하다.

---

4) 대법원 2013. 1. 10. 선고 2011두19031 판결도 같은 취지이다.

[대법원 2008. 1. 10. 선고 2005도8426 판결]
도시정비법상 재건축조합이 체결한 목욕탕 매입계약은 같은 법 제24조 제3항 제5호의 '예산으로 정한 사항 외에 조합원의 부담이 될 계약'으로서 총회 의결을 필요로 하지만, 위 법률 시행 전 개최된 창립총회에서 이에 관한 사항을 대의원회에 위임하여 시행하기로 적법하게 의결하였고 이어 대의원회의 의결에 따라 위 법률의 시행 후 조합장이 위 매입계약을 체결하였다면, 위 매입계약은 같은 법 부칙(2002. 12. 30.) 제3조에 따라 적법한 총회의 의결을 거쳐 추진된 것으로 보아야 하므로, 총회 의결 없이 위 매입계약을 체결한 조합장의 행위는 같은 법 제85조 제5호 위반죄를 구성하지 않는다.
도시정비법 부칙은 제7조에서 사업시행방식에 관한 경과규정을 별도로 두고 있는데, 그에 따르면 2003. 7. 1. 도시정비법의 시행으로 인하여 주택재건축사업조합은 원칙적으로 사업시행인가를 받은 후 총회의 의결을 거쳐 경쟁입찰의 방법으로 건설업자 또는 등록사업자를 시공자로 선정하여야 하고(도시정비법 제11조, 제24조 제3항 제6호, 제25조 제2항, 도시정비법 시행령 제35조), 예외적으로 조합설립인가를 받은 조합으로서 토지등소유자 2분의 1 이상의 동의를 얻어 시공자를 선정하여 이미 시공계약을 체결한 정비사업 또는 2002. 8. 9. 이전에 토지등소유자 2분의 1 이상의 동의를 얻어 시공자를 선정한 주택재건축사업으로서 도시정비법 시행일 이후 2월 이내에 일정한 방법 및 절차에 따라 시장·군수에게 신고한 경우에만 도시정비법 시행 전에 선정된 시공자를 도시정비법 제11조의 규정에 의하여 선정된 시공자로 인정받을 수 있을 뿐이다(도시정비법 부칙 제7조 제2항, 도시정비법 시행규칙 부칙 제2조). 그러므로 비록 도시정비법 시행 이전에 종전의 근거법령 등에 따라 총회의 의결을 거쳐 특정 건설업자가 시공자로 선정되었더라도 도시정비법 시행 후에 위와 같은 예외적인 인정요건을 갖추지 못하였다면 종전의 총회에서의 시공자 선정 의결은 그 효력이 없게 되고 따라서 도시정비법의 규정에 따라 다시 시공자 선정의 절차를 거쳐야 할 것이다.

한편, 도시정비법 제정 전에 주택건설촉진법, 도시재개발법 등에 따른 재개발, 재건축사업 등에 관한 의미 있는 대법원판결들이 있어 이를 소개한다.

[대법원 2006. 2. 23. 선고 2005다19552, 19569 판결]
[1] 집합건물의 구분소유자들이 재건축사업을 추진하는 과정에서 집합건물의 소유 및 관리에 관한 법률 제47조의 재건축결의를 위한 집회와 구 주택건설촉진법(2002. 12. 30. 법률 제6852호로 개정되기 전의 것) 제44조의 재건축조합 설립을 위한 창립총회를 함께 개최하는 경우에는 외형상 1개의 집회로 보이더라도 거기서 이루어지

는 결의는 법률적으로 각 건물별로 구성된 관리단집회가 개별로 한 재건축결의와 구분소유자들을 조합원으로 한 1개 재건축조합의 설립행위로 구분되는 것이고, 재건축결의가 재건축조합 설립행위의 일부를 이루는 것은 아니므로, 재건축결의를 위한 관리단집회로서는 요건을 갖추지 못하여 재건축결의가 무효라고 하더라도 이로써 곧 재건축조합 설립을 위한 창립총회의 결의까지 당연히 무효로 된다고 할 수는 없다.

[2] 구 주택건설촉진법(2002. 12. 30. 법률 제6852호로 개정되기 전의 것)에 의하여 설립된 재건축조합은 민법상 비법인사단으로서 민법의 법인에 관한 규정 중 법인격을 전제로 하는 조항을 제외한 나머지 조항이 원칙적으로 준용되므로, 위 조합의 창립총회에서는 민법 제75조 제1항에 따라 사원 과반수의 출석과 출석사원 결의권의 과반수로써 유효한 결의를 할 수 있다고 할 것이고, 이 때 개의정족수 산정을 위한 조합원 수를 산정함에 있어서 재건축조합의 조합원이 될 자격이 있는 재건축사업 대상구역 내의 모든 구분소유자를 당연히 조합원으로 볼 것은 아니고 재건축에 동의하여 그 조합에 가입의사를 밝힌 구분소유자들만을 재건축조합의 조합원으로 계산하여야 한다.

[3] 재건축조합이 최초 설립 당시부터 총 구분소유자의 과반수 이상을 조합원으로 삼아야만 설립될 수 있는 것은 아니고, 재건축조합 설립 당시에는 조합원 수가 총 구분소유자의 과반수에 미달하였다고 하더라도 그들이 우선 비법인사단의 실체를 갖춘 재건축조합을 설립한 다음에 다른 구분소유자들이 조합규약 등에 동의하여 재건축조합에 가입하는 것도 얼마든지 가능하다는 이유로, 재건축조합 창립총회의 개의정족수가 총 구분소유자의 과반수에 이르러야 하는 것은 아니다.

[4] 설립인가를 받은 재건축조합의 조합원은 부득이한 사유가 없는 한 조합을 임의로 탈퇴할 수 없다고 할 것이지만, 아직 설립인가를 받지 아니한 재건축조합의 경우에는 조합규약 등에 조합원의 탈퇴를 불허하는 규정이 없는 한 그 인가를 받기 전에 조합원은 조합을 임의로 탈퇴할 수 있다.

[5] 당초 무효인 재건축결의가 그 후 일부 구분소유자의 재건축에 대한 추가동의로 유효하게 될 수는 없으나, 재건축에 동의할 것인가는 구분소유자들로서는 쉽게 결정할 수 없는 사안이라는 점과 반드시 서면에 의한 동의가 강제되는 것은 아니더라도 실무상 비법인사단으로서의 재건축조합 설립을 통한 재건축의 경우 서면에 의하여 재건축동의의 의사표시가 이루어지고 있다는 점에 비추어, 유효한 재건축결의가 있었는지의 여부는 반드시 최초의 관리단집회에서의 결의에만 한정하여 볼 것은 아니고 비록 최초의 관리단집회에서의 재건축동의자가 재건축에 필요한 정족수를 충족하지 못하였다고 하더라도 그 후 이를 기초로 하여 재건축 추진과정에서 구분소유자들이 재건축에 동의하는 취지의 서면을 별도로 제출함으로써 재건축결의 정족

수를 갖추게 된다면 그로써 관리단집회에서의 결의와는 별도의 재건축결의가 유효하게 성립한다고 보아야 할 경우가 있고, 그와 같은 서면결의를 함에 있어서는 따로 관리단집회를 소집·개최할 필요가 없다.

[6] 집합건물의 소유 및 관리에 관한 법률 제47조 제3항에 의하면 재건축결의를 할 때에는 건물의 철거 및 신건물의 건축에 소요되는 비용의 개산액과 그 분담에 관한 사항 등을 정하여야 한다고 규정하고 있는바, 위 재건축비용의 개산액과 분담에 관한 사항은 구분소유자들로 하여금 상당한 비용을 부담하면서 재건축에 참가할 것인지, 아니면 시가에 의하여 구분소유권 등을 매도하고 재건축에 참가하지 않을 것인지를 선택하는 기준이 되는 것이므로 재건축결의에서 누락하여서는 아니 되는 것이기는 하나, 이를 정하는 방법은 재건축의 실행단계에서 다시 비용 분담에 관한 합의를 하지 않아도 될 정도로 그 분담액 또는 기준을 정하면 족하다.

[7] 집합건물의 소유 및 관리에 관한 법률 제48조에 의하면 재건축결의에 찬성하지 아니하는 구분소유자에 대하여 매도청구권을 행사하기 위한 전제로서의 최고는 반드시 서면으로 하여야 하는바, 이는 최고를 받은 구분소유자가 재건축결의의 구체적 사항을 검토하여 재건축에 참가할지 여부를 판단하도록 하기 위한 것이므로 최고서에는 재건축결의사항이 구체적으로 적시되어 있어야 하나, 다만 그러한 사항들이 재건축사업의 추진과정에서 총회의 결의나 재건축에의 참여 권유 또는 종용 등을 통하여 최고의 대상자들에게 널리 알려지고, 소송의 변론과정에서도 주장이나 입증 등을 통하여 그 내용이 알려짐에 따라 재건축 참가의 기회가 충분히 부여되었다면, 재건축결의사항이 누락되었다고 하더라도 그 참가 최고는 적법하다.

[지분제 사업의 시공자가 공동시행자로서 조합과 동등한 책임을 부담하는지 여부]

민법상의 조합계약은 2인 이상이 상호 출자하여 공동으로 사업을 경영할 것을 약정하는 계약으로서(민법 제703조) 특정한 사업을 공동 경영하는 약정에 한하여 이를 조합계약이라고 할 수 있고, 공동의 목적달성이라는 정도만으로는 조합의 성립요건을 갖추었다고 할 수 없다(대법원 2004. 4. 9. 선고 2003다60778 판결 등). 한편, 구 도시재개발법(1995. 12. 29. 법률 제5116호로 개정되었다가 도시 및 주거환경정비법이 제정됨에 따라 2003. 7. 1. 폐지된 것, 이하 '구 도시재개발법'이라고 한다)이 시행된 1996. 6. 30. 이전에 사업시행고시가 있은 재개발사업에 관하여는 공동시행자에 관한 규정이 적용되지 않으므로, 1996. 6. 30. 이전에 사업시행고시가 있은 재개발사업에 관하여 참여조합원으로 가입한 시공사가 재개발조합의 전문성 및 재정적 능력 부족을 보완하기 위하여 재개발사업의 시행준비 단계에서부터 입주 단계에 이르기까지 재개발조합을 대행하여 주도적으로 재개발사업의 시행에 간여하고 공사대금 지급에 관하여 지분도급제 방식을 채택함으로써 재개발사업의 성패가 곧장 시공사의 경제적 이익 또는 손실로 귀속되게 된다는 사정만으로는 시공사와 재개발조합이 재개발사업에 관하여 공동시행자로서 동등한 권리의무를 가지고 동등한 책임을 진다고 할 수 없다(대법원 2007. 12. 27. 선고 2004다26256 판결, 대법원 2009. 12. 10. 선고 2006다25066 판결, 대법원 2010. 2. 11. 선고 2009다79729 판결 등).

나아가 재개발조합이 조합원으로부터 가청산금을 지급받기 위하여 조합원들과 체결하는 분양계약에 시공사가 당사자로 참여하고 그 분양계약에서 재개발조합과 조합원, 시공사 사이에 일정한 권리의무가 정하여졌다고 하더라도 시공사는 그 분양계약에서 구체적으로 정해진 권리를 행사하고 의무를 부담할 뿐이지 재개발사업 전체의 공동시행자로서 재개발조합과 동등한 권리의무를 가지는 것은 아니다(대법원 2007. 12. 27. 선고 2004다26256 판결). 그러나 관리처분계획 및 이에 따른 분양처분과 별도로 조합원과 재개발조합 사이에서 가청산금의 지급시기 및 연체 책임 등과 같이 도시재개발사업 시행 과정에서 발생할 수 있는 권리·의무관계를 구체화하기 위하여 분양계약의 형태로 개별적인 약정을 할 수 있고, 또한 시공사도 위 사업 시행을 위하여 필요한 범위 내에서 조합원에 대하여는 직접적인 권리·의무관계를 발생시키는 한편 재개발조합에 대하여는 이미 발생한 권리·의무관계를 보완하기 위하여 위 분양계약의 당사자로 참여할 수 있으며, 이 경우 분양계약에서 정하여진 사항은 재개발사업 관련 법령이나 관리처분계획에 저촉되어 그 효력이 부정되어야 하는 경우를 제외하고는 계약 당사자인 조합원, 재개발조합 및 시공사 사이에서 그 효력을 가진다(대법원 2007. 12. 27. 선고 2004다26256 판결, 대법원 2009. 12. 10. 선고 2006다25066 판결).[5]

[대법원 2010. 1. 28. 선고 2008다90347 판결]
재건축에 동의함으로써 조합원이 된 자는 당해 조합규약 등이 정하는 바에 따라 조합의 재건축사업 목적 달성을 위하여 사업구역 내에 소유한 기존의 주택과 토지를 신탁 목적으로 조합에 이전할 의무 등을 부담하고, 이에 대응하여 새로운 주택을 분

---

[5] 조합원총회에서 승인된 합의서에 "재개발조합의 지분 내의 보류지 등은 재개발조합의 시공자에 대한 채무변제 및 조합사업비에 충당하며, 초과/잔액이 발생할 경우 시공자의 책임/귀속한다"라고 규정되어 있음을 기화로, 조합이 "조합원들이 분양계약에서 정해진 가청산금의 납부시기 및 연체료 부과시기를 임의로 재개발아파트 입주일 이후로 변경하고 새로운 연체료 부과시기를 기준으로 하여 선납할인료를 환불하기로 한다"는 내용으로 조합원총회에서 결의를 한 후 시공자에게 선납할인료 및 연체료 상당의 부당이득반환을 구한 사건에서, 대법원은 조합이 분양계약의 내용에 반하는 조합원들의 일방적 결의에 의하여 발생하게 되는 위 부당이득반환채무까지 위 합의서의 조합사업비에 포함시켜 이를 모두 정산해 주기로 약정하였다고 보기는 어렵다고 판시하였다(대법원 2009. 12. 10. 선고 2006다25066 판결).

양받을 권리를 가진다(대법원 1999. 4. 27. 선고 99다5149 판결 등 참조).
다른 한편, 주촉법 제44조 제1항의 규정에 의하면, 주택조합을 구성하여 그 구성원의 주택을 건설하고자 할 때 관할 시장 등의 인가를 받아야 하고, 인가받은 내용을 변경하거나 주택조합을 해산하고자 할 때에도 마찬가지로 인가를 받도록 되어 있는바, 여기서 관할 시장 등의 인가행위는 그 대상이 되는 기본행위를 보충하여 법률상 효력을 완성시키는 보충행위로서(대법원 1995. 12. 12. 선고 95누7338 판결, 대법원 2000. 9. 5. 선고 99두1854 판결 등), 이러한 인가의 유무에 따라 기본행위의 효력이 문제되는 것은 주택건설촉진법과 관련한 공법상의 관계에서이지 주택조합과 조합원, 또는 조합원들 사이의 내부적인 사법관계에까지 영향을 미치는 것은 아니다(대법원 2002. 3. 11.자 2002그12 결정 등 참조).

[대법원 2009. 2. 12. 선고 2006다53245 판결]
주택건설촉진법(2002. 12. 30. 법률 제6852호로 개정되기 전의 것) 제44조의3 제6항은 "재건축조합원 중 1세대가 2주택 이상을 소유하거나 1주택을 2인 이상이 공유지분으로 소유하는 경우에는 이를 1조합원으로 보며 1주택만 공급한다."고 규정하고 있다. 그런데 구 주택건설촉진법에 의하여 설립된 재건축조합의 규약이 1주택을 2인 이상이 공유지분으로 소유하는 경우에 관하여 규정하면서 위 법조항의 문언과는 다소 다르게 공유자 중 1인을 조합원으로 보고 그 1인을 조합원으로 등록하도록 하고 있더라도, 이를 공유자 중 대표조합원 1인 이외의 나머지 공유자를 재건축조합과의 사단적 법률관계에서 완전히 탈퇴시켜 비조합원으로 취급하겠다는 취지로 해석할 수는 없고, 공유자 전원을 1인의 조합원으로 보되 공유자 전원을 대리할 대표조합원 1인을 선출하여 그 1인을 조합에 등록하도록 함으로써 조합 운영의 절차적 편의를 도모함과 아울러 조합규약이나 조합원총회 결의 등에서 달리 정함이 없는 한 공유자 전원을 1인의 조합원으로 취급하여 그에 따른 권리분배 등의 범위를 정하겠다는 의미로 보아야 한다.
그리고 민법상의 비법인사단인 재건축조합이 재건축결의를 할 때에는 조합원 5분의 4 이상의 다수에 의한 결의에 의하여야 하고, 재건축결의에는 건물의 철거 및 신건물의 건축에 소요되는 비용의 분담에 관한 사항과 신건물의 구분소유권의 귀속에 관한 사항 등이 포함되어야 하는데, 이와 같은 사항은 상당한 비용을 부담하면서 재건축에 참가할 것인지 아닌지를 선택하는 기준이 되는 것이어서 재건축의 실행단계에서 다시 그에 관한 합의를 하지 않아도 될 정도로 구체적으로 정하여야 한다. 따라서 이러한 사항들을 재건축결의 당시에 정하지 아니한 채 조합의 임원회의나 운영위원회에 그 결정을 위임할 수는 없으며, 임원회의나 운영위원회가 조합원총회로부터 위임받은 사항을 결의할 수 있도록 규정한 조합규약이나 정관이 있다고 하더라도 그 적용이 배제된다(대법원 2005. 4. 29. 선고 2004다7002 판결, 대법원 2006. 7. 13. 선고 2004다7408 판결 등 참조).

그리고 앞에서 살펴본 바와 같이 1주택을 2인 이상이 공유지분으로 소유함으로써 공유자 전원이 1인의 조합원으로 취급되는 경우에도, 공유자 전원의 합의에 의하여 재건축사업에 따른 개발이익 등을 공유자 중 대표조합원 1인이 모두 분배받기로 하여 그러한 의사를 재건축조합에 표시하였다거나 조합규약 등에서 그 분배에 관하여 달리 정하고 있다는 등의 특별한 사정이 없는 한, 대표조합원을 비롯한 공유자들은 다른 일반조합원에 대한 관계에서뿐 아니라 공유자들 상호간의 관계에서도 형평이 유지되도록 개발이익 등을 분배받을 권리가 있으므로, 재건축조합은 공유자들에게 개발이익 등을 분배함에 있어 다른 일반조합원에 대한 관계에서나 공유자들 상호간의 관계에서 형평이 유지되도록 하여야 하고, 대표조합원 1인에게 그 공유지분에 관한 개발이익을 초과하여 다른 공유자에게 분배되어야 할 개발이익까지 임의로 분배하는 등 형평에 현저히 반하는 권리분배를 내용으로 하는 재건축조합의 결의는 무효이다. 다만, 재건축조합이 대표조합원에게 다른 공유자들에게 분배되어야 할 개발이익까지 분배하도록 결의한 것이 공유자들의 요구에 따른 것일 때에는, 공유자들이 재건축조합을 상대로 위와 같은 결의의 무효를 주장하면서 개발이익의 분배를 요구하는 것은 허용될 수 없고, 재건축조합으로부터 개발이익을 분배받은 대표조합원을 상대로 하여 공유자들의 합의 등을 근거로 재분배 내지 정산을 구할 수 있을 따름이다.

또한, 재건축조합의 권리분배에 관한 결의가 형평에 현저히 반하여 무효인 경우, 공유자들 전체로서 1인의 조합원 지위를 갖고 있는 각 공유자는 그 결의의 무효확인 등을 소구하여 승소판결을 받은 후 새로운 조합원총회에서 공정한 내용으로 다시 결의하도록 함으로써 그 권리를 구제받을 수 있을 뿐, 새로운 조합원총회의 결의도 거치지 않은 채 종전 조합원총회의 결의가 무효라는 사정만으로 곧바로 재건축조합을 상대로 하여 스스로 공정하다고 주장하는 수분양권의 확인 등을 구할 수는 없다.

## [대법원 2008. 12. 24. 선고 2006다73096 판결]

구 도시재개발법(1995. 12. 29. 법률 제5116호로 전문 개정되기 전의 것)의 적용을 받는 재개발조합과 조합원이 도시재개발사업 시행 과정에서 시공사에 대한 공사비 지급, 신축건물에 대한 조합원의 입주 및 분양대금 납부 등을 둘러싼 권리·의무관계를 원활하게 조정하고 이를 구체화하기 위하여 사법상 계약의 형태로 개별적인 약정을 체결하는 것은 그것이 재개발조합과 조합원의 자유로운 의사의 합치에 기하여 이루어진 것인 이상 총회결의 절차를 반드시 거쳐야 한다고 볼 수 없으며, 공사비 등의 지급을 위한 조합원의 급부의무의 부담 및 그 내용이 구 도시재개발법을 포함한 전체 법질서에 비추어 허용될 수 있고 그 사법상 계약의 체결에 이르게 된 동기, 경위 및 목적 등에 비추어 필요성과 상당성이 있다고 인정되는 때에는, 사법상 계약에서 조합원에게 정관이나 관리처분계획 등에서 예정하지 아니한 급부의무에 관하여 정하고 있다는 사정만으로 위 사법상 계약이 무효로 되는 것이 아니다.

재개발조합이 분양 대상 신축 아파트에 대한 공사가 완료되었음에도 당초 예정한 것과는 달리 상가의 분양 등이 늦어진 탓에 시공사에게 공사비 등을 지급할 수 없게 되고, 이에 따라 시공사의 신축 아파트에 대한 유치권 등의 행사로 예정된 입주일에 입주하기가 어려워지는 한편 연체료 등의 가산으로 공사비 등의 부담이 증가할 수 있는 상황에 처하게 되자, 이를 타개하기 위하여 조합원들과 '분양대금 전액의 선납부 후정산'의 내용으로 분양계약을 체결한 사안에서, 신축 아파트의 적기 입주와 사업비용 증가의 방지라는 목적을 달성하기 위하여 체결된 위 분양계약에 따른 분양대금 납부의무의 부담이나 그 내용은 구 도시재개발법(1995. 12. 29. 법률 제5116호로 전문 개정되기 전의 것)을 포함한 전체 법질서에 비추어 허용될 수 있고, 분양계약의 체결에 이르게 된 동기, 경위 및 목적 등에 비추어 필요성과 상당성이 있다고 인정할 수 있으므로, 위 분양계약을 무효로 볼 수 없다

[대법원 2008. 5. 15. 선고 2006다21453 판결]
주택 등의 소유자들이 구 주택건설촉진법(2003. 5. 9. 법률 제6916호 주택법으로 전문 개정되기 전의 것, 이하 같다) 제44조의 규정에 의하여 재건축조합을 설립하여 재건축사업을 하기로 하면서 그 소유의 토지나 주택을 재건축조합에 출자하고 재건축조합은 조합원에게 1세대씩 분양할 아파트 외에 여분의 아파트와 상가 등을 건축하여 일반분양하고, 그 대금으로 건축비를 일부 충당함으로써 각 조합원이 부담할 건축비를 경감하는 방식에 의하여 재건축사업을 시행하기로 결의한 경우, <u>재건축조합이 그 조합원들로부터 대지 등을 출자받아 아파트와 상가를 건축한 다음 조합원들에게 우선분양하고 남은 아파트와 상가를 일반분양함으로써 얻게 되는 수입금은 건축비에 충당되어야 하므로 특별한 사정이 없는 한 조합원이 그 재건축조합에 대하여 위 일반분양으로 인한 수입금의 분배를 요구할 수 없다.</u>

[대법원 2008. 2. 1. 선고 2006다32217 판결]
집합건물의 재건축결의에 관한 집합건물법 제47조 제1항은 부근 토지의 이용상황에 변화가 있는 경우를 재건축 요건의 하나로 삼고 있는 한편 재건축에 있어 구건물과 신건물의 용도가 동일·유사할 것을 요구하고 있지 않으므로, 집합건물법상 주거용 집합건물을 철거하고 상가용 집합건물을 신축하는 것과 같이 건물의 용도를 변

경하는 형태의 재건축결의는 다른 법령에 특별한 제한이 없는 한 허용된다고 보아야 한다.

또한, 집합건물법 제47조 제1항은 재건축결의의 내용에 관하여 구건물의 대지를 신건물의 대지로 이용할 것을 결의하면 족한 것으로 규정하고 있을 뿐 신건물의 대지가 구건물의 대지로 국한되어야 할 것을 요하고 있지 않으므로, 집합건물법상 구건물을 철거한 다음 그 대지와 인접한 주위 토지를 합하여 이를 신건물의 대지로 이용할 것을 내용으로 하는 재건축결의도 허용된다.

## [대법원 1998. 8. 21. 선고 97누9949 판결]

도시재개발법에 의한 재개발사업의 시행에 필요한 사항을 규정한 도시재개발업무지침(1994. 1. 10. 건설부훈령 제851호) 제35조 제1항, 서울특별시주택개량재개발사업업무지침 제25조 제3항, 제26조 제3항 제8호에 의하면, 재개발조합설립 및 사업시행에 대한 동의는 서면에 의하여야 하고, 그 인가신청서에는 동의서와 증빙서류를 첨부하도록 하고 있는 점, 주무관청이 재개발조합에 의한 사업시행인가를 하고자 할 때에는 관할 시장 또는 군수로 하여금 재개발사업시행인가신청서, 정관 및 사업시행계획서의 사본을 일반인에게 공람시켜야 하고, 재개발구역 안의 토지 등의 소유자와 기타 재개발사업에 관하여 이해관계를 가진 자는 공람기간 내에 관할 시장·군수에게 의견서를 제출할 수 있는 점[구 도시재개발법(1995. 12. 29. 법률 제5116호로 전문 개정되기 전의 것) 제15조 제1항, 제2항, 같은법 시행령 제20조 제1항, 제58조 제1항 제7호], 사업시행에 동의한 자는 주무관청에 대하여 공람기간 중(도시재개발업무지침 제35조 제3항, 서울특별시주택개량재개발사업업무지침 제25조 제5항)은 물론 그 인가처분시까지 자유로이 철회요청을 할 수 있는 점 등에 비추어 볼 때, 재개발조합설립 및 사업시행인가에 대하여 이미 동의한 소유자가 변동된 경우 같은 법 제17조, 제14조에서 정하는 인가에 필요한 동의요건이 충족되었는지 여부를 판단함에 있어서는 새로운 소유자가 이해관계인의 공람기간이나 인가처분 전에 주무관청에 대하여 새로이 부동의를 한다거나 종전 소유자의 동의를 철회하는 등 특별한 사정이 없는 한 종전 소유자의 동의를 묵시적으로 승인하여 동의한 것으로 추정함이 상당하다.

# 2. 도시정비법 전부 개정 경위[6]

2003년 도시정비법 제정 이후 정비사업에 대한 사회적 수요가 급증하고, 시장상황 변화에 부응하기 위하여 법률 개정이 빈번하게 이루어졌으며, 법조문도 제정 당시 88개조 273개항에서 117개조 423개항으로 크게 증가하였다. 이로 인해 법률 규정이 지나치게 복잡하고 일반 국민이 이해하기가 어려울 뿐만 아니라, 정비사업을 둘러싼 분쟁이 다수 발생하고 있어, 법률을 알기 쉽게 개편하고 불필요한 분쟁을 저감할 수 있도록 법률 규정을 정비할 필요성이 증대되었다. 이에 따라 복잡한 정비사업 유형을 통합하여 단순화하고, 분쟁을 유발하는 불명확한 규정은 명확하게 개선하는 한편, 일반 국민들이 정비사업 제도를 알기 쉽게 정비하기 위하여, 도시정비법은 2017. 2. 8. 법률 제14567호로 전부 개정되었다.

개정법의 주요내용은 아래와 같다.
- 정비사업의 유형으로 주거환경개선사업과 주거환경관리사업을 통합하여 주거환경개선사업으로 하고, 주택재개발사업과 도시환경정비사업을 통합하여 재개발사업으로 함(제2조)
- 도시·주거환경정비기본계획의 수립절차에서 주민의견 청취절차를 명확히 규정함(제6조)
- 도시·주거환경정비기본계획이 확정·고시된 경우 일반인이 열람할 수 있도록 함(제7조)
- 토지등소유자 2/3 이상 동의로 정비계획의 변경을 요청하는 경우 입안 제안을 허용함(제14조)
- 재개발사업으로 공급할 수 있는 건축물을 주택 및 부대복리시설 이외에 일반 건축물로 확대함(제23조)
- 토지등소유자가 시행하는 재개발사업의 경우 토지등소유자가 20명 미만인 경우로 명시함(제25조)

---

6) 본항은 2017. 2. 8. 법률 제14567호로 전부 개정된 도시정비법 개정이유를 정리한 것이다.

- 시공자, 기업형임대사업자, 정비사업전문관리업자 선정 시 경쟁입찰 방식을 원칙으로 하되, 예외적인 경우에는 수의계약도 허용함(제29조, 제30조 및 제32조)
- 조합원의 자격인정 기준에서 민법상 성년 규정과 동일하게 20세 이상에서 19세 이상 자녀로 변경하고, 자녀 분가요건을 실거주지와 주민등록상 분가한 경우로 명확히 함(제39조)
- 조합장이 대의원회의 의장이 되는 경우 조합장도 대의원으로 인정함(제42조)
- 조합총회에서의 일반의결정족수(조합원 과반수 출석과 출석 과반수 동의)를 신설함(제45조)
- 토지등소유자가 시행하는 재개발사업의 경우 사업시행인가 신청 시 토지면적 1/2 이상의 동의요건을 추가하고, 인가권자는 사업시행계획인가의 신청이 있는 경우 60일 이내에 인가 여부를 결정하여 통보하도록 의무화함(제50조)
- 공공주택을 건설하는 경우 「공공주택 특별법」에 따라 사업시행계획서를 작성하도록 하고, 국토교통부장관이 기부채납 운영기준을 고시하도록 함(제51조 및 제52조)
- 관계 행정기관의 장이 30일 이내에 협의의견을 제출하지 아니한 경우 사업절차의 신속을 위해 협의의제 규정을 둠(제57조)
- 사업시행계획인가 시 「공공주택 특별법」에 따른 주택건설사업계획 승인도 의제처리 사항에 포함함(제57조)
- 정비계획에서 건축물이 존치 또는 리모델링으로 계획된 경우에는 존치건축물 소유자등의 동의를 요구하지 아니하도록 함(제58조)
- 매도청구는 집합건물법을 준용하지 아니하고 정비사업의 특성을 반영하여 필요한 절차를 법에서 직접 규정함(제64조)
- 토지등소유자에게 분양신청 공고 전에 종전자산평가 결과와 분양대상자별 분담금 추산액을 알려주도록 하고, 분양공고 시기를 사업시행인가 후 120일로 연장하며, 사업시행계획인가의 변경인가로 세대수·주택규모가 달라진 경우에는 예외적으로 재분양신청을 허용함(제72조)
- 관리처분계획이 인가·고시된 날부터 90일 이내에 손실보상을 협의하되, 손실보상 협의 개시시점을 분양신청기간 종료일부터로 확대하고, 협의기간

종료 후 60일 이내에 수용재결을 신청하거나 매도청구소송을 제기하도록 명문화하며, 지연이자의 발생 시기 및 사유를 명확히 규정함(제73조)

- 재건축사업의 경우 소유한 주택수의 범위 내에서 3주택 이하로 공급할 수 있도록 함(제76조)
- 정비사업이 준공된 경우에는 정비구역을 해제하고, 지구단위계획으로 관리하도록 함(제84조)
- 정비구역 안에 정비기반시설 설치로 토지·건축물이 수용된 자에 대한 우선매수청구권을 삭제함(제96조)
- 사업시행자가 공공뿐만 아니라 민간인 경우에도 무상양도되는 정비기반시설에 현황도로를 포함하도록 하고, 정비사업으로 용도가 폐지되는 행정재산에 대한 대부료를 면제함(제97조)
- 정비사업에 전문성이 있는 공공기관으로 하여금 정비사업의 원활한 진행을 위해 지원할 수 있도록 정비사업 지원기구를 신설함(제114조)
- 분쟁조정위원회의 분쟁조정의 대상을 대통령령으로 구체화하도록 하고, 조정이 성립된 경우 집행력을 부여함(제117조)
- 정비사업의 효율적이고 투명한 관리를 위해 시·도지사가 정비사업관리시스템을 구축·운영할 수 있도록 함(제119조)
- 정비기금의 사용 목적에 증축형리모델링의 안전진단 지원을 추가함(제126조)

# 제 2 장

# 계약의 방법과 시공자 선정

## 1. 원칙 - 일반경쟁에 의한 계약 체결

(1) 추진위원장 또는 조합 등 사업시행자(청산인 포함)는 도시정비법 또는 다른 법령에 특별한 규정이 있는 경우를 제외하고는 계약(공사, 용역, 물품구매 및 제조 등 포함)을 체결하려면 일반경쟁에 부쳐야 한다(법 제29조 제1항 본문).[1][2]

---

1) 개정법(2006. 5. 24. 법률 제7960호로 개정되어 2009. 2. 6. 법률 제9444호로 개정되기 전의 것)이 시행된 2006. 8. 25. 전에 설립승인을 받은 추진위원회가 설립준비를 하여 설립된 주택재개발조합의 경우에는 개정 전 도시정비법(2006. 5. 24. 법률 제7960호로 개정되기 전의 것) 제11조가 적용되므로, 조합설립인가처분 이후에 조합 총회의 의결을 거쳐 시공자를 선정할 수 있고, 이때에 시공자를 반드시 건설교통부장관이 정하는 경쟁입찰의 방법으로 선정하여야 하는 것은 아니다(대법원 2012. 4. 12. 선고 2009다26787 판결, 대법원 2012. 5. 10. 선고 2010다38366 판결, 대법원 2013. 11. 14. 선고 2011다22085 판결, 대법원 2016. 8. 29. 선고 2013다50466 판결 등).

2) 법 제29조 제1항 본문은 계약 상대방 선정의 절차와 방법에 관하여 조합총회에서 '경쟁입찰'의 방법으로 하도록 규정함으로써, 계약 상대방 선정의 방법을 법률에서 직접 제한하고 제한의 내용을 구체화하고 있다. 다만 경쟁입찰의 실시를 위한 절차 등 세부적 내용만을 국토교통부장관이 정하도록 규정하고 있을 뿐이고, 이것이 계약의 자유를 본질적으로 제한하는 사항으로서 입법자가 반드시 법률로써 규율하여야 하는 사항이라고 보기 어렵다. 또한 '경쟁입찰'은 경쟁의 공정성을 유지하는 가운데 입찰자 중 입찰 시행자에게 가장 유리한 입찰참가인을 낙찰자로 하는 것까지를 포괄하는 개념이므로 위 규정이 낙찰자 선정 기준을 전혀 규정하지 않고 있다고 볼 수 없다. 따라서 위 규정은 법률유보의 원칙에 반하지 않는다(헌법재판소 2016. 3. 31. 선고 2014헌바382 전원재판부

일반경쟁의 방법으로 계약을 체결하는 경우로서 대통령령으로 정하는 규모를 초과하는 계약3)은 「전자조달의 이용 및 촉진에 관한 법률」 제2조 제4호의 국가종합전자조달시스템을 이용하여야 한다(법 제29조 제2항).

법은 일반경쟁, 지명경쟁 또는 수의계약의 방식으로 계약을 체결하는 경우 계약의 방법 및 절차 등에 필요한 세부적 내용에 관하여 국토교통부장관이 정하여 고시하도록 위임4)하고 있는데(법 제29조 제3항), 이에 따라 국토교통부장관이 정하여 고시한 규정이 「정비사업 계약업무 처리기준」이다.

(2) 계약 체결시 일반경쟁에 붙이도록 한 법 제29조 제1항의 문언, 입법 취지, 이 규정을 위반한 행위를 유효로 한다면 정비사업의 핵심적 절차인 계약 상대방 선정에 관한 조합원 간의 분쟁을 유발하고 그 선정 과정의 투명성·공정성이 침해됨으로써 조합원들의 이익을 심각하게 침해할 것으로 보이는 점, 법 제136조 제1호, 제2호 및 제2호의2에서 위 규정을 위반한 경우에 형사처벌을 하고 있는 점 등을 종합하면, 법 제29조 제1항은 강행규정으로서 이를 위반하여 경쟁입찰의 방법이 아닌 방법으로 이루어진 입찰과 시공자 선정결의는 당연히 무효라고 보아야 한다(대법원 2017. 5. 30. 선고 2014다61340 판결). 정비사업전문관리업자의 선정의 경우에도 마찬가지이다(대법원 2016. 6. 23. 선고 2013다58613

---

결정).

3) "대통령령으로 정하는 규모를 초과하는 계약"이란, 건설산업기본법에 따른 건설공사로서 추정가격이 6억 원을 초과하는 공사의 계약, 건설산업기본법에 따른 전문공사로서 추정가격이 2억 원을 초과하는 공사의 계약, 공사관련 법령(건설산업기본법 제외)에 따른 공사로서 추정가격이 2억 원을 초과하는 공사의 계약과 추정가격 2억 원을 초과하는 물품 제조·구매, 용역, 그 밖의 계약을 가리킨다(시행령 제24조 제2항).

4) 이러한 위임은 전문적·기술적 사항이자 경미한 사항으로서 업무의 성질상 위임이 불가피한 경우에 해당한다. 그리고 입찰의 개념이나 민사법의 일반 원리에 따른 절차 등을 고려하면, 위 규정에 따라 국토교통부장관이 규율할 내용은 경쟁입찰의 구체적 종류, 입찰공고, 응찰, 낙찰로 이어지는 세부적인 입찰절차와 일정, 의사결정 방식 등의 제한에 관한 것으로서 공정한 경쟁을 담보할 수 있는 방식이 될 것임을 충분히 예측할 수 있으므로 포괄위임금지의 원칙에 반하지 않는다(헌법재판소 2009. 6. 25. 선고 2007헌바39 전원재판부 결정, 위 헌법재판소 2014헌바382 전원재판부 결정 등). 따라서 법 제29조 제3항이 계약의 방법 및 절차 등에 관해 매우 추상적인 기준만을 정하여 명확성원칙에 위배된다고 볼 수 없다.
또한 위 규정은 정비사업의 계약 상대방 선정절차의 투명성과 공정성을 제고하기 위한 것으로서, 달리 계약 상대방 선정의 공정성을 확보하면서도 조합이나 계약 상대방의 자유를 덜 제한할 수 있는 방안을 찾기 어렵고, 그로 인하여 사업시행인 조합 등이 받는 불이익이 달성되는 공익보다 크다고 할 수 없으므로 과잉금지의 원칙에 반하여 계약의 자유를 침해한다고 볼 수 없다(위 헌법재판소 2014헌바382 전원재판부 결정).

판결).

강행규정을 위반하여 무효인 행위는 그 무효사유가 제거되지 않는 한 추인을 하더라도 유효하게 되지 않는다. 새로운 입찰절차를 밟아 다시 시공자를 선정하는 절차를 거치지 않은 채 단순히 무효인 시공자 선정결의를 추인하는 결의를 하는 것만으로 하자가 치유된다고 볼 경우 제29조 제1항 등의 입법 목적을 달성하기 어려우므로, 도급계약 결의 및 추인결의가 무효인 시공자 선정결의를 적법하게 추인한 것으로 볼 수 없다(대법원 2017. 5. 30. 선고 2014다61340 판결).[5]

(3) 강행규정을 위반한 자가 스스로 그 약정의 무효를 주장하는 것이 신의성실의 원칙에 위반되는 권리의 행사라는 이유로 그 주장을 배척한다면, 강행규정에 의하여 배제하려는 결과를 실현시키는 결과가 되므로, 특별한 사정이 없는 한 위와 같은 주장은 신의칙에 반하는 것이라고 할 수 없다. 신의칙에 위배된다는 이유로 권리의 행사를 부정하기 위해서는 상대방에게 신의를 공여하였다거나 객관적으로 보아 상대방이 신의를 가짐이 정당한 상태에 있어야 하며, 이러한 상대방의 신의에 반하여 권리를 행사하는 것이 정의관념에 비추어 용인될 수 없는 정도에 이르러야 한다(대법원 2011. 3. 10. 선고 2007다17482 판결 등). 따라서 특별한 사정이 없는 한 경쟁입찰 절차를 거치지 아니한 조합이 위 강행규정 위반을 이유로 공사도급계약의 무효를 주장하는 것은 허용된다(대법원 2016. 6. 23. 선고 2013다58613 판결).

(4) 형식적으로는 경쟁입찰의 방법에 따라 조합총회에서 시공자 선정결의를 하였다고 하더라도 실질적으로 제29조 제1항에서 경쟁입찰에 의하여 시공자를 정하도록 한 취지를 잠탈하는 경우에는 위 규정을 위반한 것으로 해당 시공자 선정결의는 무효이다.

조합이나 입찰 참가업체가 시공자 선정과정에서 조합원들에게 금품을 제

---

5) 하자 있는 행정처분의 치유는 행정처분의 성질이나 법치주의의 관점에서 볼 때 원칙적으로 허용될 수 없는 것이고, 예외적으로 행정처분의 무용한 반복을 피하고 당사자의 법적 안정성을 위해 이를 허용하는 때에도 국민의 권리나 이익을 침해하지 않는 범위에서 구체적 사정에 따라 합목적적으로 인정하여야 할 것이나(대법원 2002. 7. 9. 선고 2001두10684 판결, 대법원 2010. 8. 26. 선고 2010두2579 판결 등), 무효인 행정처분은 그 하자가 중대하고도 명백한 것으로 처음부터 어떠한 효력도 발생하지 아니하는 것이므로, 무효인 행정처분의 하자의 치유는 인정되지 아니한다(대법원 1988. 3. 22. 선고 87누986 판결, 대법원 1997. 5. 28. 선고 96누5308 판결 등).

공하여 시공자 선정동의서를 매수하는 등 시공자 선정 기준, 조합의 정관, 입찰
참여지침서나 홍보지침서 등에서 정한 절차나 금지사항을 위반하는 부정한 행
위를 하였고, 이러한 부정행위가 시공자 선정에 관한 총회결의 결과에 영향을
미쳤다고 볼 수 있는 경우를 들 수 있다(대법원 2016. 8. 29. 선고 2013다50466 판
결, 대법원 2016. 11. 24. 선고 2013다37494 판결, 대법원 2017. 5. 30. 선고 2014다
61340 판결).[6]

## 2. 일반경쟁의 예외

계약규모, 재난의 발생 등 대통령령으로 정하는 경우에는 입찰 참가자를
지명(指名)하여 경쟁에 부치거나 수의계약(隨意契約)으로 할 수 있는데(법 제29조
제1항 단서),[7] "계약규모, 재난의 발생 등 대통령령으로 정하는 경우"란 다음 각
호의 구분에 따른 경우를 말한다(시행령 제24조 제1항).

**[입찰 참가자를 지명(指名)하여 경쟁에 부치려는 경우]** 다음 각 목의 어느 하나
에 해당하여야 함
가. 계약의 성질 또는 목적에 비추어 특수한 설비·기술·자재·물품 또는
실적이 있는 자가 아니면 계약의 목적을 달성하기 곤란한 경우로서 입
찰대상자가 10인 이내인 경우
나. 건설산업기본법에 따른 건설공사(전문공사 제외)로서 추정가격이 3억
원 이하인 공사인 경우
다. 건설산업기본법에 따른 전문공사로서 추정가격이 1억 원 이하인 공사
인 경우
라. 공사관련 법령(건설산업기본법 제외)에 따른 공사로서 추정가격이 1억

---

6) 다만, 갑이 재건축 공사의 수주에 도움을 받기 위하여 을 회사에게 돈을 무이자로 대여
한 사안에서, 대법원은 도시정비법이나 건설산업기본법의 입법취지와 시공자 선정의
공정성 등이 훼손될 수 있다는 점에서 반사회적 요소가 있다고 하더라도, 대여금의 지
급을 선량한 풍속 기타 사회질서에 위반되는 민법 제746조에서 정한 불법원인급여에
해당한다고 볼 수는 없다고 보았다(대법원 2011. 1. 13 선고 2010다77477 판결).
7) 따라서 제한경쟁입찰(시공능력, 실적, 기술보유상황, 재무상태, 지역 등으로 참가자의
자격을 제한하는 입찰)은 허용되지 않는다고 보아야 할 것이다.

원 이하인 공사인 경우

마. 추정가격 1억 원 이하의 물품 제조·구매, 용역, 그 밖의 계약인 경우

**[수의계약을 하려는 경우]** 다음 각 목의 어느 하나에 해당하여야 함

가. 건설산업기본법에 따른 건설공사로서 추정가격이 2억 원 이하인 공사
  인 경우

나. 건설산업기본법에 따른 전문공사로서 추정가격이 1억 원 이하인 공사
  인 경우

다. 공사관련 법령(건설산업기본법 제외)에 따른 공사로서 추정가격이 8천만
  원 이하인 공사인 경우

라. 추정가격 5천만 원 이하인 물품의 제조·구매, 용역, 그 밖의 계약

마. 소송, 재난복구 등 예측하지 못한 긴급한 상황에 대응하기 위하여 경쟁
  에 부칠 여유가 없는 경우

바. 일반경쟁입찰이 입찰자가 없거나 단독 응찰의 사유로 2회 이상 유찰된
  경우

## 3. 정비사업 계약업무 처리기준의 주요 내용

(1) 「정비사업의 계약업무 처리기준」(이하 본 3항에서 "기준")은 관계 법령, 법 제118조(정비사업의 공공지원) 제6항에 따른 시·도조례로 정한 기준 등에 별도 정하여진 경우에는 적용되지 아니하고(기준 제3조 제1항), 관계 법령 등과 기준에서 정하지 않은 사항은 정관등8)(추진위원회 운영규정 포함)이 정하는 바에 따르며, 정관등으로 정하지 않은 구체적인 방법 및 절차는 대의원회9)가 정하는 바에 따른다(같은 조 제2항).

---

8) "정관등"이란 다음 각 목의 것을 말한다(법 제2조 제11호). 가. 제40조에 따른 조합의 정관, 나. 사업시행자인 토지등소유자가 자치적으로 정한 규약, 다. 시장·군수등, 토지주택공사등 또는 신탁업자가 제53조에 따라 작성한 시행규정

9) 법 제46조에 따른 대의원회, 법 제48조에 따른 토지등소유자 전체회의, 「정비사업 조합설립추진위원회 운영규정」 제2조 제2항에 따른 추진위원회 및 사업시행자인 토지등소유자가 자치적으로 정한 규약에 따른 대의원회 등의 조직을 말한다.

(2) 사업시행자등[10] 및 입찰에 관계된 자는 입찰에 관한 업무가 자신의 재산상 이해와 관련되어 공정성을 잃지 않도록 이해 충돌의 방지에 노력하여야 하고, 임원 및 대의원 등 입찰에 관한 업무를 수행하는 자는 직무의 적정성을 확보하여 조합원 또는 토지등소유자[11]의 이익을 우선으로 성실히 직무를 수행하여야 하며, 누구든지 계약 체결과 관련하여 금품, 향응 또는 그 밖의 재산상 이익을 제공하거나 제공의사를 표시하거나 제공을 약속하는 행위, 금품, 향응 또는 그 밖의 재산상 이익을 제공받거나 제공의사 표시를 승낙하는 행위, 제3자를 통하여 위와 같은 행위를 하여서는 아니 된다(기준 제4조 제1항 내지 제3항).

(3) 일반경쟁입찰 또는 지명경쟁입찰(이하 본 3항에서 "경쟁입찰")을 하는 경우 2인 이상의 유효한 입찰참가 신청이 있어야 한다(기준 제6조 제2항).

사업시행자등이 지명경쟁에 의한 입찰을 하고자 할 때에는 4인 이상의 입찰대상자를 지명하여야 하고, 3인 이상의 입찰참가 신청이 있어야 한다. 입찰대상자를 지명할 때 대의원회의 의결을 거쳐야 하고, 수의계약을 하는 경우 보증금과 기한을 제외하고는 최초 입찰에 부칠 때에 정한 가격 및 기타 조건을 변경할 수 없다(기준 제7조, 제8조).

(4) 사업시행자등은 입찰에 참여한 설계업자, 정비사업전문관리업자 등을 선정하고자 할 때에는 이를 토지등소유자(조합이 설립된 경우에는 조합원)가 쉽게 접할 수 있는 일정한 장소의 게시판에 7일 이상 공고하고 인터넷 등에 병행하여 공개하여야 한다. 필요한 경우 설계업자, 정비사업전문관리업자 등의 합동홍보설명회를 개최할 수 있으며, 합동홍보설명회 개최 7일 전까지 일시 및 장소를 정하여 토지등소유자에게 이를 통지하여야 한다(기준 제14조 제1항 내지 제3항).

입찰에 참여한 자는 토지등소유자 등을 상대로 개별적인 홍보(홍보관·쉼터

---

10) "사업시행자등"이란 추진위원장 또는 사업시행자(청산인 포함)를 말한다(기준 제2조 제1호).

11) "토지등소유자"란 다음 각 목의 어느 하나에 해당하는 자를 말한다. 다만, 법 제27조 제1항에 따라 「자본시장과 금융투자업에 관한 법률」 제8조 제7항에 따른 신탁업자(이하 "신탁업자")가 사업시행자로 지정된 경우 토지등소유자가 정비사업을 목적으로 신탁업자에게 신탁한 토지 또는 건축물에 대하여는 위탁자를 토지등소유자로 본다(법 제2조 제9호). 가. 주거환경개선사업 및 재개발사업의 경우에는 정비구역에 위치한 토지 또는 건축물의 소유자 또는 그 지상권자, 나. 재건축사업의 경우에는 정비구역에 위치한 건축물 및 그 부속토지의 소유자

설치, 홍보책자 배부, 세대별 방문, 개인에 대한 정보통신망을 통한 부호·문언·음향·영상 송신행위 등 포함)를 할 수 없으며, 홍보를 목적으로 토지등소유자 등에게 사은품 등 물품·금품·재산상의 이익을 제공하거나 제공을 약속하여서는 아니 된다(기준 제14조 제4항).

(5) 사업시행자등은 법 제45조 제1항 제4호부터 제6호까지의 규정12)에 해당하는 계약은 총회13)의 의결을 거쳐야 하며, 그 외의 계약은 대의원회의 의결을 거쳐야 한다(기준 제15조 제1항).

사업시행자등은 위와 같이 총회의 의결을 거쳐야 하는 경우 대의원회에서 총회에 상정할 4인 이상의 입찰대상자를 선정하여야 하며, 입찰에 참가한 입찰대상자가 4인 미만인 때에는 모두 총회에 상정하여야 한다(기준 제15조 제2항).

(6) 토지등소유자 등을 상대로 하는 개별적인 홍보 행위가 적발된 건수의 합이 3회 이상인 경우 해당 입찰은 무효로 보며, 이에 따라 해당 입찰이 무효로 됨에 따라 단독 응찰이 된 경우에는 유효한 경쟁입찰로 본다(기준 제16조).

(7) 사업시행자등은 제15조에 따라 선정된 자가 정당한 이유 없이 3개월 이내에 계약을 체결하지 아니하는 경우에는 총회 또는 대의원회의 의결을 거쳐 해당 선정을 무효로 할 수 있다(기준 제17조).

### (8) 시공자 선정에 관한 특칙

기준은 재개발사업·재건축사업의 사업시행자등이 법 제29조 제4항 및 제7항에 따라 건설업자등14)을 시공자로 선정하거나 추천하는 경우(법 제25조에 따른 공동시행을 위해 건설업자등을 선정하는 경우 포함)에 관하여 여러 특칙을 두고 있다(기준 제25조).

사업시행자등은 일반경쟁 또는 지명경쟁의 방법으로 건설업자등을 시공자로 선정하여야 하고, 다만 일반경쟁입찰이 미응찰 또는 단독 응찰의 사유로 2

---

12) 예산으로 정한 사항 외에 조합원에게 부담이 되는 계약, 시공자·설계자 및 감정평가법인등(법 제74조 제2항에 따라 시장·군수등이 선정·계약하는 감정평가법인등은 제외)의 선정 및 변경, 정비사업전문관리업자의 선정 및 변경

13) 법 제45조에 따른 총회, 법 제48조에 따른 토지등소유자 전체회의, 「정비사업 조합설립 추진위원회 운영규정」에 따른 주민총회 및 사업시행자인 토지등소유자가 자치적으로 정한 규약에 따른 총회 조직을 가리킨다(기준 제15조 제1항 괄호 부분).

14) "건설업자등"이란 건설산업기본법 제9조에 따른 건설업자 또는 주택법 제7조 제1항에 따라 건설업자로 보는 등록사업자를 말한다(기준 제2조 제2호). 참고로 건설산업기본법의 개정으로 "건설업자"는 "건설사업자"로 명칭이 변경되었다(건설산업기본법 제2조 제7호).

회 이상 유찰된 경우에는 총회의 의결을 거쳐 수의계약의 방법으로 건설업자등을 시공자로 선정할 수 있다(기준 제26조).

사업시행자등이 지명경쟁에 의한 입찰에 부치고자 할 때에는 대의원회의 의결을 거쳐야 하고, 5인 이상의 입찰대상자를 지명하여 3인 이상의 입찰참가 신청이 있어야 한다(기준 제27조).

건설업자등은 입찰서 작성시 이사비, 이주비, 이주촉진비, 재건축이익환수법 제2조 제3호에 따른 재건축부담금, 그 밖에 시공과 관련이 없는 사항에 대한 금전이나 재산상 이익을 제공하는 제안을 하여서는 아니 되고(사업시행자등 역시 위와 같은 금전이나 재산상 이익을 요청하여서는 아니 된다), 다만 금융기관의 이주비 대출에 대한 이자를 사업시행자등에 대여하는 것을 제안할 수는 있다(기준 제29조 제2항, 제30조 제1항, 제2항). 또한 건설업자등은 금융기관으로부터 조달하는 금리 수준으로 추가 이주비(종전 토지 또는 건축물을 담보로 한 금융기관의 이주비 대출 이외의 이주비를 말한다)를 사업시행자등에 대여하는 것을 제안할 수는 있으나, 재건축사업에서는 이러한 제안이 허용되지 아니한다(기준 제30조 제3항).

사업시행자등은 입찰서 제출마감일 20일 전까지 현장설명회를 개최하여야 하며, 다만 비용산출내역서 및 물량산출내역서 등을 제출해야 하는 내역입찰의 경우에는 입찰서 제출마감일 45일 전까지 현장설명회를 개최하여야 한다(기준 제31조 제1항).

사업시행자등은 제출된 입찰서를 모두 대의원회에 상정하여야 하고, 대의원회는 총회에 상정할 6인 이상의 건설업자등을 선정하여야 한다. 다만 입찰에 참가한 건설업자등이 6인 미만인 때에는 모두 총회에 상정하여야 한다. 대의원회에서의 건설업자등의 선정은 대의원회 재적의원 과반수[15]가 직접 참여한 회의에서 비밀투표의 방법으로 의결하여야 한다. 이 경우 서면결의서 또는 대리인을 통한 투표는 인정하지 아니한다(기준 제33조).

사업시행자등은 총회에 상정될 건설업자등이 결정된 때에는 토지등소유자에게 이를 통지하여야 하며, 건설업자등의 합동홍보설명회를 2회 이상 개최하여야 한다. 이 경우 사업시행자등은 총회에 상정하는 건설업자등이 제출한 입찰제안서에 대하여 시공능력, 공사비 등이 포함되는 객관적인 비교표를 작성하

---

15) 과반수라 함은 1/2을 넘어서는 것을 의미한다(대법원 1994. 11. 22. 선고 93다40089 판결).

여 토지등소유자에게 제공하여야 하며, 건설업자등이 제출한 입찰제안서 사본을 토지등소유자가 확인할 수 있도록 전자적 방식(「전자문서 및 전자거래 기본법」 제2조 제2호에 따른 정보처리시스템을 사용하거나 그 밖에 정보통신기술을 이용하는 방법을 말한다)을 통해 게시할 수 있다(기준 제34조 제1항). 사업시행자등이 합동 홍보설명회를 개최할 때에는 개최일 7일 전까지 일시 및 장소를 정하여 토지등소유자에게 이를 통지하여야 한다(기준 제34조 제2항).

건설업자등의 임직원, 시공자 선정과 관련하여 홍보 등을 위해 계약한 용역업체의 임직원 등은 토지등소유자 등을 상대로 개별적인 홍보를 할 수 없으며, 홍보를 목적으로 토지등소유자 또는 정비사업전문관리업자 등에게 사은품 등 물품·금품·재산상의 이익을 제공하거나 제공을 약속하여서는 아니 된다(기준 제34조 제3항).

사업시행자등은 최초 합동홍보설명회 개최 이후 건설업자등의 신청을 받아 정비구역 내 또는 인근에 개방된 형태의 홍보공간 1개소를 제공하거나, 건설업자등이 공동으로 마련하여 한시적으로 제공하고자 하는 공간 1개소를 홍보공간으로 지정할 수 있다. 이 경우 건설업자등은 사업시행자등이 제공하거나 지정하는 홍보공간에서 토지등소유자 등에게 홍보할 수 있다(기준 제34조 제4항).

건설업자등이 위와 같이 홍보를 하려는 경우에는 미리 홍보를 수행할 직원(건설업자등의 직원을 포함한다. 이하 "홍보직원")의 명단을 사업시행자등에 등록하여야 하며, 홍보직원의 명단을 등록하기 이전에 홍보를 하거나, 등록하지 않은 홍보직원이 홍보를 하여서는 아니 된다. 이 경우 사업시행자등은 등록된 홍보직원의 명단을 토지등소유자에게 알릴 수 있다(기준 제34조 제5항).

건설업자등의 선정을 위한 총회는 토지등소유자 과반수가 직접 출석하여 의결하여야 한다. 이 경우 법 제45조 제5항에 따른 대리인이 참석한 때에는 직접 출석한 것으로 본다(기준 제35조 제1항). 조합원이 위 총회에 직접 참석하기 어려운 경우 서면으로 의결권을 행사할 수 있으나, 서면결의서를 철회하고 시공자선정 총회에 직접 출석하여 의결하지 않는 한 직접 참석자에는 포함되지 않는다(기준 제35조 제2항).

이러한 과반수 직접 출석에 관한 규정이 시공자를 선정하려는 조합의 의사결정과정에 관하여 가중된 요건을 요구함으로써 조합의 계약 자유를 제한한다고 볼 여지가 있으나, ① 위 규정들은 정비사업에서 큰 비중을 차지하는 시공자 선정절차의 투명성과 공정성을 확보하려는 정당한 입법 목적을 가지고 있다는 점, ② 조합총회의 결의는 조합원들이 직접 참석하여 의결권을 행사하여 이루어지는 것이 원칙이며, 서면결의에서는 직접 참석하여 한 결의보다 조합원들의 의사가 왜곡되거나 정보가 부족한 상태에서 결의가 이루어질 가능성이 크다는 점, ③ 조합원의 과반수가 직접 출석하는 것이 쉽지는 않더라도 기대하기 불가능한 정도로 가중된 요건은 아니고, 직접 참석하기 어려운 조합원은 대리인으로 하여금 출석할 수 있도록 예외가 인정되고 있다는 점 등을 고려할 때 위 규정들이 과잉금지의 원칙에 반하여 조합의 계약 자유 등 기본권을 침해한 것으로 보기는 어렵다(대법원 2017. 5. 30. 선고 2014다61340 판결).

서면의결권 행사는 조합에서 지정한 기간·시간 및 장소에서 서면결의서를 배부받아 제출하여야 하고, 조합은 조합원의 서면의결권 행사를 위해 조합원 수 등을 고려하여 서면결의서 제출기간·시간 및 장소를 정하여 운영하여야 하며, 시공자 선정을 위한 총회 개최 안내시 서면결의서 제출요령을 충분히 고지하여야 한다(기준 제35조 제3항, 제4항).

조합은 총회에서 시공자 선정을 위한 투표 전에 각 건설업자등별로 조합원들에게 설명할 수 있는 기회를 부여하여야 한다(기준 제35조 제3항, 제4항).

사업시행자등은 선정된 시공자가 정당한 이유 없이 3개월 이내에 계약을 체결하지 아니하는 경우에는 총회의 의결을 거쳐 해당 선정을 무효로 할 수 있다(기준 제36조 제2항).

또한, 사업시행자등은 계약 체결 후 사업시행계획인가 전에 시공자를 선정한 경우에는 공사비의 10% 이상, 사업시행계획인가 이후에 시공자를 선정한 경우에는 공사비의 5% 이상이 증액되는 경우, 공사비 검증이 완료된 이후 공사비가 추가로 증액되는 경우, 토지등소유자 10분의 1 이상이 사업시행자등에 공사비 증액 검증을 요청하는 경우 또는 그 밖에 사유로 사업시행자등이 공사비 검증을 요청하는 경우에 해당하게 될 경우 검증기관(공사비 검증을 수행할 기관으로서 한국부동산원법에 의한 한국부동산원)에게 공사비 검증을 요청할 수 있다(기준 제36조 제3항).

검증기관은 접수일로부터 60일 이내에 그 결과를 신청자에게 통보하여야 한다. 다만, 부득이한 경우 10일의 범위 내에서 1회 연장할 수 있으며, 서류의 보완기간은 검증기간에서 제외한다(기준 제36조 제4항, 제5항).

사업시행자등은 공사비 검증이 완료된 경우 검증보고서를 총회에서 공개하고 공사비 증액을 의결받아야 한다(기준 제36조 제6항).

(9) 참고로 시공자 선정 입찰을 무효로 본 대표적인 하급심 판결을 소개한다.

---

[서울동부지방법원 2010. 7. 2.자 2010카합1471 결정]

[1] 주택재건축정비사업조합이 시공자 선정을 위한 입찰 과정에서 입찰마감일까지 입찰조건에 따른 입찰자가 없다는 이유로 긴급 이사회의 결의에 따라 입찰마감일을 연기한 사안에서, 형식적·절차적인 측면에서 위 조합의 정관 규정상 입찰마감일의 연기 결정을 위한 권한은 집행기관에 불과한 조합장을 포함한 임원들이나 이사회에게 있는 것이 아니라 의결기관인 대의원회에 있다고 봄이 상당하므로, 대의원회의 사전 결의 없이 긴급 이사회의 결의만으로 입찰마감일을 결정한 것은 무효이고, 실질적·내용적인 측면에서 위 입찰마감일 연기 결정의 직접적인 근거인 입찰참여지침서에서 정한 '기타 불가피한 사유로 인하여 지정된 일시에 입찰을 실시하지 못하는 경우'라 함은 입찰방해 기타 소란 행위 등 조합 측의 사정으로 인하여 입찰참여 대상업체로 하여금 사실상 입찰의 기회를 부여할 수 없었거나 이에 준하는 사유로 인하여 실제로 입찰을 실시할 수 없는 특별한 사정을 의미하는 것이지, 입찰마감일까지 입찰조건에 따른 입찰자가 없는 사정까지 포함한다고 볼 수 없으므로, 위 입찰마감일 연기 결정이 무효라고 본 사례.

[2] 공정하고 투명한 재건축사업의 추진을 통해 주거환경을 개선하고 조합원의 주거안정 및 주거생활의 질적 향상을 목적으로 하는 주택재건축사업의 목적에 비추어 볼 때, '시공자 선정 절차'는 그 핵심에 해당하는 것으로 이를 둘러싼 이해관계인이 많을 뿐만 아니라 그 과정에서 불공정한 행위로 인해 주택재건축사업이 지연되거나 무산되는 등의 결과가 발생할 경우 종국적으로 그 피해가 조합원들에게 돌아갈 수밖에 없으므로, '시공자 선정 절차'를 진행함에 있어 공정성·적정성을 전제로 한 엄격한 관계 법령의 준수가 요구된다. 또한, 이러한 시공자 선정을 위한 입찰절차에 있어서 '공정성'이란 적어도 입찰참여 대상자에게 동일한 기준을 적용하고 동일한 정보를 제공함으로써 실제로 입찰에 참여할 의사결정의 기회를 동등하게 부여하였는지 여부를 기준으로 판단함이 상당하다.

[3] 주택재건축정비사업조합이 시공자 선정을 위한 입찰 과정에서 홍보활동지침 준수서약서 제출기한까지 이를 제출하지 않아 입찰참여 자격이 없는 업체에 대하여 입찰이 마감된 후 대의원회를 개최하여 '홍보활동지침 준수서약서의 제출기한'에 관한 입찰참여규정을 변경함으로써 입찰참여 자격을 사후에 부여한 사안에서, 이는

사후에 관련 규정을 변경하여 무효인 입찰참여를 유효로 만드는 것이어서 허용될 수 없을 뿐만 아니라 현장설명회에 참여한 업체 중에서 홍보활동지침 준수서약서를 제출하지 않은 다른 업체에 대하여 위와 같은 입찰참여규정의 변경내용에 관한 아무런 사전 통지도 없는 상태에서 입찰이 마감된 이후에 위 특정 업체에 대해서만 입찰참여의 자격을 부여한 것이어서 다른 업체들과 사이에서 입찰참여의 정보와 그 기회가 공정하게 부여된 것이라고 볼 수 없으므로, <u>입찰의 공정성은 물론 관련 규정의 적법성에도 위반되어 무효라고 본 사례</u>

# 제 3 장

# 조합설립추진위원회

## 1. 추진위원회[1]의 구성과 승인

(1) 조합을 설립하려는 경우에는 정비구역 지정·고시 후 ① 추진위원회 위원장(이하 "추진위원장")을 포함한 5명 이상의 추진위원회 위원(이하 "추진위원")과 ② 운영규정에 대하여 토지등소유자 과반수의 동의를 받아 조합설립을 위한 추진위원회(이하 "추진위원회")를 구성하여 시장·군수등[2]으로부터 승인(이하 "구성승인")을 받아야 한다(법 제31조 제1항). 다만, 정비사업에 대하여 법 제118조에 따른 공공지원을 하려는 경우에는 추진위원회를 구성하지 아니할 수 있다(법 제31조 제4항).

추진위원회는 조합을 설립하기 위해서 구성되는 것이므로, 하나의 정비구역 안에서 추진위원회가 복수로 승인될 수는 없다(대법원 2009. 10. 29. 선고 2009두12297 판결).

---

[1] 추진위원회 제도는 도시정비법 제정시 도입된 것인데, 과거 정비사업의 초기 단계에서 실제로 빈번하게 구성되어 활동하면서 여러 법문제를 안고 있으면서도 법적으로 별달리 규율되지 않고 있던 추진위원회 등에 대하여 일정한 법적 틀을 부여함으로써 정비사업을 원활하게 진행하기 위한 것이다(대법원 2009. 10. 29. 선고 2009두12297 판결).

[2] 특별자치시장, 특별자치도지사, 시장, 군수, 자치구의 구청장을 가리킨다(법 제2조 제11호 다목).

(2) 추진위원회 구성승인을 신청할 때에는 토지등소유자 명부, 토지등소유자의 동의서, 추진위원회 위원장 및 위원의 주소 및 성명과 추진위원회 위원 선정을 증명하는 서류를 첨부하여 조합설립추진위원회 승인신청서를 시장·군수등에게 제출하여야 한다(시행규칙 제7조 제1항).

추진위원회의 구성에 동의한 토지등소유자는 법 제35조 제1항부터 제5항까지의 규정에 따른 조합의 설립에 동의한 것으로 간주되고, 다만 조합설립인가를 신청하기 전에 시장·군수등 및 추진위원회에 조합설립에 대한 반대의 의사표시를 한 경우에는 조합의 설립에 동의한 것으로 간주되지 아니한다(법 제31조 제2항).

(3) 추진위원회 구성에 관한 토지등소유자의 동의에는 일정한 형식과 절차가 요구되는데, 시행규칙 별지 제4호 서식의 동의서에 추진위원장, 추진위원, 법 제32조 제1항에 따른 추진위원회의 업무 및 법 제34조 제1항에 따른 운영규정을 미리 쓴 후 토지등소유자의 동의를 받아야 하고(법 제31조 제3항 제1문, 시행령 제25조 제1항, 시행규칙 제7조 제2항), 이러한 동의를 받기 전에 추진위원회 구성에 동의한 토지등소유자는 조합의 설립에 동의한 것으로 간주된다는 사실을 설명하여야 하며(법 제31조 제3항 제2문), 동의를 받을 때 동의를 받으려는 사항 및 목적, 동의로 인하여 의제되는 사항, 동의의 철회 또는 반대의사 표시의 절차와 방법을 설명·고지하여야 한다(시행령 제25조 제2항).

(4) 조합설립에 대한 동의로 의제되는 추진위원회 구성동의를 철회하는 것은 가능하나, 이에는 시간적, 방법적 제한이 있다.

위 동의의 철회는 조합설립인가신청 전에 하여야 할 뿐만 아니라, 최초 동의일로부터 30일이 경과되면 조합설립인가신청 전이라도 철회할 수 없으며, 다만 위 30일 제한은 조합설립동의사항(건설되는 건축물의 설계의 개요, 정비사업비, 정비사업비의 분담기준, 사업 완료 후 소유권의 귀속에 관한 사항, 조합 정관)이 변경되지 아니하였음을 전제로 한다(시행령 제33조 제2항).

또한 토지등소유자는 철회서에 토지등소유자가 성명을 적고 지장(指章)을 날인한 후 주민등록증 및 여권 등 신원을 확인할 수 있는 신분증명서 사본을 첨부하여 동의의 상대방 및 시장·군수등에게 내용증명의 방법으로 발송하여야 한다. 이 경우 시장·군수등이 철회서를 받은 때에는 지체 없이 동의의 상대방에게 철회서가 접수된 사실을 통지하여야 한다(시행령 제33조 제3항). 이러한 철회의 의사표시는 철회서가 동의의 상대방에게 도달한 때와 시장·군수등이 동의의 상대방에게 철회서가 접수된 사실을 통지한 때 중 빠른 때에 효력이 발생한다(시행령 제33조 제4항).[3]

(5) 추진위원회의 구성승인 신청을 받은 시장·군수등은 승인신청서에 시행규칙 제7조 소정의 동의서와 첨부서류가 구비되었고, 해당 서류에 의하여 추진위원장을 포함한 5인 이상의 추진위원과 운영규정에 대하여 토지등소유자 과반수의 동의가 있음을 확인할 수 있다면 그 추진위원회의 설립을 승인하여야 한다(대법원 2008. 7. 24. 선고 2007두12996 판결, 대법원 2009. 6. 25. 선고 2008두13132 판결).[4] 따라서 추진위원회 구성승인 처분은 기속행위 또는 기속재량행위로 볼 수 있다.

다만, 추진위원회는 일정한 구역에서 실시되는 특정한 정비사업을 전제로 사업대상·범위에 속하는 토지등소유자의 동의를 얻어 설립되므로, 토지등소유자가 정비구역이 정해지기 전에 임의로 그 구역을 예상하여 추진위원회 설립에 동의하였다가 나중에 확정된 실제 사업구역이 동의 당시 예정한 사업구역과 동

---

3) 구법 제17조에 의하여 조합설립 동의 산정방법 및 절차에 관하여 규정하고 있는 구 시행령(2009. 8. 11. 대통령령 제21679호로 개정되기 전의 것) 제28조 제1항 제5호, 제4항은 인가신청 전에 동의를 철회하는 자는 동의자 수에서 제외하되, 다만 제26조 제1항 각 호의 사항이 변경되지 아니한 경우에는 동의자 수에서 이를 제외하지 아니하며, 위 동의 및 그 철회는 인감도장을 사용한 서면에 의하고 인감증명서를 첨부하여야 한다고 규정하고 있을 뿐, 조합설립 동의 철회의 상대방, 시기 등에 관하여 아무런 규정을 두고 있지 아니하였다. 이러한 구법이 적용된 사안에 관하여 대법원은 "행정청의 조합설립인가처분은 단순히 사인들의 조합설립행위에 대한 보충행위로서의 성질을 가지는 것이 아니라 재개발조합에 행정주체(공법인)로서의 지위를 부여하는 일종의 설권적 처분의 성질을 지니고 있는 점, 재개발조합 설립인가신청을 받은 행정청이 재개발조합의 설립을 인가할 것인지 여부를 결정하고자 할 때에는 대통령령이 정하는 바에 따라 토지등소유자의 5분의 4 이상의 동의가 있었는지 여부를 심사하여야 하는 점(구 도시정비법 제16조 제1항) 등을 더하여 보면, 조합설립 동의 철회의 상대방은 추진위원회뿐만 아니라 행정청도 될 수 있다고 보아야 하며, 나아가 행정청이 조합설립 동의 철회서를 제출받은 경우 추진위원회에게 이를 통지하여야만 그 철회의 효력이 생긴다고 볼 것은 아니다."라고 판시하였다(대법원 2010. 7. 8 선고 2009두4449 판결).

4) 구 도시정비법(2008. 2. 29. 법률 제8852호로 개정되기 전의 것)은 현행법과 달리 추진위원장을 포함한 5인 이상의 추진위원으로 추진위원회를 구성하도록 규정하고 있었을 뿐이므로, 대법원은 구 도시정비법 하에서는 추진위원회의 구성승인 당시까지 반드시 추진위원회 운영규정이 마련되어 있을 필요는 없고, 추진위원회 구성승인 이후에 추진위원회 운영규정을 작성하여 토지등소유자의 동의를 받더라도 무방하기 때문에, 추진위원회 운영규정의 작성이나 추진위원의 자격 및 선정방식은 추진위원회 구성승인의 요건은 아니라고 보았다(대법원 2008. 7. 24. 선고 2007두12996 판결, 대법원 2009. 6. 25. 선고 2008두13132 판결).

일성을 인정할 수 없을 정도로 달라진 때에는, 정비구역이 정해지기 전의 동의를 구성승인을 신청하는 추진위원회 구성에 관한 동의로 볼 수 없고, 따라서 이에 기초한 구성승인 처분은 위법하다(대법원 2011. 7. 28. 선고 2011두2842 판결).

(6) 추진위원회 구성승인은 조합 설립을 위한 주체인 추진위원회의 구성행위를 보충하여 그 효력을 부여하는 처분이다[대법원 2013. 1. 31. 선고 2011두11112, 2011두11129(병합) 판결]. 그리고 추진위원회 구성승인에 따라 추진위원회는 조합설립과 관련된 업무를 수행할 권한을 가지고, 하나의 정비구역 안에서 추진위원회가 복수로 승인될 수는 없다는 점 등에 비추어 볼 때, 추진위원회 구성승인은 허가 또는 특허에 해당한다.5)

추진위원회 구성승인을 받은 추진위원회는 유효하게 설립된 비법인사단으로서 조합설립에 필요한 법률행위 등을 할 수 있다(대법원 2014. 2. 27. 선고 2011두2248 판결).6)

따라서 추진위원회가 구성승인을 받을 당시의 정비예정구역보다 정비구역이 확대되어 지정된 경우, 비록 추진위원회가 구성 변경승인을 받기 전에 그 확대된 정비구역 전체에서 조합설립을 추진하여 조합설립인가신청을 하였다 하더라도 이는 유효하게 설립된 비법인사단의 법률행위이므로, 당초의 추진위원회 구성승인이 실효되었다는 등의 특별한 사정이 없는 한 변경승인 전의 행위라는 사정만으로 조합설립인가신청 자체가 무효라고 할 수는 없다(대법원 2014. 2. 27. 선고 2011두2248 판결).

(7) 한편, 법 제31조는 조합을 설립하고자 하는 경우 추진위원회를 구성하여 시장·군수등의 승인을 얻어야 한다고만 규정하고 있을 뿐 추진위원회 구성에 관한 변경승인절차에 관하여 규정하고 있지 아니하나, 추진위원회가 구성승인을 받을 당시의 정비예정구역보다 정비구역이 확대되어 지정된 경우 당초의 추진위원회 구성승인이 당연 실효되었다고 볼 수 있는 등의 특별한 사정이 없

---

5) 김선희, 도시정비법상 추진위원회와 관련된 제반 법률문제, 사법 23호(2013년), 사법발전재단, 156~157.

6) 다만, 행정주체(공법인)로서의 지위를 갖는 조합(대법원 2009. 10. 15. 선고 2009다30427 판결, 대법원 2010. 2. 25. 선고 2007다73598 판결, 대법원 2014. 5. 29. 선고 2012두6650 판결)과 달리 추진위원회는, 조합을 설립하기 위한 준비절차의 업무만 담당할 뿐 토지 등의 수용권이나 관리처분계획, 경비부과처분과 같은 권한이 인정되지 아니하고, 추진위원회의 위원장에 대하여 형법 제129조 내지 제132조의 적용에 있어서 공무원으로 의제하고 있을 뿐이다.

는 한 추진위원회는 토지등소유자의 동의 등 일정한 요건을 갖추어 시장·군수에 추진위원회 구성 변경승인을 신청할 수 있고, 추진위원회 구성에 관한 승인권한을 가지는 시장·군수는 그 변경승인의 권한이 있다고 봄이 상당하다(대법원 2014. 2. 27. 선고 2011두2248 판결).

(8) 정비사업에 관하여 추진위원회가 구성되려면 그 전제로 '토지등소유자'의 범위가 확정될 필요가 있고, 또 '토지등소유자'의 범위를 확정하기 위하여는 정비구역의 지정 및 고시가 선행되어야 한다. 따라서 정비구역이 지정되지 아니한 상태에서 일부 주민이 임의로 획정한 구역을 기준으로 구성된 추진위원회가 시장·군수의 승인을 얻어 설립될 수 있다고 한다면, 정비사업에 관한 제반 법률관계가 불명확·불안정하게 되어 정비사업의 추진이 전반적으로 혼란에 빠지고 그 구역 안에 토지 등을 소유하는 사람의 법적 지위가 부당한 영향을 받을 현저한 우려가 있으므로, 그와 같이 정비구역의 지정 및 고시 없이 행하여지는 조합설립추진위원회 구성승인은 허용될 수 없고, 그와 같은 하자는 중대할 뿐만 아니라 객관적으로 명백하다고 할 것이다(대법원 2009. 10. 29. 선고 2009두 12297 판결, 대법원 2014. 6. 12. 선고 2012두12051 판결).

법 제31조 제1항도 이러한 취지에서 조합을 설립하려는 경우에는 정비구역 지정·고시 후 토지등소유자 과반수의 동의를 받아 조합설립을 위한 추진위원회를 구성하여 시장·군수등의 승인을 받아야 한다고 규정하고 있다.[7]

---

7) 다만, 구 도시정비법(2009. 2. 6. 법률 제9444호로 개정되기 전의 것, 이하 "구 도시정비법") 제13조 제1항, 제2항은 시장·군수 또는 주택공사 등이 아닌 자가 정비사업을 시행하고자 하는 경우에는 토지등소유자로 구성된 조합을 설립하여야 하고, 이 때 조합을 설립하려면 토지등소유자 과반수의 동의를 얻어 추진위원회를 구성하여 시장·군수의 승인을 얻어야 한다고만 규정하고 있었을 뿐, 추진위원회의 구성에 관한 토지등소유자의 동의시기를 정비구역의 지정·고시 이후로 제한하는 규정을 두고 있지 않았으므로, 구 도시정비법 제13조 제1항, 제2항에 의한 추진위원회 구성승인 처분이 정비구역이 지정·고시되기 전에 지정된 정비예정구역을 기준으로 한 토지등소유자의 과반수 동의를 얻어 구성된 추진위원회에 대하여 이루어진 것이라고 하더라도 그 하자가 중대하거나 명백하다고 할 수는 없다(대법원 2010. 9. 30. 선고 2010두9358 판결, 대법원 2012. 4. 26. 선고 2011두23108,23115 판결, 대법원 2012. 9. 27. 선고 2011두17400 판결, 대법원 2013. 5. 24. 선고 2011두14937 판결 등).
또한 구 도시정비법 13조 제2항에 의하면 정비사업을 시행하기 위하여 토지등소유자로 구성된 조합을 설립하고자 하는 경우에는 토지등소유자의 2분의 1 이상의 동의를 얻어 시장·군수의 승인을 얻어야 하고, 구 도시정비법 시행규칙 제6조 각 호에 의하면, 추진위원회의 구성승인을 얻고자 하는 자는 [별지 제2호 서식]의 승인신청서에 토지등소유자의 동의서 등을 첨부하여 시장·군수에게 제출하여야 한다고 규정하면서도 달리 토지

같은 취지에서 정비예정구역의 일부 주민이 임의로 획정한 구역을 기준으로 구성된 추진위원회가 시장·군수의 승인을 얻어 설립될 수 있다고 한다면, 정비사업에 관한 제반 법률관계가 불명확·불안정하게 되어 정비사업의 추진이 전반적으로 혼란에 빠지고 그 구역 안에 토지 등을 소유하는 사람의 법적 지위가 부당한 영향을 받을 현저한 우려가 있으므로, 정비예정구역이 지정된 경우에는 그에 의하여 확정된 토지등소유자의 과반수의 동의를 얻어야 하고, 그 정비예정구역 중 일부 지역의 토지등소유자의 과반수의 동의를 얻어서 추진위원회를 구성하여서는 안 된다고 볼 것이고, 위와 같은 사안에서 이루어진 추진위원회 구성승인 처분은 무효이다(대법원 2012. 4. 26. 선고 2011두23108,23115 판결).

(9) 다만, 행정소송에서 행정처분의 위법 여부는 당해 처분이 행하여졌을 때의 법령과 사실 상태를 기준으로 판단하여야 하므로, 정비구역이 지정·고시되기 전의 정비예정구역을 기준으로 한 토지등소유자 과반수의 동의를 얻어 구성된 추진위원회에 대하여 그 구성에 관한 승인처분이 이루어졌는데, 그 후에 지정된 정비구역이 정비예정구역보다 면적이 축소되었다고 하더라도 이러한 사정만으로 그 추진위원회 구성에 관한 승인처분이 당연무효라고 할 수는 없다(대법원 2013. 10. 24. 선고 2011두28455 판결).

또한, 법은 정비예정구역의 개략적 범위에 관한 사항을 포함하는 도시·주거환경정비기본계획을 수립 또는 변경하고자 하는 때 소정의 절차를 거치도록 하면서 대통령령이 정하는 경미한 사항을 변경하는 경우에는 그 예외를 인정하고 있는데(제6조 제1항, 제3항), 시행령은 정비예정구역의 면적을 구체적으로 명시한 때 당해 구역 면적의 20% 미만 변경인 경우를 경미한 사항을 변경하는 경우의 하나로 들고 있다(제6조 제4항 제5호). 한편, 법은 정비구역의 지정 및 정비계획의 수립에 관하여 기본계획에 적합한 범위 안에서 소정의 요건 및 절차를 거치도록 정하고 있을 뿐 정비구역과 정비예정구역의 관계에 관한 규정은 두고 있지 아니하다(제8조). 이러한 각 규정의 내용, 형식 및 취지를 종합하면, 기본

---

등소유자의 동의서 형식에 관하여 특별히 제한을 두고 있지는 않으므로, 추진위원회의 구성승인 신청을 받은 시장·군수로서는 그 서류의 형식이나 제목에 관계없이 승인신청서에 첨부된 첨부서류에 의하여 당해 추진위원회의 구성에 대하여 토지등소유자의 2분의 1 이상의 동의가 있음을 확인할 수 있다면 그 추진위원회의 설립을 승인하여야 한다(대법원 2009. 6. 25. 선고 2008두13132 판결, 대법원 2012. 9. 27. 선고 2011두17400 판결 등).

계획 단계에서 그 내용 중 일부인 정비예정구역의 면적을 20% 이상 변경하는 경우에는 기본계획 변경절차를 거쳐야 하나, 이미 수립된 기본계획에서 정한 정비예정구역의 범위 안에서 정비구역을 지정하는 경우에는 정비구역의 지정을 위한 절차를 거치는 외에 따로 기본계획을 먼저 변경하여야 한다거나 그 변경절차를 거치지 아니하고 곧바로 정비구역 지정행위에 나아간 것이 위법하다고 볼 수는 없다(대법원 2013. 10. 24. 선고 2011두28455 판결).

　나아가 정비사업을 원활하게 진행하기 위하여 추진위원회 제도를 도입하는 한편 1개의 정비구역 안에 복수의 추진위원회가 구성되는 것을 금지하는 등 그에 대하여 특별한 법적 지위를 부여하고 있는 도시정비법의 입법 취지와 추진위원회 구성승인 처분이 다수의 이해관계인에게 미치는 파급효과 등에 비추어 보면, 일정한 정비예정구역을 전제로 추진위원회 구성승인 처분이 이루어진 후 정비구역이 정비예정구역과 달리 지정되었다는 사정만으로 구성승인 처분이 당연히 실효된다고 볼 수 없고, 정비예정구역과 정비구역의 각 위치, 면적, 토지등소유자 및 동의자 수의 비교, 정비사업계획이 변경되는 내용과 정도, 정비구역 지정 경위 등을 종합적으로 고려하여 당초 구성승인 처분의 대상인 추진위원회가 새로운 정비구역에서 정비사업을 계속 추진하는 것이 도저히 어렵다고 보여 그 추진위원회의 목적 달성이 사실상 불가능하다고 인정되는 경우에 한하여 그 실효를 인정함이 타당하다고 할 것이다(대법원 2013. 9. 12. 선고 2011두31284 판결).

　(10) 정비구역 안에서 복수의 추진위원회에 대한 승인은 허용되지 않는 점, 추진위원회가 조합을 설립할 경우 추진위원회가 행한 업무와 관련된 권리와 의무는 조합이 포괄승계하며, 재개발사업의 경우 정비구역 내의 토지등소유자는 당연히 그 조합원으로 되는 점 등에 비추어 보면, 추진위원회의 구성에 동의하지 아니한 정비구역 내의 토지등소유자도 추진위원회 구성승인 처분에 대하여 법에 의하여 보호되는 직접적이고 구체적인 이익을 향유한다고 할 것이므로, 추진위원회의 구성에 동의하지 아니한 정비구역 내의 토지등소유자에게도 추진위원회 구성승인 취소소송의 원고적격이 인정된다(대법원 2007. 1. 25. 선고 2006두12289 판결).

# 2. 정비구역등<sup>8)</sup>의 해제와 구성승인의 취소

(1) 법 제20조 제7항 및 제21조 제2항에 따라 정비구역등이 해제·고시된 경우 추진위원회 구성승인은 취소된 것으로 간주되며, 시장·군수등은 해당 지방자치단체의 공보에 그 내용을 고시하여야 한다(법 제22조 제3항).

이 때의 추진위원회 구성승인의 취소는 추진위원회 구성승인 당시에 위법 또는 부당한 하자가 있음을 이유로 한 것이 아니라 처분 이후 발생한 후발적 사정을 이유로 하는 것이므로, 추진위원회 구성승인의 효력을 소급적으로 상실 시키는 행정행위의 '취소'가 아니라 적법요건을 구비하여 완전히 효력을 발하고 있는 추진위원회 구성승인의 효력을 장래에 향해 소멸시키는 행정행위의 '철회' 로 보아야 할 것이다.

따라서 위 규정에 따라 구성승인이 취소 간주되기 전까지 추진위원회는 유효하게 존재하는 것이므로, 해당 추진위원회의 추진위원장은 법 제134조에 의하여 형법 제129조 내지 제132조의 적용에 있어서 공무원으로 의제되는 추진위원장이라고 봄이 상당하다(대법원 2016. 6. 10. 선고 2015도576 판결).

(2) 추진위원회와 직접 관련되지는 아니하나, 정비구역등의 지정 및 해제 등에 관한 아래 대법원 판결을 참조하기 바란다.

법 제21조 제1항 제5호 및 제6호에서 일정한 토지등소유자의 동의로 정비 구역의 해제를 요청하는 경우란, 추진위원회 또는 조합 스스로가 요청하는 경우만을 가리키는 것이 아니라, 해제에 동의한 토지등소유자의 대표자가 요청하는 경우도 포함한다고 보아야 한다(대법원 2009. 1. 30. 선고 2008두14869 판결).

도시정비법에 의하여 정비구역에서 시행되는 재개발사업, 재건축사업에 관한 계획 및 도시재정비법에 의하여 재정비촉진구역에서 시행되는 재정비촉진사업에 관한 재정비촉진계획은 국토계획법상의 도시관리계획에 해당하며, 서울특별시의 구청장은 위 계획들이 수립되고 있는 지역에서 위 법률 규정에 따라 개발행위허가를 제한할 수 있다(대법원 2012. 7. 12. 선고 2010두4957 판결).

대법원은 「시장이 도시환경정비구역을 지정하였다가 해당구역 및 주변지

---

8) "정비구역등"은 정비예정구역 또는 정비구역을 의미한다(법 제19조 제8항).

역의 역사·문화적 가치 보전이 필요하다는 이유로 정비구역을 해제하고 개발
행위를 제한하는 내용을 고시함에 따라 사업시행예정구역에서 설립 및 사업시
행인가를 받았던 갑 도시환경정비사업조합에 대하여 구청장이 조합설립인가를
취소하자, 갑 조합이 해제 고시의 무효확인과 인가취소처분의 취소를 구하는
소를 제기하고 판결 선고 시까지 각 처분의 효력 정지를 신청한 사안」에서, "정
비구역 지정이 취소되고 이에 대하여 불가쟁력이 발생하는 경우 정비사업 시행
을 전제로 하는 후속 처분들은 모두 그 의미를 상실하게 되고 갑 조합에 대한
조합설립인가 취소처분은 갑 조합이 적법하게 취득한 공법인의 지위를 갑 조합
의 귀책사유 없이 사후적 사정변경을 이유로 박탈하는 것이어서 신중하게 판단
해야 하므로 위 각 처분의 위법성에 관하여 갑 조합이 본안소송에서 주장·증명
할 기회가 충분히 보장되어야 하는 점, 각 처분의 효력을 정지하지 않을 경우
갑 조합이 정비사업과 관련한 후속 조치를 실행하는 데 사실상, 법률상 장애가
있게 될 뿐 아니라 시장 및 구청장이나 관계 행정청이 정비사업의 진행을 차단
하기 위한 각종 불이익 조치를 할 염려가 있는 점 등을 종합하면, 각 처분의 효
력을 정지하지 않을 경우 갑 조합에 특별한 귀책사유가 없는데도 정비사업의
진행이 법적으로 불가능해져 갑 조합에 회복하기 어려운 손해가 발생할 우려가
있으므로 이러한 손해를 예방하기 위하여 각 처분의 효력을 정지할 긴급한 필
요가 있다"고 보아, 위 조합의 정비구역 해제 고시 및 조합설립인가처분 취소처
분의 효력을 정지할 필요가 있다고 판단하였다(대법원 2018. 7. 12.자 2018무600
결정).

# 3. 추진위원회의 기능

  (1) 추진위원회는 정비사업전문관리업자의 선정 및 변경, 설계자의 선정
및 변경, 개략적인 정비사업 시행계획서의 작성, 조합설립인가를 받기 위한 준
비업무, 추진위원회 운영규정의 작성, 토지등소유자의 동의서 접수, 조합설립을
위한 창립총회 개최, 조합 정관 초안의 작성과 그 밖에 추진위원회 운영규정으
로 정하는 업무를 수행할 수 있다(법 제32조 제1항, 시행령 제26조).
  (2) 추진위원회가 정비사업전문관리업자를 선정하려는 경우에는 추진위원

회 구성승인을 받은 후 법 제29조 제1항에 따른 경쟁입찰 또는 수의계약(2회 이상 경쟁입찰이 유찰된 경우로 한정)의 방법으로 선정하여야 한다(법 제32조 제2항). 이러한 규정은 강행규정으로 경쟁입찰 절차를 거치지 않고 체결한 정비사업전문관리업자와의 용역계약은 무효이다(대법원 2019. 12. 27. 선고 2019다259272 판결).

(3) 법 제32조 제4항은 수행하는 업무의 내용이 토지등소유자의 비용부담을 수반하거나 권리·의무에 변동을 발생시키는 경우로서 대통령령으로 정하는 사항에 대하여는 그 업무를 수행하기 전에 대통령령으로 정하는 비율 이상의 토지등소유자의 동의를 받아야 한다고 규정하고 있는데, 시행령은 이에 관한 아무런 규정을 두고 있지 않다. 입법의 미비로 보인다.

참고로 구 도시정비법(2009. 1. 30. 법률 제9401호로 개정되기 전의 것) 제14조 제3항, 제17조는 추진위원회가 수행하는 업무의 내용이 같은 법 제2조 제9호에 규정된, 정비구역 안에 있는 토지등소유자의 비용부담을 수반하는 것이거나 권리와 의무에 변동을 발생시키는 것인 경우에는 그 업무를 수행하기 전에 대통령령이 정하는 비율 이상의 토지등소유자의 동의를 얻어야 하고, 토지등소유자의 동의 산정방법 및 절차 등에 관하여 필요한 사항은 대통령령으로 정하도록 규정하였다. 구 도시정비법 시행령(2008. 12. 17. 대통령령 제21171호로 개정되기 전의 것) 제23조, 제28조는 시행령 제23조 각 호에서 정한 사항 외에는 추진위원회의 운영규정이 정하는 비율 이상의 토지등소유자의 동의를 얻도록 하되, 토지등소유자의 동의는 인감도장을 사용한 서면동의의 방법에 의하도록 규정하고 있었다.

이러한 구법이 적용된 사안에서 대법원은 "피고 ○○구역도시환경 정비사업조합설립추진위원회의 운영규정 제8조 제1항 제2호, 제3항, 제21조, 제32조 제2호는 추진위원회의 운영 및 사업시행을 위한 자금을 차입금 등으로 조달할 경우 그 재원조달방법의 결정과 변경에 대하여 주민총회의 의결로서 인감도장을 사용한 서면동의의 방법에 의하여 추진위원회의 구성에 찬성한 토지등소유자의 1/2 이상의 동의가 필요하다고 규정하고 있다. 위와 같은 서면동의, 총회 결의를 거치지 않은 채 추진위원회가 운영 및 사업시행을 위한 자금을 차입하기 위해 체결한 소비대차계약은 토지등소유자의 서면동의 요건 및 총회의결 요건을 충족하지 못하여 효력이 없다"라고 판시하였다(대법원 2020. 11. 12. 선고

2017다216905 판결).[9]

하급심도 같은 취지로 아래와 같이 판시하였다.

---

**[대구고등법원 2018. 8. 31. 선고 2017나24725 판결]**

구 도시 및 주거환경정비법(2008. 2. 29. 법률 제8852호로 개정되기 전의 것, 이하 '구 도시정비법'이라 한다)이 정비사업전문관리업자의 선정에 엄격한 요건과 절차를 준수하도록 한 것은 정비사업에 있어 주민의 권익을 보호하고 투명하고 객관성 있게 사업을 추진할 수 있도록 하기 위한 것인 점, 구 도시정비법 제69조 제1항에 의하면 정비사업전문관리업자는 대통령령이 정하는 자본·기술인력 등의 기준을 갖춰 시·도지사에게 등록 또는 변경등록을 하도록 하여 정비사업전문관리업자로 하여금 일정한 자본과 기술인력 등의 기준을 갖추도록 요구하고 있는 점, 정비사업조합설립추진위원회는 구 도시정비법 제14조 제3항의 동의를 적법하게 받지 않고서는 정비사업전문관리업자와의 선정계약 체결 등의 업무 수행에 나아갈 수 없는 점 등을 종합하면, 구 도시정비법 제14조 제3항의 규정은 강행규정에 해당하는데, 위 동의서에 기재된 '추진위원회가 정비사업전문관리업자의 선정 업무를 추진하는 데 동의합니다'라는 의미는 추진위원회가 정비사업전문관리업자를 선정하기 전에 하는 준비업무에 한하여 동의한다는 것이고, '용역대금을 지급할 것을 조건으로 하여 특정 정비사업전문관리업자를 선정하는 계약을 체결하는 것'과 같이 '토지등소유자의 비용부담을 수반하는 업무' 또는 '토지등소유자의 권리와 의무에 변동을 발생시키는 업무'까지 동의한다는 것은 아니라고 보이므로, 추진위원회는 계약을 체결하기 전에 '추진위원회의 구성에 동의한 토지등소유자의 과반수로부터 서면동의'를 받지 않았다고 할 것이어서, 주민총회에서 을 회사를 정비사업전문관리업자로 선정하기로 하는 의결이 있었더라도 구 도시정비법 제14조 제3항의 규정에 따른 토지등소유자의 서면동의가 없었으므로 위 계약은 강행규정인 구 도시정비법 제14조 제3항을 위반하여 무효이다.

---

(4) 다만, 대법원은 "구 도시정비법(2006. 5. 24. 법률 제7960호로 개정되기 전의 것) 제14조 제1항, 제3항과 시행령 제23조 제1항에 의하면, 추진위원회는 안전진단 신청에 관한 업무, 정비사업전문관리업자의 선정, 개략적인 정비사업 시행계획서의 작성, 조합의 설립인가를 받기 위한 준비업무, 그 밖에 조합설립의 추진을 위하여 필요한 업무로서 대통령령이 정하는 업무를 수행하고, 추진위원회가 수행하는 업무의 내용이 '토지등소유자의 비용부담을 수반하는 것이

---

9) 대법원 2019. 12. 27. 선고 2019다259272 판결도 유사 취지이다.

거나 권리와 의무에 변동을 발생시키는 경우에 해당하는 때'에는 그 업무를 수행하기 전에 대통령령이 정하는 비율 이상의 토지등소유자의 동의를 얻어야 하며, 추진위원회가 정비사업전문관리업자를 선정하거나 개략적인 사업시행계획서를 작성함에는 추진위원회의 구성에 찬성한 토지등소유자의 과반수의 동의가 필요하다고 규정하고 있고 피고의 운영규정 제8조 제1항도 시행령 제23조 제1항과 같은 내용을 정하고 있다. 시행령 제23조 제1항과 운영규정 제8조 제1항은 토지등소유자의 비용부담이 수반되거나 권리의무의 변동을 발생시키는 사항에 한정하여 일정비율 이상의 토지등소유자의 동의가 필요한 것으로 제한적으로 규정하고 있고, 또한 일정한 사항(정비사업전문관리업자의 선정과 개략적인 사업시행계획서의 작성)에 대해서만 동의가 필요한 토지등소유자의 범위를 규정하고 있으며, 그 밖의 사항에 대해서는 추진위원회 운영규정이 정하도록 맡겨두고 있는바, 건축사사무소 선정 등 안건과 재원조달방법 안건은 해당 규정에서 제한적으로 열거된 사항에 해당하지 않고, 또 그 안건에 대한 결의 자체만으로 바로 토지등소유자의 비용부담을 수반하는 것이거나 권리와 의무에 변동을 발생시키는 것이라고 단정하기도 어렵다. 따라서 건축사사무소 선정 등 결의와 재원조달방법을 결의함에 있어서는 추진위원회의 구성에 찬성한 토지등소유자의 과반수의 동의가 필요 없고, 피고 운영규정 제21조 제7호에 따라 조합설립과 관련하여 추진위원회에서 주민총회의 의결이 필요하다고 결정하는 사항으로 추진위원회 구성에 찬성한 토지등소유자 과반수가 출석한 주민총회에서 출석한 토지등소유자의 과반수 찬성만으로 의결할 수 있다"는 원심판결이 정당하다고 판시한 바 있다(대법원 2010. 11. 11. 선고 2009다89337 판결).

(5) 만일 추진위원회의 운영규정이 계약 체결에 관하여 토지등소유자의 서면 동의 외에 주민총회 결의까지 거쳐야 하는 것으로 규정하고 있다면, 토지등소유자의 서면동의서만 징구하고 주민총회 결의를 받지 않은 채 체결된 계약은 무효로 보아야 할 것이다(대법원 2010. 2. 15. 선고 2009다93299 판결).

유사한 취지에서 대법원은, "구 도시정비법(2009. 1. 30. 법률 제9401호로 개정되기 전의 것)이 제14조 제1항 제2호, 제2항에서 주택재개발정비사업조합 설립 추진위원회가 정비사업전문관리업자를 선정할 때에는 운영규정이 정하는 경쟁입찰의 방법으로 하도록 하면서, 같은 법 제14조 제3항 및 제17조와 위 각 규정의 위임에 따른 구 도시정비법 시행령(2008. 7. 29. 대통령령 제20947호로 개정되기 전의 것) 제23조 제1항 제2호 (가)목, 제2항, 제28조 제4항에서는 위 업무를 수행하기 전에 추진위원회 구성에 동의한 토지등소유자의 과반수로부터 인감도장이 날인되고 인감증명서가 첨부된 서면동의를 받도록 하고 있다. 한편 구 도시정비법에 따른 추진위원회의 운영규정에서 '정비사업전문관리업자의 선정은 주민총회 결의사항으로 하고, 주민총회는 구 도시정비법이나 운영규정에서 특별히 정한 경우를 제외하고는 추진위원회 구성에 동의한 토지소유자 과반수 출석으로 개의하며, 출석한 토지등소유자(동의하지 않은 토지등소유자 포함)의 과반수 찬성으로 의결하고, 토지등소유자는 서면 또는 대리인을 통하여 의결권을 행사할 수 있다'고 정한 경우", 이러한 주민총회의 결의는 구 도시정비법 제14조 제3항에 따른 토지등소유자의 동의와는 별개 절차라고 할 것이므로, 위와 같은 주민총회의 결의에는 추진위원회의 운영규정에 따른 의결요건을 갖추는 것만으로 충분하고, 달리 구 도시정비법 제14조 제3항의 동의에 요구되는 같은 법 제17조 및 시행령 제28조 제4항 등에 따른 요건, 즉 인감도장이 날인되고 인감증명서가 첨부된 서면동의의 방법에 의한 의결이 필요하다고 볼 것은 아니며, 다만 위 규정에 따라 구 도시정비법 제14조 제3항의 동의를 적법하게 받지 않고서는 정비사업전문관리업자와의 선정계약 체결 등 업무 수행에 나아갈 수 없을 뿐이라고 판시하였다(대법원 2012. 9. 13. 선고 2010다55705 판결).

　(6) 시공자의 선정은 조합총회의 고유권한이므로 추진위원회 단계에서 개최한 토지등소유자 총회에서 시공자를 선정하기로 한 결의는 무효라고 보아야 할 것이다(대법원 2008. 6. 12. 선고 2008다6298 판결).

## 4. 추진위원회의 조직과 운영

　(1) 추진위원회는 추진위원회를 대표하는 추진위원장 1명, 추진위원장을 포함한 5인 이상의 추진위원 및 감사를 두어야 한다(법 제31조 제1항, 제33조 제1항).

　미성년자·피성년후견인 또는 피한정후견인, 파산선고를 받고 복권되지 아니한 자, 금고 이상의 실형을 선고받고 그 집행이 종료(종료된 것으로 보는 경우 포함)되거나 집행이 면제된 날부터 2년이 지나지 아니한 자, 금고 이상의 형의 집행유예를 받고 그 유예기간 중에 있는 자 또는 도시정비법을 위반하여 벌금

100만 원 이상의 형을 선고받고 10년이 지나지 아니한 자는 추진위원이 될 수 없다(법 제33조 제5항, 제43조 제1항).[10]

추진위원이 위 결격사유에 해당하게 되거나 선임 당시 그에 해당하는 자이었음이 밝혀진 경우, 법 제41조 제1항에 따른 조합임원 자격요건을 갖추지 못한 경우에는 당연 퇴임하며, 다만 퇴임된 임원이 퇴임 전에 관여한 행위는 그 효력을 잃지 아니한다(법 제33조 제5항, 법 제43조 제2항, 제3항).

(2) 추진위원회는 주민총회의 의결을 거쳐 추진위원의 선출에 관한 선거관리를 선거관리위원회법 제3조에 따라 선거관리위원회에 위탁할 수 있다(법 제33조 제2항, 제41조 제3항).

토지등소유자는 추진위원회의 운영규정에 따라 추진위원회에 추진위원의 교체 및 해임을 요구할 수 있으며, 추진위원의 교체·해임 절차 등에 필요한 사항은 운영규정에 따른다(법 제33조 제3항, 제4항).

한편, 대법원 2010. 11. 11. 선고 2009다89337 판결은 추진위원장과 감사의 연임에 관하여 입후보자등록공고 등의 절차를 거치지 않았다고 하더라도 그것이 토지소유자들의 위원장이나 감사에 대한 선출권 내지 피선출권을 침해하였다고 볼 수 없다고 보았다. 그 이유는 "피고의 운영규정에는 위원의 임기는 선임된 날부터 2년까지로 하되, 추진위원회에서 재적위원 과반수의 출석과 출석위원 3분의 2 이상의 찬성으로 연임할 수 있으나, 위원장, 감사의 연임은 주민총회의 의결에 의하며, 추진위원의 선임방법은 추진위원회에서 정하되, 동별·가구별 세대수와 시설의 종류를 고려하여야 하고, 위원장, 감사의 선임, 변경, 연임 등의 사항은 주민총회의 의결을 거쳐 결정한다고 규정되어 있다. 이에 의하면 위원장이나 감사의 임기가 만료한 경우에 선임 또는 연임의 결정은 주민총회의 의결을 거쳐야 하지만, 피고가 새로운 입후보자등록공고 등의 절차를 밟아 주민총회에 위원장, 감사의 선임 안건을 상정하든지, 그렇지 아니하고 주민총회에 위원장, 감사의 연임 안건을 상정할 것인지를 선택할 수 있다고 해석된다.

---

10) 다만, 토지등소유자의 일부가 추진위원장(후보자)의 집행유예기간 중에 추진위원회의 설립에 동의하였다고 하더라도, 추진위원회 구성승인 신청 당시에 이미 그 집행유예기간이 도과되어 있었다면, 그러한 사정만으로는 토지등소유자의 동의가 효력이 없다고 단정할 수 없고, 위 추진위원장(후보자)이 위원장으로서의 자격을 잃는다고도 할 수 없으므로, 시장·군수등은 추진위원회의 구성을 승인하여야 할 것이다(대법원 2009. 6. 25. 선고 2008두13132 판결).

따라서 원고(선정당사자, 이하 '원고'라고 한다)를 포함한 토지소유자들의 위원장이나 감사에 대한 선출권 내지 피선출권은 주민총회에서 임기가 만료된 위원장이나 감사를 연임하는 안건에 관하여 이를 부결하는 내용의 반대 결의가 이루어진 다음에 새로운 추진위원으로서 위원장이나 감사를 선임하는 결의를 하는 경우에 보장하면 충분하고, 피고가 주민총회에 임기가 만료된 위원장이나 감사를 연임하는 안건을 상정하는 때에는 새로운 입후보자가 등록하는 것이 아니"기 때문이다.

(3) 추진위원장이 사임, 해임, 임기만료, 그 밖에 불가피한 사유 등으로 직무를 수행할 수 없는 때부터 6개월 이상 새로 선임되지 아니한 경우, 시장·군수등은 시·도조례로 정하는 바에 따라 변호사, 공인회계사, 법무사, 세무사, 건축사, 도시계획·건축분야의 기술사, 감정평가사 및 행정사(일반행정사)의 자격을 취득한 후 정비사업 관련 업무에 5년 이상 종사한 경력이 있는 사람, 조합임원으로 5년 이상 종사한 사람, 공무원 또는 공공기관 임직원으로 정비사업 관련 업무에 5년 이상 종사한 사람, 정비사업전문관리업자에 소속되어 정비사업 관련 업무에 10년 이상 종사한 사람, 건설산업기본법 제2조 제7호에 따른 건설사업자에 소속되어 정비사업 관련 업무에 10년 이상 종사한 사람, 위 경력을 합산한 경력[11]이 5년 이상인 사람을 전문조합관리인으로 선정하여 추진위원장의 업무를 대행하게 할 수 있다(법 제33조 제3항, 제41조 제5항 단서, 시행령 제41조 제1항).

(4) 시장·군수등은 위와 같은 사유로 전문조합관리인의 선정이 필요하다고 인정하거나 토지등소유자 3분의 1 이상이 전문조합관리인의 선정을 요청하면 공개모집을 통하여 전문조합관리인을 선정할 수 있고, 이 경우 조합 또는 추진위원회의 의견을 들어야 한다(시행령 제41조 제2항).

전문조합관리인은 선임 후 6개월 이내에 법 제115조에 따른 교육을 60시간 이상 받아야 하며(선임 전 최근 3년 이내에 해당 교육을 60시간 이상 받은 경우 제외), 전문조합관리인의 임기는 3년으로 한다(시행령 제41조 제3항, 제4항).

(5) 추진위원회는 운영규정에 따라 운영하여야 하며, 토지등소유자는 운영에 필요한 경비를 운영규정에 따라 납부하여야 한다(법 제34조 제3항).

---

11) 이 경우 같은 시기의 경력은 중복하여 계산하지 아니하며, 정비사업전문관리업자나 건설사업자에 소속된 경력은 1/2만 포함하여 계산한다(시행령 제41조 제1항 제6호).

국토교통부장관은 추진위원회의 공정한 운영을 위하여 추진위원의 선임방법 및 변경, 추진위원의 권리·의무, 추진위원회의 업무범위, 추진위원회의 운영방법, 토지등소유자의 운영경비 납부, 추진위원회 운영자금의 차입, 그 밖에 추진위원회의 운영에 필요한 사항으로서 대통령령으로 정하는 사항12)을 포함한 추진위원회의 운영규정을 정하여 고시하여야 한다(법 제34조 제1항).

국토교통부장관이 고시한 "정비사업 조합설립추진위원회 운영규정"과 이 운영규정 제2조 제4항에 따른 추진위원회 운영규정안은 부록으로 첨부하였다.

(6) 그 외에 추진위원회의 운영에 관한 사항은 대통령령으로 정하여야 하는데(법 제34조 제5항), 이러한 위임에 따라 시행령은 법 제12조에 따른 안전진단의 결과, 정비사업전문관리업자의 선정에 관한 사항, 토지등소유자의 부담액 범위를 포함한 개략적인 사업시행계획서, 추진위원회 위원의 선정에 관한 사항, 토지등소유자의 비용부담을 수반하거나 권리·의무에 변동을 일으킬 수 있는 사항, 법 제32조 제1항에 따른 추진위원회의 업무에 관한 사항, 창립총회 개최의 방법 및 절차, 조합설립에 대한 동의철회(법 제31조 제2항 단서에 따른 반대의 의사표시 포함) 및 방법, 조합설립 동의서에 포함되는 사항을 토지등소유자가 쉽게 접할 수 있는 일정한 장소에 게시하거나 인터넷 등을 통하여 공개하고, 필요한 경우에는 토지등소유자에게 서면통지를 하는 등 토지등소유자가 그 내용을 충분히 알 수 있도록 하여야 한다(시행령 제29조 제1항).

다만, 위 사항 중 동의철회 및 방법, 조합설립 동의서에 포함되는 사항은 조합설립인가 신청일 60일 전까지 추진위원회 구성에 동의한 토지등소유자에게 등기우편으로 통지하여야 한다(같은 항 단서).

추진위원회는 추진위원회의 지출내역서를 매분기별로 토지등소유자가 쉽게 접할 수 있는 일정한 장소에 게시하거나 인터넷 등을 통하여 공개하고, 토지등소유자가 열람할 수 있도록 하여야 한다(시행령 제29조 제2항).

---

12) "그 밖에 추진위원회의 운영에 필요한 사항으로서 대통령령으로 정하는 사항"은 추진위원회 운영경비의 회계에 관한 사항, 정비사업전문관리업자의 선정에 관한 사항, 그 밖에 국토교통부장관이 정비사업의 원활한 추진을 위하여 필요하다고 인정하는 사항을 말한다(시행령 제28조).

# 5. 추진위원회와 조합의 관계

(1) 추진위원회는 토지등소유자의 동의를 받은 후 조합설립인가를 신청하기 전에 조합설립을 위한 창립총회를 개최하여야 한다(법 제32조 제3항, 시행령 제27조 제1항).

창립총회는 추진위원장의 직권 또는 토지등소유자 5분의 1 이상의 요구로 추진위원장이 소집하며, 다만 토지등소유자 5분의 1 이상의 소집요구에도 불구하고 추진위원장이 2주 이상 소집요구에 응하지 아니하는 경우 소집요구한 자의 대표가 소집할 수 있다(시행령 제27조 제3항).

추진위원회는 창립총회 14일 전까지 회의목적·안건·일시·장소·참석자격 및 구비사항 등을 인터넷 홈페이지를 통하여 공개하고, 토지등소유자에게 등기우편으로 발송·통지하여야 한다(시행령 제27조 제2항).

창립총회에서는 조합 정관의 확정, 조합임원의 선임, 대의원의 선임, 그 밖에 필요한 사항으로서 앞서 본 바와 같이 사전에 통지한 사항을 처리하며(시행령 제27조 제4항), 창립총회의 의사결정은 토지등소유자(재건축사업의 경우 조합설립에 동의한 토지등소유자로 한정)의 과반수 출석과 출석한 토지등소유자 과반수 찬성으로 결의한다(시행령 제27조 제5항 본문). 다만, 조합임원 및 대의원의 선임은 시행령 제27조 제4항 제1호에 따라 확정된 정관에서 정하는 바에 따라 선출한다(시행령 제27조 제5항 단서).

(2) 추진위원회는 수행한 업무를 총회에 보고하여야 하고, 사용경비를 기재한 회계장부 및 관계 서류를 조합설립인가일부터 30일 이내에 조합에 인계하여야 한다(법 제34조 제3항, 제4항). 회계장부 및 관계 서류를 조합설립인가일부터 30일 이내에 조합에 인계하지 아니한 추진위원장(전문조합관리인 포함)은 1년 이하의 징역 또는 1,000만 원 이하의 벌금에 처한다(법 제138조 제1항 제2호).

추진위원회가 행한 업무와 관련된 권리와 의무는 조합설립인가처분을 받아 법인으로 설립된 조합에 모두 포괄승계된다(도시정비법 제34조 제3항).[13]

---

13) 비법인사단인 추진위원회가 행한 업무와 관련된 권리와 의무는 비록 추진위원회가 행한 업무가 사후에 관계 법령의 해석상 추진위원회의 업무범위에 속하지 아니하여 효력이 없다고 하더라도 도시정비법에 의한 조합설립인가처분을 받아 법인으로 설립된 조합에 모두 포괄승계된다고 봄이 타당하다. 따라서 추진위원회를 상대로 추진위원회가

(3) 조합설립인가처분을 받은 조합이 설립등기를 마쳐 법인으로 성립하게 되면 추진위원회는 그 목적을 달성하여 소멸한다(대법원 2012. 4. 12. 선고 2009다 26787 판결, 대법원 2013. 12. 26. 선고 2011두8291 판결 등).

그러나 그 후 조합설립인가처분이 법원의 판결에 의하여 취소된 경우에는 다음과 같은 이유로, 추진위원회가 그 지위를 회복하여 다시 조합설립인가신청 을 하는 등 조합설립추진 업무를 계속 수행할 수 있으며, 그 이유는 아래와 같 다(대법원 2016. 12. 15. 선고 2013두17473 판결).

① 조합설립인가처분이 법원의 판결에 의하여 취소된 경우에는 조합설립 인가처분이 소급하여 효력을 상실하고, 그 조합은 청산사무가 종료될 때까지 청산의 목적범위 내에서 권리·의무의 주체로서 잔존할 뿐이므로(대법원 2012. 3. 29. 선고 2008다95885 판결, 대법원 2012. 11. 9. 선고 2011두518 판결 등), 이러한 경 우까지 추진위원회가 그 존립목적을 달성했다고 보기 어렵다.

② 일단 조합이 설립된 이상 추진위원회는 그 목적을 달성하여 확정적으로 소멸하고 그 후에 조합설립인가처분이 취소되더라도 그 지위를 회복할 수 없다 고 본다면, 조합은 이미 청산 목적의 범위 내에서만 존속할 뿐이어서 정비사업 을 추진할 수 없으므로, 당해 정비구역 내에서 정비사업을 계속 추진할 아무런 주체가 없게 되어, 법원의 판결에서 들었던 조합설립인가처분의 하자가 아무리 경미한 것이라 하더라도, 당해 정비구역 내에서 정비사업을 추진하기 위하여는 추진위원회 구성 및 동의서 징구 등 최초부터 모든 절차를 새롭게 진행해야 하 는 사회·경제적 낭비가 따를 수밖에 없다.

③ 조합설립인가처분이 취소된 경우 추진위원회가 그 지위를 회복한다고 보더라도, 정비사업의 계속 추진에 반대하는 토지등소유자로서는 추진위원회가 다시 조합설립인가신청을 하기 이전까지 법령이 정한 바에 따라 동의를 철회할 수 있다고 할 것이므로, 토지등소유자의 권익 보호에 중대한 지장을 초래한다 고 보기 어렵다.

④ 법 제37조 제1항, 제2항은 법원의 판결로 조합설립인가의 무효 또는 취 소가 확정된 경우 '추진위원회'가 일정한 요건하에 동의서의 유효성에 다툼이

---

개최한 주민총회에서 한 시공자 선정결의의 무효확인을 다투는 소의 계속 중 조합이 설립되었다면, 조합은 특별한 사유가 없는 한 계속 중인 소송에서 추진위원회의 법률상 의 지위도 승계한다고 봄이 상당하다(대법원 2012. 4. 12. 선고 2009다22419 판결).

없는 동의서를 다시 사용할 수 있도록 규정하고 있다. 이는 앞서 본 사정들을 고려하여 조합설립인가처분이 취소된 경우 추진위원회가 그 지위를 회복함을 전제로, 토지등소유자의 권익 보호에 지장이 없는 범위에서 조합설립인가신청을 하는 등 정비사업을 계속 추진할 수 있게 한 것이다.

(4) 추진위원회 구성승인 처분은 조합설립 주체인 추진위원회의 구성행위를 보충하여 그 효력을 부여하는 처분으로서 조합설립이라는 종국적 목적을 달성하기 위한 중간 단계의 처분에 해당하지만 그 법률요건이나 효과가 조합설립인가처분의 그것과는 다른 독립적인 처분이기 때문에, 추진위원회 구성승인 처분에 대한 취소 또는 무효확인 판결의 확정만으로는 이미 조합설립인가를 받은 조합에 의한 정비사업의 진행을 저지할 수 없다.[14]

따라서 추진위원회 구성승인 처분을 다투는 소송 계속 중에 조합설립인가처분이 이루어진 경우에는, 추진위원회 구성승인 처분에 위법이 존재하여 조합설립인가 신청행위가 무효라는 점 등을 들어 직접 조합설립인가처분을 다툼으로써 정비사업의 진행을 저지하여야 할 것이고, 이와는 별도로 추진위원회 구성승인 처분에 대하여 취소 또는 무효확인을 구할 법률상의 이익은 없다고 보아야 한다(대법원 2013. 1. 31. 선고 2011두11112,11129 판결, 대법원 2013. 6. 13. 선고 2010두10488,10495 판결).

(5) 조합설립인가처분을 받아 법인으로 설립된 조합이 조합총회를 열어 추진위원회가 개최한 주민총회 또는 토지등소유자 총회에서 한 시공자 선정결의를 그대로 인준 또는 추인하는 내용의 결의를 한 경우에는, 설령 추진위원회가 개최한 주민총회 또는 토지등소유자 총회에서 한 시공자 선정결의가 무효라고 할지라도 조합총회의 그 새로운 결의가 하자로 인하여 부존재 또는 무효임이 인정되거나 그 결의가 취소되는 등의 특별한 사정이 없는 한 종전에 추진위원회가 개최한 주민총회 또는 토지등소유자 총회에서 한 시공자 선정결의의 무효확인을 구하는 것은 과거의 법률관계 내지 권리관계의 확인을 구하는 것에 불과하여 권리보호의 요건을 결여하였다고 봄이 상당하다(대법원 2003. 9. 26. 선고 2001다64479 판결, 대법원 2012. 4. 12. 선고 2010다10986 판결, 대법원 2012. 4. 12. 선고 2009다26787 판결).

---

14) 추진위원회 구성승인 처분의 하자와 조합설립인가처분의 효력에 관하여는 제4장 3항을 참조하기 바란다.

　　다만, 대법원은 갑 주택재개발정비사업조합설립 추진위원회가 주민총회에
서 주택재개발정비사업의 시공자로 을 주식회사를 선정하는 결의를 하였고, 조
합설립인가처분 후 갑 주택재개발정비사업조합이 조합총회에서 을 회사를 시
공자로 선정(추인)하는 결의를 하였는데, 위 각 결의의 무효확인을 구하는 소송
계속 중에 갑 조합에 대한 조합설립인가처분을 취소하는 내용의 대법원판결이
선고된 사안에서, 갑 조합의 조합설립인가처분 취소 전에 이루어진 결의는 소
급하여 효력을 상실하였고, 추진위원회의 시공자 선정 결의도 무효라고 보았다
(대법원 2012. 3. 29. 선고 2008다95885 판결).

# 제 4 장

# 조합설립인가

## 1. 절차 개관

(1) 시장·군수등, 토지주택공사등[1] 또는 지정개발자가 아닌 자가 정비사업을 시행하려는 경우에는 토지등소유자로 구성된 조합을 설립하여야 한다(법 제35조 제1항 본문). 다만, 법 제25조 제1항 제2호에 따라 토지등소유자가 재개발사업을 시행하려는 경우에는 조합을 설립할 필요가 없다(법 제35조 제1항 단서).

**재개발사업의 추진위원회**(법 제31조 제4항에 따라 추진위원회를 구성하지 아니하는 경우에는 토지등소유자)가 조합을 설립하려면 토지등소유자의 4분의 3 이상 및 토지면적의 2분의 1 이상의 토지소유자의 동의를 받아 정관, 정비사업비와 관련된 자료 등 국토교통부령으로 정하는 서류[2] 및 그 밖에 시·도조례로 정하

---

1) "토지주택공사등"이란 한국토지주택공사법에 따라 설립된 한국토지주택공사 또는 지방공기업법에 따라 주택사업을 수행하기 위하여 설립된 지방공사를 말한다(법 제2조 제10호).
2) 다음 각 호의 구분에 따른 서류(전자문서를 포함한다)를 말한다(시행규칙 제8조 제2항).
   1. **설립인가**: 다음 각 목의 서류
      가. 조합원 명부 및 해당 조합원의 자격을 증명하는 서류
      나. 공사비 등 정비사업에 드는 비용을 기재한 토지등소유자의 조합설립동의서 및 동의사항을 증명하는 서류
      다. 창립총회 회의록 및 창립총회참석자 연명부
      라. 토지·건축물 또는 지상권을 여럿이서 공유하는 경우에는 그 대표자의 선임 동의서

는 서류를 첨부하여 시장·군수등의 인가를 받아야 한다(법 제35조 제2항).

　　**재건축사업의 추진위원회**(법 제31조 제4항에 따라 추진위원회를 구성하지 아니하는 경우에는 토지등소유자)가 조합을 설립하려는 때에는 주택단지3)의 공동주택의 각 동(복리시설의 경우에는 주택단지의 복리시설 전체를 하나의 동으로 본다)별 구분소유자의 과반수 동의(공동주택의 각 동별 구분소유자가 5 이하인 경우는 제외)와 주택단지의 전체 구분소유자의 4분의 3 이상 및 토지면적의 4분의 3 이상의 토지소유자의 동의를 받아 재개발사업과 같이 정관 등을 첨부하여 시장·군수등의 인가를 받아야 한다(법 제35조 제3항). 다만, 주택단지가 아닌 지역이 정비구역에 포함된 때에는 주택단지가 아닌 지역의 토지 또는 건축물 소유자의 4분의 3 이상 및 토지면적의 3분의 2 이상의 토지소유자의 동의를 받아야 한다(법 제35조 제4항).4)

　　이상의 토지등소유자의 동의는 시행규칙 별지 제6호 서식의 조합설립 동의서에 동의를 받는 방법에 의하여야 하고(시행령 제30조 제1항, 시행규칙 제8조 제3항), 위 동의서에는 건설되는 건축물의 설계의 개요, 공사비 등 정비사업비용에 드는 비용(이하 "정비사업비"), 정비사업비의 분담기준, 사업 완료 후 소유권의 귀속에 관한 사항, 조합 정관이 포함되어야 한다(시행령 제30조 제2항).5)

　　조합이 조합설립인가를 받은 때에는 정관으로 정하는 바에 따라 토지등소유자에게 그 내용을 통지하고, 이해관계인이 열람할 수 있게 하여야 한다(시행

---

　　마. 창립총회에서 임원·대의원을 선임한 때에는 선임된 자의 자격을 증명하는 서류
　　바. 건축계획(주택을 건축하는 경우에는 주택건설예정세대수를 포함한다), 건축예정지의 지번·지목 및 등기명의자, 도시·군관리계획상의 용도지역, 대지 및 주변현황을 기재한 사업계획서
　　2. **변경인가**: 변경내용을 증명하는 서류
　3) 주택단지에 관하여는 본장 7항에서 상술하겠다.
　4) 도시정비법이 '구분소유자', '토지 또는 건축물 소유자'의 동의율 외에 전체 토지면적을 기준으로 한 일정 비율 이상의 구분소유자 또는 토지소유자의 동의를 별도로 요구함으로써 재건축조합 설립의 동의 요건에 관하여 인적 측면과 더불어 재산적 측면을 함께 고려하고 있고, 법 제35조 제4항은 재건축사업의 조합설립 동의 요건으로 토지 또는 건축물의 '소유권'이 아니라, 토지 또는 건축물의 '소유자'를 기준으로 그 4분의 3 이상을 규정하고 있음에 비추어 보면, 재건축사업의 조합설립에 관한 법 제35조 제4항의 동의자 수를 산정할 때에 1인이 다수 필지의 토지나 다수의 건축물 및 그 부속토지를 소유하고 있다 하더라도 필지나 건축물의 수에 관계없이 토지 또는 건축물의 소유자를 1인으로 산정하는 것이 타당하다(대법원 2013. 11. 14. 선고 2011두5759 판결).
　5) 그 외에 토지등소유자의 동의방법 등에 관한 상세한 내용은 본장 7, 8항과 제5장에서 살펴보겠다.

령 제30조 제3항).

(2) 설립된 조합이 인가받은 사항을 변경하고자 하는 때에는 총회에서 조합원 3분의 2 이상의 찬성으로 의결하고, 정관, 정비사업비와 관련된 자료 등 국토교통부령으로 정하는 서류6) 및 그 밖에 시·도조례로 정하는 서류를 첨부하여 시장·군수등의 인가를 받아야 한다(법 제35조 제5항 본문, 제35조 제2항).

다만, 대통령령으로 정하는 경미한 사항을 변경하려는 때에는 총회의 의결 없이 시장·군수등에게 신고하고 변경할 수 있다(법 제35조 제5항 단서).

여기서 경미한 사항이란 착오·오기 또는 누락임이 명백한 사항, 조합의 명칭 및 주된 사무소의 소재지와 조합장의 성명 및 주소(조합장의 변경이 없는 경우로 한정), 토지 또는 건축물의 매매 등으로 조합원의 권리가 이전된 경우의 조합원의 교체 또는 신규가입, 조합임원 또는 대의원의 변경(법 제45조에 따른 총회의 의결 또는 법 제46조에 따른 대의원회의 의결을 거친 경우로 한정), 건설되는 건축물의 설계 개요의 변경, 정비사업비의 변경, 현금청산으로 인하여 정관에서 정하는 바에 따라 조합원이 변경되는 경우, 법 제16조에 따른 정비구역 또는 정비계획의 변경에 따라 변경되어야 하는 사항(다만, 정비구역 면적이 10퍼센트 이상의 범위에서 변경되는 경우는 제외), 그 밖에 시·도조례로 정하는 사항을 가리킨다(시행령 제31조).

(3) 조합이 정비사업을 시행하는 경우 주택법 제54조7)를 적용할 때에는 조합을 주택법상 사업주체로 보며, 조합설립인가일부터 주택법상 주택건설사업 등의 등록을 한 것으로 본다(법 제35조 제6항).

추진위원회는 조합설립에 필요한 동의를 받기 전에 추정분담금 등 대통령령으로 정하는 정보8)를 토지등소유자에게 제공하여야 한다(법 제35조 제8항).

---

6) 본장 각주 1 참조
7) 주택의 공급에 관한 규정이다.
8) "대통령령으로 정하는 정보"란 토지등소유자별 분담금 추산액 및 산출근거 및 그 밖에 추정 분담금의 산출 등과 관련하여 시·도조례로 정하는 정보를 말한다(시행령 제32조).

## 2. 조합설립인가(취소)처분의 법적 성격과 효력

(1) 조합설립인가처분은 법령상 요건을 갖출 경우 도시정비법상 정비사업을 시행할 수 있는 권한을 갖는 행정주체(공법인)로서의 지위를 부여하는 일종의 설권적 처분이다(대법원 2009. 10. 15. 선고 2009다30427 판결, 대법원 2010. 2. 25. 선고 2007다73598 판결, 대법원 2014. 5. 29. 선고 2012두6650 판결). 따라서 조합설립인가처분의 효력을 다투는 소송은 항고소송에 해당한다.

설립인가를 신청한 조합의 사업내용이 도시정비법 등 관계 법령의 규정에 위배되거나 사회질서를 해칠 우려가 있음이 명백한 경우 시장·군수등은 인가를 거부할 수 있다고 보아야 하고 그 경우에 법규에 명문의 근거가 없더라도 거부처분을 할 수 있는 것으로 보아야 할 것이다(대법원 1995. 12. 12. 선고 94누12302 판결 등). 따라서 조합설립인가처분은 일종의 기속재량행위로 볼 것이다.[9]

(2) 재건축사업의 사업시행자인 재건축조합의 설립에 대한 토지등소유자의 동의(이하 "조합설립결의")는 조합설립인가처분을 하는 데 필요한 절차적 요건 중 하나에 불과하므로, 조합설립결의에 하자가 있더라도 조합설립인가처분이 취소되거나 당연무효[10][11]가 아닌 한 재건축조합은 여전히 사업시행자의 지위를 가진다(대법원 2009. 9. 24. 선고 2008다60568 판결 등).

---

9) 이혁우, 주택조합설립인가의 법적 성질, 대법원판례해설 제24호(1995년), 법원도서관, 374~375.

10) 민사소송에 있어서 어느 행정처분의 당연무효 여부가 선결문제로 되는 때에는 이를 판단하여 당연무효임을 전제로 판결할 수 있고 반드시 행정소송 등의 절차에 의하여 그 취소나 무효확인을 받아야 하는 것은 아니다(대법원 1972. 10. 10. 선고 71다2279 판결 등). 한편, 조합의 조합설립결의나 관리처분계획에 대한 결의가 당연무효라는 소송당사자의 주장 속에는 조합설립 인가처분이나 관리처분계획에 당연무효사유가 있다는 주장도 포함되어 있다고 봄이 상당하다고 할 것이므로, 법원은 위 조합설립 인가처분이나 관리처분계획에 당연무효사유가 있는지를 심리하여 위 주장의 당부를 판단하여야 한다(대법원 2010. 4. 8. 선고 2009다90092 판결).

11) 행정처분의 대상이 되지 아니하는 어떤 법률관계나 사실관계에 대하여 이를 처분의 대상이 되는 것으로 오인할 만한 객관적인 사정이 있는 경우로서, 그것이 처분대상이 되는지의 여부가 사실관계를 정확히 조사하여야만 비로소 밝혀질 수 있는 때에는 비록 이를 오인한 하자가 중대하다고 할지라도 외관상 명백하다고 할 수는 없다(대법원 2004. 10. 15. 선고 2002다68485 판결). 따라서 이러한 경우 그 행정처분은 위법하지만 당연무효는 아니다.

같은 취지에서 조합설립결의에 흠이 있다 하더라도 그 흠이 중대·명백하지 않다면 조합설립인가처분이 당연무효라고 할 수 없다(대법원 2010. 12. 23. 선고 2010두16578 판결, 대법원 2012. 12. 27. 선고 2010다85379 판결).

한편, 추진위원회가 토지등소유자로부터 받아 행정청에 제출한 동의서에 '건설되는 건축물의 설계의 개요'와 '건축물의 철거 및 신축에 소요되는 비용의 개략적인 금액'에 관하여 그 내용의 기재가 누락되어 있음에도 이를 유효한 동의로 처리하여 조합설립인가를 한 처분은 위법하고 그 하자가 중대하고 명백하여 무효라고 할 것이다(대법원 2010. 1. 28. 선고 2009두4845 판결).

(3) 도시정비법이 시행된 후에는 조합설립결의가 있다고 하여 곧바로 조합원에게 권리변동의 효력을 미칠 수 없는 것이어서, 그와 같은 조합설립결의는 사업시행계획 결의 등과 별도의 독자적인 의미를 가지지 아니한다(대법원 2013. 9. 26. 선고 2011다16127 판결 등). 따라서 조합설립 인가처분이 있은 이후에는 조합설립결의의 하자를 이유로 조합설립의 무효를 주장하는 것은 조합설립 인가처분의 취소 또는 무효확인을 구하는 항고소송의 방법에 의하여야 할 것이고, 이와는 별도로 조합설립결의만을 대상으로 그 효력 유무를 다투는 확인의 소를 제기하는 것은 확인의 이익이 없어 허용되지 아니한다 할 것이다(대법원 2009. 9. 24. 선고 2008다60568 판결, 대법원 2009. 10. 15. 선고 2009다10638,10645 판결, 대법원 2009. 11. 26. 선고 2008다50172 판결, 대법원 2010. 2. 25. 선고 2007다73598 판결, 대법원 2010. 7. 29. 선고 2008다6328 판결).

(4) 재건축조합이 조합설립인가 전의 조합설립결의에 하자가 있다는 주장에 대비하여 당초 결의를 보완하는 취지의 새로운 재건축결의를 하는 과정에서 당초 조합설립에 동의하였던 토지등소유자들이 새로운 조합설립결의에 동의하지 아니하였다고 하더라도, 그러한 사정만으로 그 토지등소유자들이 '조합설립에 동의하지 아니한 자'에 해당하게 된다거나 조합원의 지위를 상실한다고 볼 것은 아니다(대법원 2011. 1. 13. 선고 2010다57824 판결, 대법원 2012. 11. 15. 선고 2010다95338 판결,[12] 대법원 2013. 9. 26. 선고 2011다16127 판결[13])).

---

12) 따라서 조합설립인가 전에 조합설립에 동의한 토지등소유자는 (설령 새로운 조합설립결의에 동의하지 않았다고 하더라도) 그 소유부동산을 양도하였다는 등 특별한 사정이 없는 한, 분양신청기간 만료일까지 분양신청을 하지 아니하여 현금청산 대상자가 되지 않는 이상 조합원 지위를 유지한다 할 것이므로 그에 대해서는 도시정비법에 따른 매도청구권을 행사할 수 없다고 할 것이고, 이와 같은 법리는 전통시장법 제4조 제1항에

다만, 위 재건축조합의 새로운 조합설립결의가 당초 결의를 대체하기 위한 조합설립변경결의에 해당하고, 위 재건축조합이 그 결의에 터 잡아 처음 조합설립인가신청을 할 때와 동일한 요건과 절차를 거쳐 조합설립변경인가신청을 하여 조합설립변경인가처분을 받은 경우에는 사정이 달라질 수 있다. 그 때는 그 변경인가의 내용이 경미한 사항뿐이어서 당초의 조합설립인가처분에 실질적 변경이 없다거나 조합설립변경인가처분이 취소되거나 당연무효라는 등의 특별한 사정이 없는 한, 종전의 조합설립인가처분은 실효되고 조합설립변경인가처분만이 존속하게 되므로, 새로운 조합설립결의에 동의하지 아니한 구분소유자들은 조합원의 지위를 상실한 것으로 볼 수 있다(위 대법원 2010다 95338 판결).

(5) 조합이 행정주체라는 사정만으로 조합과 시공자 사이에 체결되는 공사도급계약 등을 둘러싼 법률관계가 공법상의 법률관계에 해당한다거나 위와 같은 공사도급계약의 효력을 다투는 소송이 당연히 공법상 당사자소송에 해당한다고 볼 수는 없고, 도시정비법의 규정들이 조합과 시공자와의 관계를 특별히 공법상의 계약관계로 설정하고 있다고 볼 수도 없으므로, 조합과 시공자 사이의 공사도급계약 등을 둘러싼 법률관계는 사법상의 법률관계로서 그 공사도급계약의 효력을 다투는 소송은 민사소송에 의하여야 할 것이다(대법원 2009. 9. 24.자 2009마168,169 결정, 대법원 2010. 4. 8.자 2009마1026 결정).

(6) 조합설립(변경)인가 또는 사업시행계획인가가 이루어지기 전에 행정주체인 조합을 상대로 그 조합설립변경 결의 또는 사업시행계획 결의의 효력 등을 다투는 소송은 행정처분에 이르는 절차적 요건의 존부나 효력 유무에 관한 소송으로서 그 소송결과에 따라 행정처분의 위법 여부에 직접 영향을 미치는

---

따라 도시정비법의 규정들이 준용되는 시장정비사업조합의 경우에도 동일하게 적용된다.
13) 위 대법원판결은 위와 같은 판단의 근거를 "주택 재건축사업의 사업시행자인 재건축조합은 관할 행정청의 조합설립인가와 등기에 의해 설립되고, 조합 설립에 대한 토지 등 소유자의 동의(이하 '조합설립결의'라고 한다)는 조합설립인가처분이라는 행정처분을 하는 데 필요한 절차적 요건 중 하나에 불과한 것이므로, 조합설립결의에 하자가 있더라도 그로 인해 조합설립인가처분이 취소되거나 당연무효로 되지 않는 한 재건축조합은 여전히 사업시행자로서의 지위를 갖게 되고, 또한 도시 및 주거환경정비법(이하 '도시정비법'이라고 한다)이 시행된 후에는 조합설립결의, 조합설립변경 결의, 사업시행계획이나 관리처분계획 등에 의하지 아니한 '재건축결의'가 있다고 하여 곧바로 조합원에게 권리변동의 효력을 미칠 수 없는 것이어서, 그와 같은 재건축결의는 사업시행계획 결의 등과 별도의 독자적인 의미를 가지지 아니한다."라고 설명하고 있다.

공법상 법률관계에 관한 것이므로 이는 행정소송법상의 당사자소송에 해당한다(대법원 2009. 9. 17. 선고 2007다2428 전원합의체 판결, 대법원 2010. 2. 25. 선고 2007다73598 판결, 대법원 2010. 7. 29. 선고 2008다6328 판결).

(7) 조합설립인가처분이 판결에 의하여 취소되거나 무효로 확인된 경우에는 그 조합설립인가처분은 처분 당시로 소급하여 효력을 상실하고, 이에 따라 당해 조합 역시 조합설립인가처분 당시로 소급하여 행정주체인 공법인으로서의 지위를 상실한다(대법원 2012. 3. 29. 선고 2008다95885 판결).

다만 그 효력 상실로 인한 잔존사무의 처리와 같은 업무는 여전히 수행되어야 하므로 조합은 그 청산사무가 종료될 때까지 청산의 목적범위 내에서 권리·의무의 주체가 되고, 조합원 역시 청산의 목적범위 내에서 종전 지위를 유지하며, 정관 등도 그 범위 내에서 효력을 가진다고 할 것이고(대법원 2012. 11. 29. 선고 2011두518 판결), 종전의 결의 등 처분의 법률효과를 다투는 소송에서의 당사자 지위도 유지된다(대법원 2012. 3. 29. 선고 2008다95885 판결).

같은 취지에서 조합설립인가처분이 판결에 의하여 무효로 확인되기 전에 재건축조합이 제기한 매도청구소송에서의 당사자지위도 소멸되지 않고(대법원 2014. 6. 26. 선고 2011다42751 판결), 조합원도 도시정비법과 정관 등에서 정하는 절차와 방법에 의하지 아니하고 조합설립인가처분이 무효로 확인되었다는 사정만으로는 조합설립동의를 철회하거나 조합에서 탈퇴할 수는 없다(위 대법원 2011두518 판결).

(8) 시행령 제33조 제2항 제1호는 조합설립 인가를 받기 위한 토지등소유자의 동의자 수를 산정함에 있어 원칙적으로 조합설립 인가신청 전에 동의를 철회하는 자만을 제외하도록 규정하고 있으므로, 인가신청 후에 한 조합설립 동의의 철회는 효력이 없고, 정관 등에 의하여 조합탈퇴의 요건을 갖추었는지 여부가 문제될 뿐이다(대법원 2012. 11. 29. 선고 2011두518 판결).

그런데 조합설립인가처분이 판결에 의하여 취소되거나 무효로 확인되더라도 위에서 본 바와 같이 청산의 목적범위 내에서 조합원은 종전의 지위를 유지하고 정관 등도 효력을 가지므로, 조합설립인가처분이 판결에 의하여 취소되거나 무효로 확인되었다는 사정만으로는 인가신청 후에 한 조합설립 동의의 철회가 유효하다고 할 수 없다(대법원 2012. 11. 29. 선고 2011두518 판결).

(9) 앞서 제2장에서 본 바와 같이, 하자 있는 행정처분의 치유는 행정처분

의 성질이나 법치주의의 관점에서 볼 때 원칙적으로 허용될 수 없는 것이고, 예
외적으로 행정처분의 무용한 반복을 피하고 당사자의 법적 안정성을 위해 이를
허용하는 때에도 국민의 권리나 이익을 침해하지 않는 범위에서 구체적 사정에
따라 합목적적으로 인정하여야 할 것이나(대법원 2002. 7. 9. 선고 2001두10684 판
결, 대법원 2010. 8. 26. 선고 2010두2579 판결 등), 무효인 행정처분은 그 하자가 중
대하고도 명백한 것으로 처음부터 어떠한 효력도 발생하지 아니하는 것이므로,
무효인 행정처분의 하자의 치유는 인정되지 아니한다(대법원 1988. 3. 22. 선고 87
누986 판결, 대법원 1997. 5. 28. 선고 96누5308 판결 등).

다만, 대법원은 원심이 조합설립을 위한 정족수를 충족시키지 못한 상태에
서 설립인가(변경인가)를 받은 하자가 있더라도, 부족한 정족수가 근소하고, 상
당한 기간 내에 추가동의를 받아 정족수를 충족한 경우에는 그 하자가 그때에
치유된 것으로 봄이 상당하다고 전제한 다음, 원고 조합이 이 사건 변경인가를
받을 당시 단독주택지역의 토지소유자를 기준으로 한 정족수가 극히 일부 충족
되지 못하였으나(80% − 78.85% = 1.25%), 변경인가일로부터 20일 이내인 2006.
6. 7.까지 추가동의를 받아 정족수를 충족시키고 이 사건 소 제기 전인 2006. 7.
24. 변경인가신청을 하여 2006. 9. 29.경 추가변경인가를 받은 점, 그 기간 내에
이 사건 주택재건축사업의 개요가 변동될 여지가 없었던 점 등을 종합하면, 원
고 조합이 2006. 6. 7.까지 추가동의를 받아 정족수를 충족시킴으로써 그 무렵
적법한 설립동의가 있었고, 이 사건 변경인가의 하자도 치유되었다고 봄이 상
당하다고 판단한 사안에서, 원심의 사실인정과 판단은 정당한 것으로 수긍할
수 있다고 판시한 바 있으나(대법원 2010. 7. 15. 선고 2009다63380 판결), 주류의
대법원판결로 보기는 어렵다.


# 3. 추진위원회 구성승인 처분의 하자와
## 조합설립인가처분의 효력


추진위원회의 권한은 조합설립을 추진하기 위한 업무를 수행하는 데 그치
므로, 일단 조합설립인가처분을 받아 추진위원회의 업무와 관련된 권리와 의무
가 조합에 포괄적으로 승계되면 추진위원회는 그 목적을 달성하여 소멸한다.

조합설립인가처분은 추진위원회 구성의 동의요건보다 더 엄격한 동의요건을 갖추어야 할 뿐만 아니라 창립총회의 결의를 통하여 정관을 확정하고 임원을 선출하는 등의 단체결성행위를 거쳐 성립하는 조합에 대하여 하는 것이므로, 추진위원회 구성의 동의요건 흠결 등 추진위원회 구성승인 처분의 위법만을 들어 조합설립인가처분의 위법을 인정하는 것은 조합설립의 요건이나 절차, 그 인가처분의 성격, 추진위원회 구성의 요건이나 절차, 그 구성승인 처분의 성격 등에 비추어 타당하지 않다(대법원 2013. 12. 26. 선고 2011두8291 판결, 대법원 2014. 5. 29. 선고 2012두6650 판결).

그렇다면 조합설립인가처분이 반드시 추진위원회 구성승인 처분의 적법·유효를 전제로 한다고 볼 것은 아니므로, 도시정비법령이 정한 동의요건을 갖추고 창립총회를 거쳐 조합이 성립한 이상, 이미 소멸한 추진위원회 구성승인 처분의 하자를 이유로 조합설립인가처분이 위법하다고 할 수 없다(대법원 2013. 12. 26. 선고 2011두8291 판결, 대법원 2014. 5. 29. 선고 2012두6650 판결).

따라서 추진위원회의 구성이나 인가처분의 하자를 이유로 조합설립인가처분의 효력을 다툴 수 없다고 할 것이다(대법원 2013. 12. 26. 선고 2011두8291 판결, 대법원 2014. 5. 29. 선고 2012두6650 판결).

다만, 추진위원회 구성승인 처분의 하자로 인하여 그 추진위원회의 조합설립인가 신청행위가 무효라고 평가될 수 있는 특별한 사정이 있는 경우라면, 그 신청행위에 기초한 조합설립인가처분이 위법하다고 볼 수 있을 것이다. 즉, 그 위법사유가 도시정비법상 하나의 정비구역 내에 하나의 추진위원회로 하여금 조합설립의 추진을 위한 업무를 수행하도록 한 추진위원회 제도의 입법 취지를 형해화할 정도에 이르는 경우에 한하여 그 추진위원회의 조합설립인가 신청행위가 무효이고, 나아가 이에 기초한 조합설립인가처분의 효력을 다툴 수 있게 된다고 할 것이다(대법원 2013. 12. 26. 선고 2011두8291 판결, 대법원 2014. 4. 24. 선고 2012두29004 판결 등).

## 4. 조합의 법인격

조합은 조합설립인가처분을 받은 날로부터 30일 이내에 주된 사무소의 소재지에서 대통령령이 정하는 사항[14]을 등기함으로써 법인으로 성립하며, 조합은 명칭에 "정비사업조합"이라는 문언을 사용하여야 한다(법 제38조).

설립된 조합은 관할 행정청의 감독 아래 정비구역 안에서 정비사업을 시행하는 목적 범위 내에서 법령이 정하는 바에 따라 일정한 행정작용을 행하는 행정주체로서의 지위를 갖게 되며, 따라서 조합설립인가처분을 받아 설립등기를 마치기 전에 개최된 창립총회에서 이루어진 결의는 정비사업조합의 결의가 아니라 주민총회 또는 토지등소유자 총회의 결의에 불과하다(대법원 2012. 4. 12. 선고 2010다10986 판결). 따라서 법 제45조에 규정된 총회의결사항을 창립총회에서 의결하는 것은 허용되지 아니한다고 할 것이다.

## 5. 조합설립변경인가처분의 법적 성격과 효력

(1) 법 제35조 제5항은 설권적 처분인 조합설립인가처분의 내용을 변경하는 변경인가처분을 함에 있어서도 조합설립인가처분과 유사하게 엄격한 요건과 절차를 거칠 것을 요구하고 있으므로, 설립인가를 받은 조합이 인가받은 사항을 변경하는 경우에도 그 변경 사항에 대하여 설립 시와 마찬가지로 법정 동의율 이상의 동의를 갖추어야 하는 것이 원칙이다(대법원 2014. 5. 29. 선고 2011두25876 판결, 대법원 2014. 7. 24. 선고 2012두13764 판결, 대법원 2014. 8. 20. 선고 2012두5572 판결).

(2) 조합설립변경인가처분은 당초 조합설립인가처분에서 이미 인가받은 사항의 일부를 수정 또는 취소·철회하거나 새로운 사항을 추가하는 것으로서 유효한 당초 조합설립인가처분에 근거하여 설권적 효력의 내용이나 범위를 변경하는 성질을 가지므로, 당초 조합설립인가처분이 쟁송에 의하여 취소되거나 무효로 확정된 경우에는 이에 기초하여 이루어진 조합설립변경인가처분도 원칙적으로 그 효력을 상실하거나 무효라고 해석함이 타당하다.

마찬가지로 당초 조합설립인가처분 이후 여러 차례 조합설립변경인가처분

---

14) "대통령령으로 정하는 사항"이란 설립목적, 조합의 명칭, 주된 사무소의 소재지, 설립인가일, 임원의 성명 및 주소, 임원의 대표권을 제한하는 경우에는 그 내용, 전문조합관리인을 선정한 경우에는 그 성명 및 주소를 말한다(시행령 제36조).

이 있었다가 중간에 행하여진 선행 조합설립변경인가처분이 쟁송에 의하여 취소되거나 무효로 확정된 경우에 후행 조합설립변경인가처분도 그 효력을 상실하거나 무효라고 새겨야 한다(대법원 2014. 5. 29. 선고 2011두25876 판결, 대법원 2014. 7. 24. 선고 2012두13764 판결, 대법원 2014. 8. 20. 선고 2012두5572 판결).

(3) 한편, 조합설립변경인가처분도 조합에 정비사업 시행에 관한 권한을 설정하여 주는 처분인 점에서는 당초 조합설립인가처분과 다를 바 없으므로, 선행 조합설립변경인가처분이 쟁송에 의하여 취소되거나 무효로 확정된 경우라도 후행 조합설립변경인가처분이 선행 조합설립변경인가처분에 의해 변경된 사항을 포함하여 새로운 조합설립변경인가처분의 요건을 갖춘 경우에는 그에 따른 효력이 인정될 수 있다. 이러한 경우 조합은 새로운 조합설립변경인가처분의 요건을 갖춘 후행 조합설립변경인가처분의 효력에 의하여 정비사업을 계속 진행할 수 있으므로, 그 후행 조합설립변경인가처분을 무효라고 할 수는 없다(대법원 2014. 5. 29. 선고 2011다46128 판결, 대법원 2014. 5. 29. 선고 2011두25876 판결, 대법원 2014. 7. 24. 선고 2012두13764 판결).

이 경우 당초 조합설립변경인가는 더 이상 존재하지 않는 처분이거나 과거의 법률관계가 되므로 특별한 사정이 없는 한 그 취소를 구할 소의 이익이 없다(대법원 2013. 10. 24. 선고 2012두12853 판결).

(4) 그러나 조합이 당초 조합설립인가 처분의 유효를 전제로 매도청구권 행사, 시공자 선정에 관한 총회 결의, 사업시행계획의 수립, 관리처분계획의 수립 등과 같은 후속행위를 하였다면, 당초 조합설립인가 처분이 무효로 확인되거나 취소될 경우 그것이 유효하게 존재하는 것을 전제로 이루어진 위와 같은 후속행위 역시 소급하여 효력을 상실하게 되므로(대법원 2012. 3. 29. 선고 2008다95885 판결), 특별한 사정이 없는 한 위와 같은 형태의 조합설립변경인가가 있다고 하여 당초 조합설립인가 처분의 무효확인을 구할 소의 이익이 소멸된다고 볼 수는 없다(대법원 2012. 10. 25. 선고 2010두25107 판결, 대법원 2013. 10. 24. 선고 2012두12853 판결, 대법원 2014. 5. 16. 선고 2011두27094 판결 등).

마찬가지로 당초의 조합설립인가처분에 대한 무효확인 소송이 적법하게 계속되던 도중에 새로운 조합설립인가처분이 이루어졌다고 하더라도, 당초의 조합설립인가처분이 취소 또는 철회되지 않은 채 조합이 여전히 당초의 조합설립인가처분의 유효를 주장하고 있어 당초의 조합설립인가처분의 효력이 소멸되었음이 객관적으로 확정되지 아니한 경우에는, 특별한 사정이 없는 한 조합원으로서 조합설립 시기 및 새로운 조합설립인가처분 전에 이루어진 후속 행위 효력 등에 영향을 미치는 당초의 조합설립인가처분에 관한 무효확인을 구할 소의 이익이 당연히 소멸된다고 볼 수는 없다(대법원 2012. 12. 13. 선고 2011두21010 판결).

(5) 조합이 종전의 조합설립인가처분에 대한 무효확인소송 또는 취소소송이 진행되고 있는 등으로 그 효력 유무 또는 위법 여부 등이 확정되지 않은 상태에서 새로 조합설립인가처분을 받는 것과 동일한 요건과 절차로 조합설립변경인가처분을 받은 경우, 그 조합설립변경인가처분도 새로운 조합설립인가처분으로서의 효력을 가진다(대법원 2016. 12. 15. 선고 2015두51309 판결).[15]

여기서 조합설립변경인가처분이 새로운 조합설립인가처분의 요건을 갖추었다고 보기 위하여는, 조합설립변경인가의 신청 전에 총회를 새로 개최하여 조합정관의 확정·조합임원의 선임 등에 관한 결의를 하는 등의 절차적 요건을 구비하여야 한다(대법원 2014. 5. 29. 선고 2013두18773 판결). 이 경우 새로 개최된 총회의 의사결정은 종전의 조합설립인가의 신청 전에 이루어진 창립총회의 결의를 추인하는 결의를 하거나 총회의 진행 경과 등에 비추어 그러한 추인의 취지가 포함된 것으로 볼 수 있는 사정이 있으면 충분할 것이다(대법원 2014. 5. 29. 선고 2013두18773 판결).

다만, 종전의 조합설립인가처분이 후에 무효 또는 취소로 확정되더라도 그 후속행위로 이루어진 협의취득에 의하여 소유권을 상실하였던 토지등소유자가 다시 새로운 조합설립변경인가처분을 위한 동의의 대상인 토지등소유자에 포함된다고 볼 것은 아니다(대법원 2014. 5. 29. 선고 2013두18773 판결).

# 6. 경미한 사항의 변경

(1) 설립인가를 받은 조합이 인가받은 사항을 변경하는 경우, 그 변경 사항

---

15) 조합이 새로이 조합설립인가 처분을 받는 것과 동일한 요건과 절차를 거쳐 조합설립변경인가 처분을 받는 경우 당초 조합설립변경인가는 취소·철회되고 변경된 조합설립변경인가가 새로운 조합설립변경인가가 된다고 할 것이다(대법원 2013. 10. 24. 선고 2012두12853 판결).

이 시행령 제31조 각 호에 규정된 경미한 사항에 해당하면 새로운 동의절차가 필요 없다(대법원 2014. 5. 29. 선고 2011두25876 판결, 대법원 2014. 7. 24. 선고 2012두13764 판결, 대법원 2014. 8. 20. 선고 2012두5572 판결).

사업구역의 위치를 변경하고 면적을 확대하는 조합설립변경인가의 경우에도 원칙적으로 종전 구역과 추가된 구역을 합한 전체 구역을 대상으로 하여 법정 동의 요건을 갖추어야 한다. 그런데 위와 같은 사업구역의 위치 변경과 면적 확대가 법 제16조에 의한 정비구역 또는 정비계획의 변경에 따라 이루어지는 경우 이는 시행령 제31조 제3호에 규정된 경미한 사항에 해당하므로, 달리 특별한 사정이 없는 이상 기존의 조합설립에 동의한 조합원들에 대하여는 새로이 동의를 받을 필요가 없고 종전 사업구역에 대한 동의는 변경된 사업구역에 대한 동의로도 유효하다고 봄이 상당하다(대법원 2014. 5. 29. 선고 2011두25876 판결).

그리고 어느 구분소유자 등이 처음에는 조합설립에 동의하지 아니하였다가 설립인가 후에 의사를 바꾸어 조합설립에 동의함으로써 조합에 추가로 가입한 경우, 이는 시행령 제31조 제2호에 규정된 경미한 사항인 '토지 또는 건축물의 매매 등으로 인하여 조합원의 권리가 이전된 경우의 조합원의 교체 또는 신규가입'에 해당하므로 그들의 추가 동의 내역도 조합설립변경인가의 법정 동의율 충족 여부를 판단할 때 반영하여야 하며, 또한 위에서 본 사업구역 변경 시의 동의의 효력에 관한 법리는 그 추가 동의의 효력을 판단할 때도 그대로 적용된다고 보아야 한다(대법원 2014. 5. 29. 선고 2011다46128,2013다69067 판결, 대법원 2014. 5. 29. 선고 2011두25876 판결, 대법원 2014. 7. 24. 선고 2012두13764 판결).

(2) 도시정비법과 그 시행령이 변경인가사항과 신고사항을 구분하는 이유는 중요한 사항 변경은 인가절차를, 경미한 사항 변경은 신고절차를 거치도록 하는 등 변경 대상의 중요도에 따라 처분의 형식을 달리하고자 하는 데 있을 뿐이므로, 경미한 사항의 변경이어서 신고절차를 거치면 족한 경우에도 법령이나 정관에서 조합 총회의 결의대상으로 규정한 때에는 신고에 앞서 그러한 조합 총회의 결의를 거쳐야 한다고 해석함이 타당하고(대법원 2014. 5. 29. 선고 2011두33051 판결), 변경인가 절차에 따라 조합원 동의서를 받았다고 하더라도 이로써 총회 의결에 의한 동의를 갈음할 수 없다(대법원 2013. 10. 24. 선고 2012두12853 판결).

그리고 조합 총회결의의 효력 여부는 특별한 사정이 없는 이상 그 결의 내용이 강행규정에 위반되는지 여부 등 실체적 요건과 법령 또는 정관의 해석상 해당 안건의 결의에 필요한 의결정족수를 갖추었는지 등 절차적 요건을 모두 충족하였는지에 따라 판단하여야 한다(대법원 2014. 5. 29. 선고 2011두33051 판결).

(3) 행정청이 위 신고사항을 변경하면서 신고절차가 아닌 변경인가 형식으로 처분을 한 경우, 그 성질은 위 신고사항을 변경하는 내용의 신고를 수리하는 의미에 불과한 것으로 보아야 하므로(대법원 2010. 12. 9. 선고 2009두4555 판결 등), 그 적법 여부 역시 변경인가의 절차 및 요건의 구비 여부가 아니라 신고 수리에 필요한 절차 및 요건을 구비하였는지 여부에 따라 판단하여야 한다(대법원 2013. 10. 24. 선고 2012두12853 판결).

또한 경미한 사항의 변경에 대한 신고를 수리하는 의미에 불과한 변경인가처분에 설권적 처분인 조합설립인가처분이 흡수된다고 볼 것도 아니다(대법원 2010. 12. 9. 선고 2009두4555 판결, 대법원 2012. 12. 13. 선고 2011두21218 판결).

같은 취지에서 경미한 사항의 변경에 대한 신고를 수리하는 의미에 불과한 변경인가처분이 있다고 하더라도 설권적 처분인 조합설립인가처분을 다툴 소의 이익이 소멸된다고 볼 수는 없다(대법원 2010. 12. 9. 선고 2009두4555 판결, 대법원 2012. 10. 25. 선고 2010두25107 판결).

# 7. 재건축사업의 특수성(주택단지 등)

(1) 재건축사업의 추진위원회가 조합을 설립함에 있어 ① 정비구역이 주택단지로만 구성된 경우에는 법 제35조 제3항에 의한 동의만 얻으면 되고, ② 정비구역에 주택단지가 아닌 지역이 포함되어 있는 경우에는 주택단지에 대하여는 법 제35조 제3항에 의한 동의를 얻어야 하지만, 주택단지가 아닌 지역에 대하여는 이와 별도로 같은 조 제4항에 의한 동의를 얻어야 하며, ③ 정비구역에 주택단지가 전혀 포함되지 아니한 경우에는 같은 조 제4항에 의한 동의를 얻어야 한다(대법원 2012. 10. 25. 선고 2010두25107 판결, 대법원 2014. 5. 16. 선고 2011두27094 판결, 대법원 2014. 5. 29. 선고 2011두25876 판결, 대법원 2014. 7. 24. 선고 2012두13764 판결 등).

    그리고 법 제35조 제4항 소정의 '토지 또는 건축물 소유자'는 정비구역 안의 토지 및 건축물의 소유자뿐만 아니라 토지만을 소유한 자, 건축물만을 소유한 자 모두를 포함하는 의미라고 해석함이 타당하다(대법원 2012. 10. 25. 선고 2010두25107 판결, 대법원 2013. 7. 11. 선고 2011두27544 판결).

    (2) 하나의 주택단지에 해당하는지 여부는 당해 주택의 건설사업 또는 당해 주택이 건립된 부지의 대지조성사업을 할 당시 하나의 사업계획으로 승인받아 주택이 건설되거나 대지가 조성되었는지 여부에 의해 결정된다(대법원 2010. 4. 8. 선고 2009다10881 판결).[16)]

    다만, 위 대법원판결 이전까지는 재건축사업의 범위를 정하는 '주택단지'의 의미에 관하여 통일적·체계적 해석이 정비되지 않았다고 볼 것이다(대법원 2019. 3. 14. 선고 2018두56787 판결).

---

> **[대법원 2019. 3. 14. 선고 2018두56787 판결]**
> 원심은 이를 바탕으로 아래와 같은 이유를 들어, 토지분할 청구 없이 이 사건 상가 대지를 사업구역에서 제외한 채 이루어진 신청을 인가한 이 사건 처분은 구 도시정비법 제41조를 위반한 하자가 있다고 인정하면서도, 그 하자가 명백하지 않아 당연무효 사유로 볼 수 없다고 판단하였다.[17)]

---

16) 대법원은 폐지된 구 주택건설촉진법 하에서도 이와 유사하게 "(원심은) 하나의 주택단지인지 여부를 판단하는 기준은 당해 주택의 건설사업 또는 당해 주택이 건립된 부지의 대지조성사업을 할 당시 하나의 사업계획으로 승인받아 주택이 건설되거나 대지가 조성되었는지의 여부에 있는 것으로 해석된다고 전제하고, 적법하게 조사된 증거를 종합하여 원심 판시와 같이 위 각 아파트단지에 대한 토지구획정리사업과 국민주택건설사업계획에 따른 주택의 건립경위를 인정한 후 이에 비추어 보면 이 사건 아파트단지와 (주소 2 생략) 지상 아파트단지는 하나의 주택단지가 아니라고 판단하였는바, 기록과 관련 규정을 면밀히 검토하여 보니 원심의 사실인정과 판단은 모두 옳은 것으로 인정된다."라고 판시하였다(대법원 2005. 6. 24. 선고 2003다55455 판결).

17) 하자 있는 행정처분이 당연무효가 되기 위해서는 그 하자가 법규의 중요한 부분을 위반한 중대한 것으로서 객관적으로 명백한 것이어야 하며, 하자가 중대하고 명백한지 여부를 판별할 때에는 그 법규의 목적, 의미, 기능 등을 목적론적으로 고찰함과 동시에 구체적 사안 자체의 특수성에 관하여도 합리적으로 고찰함을 요한다. 행정청이 어느 법률관계나 사실관계에 대하여 어느 법률의 규정을 적용하여 행정처분을 한 경우에 그 법률관계나 사실관계에 대하여는 그 법률의 규정을 적용할 수 없다는 법리가 명백히 밝혀져 그 해석에 다툼의 여지가 없음에도 행정청이 위 규정을 적용하여 처분을 한 때에는 그 하자가 중대하고도 명백하다고 할 것이나, 그 법률관계나 사실관계에 대하여 그 법률의 규정을 적용할 수 없다는 법리가 명백히 밝혀지지 아니하여 그 해석에 다툼의 여지가 있는 때에는 행정관청이 이를 잘못 해석하여 행정처분을 하였더라도 이는 그 처분 요건사실을 오인한 것에 불과하여 그 하자가 명백하다고 할 수 없다(대법원

구 도시정비법 제41조 제1항[18]은, 주택재건축사업이 '주택단지' 단위로 시행되어야 하고 그 일부를 사업구역에서 제외할 때에는 토지분할 청구가 선행되어야 함을 전제로 한 조항이라고 해석함이 타당하다. 그러나 법문언 자체로 이러한 점이 명시적으로 규정되어 있지 않고, 또한 이 사건 처분 당시를 기준으로 그 해석에 관한 판례나 학설이 명확하게 정립되어 있었다고 할 수 없다.

구 도시정비법 제2조 제7호는 주택단지의 의미에 대하여 '주택 및 부대·복리시설을 건설하거나 대지로 조성되는 일단의 토지로서 대통령령이 정하는 범위에 해당하는 일단의 토지'로 정의하고 있다. 그 위임에 따른 구 도시정비법 시행령 제5조 제1호는 '주택건설촉진법 제33조의 규정에 의한 사업계획승인을 얻어 주택과 부대·복리시설을 건설한 일단의 토지'를 주택단지로 규정하고 있기는 하다. 그러나 위와 같은 규정의 내용만으로는 이 사건 아파트와 이 사건 상가가 하나의 주택단지를 이루고 있는지를 명확하게 판단하기 어렵다.

하나의 주택단지를 이루는 기준에 대해서는, 대법원 2010. 4. 8. 선고 2009다10881 판결을 통해 "구 도시정비법상 하나의 주택단지에 해당하는지 여부는 당해 주택의 건설사업 또는 당해 주택이 건립된 부지의 대지조성사업을 할 당시 하나의 사업계획으로 승인받아 주택이 건설되거나 대지가 조성되었는지 여부에 의해 결정된다."라는 법리가 선언됨으로써 비로소 관련 법리가 확립되었다고 할 수 있다. 따라서 그 이전까지는 재건축사업의 범위를 정하는 '주택단지'의 의미에 관하여 통일적·체계적 해석이 정비되지 않았다고 볼 수 있다.

이 사건 아파트와 이 사건 상가가 1979. 9. 18.경 하나의 사업계획으로 승인받아 건축되었다는 사실을 증명하는 자료인 주택건설사업계획 승인대장 등은 이 사건 처분이 있었던 때로부터 약 25년 전인 1978년 내지 1980년경에 작성된 것이고, 최근까지 국가기록원에서 보관 중이었다. 이러한 사정에 비추어 보면, 이 사건 처분 당시를 기준으로 이 사건 아파트와 이 사건 상가가 하나의 사업계획으로 승인받아 건설되었다는 사실관계가 객관적으로 명백하였다고 보기 어렵다.

원심판결 이유를 관련 법령 및 법리와 기록에 비추어 살펴보면, 원심의 이러한 판단에 상고이유의 주장과 같이 행정처분의 당연무효에 관한 법리를 오해하는 등의 잘못이 없다.

---

2012. 11. 29. 선고 2012두3743 판결 등).

18) "① 사업시행자 또는 추진위원회는 주택건설촉진법 제33조 제1항의 규정에 의하여 사업계획승인을 받아 건설한 2 이상의 건축물이 있는 주택단지에 주택재건축사업을 하는 경우, 제16조 제2항의 규정에 의한 조합 설립의 동의요건을 충족시키기 위하여 필요한 경우에는 그 주택단지안의 일부 토지에 대하여 건축법 제49조의 규정에 불구하고 분할하고자 하는 토지면적이 동법 동조에서 정하고 있는 면적에 미달되더라도 토지분할을 청구할 수 있다."

## 8. 동의 정족수 산정 및 행정청의 심사

(1) 조합설립인가를 위한 동의 정족수는 조합설립인가신청 시를 기준으로 판단하여야 하며, 그 이유는 아래와 같다(대법원 2014. 4. 24. 선고 2012두21437 판결).

① 도시정비법상의 조합설립에 토지등소유자의 서면에 의한 동의를 요구하고 그 동의서를 조합설립인가신청 시 행정청에 제출하도록 하는 취지는 서면에 의하여 토지등소유자의 동의 여부를 명확하게 함으로써 동의 여부에 관하여 발생할 수 있는 관련자들 사이의 분쟁을 사전에 방지하고 나아가 행정청으로 하여금 조합설립인가신청 시에 제출된 동의서에 의하여서만 동의요건의 충족 여부를 심사하도록 함으로써 동의 여부의 확인에 행정력이 소모되는 것을 막기 위한 데 있는 점(대법원 2010. 1. 28. 선고 2009두4845 판결, 대법원 2013. 1. 10. 선고 2010두16394 판결 등)[19]

② 법 제33조 제3항에서 토지등소유자는 '인가신청 전'에 동의를 철회하거나 반대의 의사표시를 할 수 있도록 규정하는 한편, 조합설립의 인가에 대한 동의 후에는 시행령 제30조 제2항 각 호의 사항이 변경되지 않으면 조합설립의 '인가신청 전'이라고 하더라도 최초로 동의한 날로부터 30일이 경과하거나 조합설립을 위한 창립총회 후에는 동의를 철회할 수 없도록 규정하여 '인가신청 시'를 기준으로 동의 여부를 결정하도록 하고 있는 점

③ 인가신청 후 처분 사이의 기간에도 토지등소유자는 언제든지 자신의 토지 및 건축물 등을 처분하거나 분할, 합병하는 것이 가능한데, 대규모 지역의 재개발사업에 대한 조합설립인가신청의 경우 행정청이 처분일을 기준으로 다시 일일이 소유관계를 확인하여 정족수를 판단하기는 현실적으로 어려울 뿐만 아니라 처분시점이 언제이냐에 따라 동의율이 달라질 수 있는 점

---

19) 이와 같은 이유로 대법원은 "재개발조합설립인가신청을 받은 행정청은 재개발조합설립인가의 요건인 토지등소유자의 동의 여부를 심사함에 있어서 무엇보다도 동의의 내용에 관하여는 동의서에 구 도시정비법 시행령(2008. 12. 17. 대통령령 제21171호로 개정되기 전의 것) 제26조 제1항 각 호의 법정사항이 모두 포함되어 있는지를 기준으로, 동의의 진정성에 관하여는 그 동의서에 날인된 인영과 인감증명서의 인영이 동일한 것인지를 기준으로 각 심사하여야 한다(대법원 2010. 1. 28. 선고 2009두4845 판결 참조)."라고 판시하였다(대법원 2012. 12. 27. 선고 2010다85379 판결).

④ 만일 처분일을 기준으로 동의율을 산정하면 인가신청 후에도 소유권변동을 통하여 의도적으로 동의율을 조작하는 것이 가능하게 되어 정비사업과 관련한 비리나 분쟁이 양산될 우려가 있는 점

(2) 조합설립인가 신청 시 제출된 동의서에 포함된 사항 중 '조합정관'에 변경이 있다고 하더라도 조합설립에 동의하여 동의서를 제출하였던 토지등소유자가 도시정비법령에서 정한 동의 철회의 시기와 방법 등 절차에 따라 동의를 철회하지 아니하는 한 그 동의서의 효력은 그대로 유지된다고 할 것이고,[20] 행정청으로서는 추진위원회가 작성한 정관 초안의 내용이 창립총회에서 변경되었다고 하더라도 조합설립인가 신청 시 제출된 토지등소유자의 동의서만으로 조합설립인가 여부를 심사하는 것으로 충분하다(대법원 2014. 1. 16. 선고 2011두12801 판결, 대법원 2014. 2. 27.자 2011마1283 결정).

(3) 법 제35조 제4항, 시행령 제33조 등 관계 법령의 문언에 의하면, 정비구역 안에 여러 필지의 국·공유지가 있는 경우에도 그 소유권의 수에 관계없이 토지 또는 건축물 소유자를 소유자별로 각각 1명으로 산정하여야 한다(대법원 2014. 4. 14. 선고 2012두1419 전원합의체 판결, 대법원 2014. 4. 24. 선고 2012두29004 판결 등).

한편, 과거 대법원은 정비구역 안에 있는 여러 필지의 국유지 재산관리청이 각각 기획재정부, 행정자치부로 다르다고 하더라도 토지 또는 건축물 소유자는 국가 1인이라고 보아야 한다고 보았으나(대법원 2014. 10. 30. 선고 2012두5060 판결), 현행 시행령 제33조 제1항 제5호는 "국·공유지에 대해서는 그 재산관리청 각각을 토지등소유자로 산정할 것"이라고 규정하고 있어, 위 해석이 그대로 유지될 것인지는 의문이다.

(4) 토지등소유자인 국가 또는 지방자치단체의 정비사업조합 설립을 비롯한 정비사업의 추진에 관한 동의의 의사는 반드시 서면 등에 의하여 명시적으로 표시될 필요는 없다(대법원 2014. 4. 24. 선고 2012두29004 판결).

---

20) 토지등소유자들이 철회의 의사표시를 하지 아니한 상태에서 창립총회에서 정관을 변경하고 조합이 변경된 정관으로 조합설립인가를 신청하였다면, 당초 동의서를 제출하였던 토지등소유자들은 조합설립인가 신청시 변경된 정관이 시장·군수등에게 제출되는 것을 예견하였다고 할 것이어서, 그들은 변경된 정관의 효력을 인정한다는 의사를 표시한 것으로 볼 수 있다(대법원 2014. 1. 16. 선고 2011두12801 판결, 대법원 2013. 1. 10. 선고 2010두16394 판결).

조합에 대한 설립을 인가하는 관할관청이 대표하는 지방자치단체가 정비구역 내에 토지를 소유하는 경우에 그 지방자치단체는 조합설립인가처분을 통하여 해당 정비사업조합의 설립에 동의한 것으로 볼 수 있고, 또한 국가 또는 정비구역 지정권자가 대표자로 있는 지방자치단체가 해당 정비구역 내에 국·공유지를 소유하는 경우에 정비기본계획의 수립 및 정비구역의 지정으로부터 관할관청의 구체적인 조합설립인가처분에 이르기까지의 과정에서 협의 절차 등을 통하여 정비사업 자체나 해당 정비사업조합에 의한 사업추진에 대하여 명시적으로 반대의 의사를 표시하거나 반대하였다고 볼 수 있는 행위를 하지 아니하였다면, 국가 또는 그 지방자치단체는 관할관청의 인가에 의하여 이루어지는 해당 정비사업조합의 설립에 동의한 것으로 볼 수 있다(대법원 2014. 4. 14. 선고 2012두1419 전원합의체 판결, 위 대법원 2012두29004 판결 등).

그러나 국가철도공단(구 한국철도시설공단) 소유의 토지는 국유지나 공유지라고 볼 수 없고, 관계 법령 등에 비추어 보면 국가철도공단이 그 소유의 재산에 대한 처분에 관하여 독자적인 결정권을 가지고 있으므로, 국가철도공단에 동의 여부를 묻지 않은 채 동의한 것으로 간주할 수는 없다(대법원 2012. 12. 13. 선고 2011두21218 판결).

## 9. 조합설립동의서의 내용과 형식

(1) 추진위원회가 조합의 정관 또는 정관 초안을 첨부하지 아니한 채 법정 동의서와 같은 서식에 따른 동의서에 의하여 조합설립에 관한 동의를 받는 것은 적법하고, 그 동의서에 비용분담의 기준이나 소유권의 귀속에 관한 사항이 더 구체적이지 아니하다는 이유로 이를 무효라고 할 수 없으며, 그 이유는 아래와 같다(대법원 2010. 4. 8. 선고 2009다10881 판결, 대법원 2013. 12. 26. 선고 2011두8291 판결, 대법원 2014. 2. 13. 선고 2011두21652 판결, 대법원 2014. 4. 24. 선고 2012두29004 판결, 대법원 2014. 5. 29. 선고 2012두18677 판결).[21]

---

21) 다만, 비용의 분담에 관한 사항은 토지등소유자들로 하여금 상당한 비용을 부담하면서 재건축에 참가할 것인지, 아니면 시가에 의하여 구분소유권 등을 매도하고 재건축에 참가하지 않을 것인지를 선택하는 기준이 되는 것이고, 조합설립 동의사항 중 가장 중요하고 본질적인 부분으로서, 재건축의 실행단계에서 다시 비용 분담에 관한 합의를 하지

① 시행규칙이 정한 법정동의서는 상위 법령의 위임에 따른 것으로서 법적 구속력이 있고, 도시정비법령이 이처럼 법정동의서를 규정한 취지는 종래 건설교통부 고시로 제공하던 표준동의서를 대신할 동의서 양식을 법령에서 정하여 그 사용을 강제함으로써 동의서의 양식이나 내용을 둘러싼 분쟁을 미연에 방지하려는 것인 점

② 법정동의서의 정관에 관한 사항 부분은 정관에 포함될 구체적 내용에 대한 동의를 얻기 위한 취지라기보다는 조합의 운영과 활동에 관한 자치규범으로서 정관을 마련하고 그 규율에 따르겠다는 데에 대한 동의를 얻기 위한 취지로 해석되는 점

③ 법정동의서 중 비용의 분담기준 및 소유권의 귀속에 관한 각 사항 부분에서 그 구체적인 사항은 조합정관에 의한다는 취지의 기재 역시 해당 사항의 구체적인 내용이 기재된 정관이나 정관 초안에 대한 동의를 얻기 위한 것이라기보다는 해당 사항의 구체적인 내용은 장차 창립총회의 결의 등을 거쳐 마련된 정관에 따르겠다는 데에 대한 동의를 얻기 위한 취지로 해석되는 점

④ 아울러 조합정관에 관한 의견의 수렴은 창립총회에서 충분히 이루어질 수 있으므로 굳이 조합설립에 관한 동의를 받을 때 동의서에 정관 초안을 첨부하여 그 내용에 관한 동의까지 받도록 요구할 필요가 없을 뿐만 아니라 이를 요구하는 것은 절차상 무리인 측면도 있는 점

같은 취지에서 대법원은 조합설립인가 신청을 받은 행정청은 ① 추진위원회가 법정동의서에 의하여 토지등소유자의 동의를 받았는지, ② 토지등소유자가 성명을 적고 지장(指章)을 날인한 경우에는 신분증명서 사본이 첨부되었는지, 토지등소유자의 인감증명서를 첨부한 경우에는 그 동의서에 날인된 인영과 인감증명서의 인영이 동일한지를 확인하고, ③ 법에서 정한 토지등소유자 동의 요건이 충족되었는지를 심사하여야 한다고 보았다(대법원 2013. 12. 26. 선고 2011두8291 판결, 대법원 2014. 4. 24. 선고 2012두29004 판결, 대법원 2020. 9. 7. 선고 2020두38744 판결 등). 또한, 추진위원회가 법정동의서에 의하여 토지등소유자로부터 조합설립 동의를 받았다면 그 조합설립 동의는 도시정비법령에서 정한 절차와

---

않아도 될 정도로 그 분담액 또는 산출기준을 정하여야 하고 이를 정하지 아니한 조합설립 동의는 특별한 사정이 없는 한 무효로 보아야 할 것이다(대법원 1998. 6. 26. 선고 98다15996 판결).

방식을 따른 것으로서 적법·유효한 것이라고 보아야 하고, 단지 그 서식에 토지등소유자별로 구체적인 분담금 추산액이 기재되지 않았다거나 추진위원회가 그 서식 외에 토지등소유자별로 분담금 추산액 산출에 필요한 구체적인 정보나 자료를 충분히 제공하지 않았다는 사정만으로 개별 토지등소유자의 조합설립 동의를 무효라고 볼 수는 없다(위 대법원 2011두8291 판결, 대법원 2012두29004 판결, 대법원 2020두38744 판결 등).

(2) 시행령 제30조 제2항에 의하면 토지등소유자의 동의서에 기재할 사항 중에 '개략적인 사업시행계획서'는 포함되어 있지 않으므로, 동의서를 받기 전에 개략적인 사업시행계획서를 배부하거나 첨부하지 아니하였다고 하여 그 동의서가 무효라고 할 수 없다(대법원 2014. 5. 29. 선고 2012두18677 판결).

(3) 대법원은 조합이 조합원들로부터 공란인 조합설립동의서를 징구한 후 공란을 보충하여 조합설립인가처분을 받은 경우 조합설립인가처분이 당연무효는 아니라고 보았는데, 그 근거는 아래와 같다(대법원 2014. 2. 13. 선고 2011두21652 판결).

---

**[대법원 2014. 2. 13. 선고 2011두21652 판결]**

원심은 그 채택 증거들을 종합하여 피고 조합이 토지등소유자들로부터 조합설립동의서를 징구함에 있어서 기재사항 중 '신축건물의 설계개요'란과 '건축물철거 및 신축비용 개산액'란(이하 '공란 부분'이라 한다)이 공란인 채로 서명을 받은 사실, 그 후 피고 조합은 2006. 4. 29. 개최된 창립총회에서 제9호 안건으로 '조합설립동의서 작성 위임의 건'을 상정하여 의결하였는데, 그 내용은 공란 부분을 동의서 징구 단계에서 기입하여 동의를 구하기 어려우므로, 창립총회에서 결의되는 내용에 따라 조합설립인가신청 시에 일괄기입하는 것에 대한 토지등소유자의 위임을 구하는 취지인 사실, 피고 조합이 위 창립총회의 결의에 따라 공란 부분에 결의 내용을 스탬프로 날인하여 일괄기입하는 방법으로 보충한 후 조합설립인가신청 시 제출한 사실을 인정하였다. 나아가 원심은, 피고 조합이 조합설립동의서 징구 당시에는 공란 부분의 보충권한을 작성자로부터 개별적으로 위임받지 않고 조합총회의 결의로 보충권의 위임에 갈음하기로 하였다고 하더라도, 피고 조합이 위 조합총회의 결의 이후에 이 사건 쟁점 동의서의 작성자들로부터 개별적으로 보충권을 위임받았을 가능성도 배제할 수 없는 점, 보충권의 위임 여부는 사실관계를 정확히 조사하여야 비로소 밝혀질 수 있는 점 등에 비추어 이 사건 <u>조합설립인가처분 신청 시에 피고 구청장</u>에게 <u>제출된 동의서의 공란 부분이 모두 기재되어 있었던 이상, 이 사건 조합설립</u>

인가처분의 하자가 중대·명백하여 당연무효라고 볼 수는 없다고 판단하였다. 관련 법리와 기록에 비추어 살펴보면, 이러한 원심의 판단은 정당한 것으로 수긍이 된다.[22)]

# 10. 기 타

조합설립인가처분에 고유한 문제는 아니나, "선행처분의 취소를 구하는 소가 후속처분의 취소를 구하는 소로 교환적으로 변경되었다가 다시 선행처분의 취소를 구하는 소로 변경되고, 후속처분의 취소를 구하는 소에 선행처분의 취소를 구하는 취지가 그대로 남아 있었던 경우, 선행처분의 취소를 구하는 소의 제소기간 준수 여부의 결정 기준시기"에 관한 아래 대법원 판결을 참고하기 바란다.

[대법원 2013. 7. 11. 선고 2011두27544 판결]
행정소송법상 취소소송은 처분 등이 있음을 안 날부터 90일 이내에 제기하여야 하고, 처분 등이 있은 날부터 1년을 경과하면 제기하지 못한다(행정소송법 제20조 제1항, 제2항). 한편 청구취지를 교환적으로 변경하여 종전의 소가 취하되고 새로운 소가 제기된 것으로 보게 되는 경우에 새로운 소에 대한 제소기간의 준수 등은 원칙적으로 소의 변경이 있은 때를 기준으로 하여 판단된다(대법원 2004. 11. 25. 선고 2004두7023 판결 등 참조). 그러나 선행처분의 취소를 구하는 소가 그 후속처분의 취소를 구하는 소로 교환적으로 변경되었다가 다시 선행처분의 취소를 구하는 소로 변경된 경우 후속처분의 취소를 구하는 소에 선행처분의 취소를 구하는 취지가 그대로 남아 있었던 것으로 볼 수 있다면 선행처분의 취소를 구하는 소의 제소기간은 최초의 소가 제기된 때를 기준으로 정하여야 할 것이다.
기록에 의하면, 원고들은 당초 2009. 12. 11.자의 이 사건 설립인가처분의 취소를 구하는 소를 그 제소기간 내에 제기하였다가 제1심에서 2010. 5. 24.자의 이 사건 변경인가처분의 취소를 구하는 것으로 청구취지를 교환적으로 변경하였고, 2011. 6. 1. 원심에서 다시 이 사건 설립인가처분의 취소를 구하는 청구를 추가하는 것으로 청구취지를 변경한 사실을 알 수 있다.

---

22) 대법원 2010. 12. 23. 선고 2010두16578 판결도 같은 취지이다.

한편 이 사건 변경인가처분은 아래 상고이유 제4점에 관한 판단에서 살펴보는 바와 같이 이 사건 설립인가처분을 전제로 하여 단지 동의서가 추가되었음을 이유로 한 것이고, 이는 종전의 설립인가처분을 대체하는 새로운 변경인가처분이 아니라 '경미한 사항의 변경에 대한 신고를 수리하는 의미'에 불과하다. 그리고 기록을 살펴보아도 원고들이 이 사건 소송을 통하여 실질적으로 다투는 것은 이 사건 설립인가처분의 위법 여부이고, 이 사건 변경인가처분은 그로 말미암아 이 사건 설립인가처분의 하자가 치유되었는지 등의 쟁점과 관련하여 부수적으로 주장·판단의 대상이 되고 있음을 알 수 있다.

또한 원고들이 제1심에서 이 사건 변경인가처분의 취소를 구하는 내용의 '청구취지 및 청구원인 변경 신청'의 서면을 제출한 2010. 8. 27.에는 "경미한 사항의 변경에 대한 신고를 수리하는 의미에 불과한 변경인가처분에 설권적 처분인 조합설립인가처분이 흡수된다고 볼 것은 아니다"라고 밝힌 대법원 2010. 12. 9. 선고 2009두4555 판결이 선고되기 전이어서 원고들로서는 이 사건 소로써 취소를 구하는 처분을 이 사건 설립인가처분으로 하여야 할 것인지 변경인가처분으로 하여야 할 것인지 확정하기 어려웠다고 할 것이다.

이러한 점 기타 기록에 나타난 사정들을 종합하여 보면, 원고들이 이 사건 설립인가처분의 취소를 구하는 소를 제기하였다가 제1심에서 이 사건 변경인가처분의 취소를 구하는 것으로 소를 변경하였다고 하더라도 이 사건 설립인가처분의 취소를 구하는 취지는 그대로 남아 있다고 보아야 할 것이다. 따라서 이 사건 설립인가처분의 취소를 구하는 청구의 제소기간은 그 뒤 원심에서 다시 이 사건 설립인가처분의 취소를 구하는 청구를 추가하였다는 사정과는 무관하게 이 사건 소 제기시를 기준으로 하여야 한다.

한편 기록에 의하면, 이 사건 변경인가처분일은 2010. 5. 24.이지만 원고들은 이 사건 변경인가처분이 있었다는 사실이 언급된 피고보조참가인 제출의 2010. 7. 22.자 준비서면을 2010. 8. 18. 송달받고 나서야 그러한 사실을 알게 되어 그 뒤 2010. 8. 27. 이 사건 변경인가처분의 취소를 구하는 것으로 청구취지를 변경하였음을 알 수 있으므로, 그에 관한 제소기간을 준수하였다 할 것이다.

# 제 5 장

# 토지등소유자의 동의방법과
# 조합원의 자격

## 1. 토지등소유자의 동의방법 개관

(1) 다음 각 항목에 대한 동의는 서면동의서에 토지등소유자가 성명을 적고 지장(指章)을 날인하는 방법으로 하며, 주민등록증, 여권 등 신원을 확인할 수 있는 신분증명서의 사본을 첨부하여야 한다(법 제36조 제1항).

① 정비구역등 해제의 연장을 요청하는 경우(법 제20조 제6항 제1호)
② 정비구역의 해제에 동의하는 경우(법 제21조 제1항 제4호)
③ 주거환경개선사업의 시행자를 토지주택공사등으로 지정하는 경우(법 제24조 제1항)
④ 토지등소유자가 재개발사업을 시행하려는 경우(법 제25조 제1항 제2호)
⑤ 재개발사업·재건축사업의 공공시행자 또는 지정개발자를 지정하는 경우(법 제26조, 제27조)
⑥ 조합설립을 위한 추진위원회를 구성하는 경우(법 제31조 제1항)
⑦ 추진위원회의 업무가 토지등소유자의 비용부담을 수반하거나 권리·의

무에 변동을 가져오는 경우(법 제32조 제4항)

⑧ 조합을 설립하는 경우(법 제35조 제2항부터 제5항까지)

⑨ 주민대표회의를 구성하는 경우(법 제47조 제3항)

⑩ 사업시행계획인가를 신청하는 경우(법 제50조 제4항)

⑪ 사업시행자가 사업시행계획서를 작성하려는 경우(법 제58조 제3항)

위 동의에 대한 철회, 법 제26조 제1항 제8호 단서,[1] 제31조 제2항 단서[2] 및 제47조 제4항 단서[3]에 따른 반대의 의사표시의 경우에도 동일하다(법 제36조 제1항 본문 괄호 부분).

다만, 토지등소유자가 해외에 장기체류하거나 법인인 경우 등 불가피한 사유가 있다고 시장·군수등이 인정하는 경우에는 토지등소유자의 인감도장을 찍은 서면동의서에 해당 인감증명서를 첨부하는 방법으로 할 수 있다(법 제36조 제2항).

위와 같이 서면동의서를 작성하는 경우 추진위원회 구성에 대한 동의(제31조 제1항) 및 재개발사업 및 재건축사업에 관한 조합설립동의(제35조 제2항부터 제4항까지)의 경우 시장·군수등이 대통령령으로 정하는 방법에 따라 검인(檢印)한 서면동의서를 사용하여야 하며, 검인을 받지 아니한 서면동의서는 그 효력이 발생하지 아니한다(법 제36조 제3항).

위 규정에 따라 동의서에 검인(檢印)을 받으려는 자는 법 제25조 제1항 또는 제30조 제2항에 따라 동의서에 기재할 사항을 기재한 후 관련 서류를 첨부하여 시장·군수등에게 검인을 신청하여야 하고, 신청을 받은 시장·군수등은 동의서 기재사항의 기재 여부 등 형식적인 사항을 확인하고 해당 동의서에 연번(連番)을 부여한 후 검인을 하여야 하며, 검인한 동의서를 신청을 받은 날부터 20일 이내에 신청인에게 발급하여야 한다(시행령 제34조).

(2) 한편, 시행령 제33조 제1항에 의하면, 법 제12조(재건축사업 정비계획 입

---

1) "다만, 사업시행자의 지정 요청 전에 시장·군수등 및 제47조에 따른 주민대표회의에 사업시행자의 지정에 대한 반대의 의사표시를 한 토지등소유자의 경우에는 그러하지 아니하다."

2) "다만, 조합설립인가를 신청하기 전에 시장·군수등 및 추진위원회에 조합설립에 대한 반대의 의사표시를 한 추진위원회 동의자의 경우에는 그러하지 아니하다."

3) "다만, 사업시행자의 지정 요청 전에 시장·군수등 및 주민대표회의에 사업시행자의 지정에 대한 반대의 의사표시를 한 토지등소유자의 경우에는 그러하지 아니하다."

안을 위한 안전진단) 제2항, 제28조(재개발사업·재건축사업의 사업대행자) 제1항, 제 36조(토지등소유자의 동의방법 등) 제1항, 시행령 제12조(정비계획의 입안 제안), 제 14조(용적률 완화를 위한 현금납부 방법 등) 제2항 및 제27조(창립총회의 방법 및 절 차 등)에 따른 토지등소유자(토지면적에 관한 동의자 수를 산정하는 경우에는 토지소 유자를 말한다. 이하 이 조에서 같다)의 동의는 다음 각 호의 기준에 따라 산정한다.

1. **주거환경개선사업, 재개발사업의 경우**에는 다음 각 목의 기준에 의할 것
   가. 1필지의 토지 또는 하나의 건축물을 여럿이서 공유할 때에는 그 여 럿을 대표하는 1인을 토지등소유자로 산정할 것. 다만, 재개발구역의 전통시장법 제2조에 따른 전통시장 및 상점가로서 1필지의 토지 또 는 하나의 건축물을 여럿이서 공유하는 경우에는 해당 토지 또는 건 축물의 토지등소유자의 4분의 3 이상의 동의를 받아 이를 대표하는 1인을 토지등소유자로 산정할 수 있다.
   나. 토지에 지상권이 설정되어 있는 경우 토지의 소유자와 해당 토지의 지상권자를 대표하는 1인을 토지등소유자로 산정할 것
   다. 1인이 다수 필지의 토지 또는 다수의 건축물을 소유하고 있는 경우 에는 필지나 건축물의 수에 관계없이 토지등소유자를 1인으로 산정 할 것. 다만, 재개발사업으로서 법 제25조 제1항 제2호에 따라 토지 등소유자가 재개발사업을 시행하는 경우 토지등소유자가 정비구역 지정 후에 정비사업을 목적으로 취득한 토지 또는 건축물에 대해서 는 정비구역 지정 당시의 토지 또는 건축물의 소유자를 토지등소유 자의 수에 포함하여 산정하되, 이 경우 동의 여부는 이를 취득한 토 지등소유자에 따른다.
   라. 둘 이상의 토지 또는 건축물을 소유한 공유자가 동일한 경우에는 그 공유자 여럿을 대표하는 1인을 토지등소유자로 산정할 것
2. **재건축사업**의 경우에는 다음 각 목의 기준에 따를 것
   가. 소유권 또는 구분소유권을 여럿이서 공유하는 경우에는 그 여럿을 대표하는 1인을 토지등소유자로 산정할 것
   나. 1인이 둘 이상의 소유권 또는 구분소유권을 소유하고 있는 경우에는 소유권 또는 구분소유권의 수에 관계없이 토지등소유자를 1인으로

산정할 것

다. 둘 이상의 소유권 또는 구분소유권을 소유한 공유자가 동일한 경우에는 그 공유자 여럿을 대표하는 1인을 토지등소유자로 할 것

3. 추진위원회의 구성 또는 조합의 설립에 동의한 자로부터 토지 또는 건축물을 취득한 자는 추진위원회의 구성 또는 조합의 설립에 동의한 것으로 볼 것[4]

4. 토지등기부등본·건물등기부등본·토지대장 및 건축물관리대장에 소유자로 등재될 당시 주민등록번호의 기록이 없고 기록된 주소가 현재 주소와 다른 경우로서 소재가 확인되지 아니한 자는 토지등소유자의 수 또는 공유자 수에서 제외할 것

5. 국·공유지에 대해서는 그 재산관리청 각각을 토지등소유자로 산정할 것

(3) 법 제12조(재건축사업 정비계획 입안을 위한 안전진단) 제2항 및 제36조(토지등소유자의 동의방법 등) 제1항 각 호 외의 부분에 따른 동의[5]의 철회 또는 반대의사 표시의 시기는 다음 각 호의 기준에 따른다(시행령 제33조 제2항).

1. 동의의 철회 또는 반대의사의 표시는 해당 동의에 따른 인·허가 등을 신청하기 전까지 할 수 있다.

2. 제1호에도 불구하고 다음 각 목의 동의는 최초로 동의한 날부터 30일까지만 철회할 수 있다. 다만, 나목의 동의는 최초로 동의한 날부터 30일이 지나지 아니한 경우에도 법 제32조 제3항에 따른 조합설립을 위한 창립총회 후에는 철회할 수 없다.

가. 법 제21조 제1항 제4호에 따른 정비구역의 해제에 대한 동의

나. 법 제35조에 따른 조합설립에 대한 동의(동의 후 제30조 제2항 각 호의 사항이 변경되지 아니한 경우로 한정한다)

---

4) 대법원도 조합설립인가 신청 이전에 토지를 양도한 자가 동의서를 제출하였다면 신 소유자 역시 조합의 설립에 동의한 것으로 보아야 한다고 판시하였다(대법원 2014. 2. 13. 선고 2011두21652 판결).

5) 법 제26조(재개발사업·재건축사업의 공공시행자) 제1항 제8호, 제31조(조합설립추진위원회의 구성·승인) 제2항 및 제47조(주민대표회의) 제4항에 따라 의제된 동의를 포함한다.

(4) 시행령 제33조 제2항의 동의를 철회하거나 반대의 의사표시를 하려는 토지등소유자는 철회서에 토지등소유자가 성명을 적고 지장(指章)을 날인한 후 주민등록증 및 여권 등 신원을 확인할 수 있는 신분증명서 사본을 첨부하여 동의의 상대방 및 시장·군수등에게 내용증명의 방법으로 발송하여야 한다. 이 경우 시장·군수등이 철회서를 받은 때에는 지체 없이 동의의 상대방에게 철회서가 접수된 사실을 통지하여야 한다(시행령 제33조 제3항).

위 동의의 철회나 반대의 의사표시는 철회서가 동의의 상대방에게 도달한 때 또는 시장·군수등이 동의의 상대방에게 철회서가 접수된 사실을 통지한 때 중 빠른 때에 효력이 발생한다(같은 조 제4항).

한편, 시행령 제33조 제2항에 의하면, 시행령 제30조 제2항 각 호의 사항이 변경된 경우 조합설립동의는 동의한 날로부터 30일이 경과한 후에도 철회할 수 있는데, 이 때 각 호의 사항이 변경되었는지 여부는 토지등소유자가 동의철회서를 제출한 시점을 기준으로 판단한다(대법원 2012. 12. 13. 선고 2011두21218 판결).

## 2. 토지등소유자의 동의서 재사용 특례

동의서 재사용 특례는 정비사업의 지연을 방지하고자 2015. 9. 1. 법률 제13508호로 개정된 도시정비법이 도입한 제도인데, 이를 구체적으로 살펴보면 아래와 같다.

조합설립인가(변경인가 포함)를 받은 후에 동의서 위조, 동의 철회, 동의율 미달 또는 동의자 수 산정방법에 관한 하자 등으로 다툼이 있는 경우로서 다음 각 호의 어느 하나에 해당하는 때에는 동의서의 유효성에 다툼이 없는 토지등소유자의 동의서를 다시 사용할 수 있다(법 제37조 제1항).

1. 조합설립인가의 무효 또는 취소소송 중에 일부 동의서를 추가 또는 보완하여 조합설립변경인가를 신청하는 때
2. 법원의 판결로 조합설립인가의 무효 또는 취소가 확정되어 조합설립인가를 다시 신청하는 때

조합설립인가의 무효 또는 취소소송 중에 일부 동의서를 추가 또는 보완하여 조합설립변경인가를 신청하는 때, 조합이 토지등소유자의 동의서를 다시 사용하기 위한 요건은 다음과 같다(법 제37조 제2항, 시행령 제35조 제1항 제1호).

    가. 토지등소유자에게 기존 동의서를 다시 사용할 수 있다는 취지와 반대 의사표시의 절차 및 방법을 서면으로 설명·고지할 것

    나. 60일 이상의 반대의사 표시기간을 가목의 서면에 명백히 적어 부여할 것

법원의 판결로 조합설립인가의 무효 또는 취소가 확정되어 조합설립인가를 다시 신청하는 때, 추진위원회가 토지등소유자의 동의서를 다시 사용하려면 다음의 요건을 충족하여야 한다(법 제37조 제2항, 시행령 제35조 제1항 제2호).

    가. 토지등소유자에게 기존 동의서를 다시 사용할 수 있다는 취지와 반대의사 표시의 절차 및 방법을 서면으로 설명·고지할 것

    나. 90일 이상의 반대의사 표시기간을 가목의 서면에 명백히 적어 부여할 것

    다. 정비구역, 조합정관, 정비사업비, 개인별 추정분담금, 신축되는 건축물의 연면적 등 정비사업의 변경내용을 가목의 서면에 포함할 것

    라. 다음의 변경의 범위가 모두 100분의 10 미만일 것

        1) 정비구역 면적의 변경

        2) 정비사업비의 증가(생산자물가상승률분 및 법 제73조에 따른 현금청산 금액은 제외)

        3) 신축되는 건축물의 연면적 변경

    마. 조합설립인가의 무효 또는 취소가 확정된 조합과 새롭게 설립하려는 조합이 추진하려는 정비사업의 목적과 방식이 동일할 것

    바. 조합설립의 무효 또는 취소가 확정된 날부터 3년 내에 새로운 조합을 설립하기 위한 창립총회를 개최할 것

# 3. 조합원의 자격

(1) 정비사업의 조합원(사업시행자가 신탁업자인 경우에는 위탁자를 말하고, 이하 본장에서 같다)은 토지등소유자(재건축사업의 경우에는 재건축사업에 동의한 자만 해당)로 하되, 다음 각 호의 어느 하나에 해당하는 때에는 그 여러 명을 대표하는 1명을 조합원으로 본다(법 제39조 제1항 본문).[6]

1. 토지 또는 건축물의 소유권과 지상권이 여러 명의 공유에 속하는 때
2. 여러 명의 토지등소유자가 1세대에 속하는 때. 이 경우 동일한 세대별 주민등록표 상에 등재되어 있지 아니한 배우자 및 미혼인 19세 미만의 직계비속은 1세대로 보며, 1세대로 구성된 여러 명의 토지등소유자가 조합설립인가 후 세대를 분리하여 동일한 세대에 속하지 아니하는 때에도 이혼 및 19세 이상 자녀의 분가(세대별 주민등록을 달리하고, 실거주지를 분가한 경우로 한정)를 제외하고는 1세대로 본다.
3. 조합설립인가(조합설립인가 전에 법 제27조 제1항 제3호에 따라 신탁업자를 사업시행자로 지정한 경우에는 사업시행자의 지정을 말한다. 이하 이 조에서 같다) 후 1명의 토지등소유자로부터 토지 또는 건축물의 소유권이나 지상권을 양수하여 여러 명이 소유하게 된 때

여기서 소유자에게 조합원의 자격이 부여되는 건축물이라 함은 원칙적으로 적법한 건축물을 의미하고 무허가건축물은 이에 포함되지 않는다고 보아야 할 것이고,[7] 다만 이와 같은 법리에 의하여 토지등소유자의 적법한 동의 등을

---

6) 법 제39조 제1항 단서는 "다만, 「국가균형발전 특별법」 제18조에 따른 공공기관지방이전 및 혁신도시 활성화를 위한 시책 등에 따라 이전하는 공공기관이 소유한 토지 또는 건축물을 양수한 경우 양수한 자(공유의 경우 대표자 1명을 말한다)를 조합원으로 본다."라고 규정하고 있으나, 법률 제14567호(2017. 2. 8.) 부칙 제2조의 규정에 의하여 이 조 제1항 각 호 외의 부분 단서는 2018년 1월 26일까지만 유효하다.

7) 따라서 원칙적으로 도시정비법상 조합원의 자격이 인정되는 '토지등소유자'로 볼 수 없는 무허가건축물의 소유자들을 제외하면 '토지등소유자의 과반수 동의'라는 승인요건을 갖추지 못하였음에도, 이들이 주축이 되어 구성한 주택재개발정비사업조합설립추진위원회를 승인한 처분은 법규의 중요한 부분을 위반한 것으로서 그 하자가 중대하고 객관적으로 명백하여 당연무효이다(서울행정법원 2008. 4. 4. 선고 2006구합27915 판결).

거쳐 설립된 재개발조합이 각자의 사정 내지 필요에 따라 일정한 범위 내에서 무허가건축물 소유자에게 조합원 자격을 부여하도록 정관으로 정하는 경우에 비로소 그 예외가 인정될 수 있을 뿐이다(대법원 1999. 7. 27. 선고 97누4975 판결, 대법원 2009. 9. 24.자 2009마168,169 결정, 대법원 2009. 10. 29. 선고 2009두12228 판결, 대법원 2012. 12. 13. 선고 2011두21218 판결 등).8)

다만, 정관이 무허가건축물의 소유자에게 조합원 자격을 부여하고 있다 하더라도, 이는 조합이 설립되었을 경우 조합원이 될 수 있다는 것일 뿐, 조합설립 동의절차에서 동의권자의 지위를 갖는 것은 아니라고 할 것이다(대법원 2012. 12. 13. 선고 2011두21218 판결).

(2) 주택법 제63조 제1항에 따른 투기과열지구로 지정된 지역에서 재건축사업을 시행하는 경우에는 조합설립인가 후, 재개발사업을 시행하는 경우에는 관리처분계획의 인가 후 해당 정비사업의 건축물 또는 토지를 양수(매매·증여, 그 밖의 권리의 변동을 수반하는 모든 행위를 포함하되, 상속·이혼으로 인한 양도·양수의 경우는 제외한다. 이하 이 조에서 같다)한 자는 조합원이 될 수 없다(법 제39조 제2항 본문).

다만, 양도인이 다음 각 호의 어느 하나에 해당하는 경우 그 양도인으로부터 그 건축물 또는 토지를 양수한 자는 그러하지 아니하다(같은 항 단서).

1. 세대원(세대주가 포함된 세대의 구성원을 말하고, 이하 본장에서 같다)의 근무상 또는 생업상의 사정이나 질병치료(의료법 제3조에 따른 의료기관의 장이 1년 이상의 치료나 요양이 필요하다고 인정하는 경우로 한정한다)·취학·

---

8) 조합 정관에서 사업시행구역 안의 토지, 건물의 소유자에게 조합원의 자격을 부여하는 것으로 규정하면서 이와 별도로 일정한 요건을 갖춘 무허가건축물을 소유한 자에 대하여는 그 소유임을 입증하는 경우에 한하여 조합원의 자격을 부여하는 것으로 규정하고 있다면, 무허가건축물에 관하여는 그 사실상의 소유자에게 조합원의 자격을 부여한 것이라고 해석하여야 할 것이고, 무허가건축물이 전전양도되어 최종양수인이 사실상 소유자로서 사용·수익하는 경우에는 그 최종양수인만이 조합원의 자격을 취득한다고 할 것이지, 물권변동에 원칙적으로 등기를 요하도록 하고 있는 민법의 규정상 최초의 신축자에게 여전히 그 법률상의 소유권이 귀속된다고 하여 신축자가 조합원으로서의 자격을 취득한다고 해석할 것은 아니며, 이 경우 사실상의 소유자인지 여부의 판단은 당해 무허가건축물의 양수 경위, 점유 및 사용관계, 재산세 등의 납세 여부 및 무허가건축물 관리대장상의 등재 여부, 당해 무허가건축물이 주거용인 경우에는 그 소재지에 주민등록을 하였는지 여부 등을 종합적으로 고려하여 판단하여야 한다(대법원 1998. 3. 27. 선고 97누17094 판결).

결혼으로 세대원이 모두 해당 사업구역에 위치하지 아니한 특별시·광역시·특별자치시·특별자치도·시 또는 군으로 이전하는 경우

2. 상속으로 취득한 주택으로 세대원 모두 이전하는 경우

3. 세대원 모두 해외로 이주하거나 세대원 모두 2년 이상 해외에 체류하려는 경우

4. 1세대(제1항 제2호에 따라 1세대에 속하는 때) 1주택자로서 양도하는 주택에 대한 소유기간 및 거주기간이 대통령령으로 정하는 기간9) 이상인 경우

5. 그 밖에 불가피한 사정으로 양도하는 경우로서 대통령령으로 정하는 경우10)

(3) 사업시행자는 제2항 각 호 외의 부분 본문(투기과열지구)에 따라 조합원의 자격을 취득할 수 없는 경우 정비사업의 토지, 건축물 또는 그 밖의 권리를 취득한 자에게 제73조를 준용하여 손실보상을 하여야 한다(법 제39조 제3항).

---

9) "대통령령으로 정하는 기간"이란 다음 각 호의 구분에 따른 기간을 말한다. 이 경우 소유자가 피상속인으로부터 주택을 상속받아 소유권을 취득한 경우에는 피상속인의 주택의 소유기간 및 거주기간을 합산한다(시행령 제37조 제1항). 1. 소유기간: 10년, 2. 거주기간(주민등록법 제7조에 따른 주민등록표를 기준으로 하며, 소유자가 거주하지 아니하고 소유자의 배우자나 직계존비속이 해당 주택에 거주한 경우에는 그 기간을 합산한다): 5년

10) "그 밖에 불가피한 사정으로 양도하는 경우로서 대통령령으로 정하는 경우"란 다음 각 호의 어느 하나에 해당하는 경우를 말한다(시행령 제37조 제2항). 1. 조합설립인가일부터 3년 이상 사업시행인가 신청이 없는 재건축사업의 건축물을 3년 이상 계속하여 소유하고 있는 자(소유기간을 산정할 때 소유자가 피상속인으로부터 상속받아 소유권을 취득한 경우에는 피상속인의 소유기간을 합산한다. 이하 제2호 및 제3호에서 같다)가 사업시행인가 신청 전에 양도하는 경우, 2. 사업시행계획인가일부터 3년 이내에 착공하지 못한 재건축사업의 토지 또는 건축물을 3년 이상 계속하여 소유하고 있는 자가 착공 전에 양도하는 경우, 3. 착공일부터 3년 이상 준공되지 않은 재개발사업·재건축사업의 토지를 3년 이상 계속하여 소유하고 있는 경우, 4. 법률 제7056호 도시 및 주거환경정비법 일부개정법률 부칙 제2항에 따른 토지등소유자로부터 상속·이혼으로 인하여 토지 또는 건축물을 소유한 자, 5. 국가·지방자치단체 및 금융기관(주택법 시행령 제71조 제1호 각 목의 금융기관을 말한다)에 대한 채무를 이행하지 못하여 재개발사업·재건축사업의 토지 또는 건축물이 경매 또는 공매되는 경우, 6. 주택법 제63조 제1항에 따른 투기과열지구(이하 "투기과열지구"라 한다)로 지정되기 전에 건축물 또는 토지를 양도하기 위한 계약(계약금 지급 내역 등으로 계약일을 확인할 수 있는 경우로 한정한다)을 체결하고, 투기과열지구로 지정된 날부터 60일 이내에 「부동산 거래신고 등에 관한 법률」 제3조에 따라 부동산 거래의 신고를 한 경우

# 4. 관련 법리

(1) 시행령 제33조 제1항 제2호 (가)목에 의하면, 재건축사업에서 소유권 또는 구분소유권을 여럿이서 공유하는 경우에는 그 여럿을 대표하는 1인을 토지등소유자로 산정하여야 하므로, 법 제35조 제4항에 따라 토지 또는 건축물 소유자의 동의율을 산정함에 있어서 1필지의 토지 또는 하나의 건축물을 여럿이 공유하고 있는 경우 그 토지 또는 건축물의 소유자가 조합설립에 동의한 것으로 보기 위하여는, 그 공유자 전원의 동의로 선임된 대표자가 조합설립에 동의하거나 대표자의 선임 없이 공유자 전원이 조합설립에 동의할 것을 요하고, 그중 일부만이 조합설립에 관하여 동의한 경우에는 유효한 조합설립 동의가 있다고 볼 수 없다(대법원 2017. 2. 3. 선고 2015두50283 판결).

다만, 재건축사업에서 시행령이 소유권 또는 구분소유권을 여럿이서 공유하는 경우에는 그 여럿을 대표하는 1인을 토지등소유자로 산정하도록 규정한 것은 여러 명이 부동산에 관하여 통상의 공유관계를 형성하고 있는 경우 그 공유 목적 부동산이 동일하기 때문에 조합설립 절차의 편의를 도모하는 관점에서 공유자들을 대표하는 1명의 동의 의사를 확인하여도 무방하다는 데 취지가 있다. 이를 고려할 때, 공동주택 등에 관하여 구분소유가 성립[11]한 경우에는 공동

---

[11] 1동의 건물에 대하여 구분소유가 성립하기 위해서는 객관적·물리적인 측면에서 1동의 건물이 존재하고 구분된 건물부분이 구조상·이용상 독립성을 갖추어야 할 뿐 아니라 1동의 건물 중 물리적으로 구획된 건물부분을 각각 구분소유권의 객체로 하려는 구분행위가 있어야 한다. 여기서 구조상의 독립성은 주로 소유권의 목적이 되는 객체에 대한 물적 지배의 범위를 명확히 할 필요성 때문에 요구되는 것이므로 구조상의 구분에 의하여 구분소유권의 객체 범위를 확정할 수 없는 경우에는 구조상의 독립성이 있다고 할 수 없으나, 다만 일정한 범위의 상가건물에 관하여는 구조상 독립성 요건을 완화한 집합건물법 제1조의2에 따라 경계를 명확하게 식별할 수 있는 표지를 바닥에 견고하게 설치하고 구분점포별로 부여된 건물번호표지를 견고하게 부착함으로써 구분소유권의 객체가 될 수 있다. 그리고 이용상 독립성이란 구분소유권의 대상이 되는 해당 건물부분이 그 자체만으로 독립하여 하나의 건물로서의 기능과 효용을 갖춘 것을 말하는데, 이와 같은 의미의 이용상 독립성이 인정되는지 여부는 해당 부분의 효용가치, 외부로 직접 통행할 수 있는지 여부 등을 고려하여 판단하여야 한다. 특히 해당 건물부분이 집합건물법 제1조의2의 적용을 받는 '구분점포'인 경우에는 그러한 구분점포의 특성을 고려하여야 한다. 나아가 구분행위는 건물의 물리적 형질에 변경을 가함이 없이 법률관념상 그 건물의 특정 부분을 구분하여 별개의 소유권의 객체로 하려는 일종의 법률행위로서, 그 시기나 방식에 특별한 제한이 있는 것은 아니고 처분권자의 구분의사가 객관

주택 등이 구분건물이 아닌 일반건물로 등기되어 있는 관계로 구분소유자들이 구분등기를 마치지 못하고 형식상 공동주택 등에 관하여 공유등기를 마쳤더라도 위 시행령 조항을 적용하여 구분소유자들을 대표하는 1명만을 소유자로 산정하여 동의 요건 충족 여부를 가릴 것은 아니다. 구분소유자들은 구조상·이용상 독립성을 갖춘 별개의 부동산을 각각 소유하고 있기 때문이다(대법원 2019. 11. 15. 선고 2019두46763 판결).

  (2) 시행령 제33조 제1항 제1호 (다)목 단서가 토지등소유자가 정비구역 지정 후에 정비사업을 목적으로 취득한 토지 또는 건축물에 대하여 종전 소유자를 포함하여 동의자의 수를 산정하도록 정한 것은 재개발사업을 시행하려는 토지등소유자가 사업시행계획인가 신청에 앞서 적극적으로 토지 또는 건축물을 매수할수록 동의 대상자 및 동의자인 토지등소유자의 수가 줄어들어 결과적으로 동의율이 낮아지는 불합리한 결과를 방지하려는 취지로 보이고, 결국 재개발사업의 경우에 사업시행계획인가 신청 당시의 사법(私法)상 소유자와 동의를 얻어야 하는 토지등소유자가 일치하지는 아니한다(대법원 2015. 6. 11. 선고 2013두15262 판결).

  (3) 시행령 제33조 제1항 제4호는, 토지등기부등본·건물등기부등본·토지대장 및 건축물관리대장에 소유자로 등재될 당시 주민등록번호의 기록이 없고 기록된 주소가 현재 주소와 다른 경우로서 소재가 확인되지 아니한 자는 토지등소유자의 수 또는 공유자의 수에서 제외하여야 한다고 규정하고 있는데, 이는 의사 확인이 어려운 토지등소유자와 공유자를 조합설립 동의 등의 절차에서 동의 대상자에서 제외함으로써 사업 진행을 원활하게 하려는 것이다(대법원 2014. 5. 29. 선고 2012두11041 판결, 대법원 2017. 2. 3. 선고 2015두50283 판결).[12]

---

적으로 외부에 표시되면 인정된다. 따라서 구분건물이 물리적으로 완성되기 전에도 건축허가신청이나 분양계약 등을 통하여 장래 신축되는 건물을 구분건물로 하겠다는 구분의사가 객관적으로 표시되면 구분행위의 존재를 인정할 수 있고, 이후 1동의 건물 및 그 구분행위에 상응하는 구분건물이 객관적·물리적으로 완성되면 아직 그 건물이 집합건축물대장에 등록되거나 구분건물로서 등기부에 등기되지 않았더라도 그 시점에서 구분소유가 성립한다. 특히 일반건물로 등기된 기존의 건물이 구분건물로 변경등기되기 전이라도, 위와 같은 요건들을 갖추면 구분소유권이 성립한다(대법원 2013. 1. 17. 선고 2010다71578 전원합의체 판결, 대법원 2017. 12. 22. 선고 2017다225398 판결 등).

12) 한편, 구 시행령 제28조 제1항 제4호는 현행 시행령 제33조 제1항 제4호와 달리 "토지등기부등본·건물등기부등본·토지대장 및 건축물관리대장에 소유자로 등재될 당시 주민등록번호의 기재가 없고 기재된 주소가 현재 주소와 상이한 경우로서 소재가 확인되

(4) 재개발사업에 있어서의 토지등소유자의 동의는 1필지의 토지 또는 하나의 건축물이 수인의 공유에 속하는 때에는 그 수인을 대표하는 1인을 토지등소유자로 산정하고, 토지에 지상권이 설정되어 있는 경우에는 토지의 소유자와 해당 토지의 지상권자를 대표하는 1인을 토지등소유자로 산정하며, 1인이 다수 필지의 토지 또는 다수의 건축물을 소유하고 있는 경우에는 필지나 건축물의 수에 관계없이 토지등소유자를 1인으로 산정하는바, 관계 법령의 내용과 체제 등에 비추어 볼 때 토지의 필지별 또는 토지·건물의 소유자, 공유자가 서로 다를 경우에는 각 부동산별로 1인이 토지등소유자로 산정되어야 하고, 동일한 공유자가 서로 다른 필지의 토지 또는 토지·건물을 공동소유하고 있을 때에는 부동산의 수와 관계없이 그 공유자들 중 1인만이 토지등소유자로 산정된다고 해석된다(대법원 2010. 1. 14. 선고 2009두15852 판결, 대법원 2013. 5. 24. 선고 2011두14937 판결, 대법원 2013. 11. 28. 선고 2012두15777 판결, 대법원 2014. 5. 29. 선고 2012두18677 판결).

(5) 재개발사업에서 정비구역 내 토지의 필지별 또는 토지·건축물의 소유자, 공유자가 서로 다를 경우에는 원칙적으로 각 부동산별로 1인이 토지등소유자로 산정되어야 하므로(대법원 2010. 1. 14. 선고 2009두15852 판결 등), 토지의 공유자 중 일부가 그 지상 건축물을 단독 소유하는 경우 토지와 건축물은 각각 1인이 토지등소유자로 산정되어야 한다(대법원 2015. 3. 20. 선고 2012두23242 판결).

(6) 동일인 소유인 토지와 그 지상의 건축물 중 토지에 관하여 지상권이 설정되어 있다 하더라도 토지등소유자 수의 산정에 있어서는 지상권자를 토지의 공유자와 동일하게 취급할 수 없고, 해당 토지와 그 지상 건축물에 관하여 1인의 토지등소유자가 있는 것으로 산정함이 타당하다(대법원 2015. 3. 20. 선고 2012두23242 판결).

(7) 구 도시정비법상의 재건축조합 설립에 토지등소유자의 서면에 의한 동의를 요구하고 그 동의서를 재건축조합설립인가신청 시에 행정청에 제출하도

지 아니한 자는 토지등소유자의 수에서 제외할 것"이라고만 규정하여, <u>소재불명의 공유자를 동의 대상자에서 제외하는 근거규정을 두지 않았다.</u> 이에 따라 <u>대법원</u>은 "여러 명의 공유에 속하는 토지의 공유자 중 일부가 소재불명자이면 앞서 본 바와 같이 유효한 조합설립 동의를 할 수 없다는 점에서 토지의 단독소유자가 소재불명자인 경우와 다르지 아니하므로, <u>공유자 중 일부가 소재불명자인 경우도 단독소유자가 소재불명인 경우와 마찬가지로 조합설립 동의 대상이 되는 토지 또는 건축물 소유자의 수에서 제외하여야 한다.</u>"고 판시하였다(대법원 2017. 2. 3. 선고 2015두50283 판결).

록 하는 취지는 서면에 의하여 토지등소유자의 동의 여부를 명확하게 함으로써 동의 여부에 관하여 발생할 수 있는 관련자들 사이의 분쟁을 미연에 방지하고, 나아가 행정청으로 하여금 재건축조합설립인가신청 시에 제출된 동의서에 의하여서만 동의요건의 충족 여부를 심사하도록 함으로써 동의 여부의 확인에 불필요하게 행정력이 소모되는 것을 막기 위한 데 있다.

따라서 재건축조합설립인가신청을 받은 행정청은 재건축조합설립인가의 요건인 토지등소유자의 동의 여부를 심사할 때에 무엇보다도 (1) 동의의 내용에 관하여는 동의서에 구 도시정비법 시행령 제26조(현행 제33조) 제1항 각 호의 법정사항이 모두 포함되어 있는지를 기준으로, (2) 동의의 진정성에 관하여는 그 동의서에 날인된 인영과 인감증명서의 인영이 동일한 것인지를 기준으로 각 심사하여야 한다. 그리고 위 기준 중 어느 하나라도 충족하지 못하는 동의서에 대하여는 이를 무효로 처리하여야 하고, 임의로 이를 유효한 동의로 처리할 수는 없다고 할 것이다(대법원 2010. 1. 28. 선고 2009두4845 판결, 대법원 2011. 11. 10. 선고 2011두14883 판결).[13]

(8) 토지나 건축물만을 소유한 자는, 비록 구 도시정비법 제16조(현행 제35조) 제3항에 의하여 주택재건축사업의 조합설립에서 동의를 얻어야 할 자에 포함되더라도 구 도시정비법에 의한 조합원이 될 수는 없다고 봄이 타당하다(대법원 2012. 10. 25. 선고 2010두25107 판결).

그리고 구 도시정비법 시행령 제26조(현행 제30조) 제1항은 조합원이 되는 '토지등소유자'에 대하여 동의서에 의한 동의 방법을 규정하고 있으며, 위 규정에서 정하고 있는 동의서의 법정사항은 대체로 정비사업에 참여하여 그 비용을 분담하고 그 사업의 성과를 분배받는 조합원이 될 자격이 있는 '토지등소유자'의 이해관계에 관한 것들이다.

따라서 구 도시정비법 시행령 제26조(현행 제33조) 제1항에서 정한 '토지등소유자'로부터 받아야 하는 동의서에 관한 법정사항은 주택재건축사업에서 토지나 건축물만을 소유하여 조합원이 될 수 없는 자로부터 받는 동의서에 적용될 것이 아니다(대법원 2013. 11. 14. 선고 2011두5759 판결).

(9) 강제가입제를 특색으로 한 재개발조합의 조합원의 자격 인정여부에 관

---

13) 동의서에 인감을 날인하고 인감증명서를 첨부하도록 한 구법 하에서의 대법원판례이다.

하여 다툼이 있는 경우에는 그 단계에서는 아직 조합의 어떠한 처분 등이 개입될 여지는 없으므로 공법상의 당사자소송에 의하여 그 조합원 자격의 확인을 구할 수 있다.14)

그러나 수분양권의 취득을 희망하는 조합원이 한 분양신청에 대하여 조합이 분양대상자가 아니라고 하여 관리처분계획에 의하여 이를 제외시킨 경우 조합원에게 원하는 내용의 구체적인 수분양권이 직접 발생한 것이라고는 볼 수 없으므로, 조합원이 곧바로 조합을 상대로 하여 민사소송이나 공법상 당사자소송으로 수분양권의 확인을 구하는 것은 허용될 수 없고, 관리처분계획의 취소를 통하여 권리를 구제받아야 한다(대법원 1996. 2. 15. 선고 94다31235 전원합의체 판결).

즉, 정비사업 시행의 결과로 만들어지는 신축 주택에 관한 수분양자 지위나 수분양권은 조합원이 된 토지등소유자에게 분양신청만으로 당연히 인정되는 것이 아니라 관리처분계획으로 비로소 정하여진다. 따라서 조합원은 자신의 분양신청 내용과 달리 관리처분계획이 수립되는 경우 관리처분계획의 취소 또는 무효확인을 항고소송의 방식으로 구할 수 있을 뿐이지, 곧바로 조합을 상대로 민사소송이나 공법상 당사자소송으로 수분양권의 확인을 구하는 것은 허용되지 않는 것이다(위 대법원 94다31235 전원합의체 판결).15)

한편, 현행 행정소송법에서는 장래에 행정청이 일정한 내용의 처분을 할 것 또는 하지 못하도록 할 것을 구하는 소송(의무이행소송, 의무확인소송 또는 예방적 금지소송)은 허용되지 않는다(대법원 1992. 2. 11. 선고 91누4126 판결, 대법원 2006. 5. 25. 선고 2003두11988 판결).

따라서 조합원이 관리처분계획이 수립되기 전의 단계에서 조합을 상대로 구체적으로 정하여진 바도 없는 수분양권의 확인을 공법상 당사자소송의 방식

---

14) 대법원은 구 도시재개발법 하에서 "주택개량재개발조합인 피고가 그 조합원임을 주장하는 원고의 조합원자격을 부인하는 경우, 원고는 그의 권리 또는 법적 지위에 현존하는 위험·불안을 제거하는 방법으로 피고 조합을 상대로 조합원지위확인을 구할 소의 이익이 있다 할 것이다."라고 판시하였다(대법원 1999. 2. 5. 선고 97누14606 판결).

15) 확인의 소의 대상인 법률관계의 확인이 확인의 이익이 있기 위해서는 그 법률관계에 따라 제소자의 권리 또는 법적 지위에 현존하는 위험·불안이 야기되어야 하고, 그 위험·불안을 제거하기 위하여 그 법률관계를 확인의 대상으로 한 확인판결에 의하여 즉시로 확정할 필요가 있으며, 그것이 가장 유효적절한 수단이 되어야 한다(대법원 1995. 10. 12. 선고 95다26131 판결, 대법원 2002. 6. 14. 선고 2002두1823 판결 등).

으로 곧바로 구하는 것은 현존하는 권리·법률관계의 확인이 아닌 장래의 권리·법률관계의 확인을 구하는 것일 뿐만 아니라, 조합으로 하여금 특정한 내용으로 관리처분계획을 수립할 의무가 있음의 확인을 구하는 것이어서 현행 행정소송법상 허용되지 않는 의무확인소송에 해당하여 부적법하다(대법원 2019. 12. 13. 선고 2019두39277 판결).

(10) 조합원의 자격을 상실하거나 현금청산 대상자가 되는 등 도시정비법이나 정관이 정한 탈퇴사유가 발생하지 않는 한, 조합은 조합의 본질상 부득이한 사유가 없는 한 조합원의 임의 탈퇴를 허용하지 않는 것이라고 봄이 상당하다(대법원 1997. 5. 30. 선고 96다23887 판결).

(11) 시장정비사업조합의 조합원 지위 취득요건에 관하여는 아래 대법원 판결을 참고하기 바란다.

---

**[대법원 2012. 11. 15. 선고 2010다95338 판결]**

재래시장의 재건축 등에 관한 특별법으로는, 과거 「중소기업의 구조개선과 재래시장 활성화를 위한 특별조치법」(이하 '중소기업활성화법'이라 한다)이 있었는데, 이는 법률 제7235호로 제정된 「재래시장 육성을 위한 특별법」(이하 '종전특별법'이라 한다)이 2005. 3. 1.부터 시행되면서 폐지되었고, 이 법률 역시 2006. 4. 28. 「재래시장 및 상점가 육성을 위한 특별법」(이하 '개정특별법'이라 한다)으로 전부 개정되었다.[16]

위 종전특별법은 "시장정비사업과 관련하여 이 법에서 정하지 아니한 사항은 「도시 및 주거환경정비법」을 준용한다."고 규정한 반면(제22조 제6항), 개정특별법(2007. 4. 11. 법률 제8352호로 개정되기 전의 것, 이하 같다)은 "시장정비사업과 관련하여 이 법에서 정하지 아니한 사항은 「도시 및 주거환경정비법」 중 도시환경정비사업에 관한 규정을 준용한다."고 규정하고 있다(제4조 제1항). 그런데 구 「도시 및 주거환경정비법」(2009. 2. 6. 법률 제9444호로 개정되기 전의 것, 이하 '도시정비법'이라 한다)은 정비사업의 종류를 주거환경개선사업, 주택재개발사업, 주택재건축사업, 도시환경정비사업으로 구분하여 규정하고(제2조 제2호), 그 정비사업의 조합원은 토지등소유자로 하되, "주택재건축사업의 경우에는 주택재건축사업에 동의한 자에 한한다."고 규정하여(제19조 제1항), 주택재건축사업의 조합원은 사업에 동의한 자로

---

16) 「재래시장 및 상점가 육성을 위한 특별법」은 「전통시장 및 상점가 육성을 위한 특별법」(전통시장법)으로 법률명이 변경되었고(2009. 12. 30. 법률 제9887호), 재래시장도 전통시장으로 용어가 변경되었다.

한정되지만 도시환경정비사업 등 다른 정비사업의 경우에는 사업에 반대한 토지등소유자도 조합원에 포함되는 것으로 되어 있다. 따라서 시장재건축사업에 준용되는 도시정비법의 규정이 주택재건축사업 규정인지 도시환경정비사업 등에 관한 규정인지에 따라 조합원 자격자의 범위가 달라지게 된다.

한편 개정특별법은 부칙 제5조에서 '시장 재개발·재건축에 관한 경과조치'라는 제목으로 '이 법 시행 당시 시장정비사업을 시장재개발 또는 시장재건축으로 구분하여 추진 중인 경우에는 종전특별법 부칙 제3조의 규정에 따라 폐지된 중소기업활성화법에 따라 시장재개발 또는 시장재건축으로 구분하여 추진할 수 있다'고 규정하고 있다.

위와 같은 각 규정의 내용과 취지 및 그 개정 경과 등에 비추어 보면, 종전 특별법은 시장정비사업과 관련하여 도시정비법에 규정된 정비사업 중 어느 사업의 시행방식에 관한 규정을 준용할 것인지를 제한하지 아니하였으므로, 시장정비사업을 어떠한 방식으로 시행할 것인지에 관하여는 개별 조합의 정관 규정과 사업내용 등에 따라 판단하여야 하고, 조합원의 범위 역시 그에 따라 정하여야 할 것이다.

# 제 6 장

# 정 관

## 1. 정관의 법적 성격

(1) 조합은 도시정비법에 의한 정비사업을 시행할 수 있는 권한을 갖는 행정주체이고(대법원 2009. 9. 24. 선고 2008다60568 판결), 그와 동시에 조합원들로 구성된 '공법상 단체'로서의 성격을 갖는다.

도시정비법에 의한 조합의 정관은 이러한 조합의 조직, 활동, 조합원의 권리의무관계 등 단체법적 법률관계를 규율하는 것으로서 공법인인 조합과 그 조합원에 대하여 구속력을 가지는 자치법규이므로,[1] 이에 위반하는 활동은 원칙적으

---

[1] 따라서 조합의 단체 내부를 규율하는 자치법규인 정관에서 정한 사항은 원칙적으로 해당 조합과 조합원을 위한 규정이라고 봄이 타당하고 조합 외부의 제3자를 보호하거나 제3자를 위한 규정이라고 볼 것은 아니다(대법원 2019. 10. 31. 선고 2017다282438 판결). 이러한 이유에서 대법원은 갑 주택재개발 정비사업조합의 정관에서 '총회 의결로 정한 예산의 범위 내에서의 용역계약 등'을 대의원회의 의결사항으로 정하고 있는데, 갑 조합의 조합장 및 이사회 의장인 을이 갑 조합 이사회를 개최하여 병을 법무사로 선정하고 그와 등기업무 위임계약을 체결하기로 의결하자, 기존에 갑 조합과 위임계약을 체결하여 등기업무 등을 수행하던 정 법무사법인이 을의 정관 위반행위 때문에 손해를 입었다며 을을 상대로 불법행위에 따른 손해배상을 구한 사안에서, 을이 대의원회의 의결을 거치도록 정한 위 정관 규정을 위반하였다고 하더라도 특별한 사정이 없는 한 그 정관 위반행위만으로 바로 을에게 조합 외부의 제3자인 정 법무사법인에 대한 불법행위책임을 물을 수는 없는데도, 을이 갑 조합의 정관을 위반하였다는 것만으로 다른 합리적인 이유의 설시 없이 을에게 불법행위에 따른 손해배상책임이 있다고 본 원심판단

로 허용되지 않는다고 보아야 한다(대법원 2016. 5. 12. 선고 2013다49381 판결).

이처럼 정관이 조합과 그 조합원에 구속력을 가지는 자치법규인 이상, 정관 전부 또는 일부 규정의 무효확인을 구하는 것은 일반적, 추상적 법규의 효력을 다투는 것일 뿐 구체적인 권리 또는 법률관계를 대상으로 하는 것이 아님이 명백하므로, 이를 독립된 소로써 구할 수 없다[대법원 1992. 8. 18. 선고 92다13875,13882(병합),13899(병합) 판결, 대법원 1995. 12. 22. 선고 93다61567 판결 등].

(2) 도시정비법이 정비사업의 시행과 관련한 일정한 자치법적 사항을 정관으로 정하도록 위임하고 있는 경우에, 조합은 위임받은 사항에 관하여 상위법령을 위반하지 않는 범위 내에서 당해 조합의 실정에 맞게 조합원들의 자율적이고 민주적인 의사에 따라 단체 내부의 자치규범인 정관을 제정할 수 있다(대법원 2002. 4. 26. 선고 2001다78980 판결, 대법원 2007. 10. 12. 선고 2006두14476 판결).

또한 법인의 정관이나 그에 따른 세부사업을 위한 규정 등 단체 내부의 규정은 특별한 사정이 없는 한 그것이 선량한 풍속 기타 사회질서에 위반되는 등 사회관념상 현저히 타당성을 잃은 것이거나 결정절차가 현저히 정의에 어긋난 것으로 인정되는 경우 등을 제외하고는 이를 유효한 것으로 시인하여야 한다(대법원 1992. 11. 24. 선고 91다29026 판결 등).

따라서 조합의 정관에서 임원의 자격을 일정한 수 이상의 조합원의 추천을 받은 자 및 조합원이 된 때부터 일정한 기간이 지난 자로 제한한 경우에, 추천을 받아야 할 조합원의 숫자가 전체 조합원의 숫자에 비추어 소수 조합원의 권리를 침해할 우려가 있는 정도에 이르지 않고, 요구되는 기간이 조합의 실정을 파악하여 조합의 임원으로 직무를 수행하는 데 필요하다고 인정되는 합리적인 기간을 넘어서는 것이 아니라면 이러한 정관도 허용된다(대법원 2017. 6. 19. 선고 2015다70679 판결).

같은 취지에서, 조합은 각자의 사정 내지는 필요에 따라 일정한 범위 내의 무허가건축물 소유자에게 조합원의 자격을 부여하도록 정관으로 정할 수 있다는 점은 앞서 제5장에서 본 바와 같다(대법원 1999. 7. 27. 선고 97누4975 판결).

---

에는 주택재개발 정비사업조합 정관의 법적 성질 등에 관한 법리오해 등의 잘못이 있다고 보았다(위 대법원 2017다282438 판결).

## 2. 정관의 기재사항

조합의 정관에는 다음 각 호의 사항이 포함되어야 한다(법 제40조 제1항).

1. 조합의 명칭 및 사무소의 소재지
2. 조합원의 자격
3. 조합원의 제명·탈퇴 및 교체
4. 정비구역의 위치 및 면적
5. 조합임원의 수 및 업무의 범위
6. 조합임원의 권리·의무·보수·선임방법·변경 및 해임
7. 대의원의 수, 선임방법, 선임절차 및 대의원회의 의결방법
8. 조합의 비용부담 및 조합의 회계
9. 정비사업의 시행연도 및 시행방법
10. 총회의 소집 절차·시기 및 의결방법
11. 총회의 개최 및 조합원의 총회소집 요구
12. 제73조 제3항에 따른 이자 지급
13. 정비사업비의 부담 시기 및 절차
14. 정비사업이 종결된 때의 청산절차
15. 청산금의 징수·지급의 방법 및 절차
16. 시공자·설계자의 선정 및 계약서에 포함될 내용
17. 정관의 변경절차
18. 그 밖에 정비사업의 추진 및 조합의 운영을 위하여 필요한 사항으로서 대통령령으로 정하는 사항

제18호의 "대통령령으로 정하는 사항"이란 다음 각 호의 사항을 말한다(시행령 제38조).

1. 정비사업의 종류 및 명칭
2. 임원의 임기, 업무의 분담 및 대행 등에 관한 사항
3. 대의원회의 구성, 개회와 기능, 의결권의 행사방법 및 그 밖에 회의의

　　　　운영에 관한 사항

　　4. 법 제24조 및 제25조에 따른 정비사업의 공동시행에 관한 사항

　　5. 정비사업전문관리업자에 관한 사항

　　6. 정비사업의 시행에 따른 회계 및 계약에 관한 사항

　　7. 정비기반시설 및 공동이용시설의 부담에 관한 개략적인 사항

　　8. 공고·공람 및 통지의 방법

　　9. 토지 및 건축물 등에 관한 권리의 평가방법에 관한 사항

　10. 관리처분계획 및 청산(분할징수 또는 납입에 관한 사항을 포함)에 관한 사항

　11. 사업시행계획서의 변경에 관한 사항

　12. 조합의 합병 또는 해산에 관한 사항

　13. 임대주택의 건설 및 처분에 관한 사항

　14. 총회의 의결을 거쳐야 할 사항의 범위

　15. 조합원의 권리·의무에 관한 사항

　16. 조합직원의 채용 및 임원 중 상근(常勤)임원의 지정에 관한 사항과 직원 및 상근임원의 보수에 관한 사항

　17. 그 밖에 시·도조례로 정하는 사항

　　시·도지사는 위 각 사항이 포함된 표준정관을 작성하여 보급할 수 있다(법 제40조 제2항).

## 3. 정관의 변경

　　(1) 조합이 정관을 변경하려는 경우에는 총회를 개최하여 조합원 과반수의 찬성으로 시장·군수등의 인가를 받아야 한다. 다만, 제1항 제2호·제3호·제4호·제8호·제13호 또는 제16호의 경우에는 조합원 3분의 2 이상의 찬성으로 한다(법 제40조 제3항).

　　한편, 대통령령으로 정하는 경미한 사항을 변경하려는 때에는 법 또는 정관으로 정하는 방법에 따라 변경하고 시장·군수등에게 신고하여야 한다(법 제

40조 제4항).

여기서 "대통령령으로 정하는 경미한 사항"이란 다음 각 호의 사항을 말한다(시행령 제39조).

1. 법 제40조 제1항 제1호에 따른 조합의 명칭 및 사무소의 소재지에 관한 사항
2. 조합임원의 수 및 업무의 범위에 관한 사항
3. 삭제
4. 법 제40조 제1항 제10호에 따른 총회의 소집 절차·시기 및 의결방법에 관한 사항
5. 시행령 제38조 제2호에 따른 임원의 임기, 업무의 분담 및 대행 등에 관한 사항
6. 시행령 제38조 제3호에 따른 대의원회의 구성, 개회와 기능, 의결권의 행사방법, 그 밖에 회의의 운영에 관한 사항
7. 시행령 제38조 제5호에 따른 정비사업전문관리업자에 관한 사항
8. 시행령 제38조 제8호에 따른 공고·공람 및 통지의 방법에 관한 사항
9. 시행령 제38조 제13호에 따른 임대주택의 건설 및 처분에 관한 사항
10. 시행령 제38조 제14호에 따른 총회의 의결을 거쳐야 할 사항의 범위에 관한 사항
11. 시행령 제38조 제16호에 따른 조합직원의 채용 및 임원 중 상근임원의 지정에 관한 사항과 직원 및 상근임원의 보수에 관한 사항
12. 착오·오기 또는 누락임이 명백한 사항
13. 법 제16조에 따른 정비구역 또는 정비계획의 변경에 따라 변경되어야 하는 사항
14. 그 밖에 시·도조례로 정하는 사항

(2) 정관 변경에 대한 시장·군수등의 인가는 그 대상이 되는 기본행위를 보충하여 법률상 효력을 완성시키는 행위로서 이러한 인가를 받지 못한 경우 변경된 정관은 효력이 없다고 할 것이고(대법원 1992. 7. 6.자 92마54 결정, 대법원 2007. 7. 24.자 2006마635 결정 등), 시장 등이 변경된 정관을 인가하더라도 정관변

경의 효력이 총회의 의결이 있었던 때로 소급하여 발생한다고 할 수 없다(대법원 2014. 7. 10. 선고 2013도11532).

다만, 정관 사항에 해당하는 내용을 변경하는 내용의 조합 총회 결의가 정관 변경의 요건을 완전히 갖추지는 못했다면 형식적으로 정관이 변경된 것은 아니지만, 총회결의로서 유효하게 성립하였고 정관 변경을 위한 실질적인 의결정족수를 갖췄다면 적어도 조합 내부적으로 업무집행기관을 구속하는 규범으로서의 효력은 가진다고 보아야 할 것이다(대법원 2012. 8. 23. 선고 2010두13463 판결).

왜냐하면, 조합의 총회가 조합의 최고의사결정기관이고(대법원 2010. 5. 27. 선고 2008다53430 판결), 정관 변경은 조합의 총회결의를 통해서 결정된 후 감독청의 인가를 받아야 하며(법 제40조 제3항), 여기에서 감독청의 인가는 기본행위인 총회결의의 효력을 완성시키는 보충행위일 뿐(대법원 2007. 7. 24.자 2006마635 결정 참조), 정관의 내용 형성은 기본행위인 총회결의에서 이루어지기 때문이다.

유사한 취지에서 서울고등법원은 "갑 주택재건축정비사업조합이 임시총회를 개최하여 정관 중 조합임원의 선임에 관한 의결정족수를 변경하는 의결을 한 후 변경된 정관에 따라 조합장을 선출한 다음 조합장 변경을 내용으로 하는 조합설립변경인가를 신청하였으나, 관할 구청장이 조합장 선출 결의가 도시정비법에 따른 정관변경에 대한 인가(신고) 없이 이루어져 무효라는 이유로 이를 거부하는 처분을 한 사안"에서, "도시정비법 제20조 제3항 단서는 대통령령이 정하는 '경미한 사항'에 대하여 정관을 변경하고자 하는 때에는 도시정비법 또는 정관으로 정하는 방법에 따라 변경하고 시장·군수에게 신고하여야 한다고 규정하고, 도시정비법 시행령 제32조 제1호, 도시정비법 제20조 제1항 제6호에서 '조합임원의 선임방법에 관한 사항'을 '경미한 사항'으로 열거하고 있는데, 도시정비법 제20조 제3항 단서와 도시정비법 제16조 제1항 단서의 규정 형식과 내용의 차이, 도시정비법 제20조 제3항 단서의 입법 취지 등에 비추어 보면, 특별한 사정이 없는 한 갑 조합이 도시정비법, 도시정비법 시행령, 정관의 규정에 따라 정관변경을 의결한 때 변경된 정관의 효력이 발생하고 이후 관할 구청장에게 조합설립변경인가 신청을 하면서 정관변경에 대한 신고도 이루어진 것으로 볼 수 있으므로 유효한 정관에 따라 조합장 선출을 의결하였다는 이유로, 위 처분이 위법하다"고 보았다(서울고등법원 2011. 11. 10. 선고 2011누23865 판결).

(3) 앞서 본 바와 같이, 도시정비법은 조합 정관의 변경에 관하여 정관 조항의 구체적 내용에 따라 총회에서의 의결 방법을 달리 정하고 있다. 구체적으로 조합원 3분의 2 이상의 동의를 필요로 하는 사항, 조합원 과반수의 동의를 필요로 하는 사항으로 나누어진다.

조합이 총회에서 위와 같이 가결 요건이 다른 여러 정관 조항을 변경하려 할 때에는 사전에 조합원들에게 각 조항별로 변경에 필요한 의결정족수에 관하여 설명하여야 하고, 의결정족수가 동일한 조항별로 나누어서 표결이 이루어지도록 하는 등의 방법으로 각 조항별 가결 여부를 명확히 알 수 있도록 하여야 한다.

이와 다르게 조항별 가결 요건에 대한 사전설명도 없이 의결정족수가 다른 여러 조항을 구분하지 않고 일괄하여 표결하도록 한 경우, 만약 그 표결 결과 일부 조항에 대해서는 변경에 필요한 의결정족수를 채우지 못하였다면, 특별한 사정이 없는 한 그 정관 개정안 전체가 부결되었다고 보아야 하고 의결정족수가 충족된 조항만 따로 분리하여 그 부분만 가결되었다고 볼 수는 없다. 단체법적 법률관계를 규율하는 정관의 변경은 객관적이고 명확하게 결정되어야 하기 때문이다(대법원 2019. 1. 31. 선고 2018다227520 판결).

(4) 법은 '시공자 계약서에 포함될 내용'이 조합원의 비용분담 등에 큰 영향을 미치는 점을 고려하여 이를 정관에 포함시켜야 할 사항으로 규정하고 있고(법 제40조 제1항 제16호), 위 사항의 변경을 위해서는 조합원의 3분의 2 이상의 동의를 받도록 규정하고 있다(법 제40조 제3항 단서).

그러므로 '시공자와의 계약서에 포함될 내용'에 관한 안건을 총회에 상정하여 의결하는 경우 그 내용이 조합원의 비용분담 조건을 변경하는 것인 때에는 비록 그것이 직접적으로 정관 변경을 하는 결의가 아니라 할지라도 실질적으로는 정관을 변경하는 결의이므로, 그 의결정족수는 정관변경에 관한 규정인 법 제40조 제3항 단서, 제1항 제16호의 규정을 유추적용하여 조합원의 3분의 2 이상의 동의를 요한다고 봄이 타당하다(대법원 2009. 1. 30. 선고 2007다31884 판결, 대법원 2009. 11. 12. 선고 2008다81640 판결, 대법원 2012. 8. 23. 선고 2010두13463 판결, 대법원 2013. 1. 24. 선고 2011두14111,14128 판결, 대법원 2013. 6. 14. 선고 2012두5022 판결, 대법원 2014. 7. 24. 선고 2012두13764 판결 등).

예를 들어, 사업시행방식을 지분제에서 도급제로 변경하는 변경계약은 '조합의 비용부담'이나 '시공자·설계자의 선정 및 계약서에 포함될 내용'에 관한 사항이 당초 조합설립동의 당시와 비교하여 조합원들의 이해관계에 중대한 영향을 미칠 정도로 실질적으로 변경되는 경우에 해당하므로, 이와 같이 사업시행방식을 변경하는 경우에는 정관변경에 관한 규정을 유추적용하여 조합원의 3분의 2 이상의 동의가 필요하다(대법원 2015. 7. 9. 선고 2014다72203 판결).

다만, 이미 위와 같은 특별다수에 의한 결의방법에 따라 의결된 '조합의 비용부담' 등을 경미한 범위 내에서 수정하는 경우나 다른 안건에 관한 결의 등을 통하여 위 사항에 관하여 특별다수에 의한 결의에 준하는 조합원의 총의가 확인된 경우 등과 같은 특별한 사정이 있는 때에는 법령 또는 정관의 규정상 해당 안건의 결의에 필요한 의결정족수를 충족하면 된다고 할 것이다(대법원 2012. 11. 15. 선고 2010다7430 판결, 대법원 2014. 5. 29. 선고 2011두33051 판결).

(5) 조합의 정관이 조합의 비용부담 등에 관한 총회의 소집절차나 의결방법에 대하여 상위법령인 도시정비법이 정한 것보다 더 엄격한 조항을 두지 않은 이상, 조합의 비용부담에 관한 정관을 변경하고자 하는 총회결의에는 조합원 3분의 2 이상의 의결정족수가 적용되고, 변경되는 정관의 내용이 상가 소유자 등 특정 집단의 이해관계에 직접적인 영향을 미치는 경우라 할지라도 법 제35조 제3항[2])이 적용되거나 유추적용된다고 볼 수는 없다(대법원 2020. 6. 25. 선고 2018두34732 판결).

(6) 정관 규정이 조합원들의 이해관계에 중대한 영향을 미치는 '조합의 비용부담'이나 '시공자·설계자의 선정 및 계약서에 포함될 내용'에 관하여 그것이 당초의 재건축결의의 내용을 실질적으로 변경하는 것임에도 불구하고, 조합원의 3분의 2 이상의 의결정족수에 못 미치는 동의로도 가결될 수 있도록 규정하고 있는 경우에는, 재건축결의의 내용이 용이하게 변경되어 재건축결의의 기초가 흔들릴 수 있을 뿐 아니라 일단 변경된 내용도 이해관계를 달리하는 일부 조합원들의 이합집산에 의하여 다시 변경될 수 있어 권리관계의 안정을 심히

---

2) "재건축사업의 추진위원회(제31조 제4항에 따라 추진위원회를 구성하지 아니하는 경우에는 토지등소유자를 말한다)가 조합을 설립하려는 때에는 주택단지의 공동주택의 각 동(복리시설의 경우에는 주택단지의 복리시설 전체를 하나의 동으로 본다)별 구분소유자의 과반수 동의(공동주택의 각 동별 구분소유자가 5 이하인 경우는 제외한다)와 주택단지의 전체 구분소유자의 4분의 3 이상 및 토지면적의 4분의 3 이상의 토지소유자의 동의를 받아 제2항 각 호의 사항을 첨부하여 시장·군수등의 인가를 받아야 한다."

해하고 재건축사업의 원활한 진행에 상당한 장애를 초래할 수 있으므로, 그러한 정관의 가결정족수 규정은 사회통념상 현저히 타당성을 잃은 것으로서 그 효력을 인정하기 어렵다고 할 것이다(대법원 2012. 8. 23. 선고 2010두13463 판결, 대법원 2014. 3. 27. 선고 2011두3692 판결 등).

나아가 조합원의 비용분담 조건을 변경하는 안건에 대하여 위와 같이 특별다수의 동의요건을 요구함으로써 조합원의 이익을 보호하고 권리관계의 안정과 재건축사업의 원활한 진행을 도모하고자 하는 도시정비법 관련 규정의 취지에 비추어 보면, 재건축조합이 도시정비법의 유추적용에 따라 요구되는 조합원 3분의 2 이상의 동의를 거치지 아니하고 당초의 재건축결의 시 채택한 조합원의 비용분담 조건을 변경하는 취지로 시공자와 도급계약을 체결한 경우 그 계약은 효력이 없다 할 것이다[대법원 2011. 4. 28. 선고 2010다105112 판결, 대법원 2011. 4. 28. 선고 2011다5448,5455(반소) 판결 등].

다만, 위와 같은 경우에도 조합이 정관변경에 관한 규정이 정한 절차와 요건에 따라 다시 총회에서 위 계약의 변경도급계약 체결을 의결한다면, 해당 변경도급계약은 당초의 도급계약과 무관하게 유효하다(대법원 2015. 7. 9. 선고 2014다72203 판결).

### (7) 정관변경과 신뢰보호의 원칙 – 대법원 2020. 6. 25. 선고 2018두34732 판결

조합에서 일단 내부 규범이 정립되면 조합원들은 특별한 사정이 없는 한 그것이 존속하리라는 신뢰를 가지게 되므로, 내부 규범 변경을 통해 달성하려는 이익이 종전 내부 규범의 존속을 신뢰한 조합원들의 이익보다 우월해야 한다.

조합 내부 규범을 변경하는 총회결의가 신뢰보호의 원칙에 위반[3]되는지를 판단하기 위해서는, 종전 내부 규범의 내용을 변경하여야 할 객관적 사정과 필요가 존재하는지, 그로써 조합이 달성하려는 이익은 어떠한 것인지, 내부 규범의 변경에 따라 조합원들이 침해받은 이익은 어느 정도의 보호가치가 있으며 침해 정도는 어떠한지, 조합이 종전 내부 규범의 존속에 대한 조합원들의 신뢰

---

3) 신뢰보호의 원칙은 행정청이 공적인 견해를 표명할 당시의 사정이 그대로 유지됨을 전제로 적용되는 것이 원칙이므로, 사후에 그와 같은 사정이 변경된 경우에는 그 공적 견해가 더 이상 개인에게 신뢰의 대상이 된다고 보기 어려운 만큼, 특별한 사정이 없는 한 행정청이 그 견해표명에 반하는 처분을 하더라도 신뢰보호의 원칙에 위반된다고 할 수 없다(위 대법원 2018두34732 판결).

침해를 최소화하기 위하여 어떤 노력을 기울였는지 등과 같은 여러 사정을 종합적으로 비교·형량해야 한다.

이러한 법리 하에 위 대법원 2018두34732 판결은 "피고 조합이 추진위원회가 약속한 내용에 반하는 총회결의를 하고 종전 정관을 변경하여 이 사건 관리처분계획을 한 것은, 의사표명 당시 확정지분제를 전제로 하였다가 추진과정에서 사업추진방식이 도급제로 변경되었고, 그로 인해 종전 의사표명대로 관리처분계획을 수립하는 것이 일반 조합원들의 이해관계에도 막대한 영향을 끼치게 되는 사정변경을 기초로 한 것으로 합리성이 있고, 종전의 의사표명에 반하는 총회결의나 정관 변경에 의해 침해되는 상가 조합원들의 이익이 법률상 관철될 수 있는 중대한 것이라고 할 수 없다고 보아, 이 사건 2015. 12. 27.자 및 2016. 1. 14.자 조합원 총회결의를 기초로 한 이 사건 2016. 1. 20.자 관리처분계획이 신뢰보호의 원칙에 위반되지 않는다."고 본 원심 판단을 수긍하였다.

### (8) 상가 독립정산제 약정

재건축사업의 경우 아파트 조합원들과 상가 조합원들이 독립정산제 약정을 하는 경우가 있는데, 이러한 독립정산제 약정과 정관의 실질적 변경의 관계에 관한 대표적인 대법원판결은 아래와 같다.

[대법원 2018. 3. 13. 선고 2016두35281 판결]
재건축조합의 조합원들 중 상가의 구분소유자들(이하 '상가조합원'이라고 하고, 이와 대비되는 아파트의 구분소유자들을 '아파트조합원'이라고 한다)과 아파트조합원 사이의 이해관계 및 주된 관심사항이 크게 다른 상황에서, ① 아파트와 상가를 분리하여 개발이익과 비용을 별도로 정산하고 ② 상가조합원들로 구성된 별도의 기구(이하 '상가협의회'라고 한다)가 상가에 관한 관리처분계획안의 내용을 자율적으로 마련하는 것을 보장한다는 내용으로 조합과 상가협의회 사이에서 합의하는 경우가 있다(①, ②를 통틀어 소위 '상가 독립정산제 약정'이라고 불리고 있다. 대법원 2013. 3. 28. 선고 2012두3385 판결 참조).
①부분은 조합원별 부담액에 영향을 미칠 수 있으므로 '조합의 비용부담' 및 '조합원의 권리·의무'에 관한 사항에 해당하고, ②부분은 조합 총회에 상정하여 승인받아야 하는 관리처분계획안 중 상가 부분의 작성을 조합의 이사회가 아니라 상가협의회에게 일임한다는 내용이므로 '조합임원의 권리·의무', '임원의 업무의 분담 및 대행 등' 및 '관리처분계획'에 관한 사항에 해당하므로, 이러한 내용은 원칙적으로

조합의 정관에 규정하여야 하는 사항이다.

(중략)

다. 이러한 사정들을 앞서 본 관련 법령 규정 및 법리에 비추어 살펴보면, 다음과 같이 판단할 수 있다.

(1) 이 사건 업무협약에서 약정한 내용은 상가조합원뿐만 아니라 아파트조합원의 비용분담에도 큰 영향을 미치는 것이어서, 이를 도입하는 것은 정관 주요 부분의 실질적 변경에 해당하므로, 조합원 3분의 2 이상의 동의가 필요하다. 이에 따라 피고는 위 2013. 7. 15.자 총회에서 피고 조합원 80.87%의 동의를 거쳐 이 사건 업무협약을 승인하고 상가 독립정산제를 채택하는 결의를 하였으므로, 그 결의 내용이 피고 내부적으로 구속력을 갖게 되었다.

(2) 피고가 2014. 12. 9.자 총회결의를 통해 수립한 이 사건 관리처분계획의 내용이 2013. 7. 15.자 총회결의를 통해 채택한 상가 독립정산제와 일부 배치되는 부분이 있다면, 새로운 총회결의로써 종전 총회결의의 내용을 일부 철회·변경하는 취지가 포함되어 있는 것으로 볼 수 있다.

(3) 따라서 이 사건 관리처분계획의 내용에 2013. 7. 15.자 총회결의를 통해 채택한 상가 독립정산제와 일부 배치되는 부분이 있다고 하더라도, 그러한 사정만으로 그 부분이 위법하다고 단정할 수는 없고, 이 사건 관리처분계획을 수립하는 2014. 12. 9.자 총회결의가 2013. 7. 15.자 총회결의를 통해 채택한 상가 독립정산제의 내용을 일부 철회·변경하면서 앞서 본 바와 같은 기준들을 충족하였는지를 살펴볼 필요가 있다.

(4) 특히 상가 독립정산제는 '조합의 비용부담'과 관련 있으므로 그에 관한 사항을 실질적으로 변경하기 위하여 조합원 3분의 2라는 특별다수의 동의요건을 갖추었는지를 살펴보아야 하고, 나아가 피고가 종전에 채택한 상가 독립정산제의 내용을 일부 철회·변경하여야 할 객관적 사정과 필요가 존재하는지, 그로써 피고가 달성하려는 이익은 어떠한 것인지, 상가 독립정산제의 일부 철회·변경에 따라 상가조합원들이 침해받은 이익은 어느 정도의 보호가치가 있으며 그 침해 정도는 어떠한지, 피고는 상가 독립정산제의 존속에 대한 상가조합원들의 신뢰 침해를 최소화하기 위하여 어떤 노력을 기울였는지 등과 같은 여러 사정을 종합적으로 비교·형량하여 이 사건 관리처분계획의 내용 중 상가 독립정산제와 일부 배치되는 부분이 신뢰보호원칙에 위반되는지를 살펴보아야 한다.

라. 그런데도 원심은, 2014. 12. 9.자 총회결의가 2013. 7. 15.자 총회결의를 통해 채택한 상가 독립정산제의 내용 중 일부를 적법하게 철회·변경하였는지에 관해서는 심리·판단하지 않은 채, 피고가 상가에 관한 관리처분계획을 수립할 때 여전히 이 사건 업무협약에 따라 상가협의회의 이 사건 상가관리처분계획안을 반영하여야 할

의무가 있다고 전제하여 이를 따르지 않은 이 사건 관리처분계획 중 이 사건 상가관리처분계획안과 배치되는 부분(즉, 제7조 제2항 상가분양기준 부분, 제13조 제5항 청산방법 부분, 제13조 제8항 상가의 업종구성, 배정에 관한 이사회의 조정권한 부분)은 위법하다고 판단하여 그 부분을 취소하였다. 이러한 원심판단에는 조합 총회의 내부 규범 정립 권한, 특별다수 동의요건, 관리처분계획의 수립 등에 관한 법리를 오해하여 필요한 심리를 다하지 아니함으로써 판결에 영향을 미친 잘못이 있다. 따라서 이를 지적하는 상고이유 주장은 이유 있다.

제 7 장

# 조합임원


## 1. 개 관


조합은 조합장 1명과 이사, 감사를 임원(이하 "조합임원")으로 두며, 조합임원의 자격요건은 다음 각 호와 같다(법 제41조 제1항 제1문).

1. 정비구역에서 거주하고 있는 자로서 선임일 직전 3년 동안 정비구역 내 거주 기간이 1년 이상일 것
2. 정비구역에 위치한 건축물 또는 토지(재건축사업의 경우에는 건축물과 그 부속토지를 말한다)를 5년 이상 소유하고 있을 것

다만, 조합장은 선임일부터 관리처분계획인가를 받을 때까지는 해당 정비구역에서 거주(영업을 하는 자의 경우 영업을 말한다. 이하 본장에서 같다)하여야 한다(법 제41조 제1항 제2문).

조합의 이사와 감사의 수는 대통령령으로 정하는 범위에서 정관으로 정하는데(법 제41조 제2항), 시행령은 "조합에 두는 이사의 수는 3명 이상으로 하고, 감사의 수는 1명 이상 3명 이하로 한다. 다만, 토지등소유자의 수가 100인을 초과하는 경우에는 이사의 수를 5명 이상으로 한다."라고 규정하고 있다(시행령 제40조).

조합임원의 임기는 3년 이하의 범위에서 정관으로 정하되, 연임할 수 있다 (법 제41조 제4항).

## 2. 조합임원의 선출

(1) 조합임원의 선출방법 등은 정관으로 정하며(법 제41조 제5항 본문), 조합은 총회 의결을 거쳐 조합임원의 선출에 관한 선거관리를 선거관리위원회법 제3조에 따라 선거관리위원회에 위탁할 수 있다(법 제41조 제3항).

조합의 임원 선출에 관한 선거관리 절차상에 일부 잘못이 있는 경우, 그 잘못으로 인하여 자유로운 판단에 의한 투표를 방해하여 자유와 공정을 현저히 침해하고 그로 인하여 선출결의의 결과에 영향을 미쳤다고 인정되는지 여부 등을 참작하여 선출결의의 무효 여부를 판단하여야 한다(대법원 2010. 7. 15. 선고 2009다100258 판결, 대법원 2012. 10. 25. 선고 2010다102533 판결 등).

만일 조합이 적법한 선거관리위원회를 구성하지 아니한 채 무효인 정관에 기하여 입후보자의 자격을 제한하면서 입후보자의 수를 선착순으로 제한하였다면, 이로 인하여 투표의 자유와 공정을 현저히 침해하고 선출결의의 결과에 영향을 미쳤다고 볼 수 있으므로 선임결의가 무효라고 보아야 할 것이다(대법원 2014. 12. 11. 선고 2013다204690 판결).

다만 제3장에서 본 바와 같이, 대법원 2010. 11. 11. 선고 2009다89337 판결은 추진위원장과 감사의 "연임"에 관하여 입후보자등록공고 등의 절차를 거치지 않았다고 하더라도 그것이 원고를 포함한 토지소유자들의 위원장이나 감사에 대한 선출권 내지 피선출권을 침해하였다고 볼 수 없다고 보았다. 이 법리는 조합임원의 연임에도 준용할 수 있을 것이다.

(2) 조합이 정관이나 그에 따른 조직구성을 의한 규정 등 단체 내부의 규정이 조합원의 권리를 필요하고 합리적인 범위를 벗어나 과도하게 침해 내지 제한하거나, 조합원이 임원후보자가 되기 위하여 추천을 받아야 할 조합원의 숫자가 전체 조합원의 숫자에 비추어 소수 조합원의 권리를 해할 우려가 있는 정도에 이른 것이어서 조합원들의 피선거권의 평등을 현저하게 침해하는 규정이라고 인정되는 경우에는 이를 유효한 것으로 볼 수 없다(대법원 2002. 2. 22. 선고

2000다65086 판결, 대법원 1992. 3. 31. 선고 91다14413 판결 등).

　이러한 법리에 비추어, 재개발조합의 선거관리규정 중 조합임원 후보자에 대한 추천권을 조합설립에 동의한 토지등소유자에게만 부여한 조항은, 도시정비법상 재개발조합설립인가 전의 토지등소유자는 조합설립의 동의 여부에 따라 그 법적 지위에 차이가 있다고 볼 수 없음에도 조합설립에 동의하지 않고 있는 토지등소유자들에게 평등하게 부여되어야 할 조합임원 선출권을 합리적 사유 없이 제한하는 것이어서 무효이다(대법원 2011. 4. 28. 선고 2010다106269 판결).

　같은 취지에서 대법원은 조합장 선출의 경우 토지등소유자 438명 중 조합설립에 동의한 200명에게만 추천권을 부여한데다가 그중 100명 이상의 추천을 요구하면서도 중복추천을 금지하는 동시에 추천인 상한선을 규정한 규정도, 1인의 입후보자가 다수의 추천을 받을 경우 다른 사람의 입후보 자체가 불가능하게 되어 복수 후보의 입후보를 원천적으로 봉쇄하게 될 우려가 있을 뿐 아니라 실제로 특정 후보자가 180인의 추천을 받음으로써 원고가 입후보를 하지 못한 사안에서, 위 규정은 조합원의 피선출권을 지나치게 제한하는 규정이어서 무효라고 보았다(위 대법원 2010다106269 판결).

　(3) 당초 총회에서 임원을 선임한 결의에 대하여 그 후에 다시 개최된 총회에서 종전 결의를 그대로 재인준하거나 종전 결의에 의하여 선임된 임원들이 모두 사임하고 새로이 후임 임원을 선임하는 결의를 한 경우에는 설령 당초 임원선임결의가 무효라고 할지라도 새로운 총회결의가 하자로 인하여 부존재 또는 무효임이 인정되거나 결의가 취소되는 등의 특별한 사정이 없는 한 종전 총회결의의 무효에 대한 확인을 구하는 것은 과거의 법률관계 내지 권리관계의 확인을 구하는 것에 불과하여 권리보호의 요건을 결여한 것이다.

　또한 새로운 총회가 당초 임원선임결의에 의하여 선임된 임원에 의하여 소집된 총회이므로 무권리자에 의하여 소집된 총회라는 사유는 독립된 무효사유로 볼 수 없다. 만약 이를 무효사유로 본다면 최초 임원선임결의의 무효로 인하여 연쇄적으로 그 후 결의가 모두 무효로 되는 결과가 되어 법률관계의 혼란을 초래하고 법적 안정성을 현저히 해하게 되기 때문이다(대법원 2003. 9. 26. 선고 2001다64479 판결, 대법원 2007. 3. 30. 선고 2005다45698 판결, 대법원 2012. 1. 27. 선고 2011다69220 판결,[1] 대법원 2012. 4. 12. 선고 2009다26787판결 등).[2][3]

　　(4) 조합의 정관에서 조합임원을 총회에서 조합원 중에서 선출하는 것으로 규정하고 있더라도, 그 조합원이 법인인 경우에는 그 법인의 대표자가 조합임원의 피선출권을 갖는다(대법원 2001. 1. 16. 선고 2000다45020 판결).

　　(5) 조합이 공법인이라는 사정만으로 조합과 조합장 또는 조합임원 사이의 선임·해임 등을 둘러싼 법률관계가 공법상의 법률관계에 해당한다거나 그 조합장 또는 조합임원의 지위를 다투는 소송이 당연히 공법상 당사자소송에 해당한다고 볼 수는 없고, 도시정비법의 규정들이 조합과 조합장 및 조합임원과의 관계를 특별히 공법상의 근무관계로 설정하고 있다고 볼 수도 없으므로, 조합과 조합장 또는 조합임원 사이의 선임·해임 등을 둘러싼 법률관계는 사법상의 법률관계로서 그 조합장 또는 조합임원의 지위를 다투는 소송은 민사소송에 의하여야 할 것이다(대법원 2009. 9. 24.자 2009마168,169 결정).

---

1) 집합건물 관리단 대표위원회 회장 직무대행자인 갑이 소집한 임시집회에서 대표위원 선출 승인 등의 결의를 하였고, 대표위원회에서 을을 대표위원회 회장으로 선임하였는데, 그 후 을이 소집한 정기집회에서 새로 대표위원을 선출하여 승인하고 임시집회 결의를 재신임하는 결의를 한 사안에서, 직무대행자 갑이 가처분법원의 허가 없이 소집한 임시집회는 소집절차상 중대한 하자가 있고, 임시집회 결의도 의사정족수 및 의결정족수를 충족하지 못하여 무효이며, 임시집회 결의에 의하여 선출된 대표위원들로 구성된 대표위원회에서 을을 대표위원회 회장으로 선임한 결의 역시 무효이나, 이후 정기집회에서 위 임시집회 결의를 재확인하는 결의를 하였고, 비록 소집권한 없는 을에 의하여 소집된 정기집회 결의가 무권리자에 의하여 소집된 집회라는 하자가 있으나 그 외 다른 절차상, 내용상의 하자가 있다고 보기 어려우므로, 임시집회 결의 및 대표위원회 결의의 무효확인을 구하는 것은 과거의 법률관계 내지 권리관계의 확인을 구하는 것에 불과하여 권리보호의 이익이 없다고 본 사례이다.
2) 같은 취지에서 임원선임결의가 있은 후 다시 개최된 관리단집회에서 종전 결의를 그대로 인준하거나 재차 임원선임결의를 한 경우에는, 설령 당초의 임원선임결의가 무효라고 할지라도 다시 개최된 관리단집회 결의가 하자로 인하여 무효라고 인정되는 등의 특별한 사정이 없는 한, 새로운 관리단집회가 무효인 당초의 관리단집회 결의 후 새로 소집권한을 부여받은 관리인에 의하여 소집된 것이어서 무권리자에 의하여 소집된 관리단집회라는 사유는 원칙적으로 독립된 무효사유로 볼 수 없다. 만일 이를 무효사유로 본다면 당초 임원선임결의의 무효로 인하여 연쇄적으로 그 후의 결의가 모두 무효로 되는 결과가 되어 법률관계의 혼란을 초래하고 법적 안정성을 현저히 해하게 되기 때문이다(대법원 2021. 1. 14. 선고 2018다273981 판결).
3) 다만 대법원은 주주총회에 관한 사안에서 "제1주주총회결의가 부존재로 된 이상 이에 기하여 대표이사로 선임된 자들은 적법한 주주총회의 소집권자가 될 수 없어 그들에 의하여 소집된 주주총회에서 이루어진 제2주주총회결의 역시 법률상 결의부존재라고 볼 것이다."라고 하여 다른 입장을 취하였다(대법원 1993. 10. 12. 선고 92다28235 판결).

(6) 시장·군수등은 다음 각 호의 어느 하나에 해당하는 경우 시·도조례로 정하는 바에 따라 변호사·회계사·기술사 등으로서 대통령령으로 정하는 요건을 갖춘 자[4]를 전문조합관리인으로 선정하여 조합임원의 업무를 대행하게 할 수 있다(법 제41조 제5항 단서).

1. 조합임원이 사임, 해임, 임기만료, 그 밖에 불가피한 사유 등으로 직무를 수행할 수 없는 때부터 6개월 이상 선임되지 아니한 경우
2. 총회에서 조합원 과반수의 출석과 출석 조합원 과반수의 동의로 전문조합관리인의 선정을 요청하는 경우

시장·군수등은 위와 같은 사유로 전문조합관리인의 선정이 필요하다고 인정하거나 조합원(추진위원회의 경우에는 토지등소유자를 말한다. 이하 본장에서 같다) 3분의 1 이상이 전문조합관리인의 선정을 요청하면 공개모집을 통하여 전문조합관리인을 선정할 수 있다(시행령 제41조 제2항 제1문). 이 경우 시장·군수등은 조합 또는 추진위원회의 의견을 들어야 한다(시행령 제41조 제2항 제2문).

전문조합관리인은 선임 후 6개월 이내에 법 제115조에 따른 교육을 60시간 이상 받아야 한다. 다만, 선임 전 최근 3년 이내에 해당 교육을 60시간 이상 받은 경우에는 그러하지 아니하다(시행령 제41조 제3항).

전문조합관리인의 임기는 3년으로 한다(시행령 제41조 제4항).

---

4) "대통령령으로 정하는 요건을 갖춘 자"란 다음 각 호의 어느 하나에 해당하는 사람을 말한다(시행령 제41조 제1항).
   1. 다음 각 목의 어느 하나에 해당하는 자격을 취득한 후 정비사업 관련 업무에 5년 이상 종사한 경력이 있는 사람
      가. 변호사, 나. 공인회계사, 다. 법무사, 라. 세무사, 마. 건축사, 바. 도시계획·건축분야의 기술사, 사. 감정평가사, 아. 행정사(일반행정사를 말한다. 이하 같다)
   2. 조합임원으로 5년 이상 종사한 사람
   3. 공무원 또는 공공기관의 임직원으로 정비사업 관련 업무에 5년 이상 종사한 사람
   4. 정비사업전문관리업자에 소속되어 정비사업 관련 업무에 10년 이상 종사한 사람
   5. 건설산업기본법 제2조 제7호에 따른 건설사업자에 소속되어 정비사업 관련 업무에 10년 이상 종사한 사람
   6. 제1호부터 제5호까지의 경력을 합산한 경력이 5년 이상인 사람. 이 경우 같은 시기의 경력은 중복하여 계산하지 아니하며, 제4호 및 제5호의 경력은 2분의 1만 포함하여 계산한다.

# 3. 조합임원의 직무

(1) 조합장은 조합을 대표하고, 그 사무를 총괄하며, 총회 또는 제46조에 따른 대의원회의 의장이 된다(법 제42조 제1항). 이에 따라 조합장이 대의원회의 의장이 되는 경우에는 대의원으로 본다(법 제42조 제2항).

다만, 조합장 또는 이사가 자기를 위하여 조합과 계약이나 소송을 할 때에는 감사가 조합을 대표한다(법 제42조 제3항).

따라서 조합장 또는 이사가 자기를 위하여 조합을 상대로 소를 제기하는 경우에도, 그 조합에 감사가 있는 때에는 조합장이 없거나 조합장이 대표권을 행사할 수 없는 사정이 있더라도 그 조합은 특별한 사정이 없는 한 민사소송법 제64조, 제62조에 정한 '법인의 대표자가 없거나 대표자가 대표권을 행사할 수 없는 경우'에 해당하지 아니하여 특별대리인을 선임할 수 없다(대법원 2015. 4. 9. 선고 2013다89372 판결). 나아가 수소법원이 이를 간과하고 특별대리인을 선임하였더라도 그 특별대리인은 조합장 또는 이사가 제기한 소에 관하여 조합을 대표할 권한이 없다(위 대법원 2013다89372 판결).

(2) 조합에 관하여는 도시정비법에 규정된 것을 제외하고는 민법 중 사단법인에 관한 규정이 준용되므로(법 제49조), 법 제42조에 따라 조합을 대표하고 그 사무를 총괄하는 조합장은 도시정비법이나 민법에서 달리 정하지 않는 한 조합의 사무에 관하여 재판상 또는 재판 외의 모든 행위를 할 수 있다(대법원 2012. 3. 15. 선고 2011다95779 판결).

이러한 법리에 따라 대법원은, '주택재건축사업을 시행할 목적으로 설립되어 도시정비법의 적용을 받는 갑 조합이 시공자로 선정된 을 주식회사와 일반분양 대상 아파트의 처분대금에서 발생하는 수익의 귀속을 둘러싸고 다툼이 생기자 총회결의 없이 병 법무법인에 소송을 위임하여 약정금 등 청구소송을 제기하였고, 그 후 갑 조합의 조합장 정이 제1심법원에 병 법무법인의 소송행위를 추인하는 의사가 담긴 서면을 제출한 사안'에서, '예산으로 정한 사항 이외에 조합원의 부담이 될 계약'에 해당하여 총회결의가 필요함에도 이를 거치지 않고 한 위 소송위임행위와 그에 따른 소송행위가 모두 무효라고 하더라도, 정이 조합을 대표하여 소를 제기하는 행위가 도시정비법 및 조합규약에서 총회결의를 거치도록 한 행위에 해당하지 않을 뿐만 아니라 달리 도시정비법과 민법 등에서 정의 소 제기 등 재판상 행위에 관하여 대표권을 제한하는 규정이 없으므로, 정은 스스로 조합을 대표하여 시공자를 상대로 위 소송을 제기하는 등 소송행위를 적법하게 할 수 있고, 그러한 권한이 있는 한 병 법무법인의 소송행위를 유효하게 추인할 수 있다고 보았다(대법원 2012. 3. 15. 선고 2011다95779 판결).

(3) 조합의 임원인 이사가 없거나 도시정비법과 정관이 정한 이사 수에 부족이 있는 때에는 민법 제63조의 규정이 준용되어 법원이 임시이사를 선임할 수 있다.

법원에 의하여 선임된 임시이사는 원칙적으로 정식이사와 동일한 권한을 가지고(대법원 1963. 3. 21. 선고 62다800 판결, 대법원 2013. 6. 13. 선고 2012다40332 판결 등), 도시정비법이 조합 총회에서 선임된 이사와 임시이사의 권한을 특별히 달리 정한 규정을 두고 있지도 않다. 이러한 점과 더불어 총회의결사항에 관하여 그 의결을 거치지 아니하고 임의로 추진한 조합임원을 처벌하는 규정을 둔 도시정비법의 취지를 함께 살펴보면, 법원이 선임한 임시이사도 법 제137조 제6호에서 규정한 '조합임원'에 해당한다고 보아야 한다(대법원 2016. 10. 27. 선고 2016도138 판결).

(4) 법원은 민법 제52조의2를 준용하여 가처분명령에 의하여 조합임원의 직무대행자를 선임할 수 있다(대법원 2017. 6. 15. 선고 2017도2532 판결).[5]

그런데 민법 제60조의2 제1항은 "제52조의2의 직무대행자는 가처분명령에 다른 정함이 있는 경우 외에는 법인의 통상사무에 속하지 아니한 행위를 하지 못한다. 다만, 법원의 허가를 얻은 경우에는 그러하지 아니하다."라고 규정하고 있으므로, 법원의 가처분명령에 의하여 선임된 조합임원 직무대행자는 조합을 종전과 같이 그대로 유지하면서 관리하는 것과 같은 조합의 통상사무에 속하는 행위를 할 수 있다(대법원 2017. 6. 15. 선고 2017도2532 판결).

따라서 법원에 의하여 선임된 조합임원 직무대행자도 조합의 통상사무[6]를

---

5) 실무상 가처분신청시 직무대행자를 특정하여 선임해 줄 것을 신청하는 경우가 상당히 있으나, 어느 특정한 사람을 그 직무대행자로 선임할 것인가는 법원의 자유재량에 속하고 어떤 특정인을 직무대행자로 선임하여 달라고 요구하는 권리는 인정되지 아니하므로, 법원은 위와 같은 신청에 구속되지 아니한다(대법원 1979. 7. 19.자 79마198 결정).

6) 예를 들어, 재건축조합이 이주를 거부하는 사업구역 내의 아파트 소유자 등과 사이에 해당 아파트를 감정가에 의하여 매수하기로 한 합의는 조합장 직무대행자가 할 수 있는 조합의 통상사무라고 할 것이다(대법원 2000. 2. 22. 선고 99다62890 판결). 가처분

처리하는 범위 내에서는 원칙적으로 조합 총회의 의결을 거쳐 선임된 조합임원과 동일한 권한을 가진다.[7][8]

이러한 점과 더불어 정비사업의 투명성·공공성을 확보하고 조합원 등의 알권리를 충족시키기 위하여 정비사업시행과 관련한 서류 및 자료를 공개하지 아니한 조합임원 등을 처벌하는 규정을 둔 도시정비법의 취지 등을 종합하면, 법원에 의하여 선임된 조합임원 직무대행자도 도시정비법 위반죄의 범행주체인 조합임원에 해당한다(대법원 2017. 6. 15. 선고 2017도2532 판결).

(5) 과거 대법원은, 민법 제60조는 "이사의 대표권에 대한 제한은 등기하지 아니하면 제삼자에게 대항하지 못한다."라고 규정하고 있으므로, 조합장이 조합원의 부담이 될 계약을 체결하기 위하여는 총회의 결의를 거치도록 조합규약에 규정되어 있다 하더라도 이는 법인대표권을 제한한 것으로서 그러한 제한은 등기하지 아니하면 제3자에게 그의 선의·악의에 관계없이 대항할 수 없다고 보았다(대법원 1992. 2. 14. 선고 91다24564 판결, 대법원 2002. 6. 14. 선고 2001다75677 판결, 대법원 2014. 9. 4. 선고 2011다51540 판결 등).

그러나 제8장에서 살펴볼 대법원 2016. 5. 12. 선고 2013다49381 판결[9]의

---

에 의하여 조합장 직무대행자로 선임된 자가 변호사에게 소송대리를 위임하고 그 보수계약을 체결하거나 그와 관련하여 반소제기를 위임하는 행위는 통상사무에 속하나, 조합 "상대방"의 변호사 보수지급에 관한 약정은 통상사무에 속한다고 볼 수 없으므로 법원의 허가를 받지 않는 한 효력이 없다(대법원 1989. 9. 12. 선고 87다카2691 판결). 대법원은 재단법인의 근간인 이사회의 구성 자체를 변경하는 것과 같은 법인의 통상업무에 속하지 아니한 행위를 하는 것은 이러한 가처분의 본질에 반한다고 판시하였고(대법원 2000. 2. 11. 선고 99두2949 판결), 가처분결정에 의하여 선임된 학교법인 이사직무대행자가 그 가처분의 본안소송인 이사회결의무효확인의 제1심판결에 대하여 항소권을 포기하는 행위는 학교법인의 통상업무에 속하지 않는다고 보았다(대법원 2006. 1. 26. 선고 2003다36225 판결).

7) 법원은 직권으로 가처분신청의 목적을 달성함에 필요한 처분을 할 수 있으므로, 가처분법원이 직무대행자를 선임하면서 직무대행자의 직무권한의 범위에 관하여 가처분의 목적달성에 필요한 제한을 가할 수 있다(대법원 1982. 12. 14. 선고 81다카1085 판결).

8) 재건축조합 조합장의 직무집행을 정지하고 그 직무대행자를 선임한 가처분이 있는 경우, 그 직무대행자의 권한은 특별한 사정이 없는 한 통상의 사무로 제한되더라도 그 재건축조합의 조합총회 자체의 권한마저 통상의 사무로 제한되는 것은 아니므로, 가처분에 의하여 직무집행이 정지된 조합장을 선출한 종전의 조합총회 결의에 대하여 소집절차상의 하자를 이유로 그 무효확인을 구하는 본안소송이 진행 중이더라도 이후의 조합총회에서 종전과 같은 내용의 결의를 하여 사실상 종전의 결의를 추인하는 것이 금지되는 것은 아니라 할 것이다(대법원 2005. 1. 29.자 2004그113 결정).

9) "도시정비법에 의한 주택재건축조합의 대표자가 그 법에 정한 강행규정에 위반하여 적법한 총회의 결의 없이 계약을 체결한 경우에는 상대방이 그러한 법적 제한이 있다는

법리를 고려할 때, 위와 같은 해석이 유지될 것인지는 의문이다.

(6) 법은 조합임원의 임기에 관한 규정을 두고 있지 않으므로 정관의 규정에 따라 임기가 정해질 것이며, 표준정관[10] 제13조 제3항은 임원의 임기를 "선임된 날로부터 3년까지"로 규정하고 있다.

(7) 조합임원은 같은 목적의 정비사업을 하는 다른 조합의 임원 또는 직원을 겸할 수 없다(법 제42조 제4항).

## 4. 조합임원의 결격사유

조합임원 및 전문조합관리인의 결격사유는 다음 각 호와 같다(법 제43조 제1항).

1. 미성년자·피성년후견인 또는 피한정후견인
2. 파산선고를 받고 복권되지 아니한 자
3. 금고 이상의 실형을 선고받고 그 집행이 종료(종료된 것으로 보는 경우 포함)되거나 집행이 면제된 날부터 2년이 지나지 아니한 자
4. 금고 이상의 형의 집행유예를 받고 그 유예기간 중에 있는 자
5. 도시정비법을 위반하여 벌금 100만 원 이상의 형을 선고받고 10년이 지나지 아니한 자[11]

조합임원의 당연 퇴임사유는 다음 각 호와 같으며(법 제43조 제2항), 다만

---

사실을 몰랐다거나 총회결의가 유효하기 위한 정족수 또는 유효한 총회결의가 있었는지에 관하여 잘못 알았다고 하더라도 그 계약이 무효임에는 변함이 없다. 또한 총회결의의 정족수에 관하여 강행규정에서 직접 규정하고 있지 않지만 강행규정이 유추적용되어 과반수보다 가중된 정족수에 의한 결의가 필요하다고 인정되는 경우에도 그 결의 없이 체결된 계약에 대하여 비진의표시 또는 표현대리의 법리가 유추적용될 수 없는 것은 마찬가지이다."

10) 한국주택정비사업조합협회와 한국도시정비협회가 작성한 표준정관을 가리킨다.
11) 법 제43조 제1항 제5호는 도시정비법을 위반하여 벌금 100만 원 이상의 형을 선고받고 10년이 지나지 아니한 자를 조합임원 결격사유로 규정하고 있는데, 이는 직업선택의 자유나 평등권을 침해하는 것으로 볼 수 없다(헌법재판소 2013. 7. 25. 선고 2012헌마72 전원재판부 결정).

당연 퇴임된 임원이 퇴임 전에 관여한 행위는 그 효력을 잃지 아니한다(법 제43조 제3항).

1. 위 결격사유의 어느 하나에 해당하게 되거나 선임 당시 그에 해당하는 자이었음이 밝혀진 경우
2. 조합임원이 제41조 제1항에 따른 조합임원 자격요건을 갖추지 못한 경우

## 5. 조합임원의 해임과 퇴임

(1) 조합임원은 법 제44조 제2항에도 불구하고 조합원 10분의 1 이상의 요구로 소집된 총회에서 조합원 과반수의 출석과 출석 조합원 과반수의 동의를 받아 해임할 수 있다(법 제43조 제4항 제1문).

이 경우 요구자(발의자) 대표로 선출된 자가 해임 총회의 소집 및 진행을 할 때에는 조합장의 권한을 대행한다(법 제43조 제4항 제1문).

(2) 법 제43조 제4항은 조합원 10분의 1 이상의 발의로 조합임원을 해임하는 경우에 관한 특별 규정으로서 위 규정에 따라 조합임원의 해임을 위하여 소집된 조합 총회의 경우에는 그 해임결의를 위하여 조합원 과반수의 출석과 출석 조합원 과반수의 동의만 있으면 되는 것이지 여기에 법 제45조 제6항에 따라 조합원의 100분의 10 이상이 직접 출석하는 것까지 요구되는 것은 아니라고 할 것이다(대법원 2014. 9. 4. 선고 2012다4145 판결).

(3) 위와 같이 조합원 10분의 1 이상의 발의로 조합임원을 해임함에 있어 발의자(요구자) 대표로 선출된 자가 해임 총회를 소집함에 있어서 조합원 10분의 1 이상의 발의요건 충족 여부(발의자 명단 등)를 명시적으로 표시하여야 하는지에 관하여 다툼이 있다.

하급심판결의 주류는 도시정비법이 조합원 10분의 1 이상의 발의로 해임 총회를 소집할 수 있도록 규정하고 있을 뿐, 총회소집시 발의요건 충족 여부를 명시적으로 표시하도록 요구하고 있지 아니하다는 점 등에서, (발의요건을 충족하는 한) 총회소집시 발의요건 충족 여부를 표시하지 않더라도 적법하다는 입장

이다(서울서부지방법원 2020. 12. 14.자 2020카합50828 결정, 의정부지방법원 2020. 6. 24.자 2020카합5155 결정, 서울서부지방법원 2010. 3. 17.자 2010카합384 결정, 서울중앙지방법원 2020. 2. 11.자 2020카합20222 결정, 서울북부지방법원 2013. 11. 15.자 2013카합835 결정, 서울중앙지방법원 2011. 11. 8.자 2011카합2688 결정 등).12)

(4) 법 제41조 제5항 제2호에 따라 시장·군수등이 전문조합관리인을 선정한 경우 전문조합관리인이 업무를 대행할 임원은 당연 퇴임한다(법 제43조 제5항).

(5) 조합임원이 임기의 만료나 사임에 의하여 퇴임함으로 말미암아 법률 또는 정관에 정한 조합임원의 원수(최저인원수 또는 특정한 인원수)를 채우지 못하게 되는 결과가 일어나는 경우에, 그 퇴임한 조합임원은 새로 선임된 조합임원(후임임원)이 취임할 때까지 조합임원으로서의 권리의무가 있다(대법원 2005. 3. 8.자 2004마800 전원합의체 결정 등).13)

이러한 퇴임 임원의 업무수행권은 급박한 사정을 해소하기 위하여 그로 하여금 업무를 수행하게 할 필요가 있는지를 개별적·구체적으로 가려 인정할 수 있는 것이지 임기만료 후 후임자가 아직 선출되지 않았다는 사정만으로 당연히 포괄적으로 부여되는 것이 아니므로(대법원 2003. 7. 8. 선고 2002다74817 판결), 아직 임기가 만료되지 않거나 사임하지 아니한 다른 임원들로써 정상적인 조합의 활동을 할 수 있는 경우에는 사임한 임원에게 직무를 계속 행사하게 할 필요는 없다(대법원 2003. 1. 10. 선고 2001다1171 판결).

다만, 정관이 조합장을 총회에서 직접 선임하고 조합의 대표권이나 총회의 소집권 또는 소집의무를 조합장에게만 전속되도록 하고, 조합장이 궐위된 때의 조합 대표권의 행사에 관해 아무런 보충적 규정을 두고 있지 않은 경우, 다른 조합임원들에게는 처음부터 총회의 소집권은 물론 조합을 대표할 권한이 없기 때문에 조합장이 궐위된 경우에도 조합임원들은 조합의 대표권이나 총회소집

---

12) 다만, 서울동부지방법원 2019. 5. 24.자 2019카합10192 결정은 발의자 명단을 첨부하여야만 임원 해임을 위한 총회 소집이 적법하다는 취지로 판시한 바 있다.
13) 이러한 경우 후임임원이 취임하기 전에는 퇴임한 임원의 퇴임등기만을 따로 신청할 수 없다고 봄이 상당하다(위 대법원 2004마800 전원합의체 결정) 한편, 수인의 조합임원이 동시에 임기의 만료나 사임에 의하여 퇴임함으로 말미암아 법률 또는 정관에 정한 조합임원의 원수를 채우지 못하게 되는 결과가 일어나는 경우, 특별한 사정이 없는 한 그 퇴임한 조합임원 전원은 새로 선임된 조합임원이 취임할 때까지 조합임원으로서의 권리의무가 있다고 봄이 상당하다(대법원 2007. 3. 29. 선고 2006다83697 판결).

권을 가지지 못하며, 사임 조합장으로서는 후임 조합장이 선임될 때까지 조합
장의 직무를 계속 수행할 수 있으므로, 이미 사임한 재건축조합장이 사임 후 정
관상의 소집절차에 따라 행한 총회소집은 적법하다(대법원 1996. 10. 25. 선고 95
다56866 판결).

(6) 조합과 조합임원의 법률관계는 신뢰를 기초로 한 위임 유사의 관계이
므로, 조합임원은 민법 제689조 제1항이 규정한 바에 따라 언제든지 사임할 수
있고, 조합임원의 사임행위는 상대방 있는 단독행위이므로 그 의사표시가 상대
방에게 도달함과 동시에 그 효력을 발생하고,[14] 그 의사표시가 효력을 발생한
후에는 마음대로 이를 철회할 수 없음이 원칙이다.

그러나 정관에서 조합임원의 사임절차나 사임의 의사표시의 효력발생시기
등에 관하여 특별한 규정을 둔 경우에는 그에 따라야 하는바, 위와 같은 경우에
는 조합임원의 사임의 의사표시가 조합의 대표자에게 도달하였다고 하더라도
그와 같은 사정만으로 곧바로 사임의 효력이 발생하는 것은 아니고 정관에서
정한 바에 따라 사임의 효력이 발생하는 것이므로, 조합임원이 사임의 의사표
시를 하였더라도 정관에 따라 사임의 효력이 발생하기 전에는 그 사임의사를
자유롭게 철회할 수 있다(대법원 2008. 9. 25. 선고 2007다17109 판결).

또한 조합임원이 사임서 제시 당시 즉각적인 철회 권유로 사임서 제출을
미루거나, 대표자에게 사표의 처리를 일임하거나, 사임서의 작성일자를 제출일
이후로 기재한 경우 등 사임의사가 즉각적이라고 볼 수 없는 특별한 사정이 있
을 경우에는 별도의 사임서 제출이나 대표자의 수리행위 등이 있어야 사임의
효력이 발생하고, 그 이전에 사임의사를 철회할 수 있다(대법원 2006. 6. 15. 선고
2004다10909 판결).


# 6. 조합임원에 대한 직무집행정지 가처분


(1) 법률관계의 변경·형성을 목적으로 하는 형성의 소는 법률에 명문의 규
정이 있는 경우에 한하여 제기할 수 있다. 조합임원이 조합 업무에 관하여 위법

---

14) 효력발생을 위하여 이사회 등의 결의나 관할관청의 승인이 있어야 하는 것은 아니다
   (대법원 2003. 1. 10. 선고 2001다1171 판결).

행위 및 정관위배행위 등을 하였다는 이유로 그 해임을 청구하는 소송은 형성의 소에 해당하는데, 이를 제기할 수 있는 법적 근거가 없으므로, (조합총회의 해임결의가 없는 상태에서) 해임청구권을 피보전권리로 하는 조합임원에 대한 직무집행정지 가처분은 허용될 수 없다(대법원 1997. 10. 27.자 97마2269 결정, 대법원 2001. 1. 16. 선고 2000다45020 판결 등).

반면, 조합총회의 해임결의가 있었음에도 해임된 조합임원이 직무를 계속 수행하고 있다면, 본안으로서의 결의존재확인청구에 앞서 미리 직무집행정지가처분 신청을 할 수 있다. 그러나 이 경우 본안의 소는 형성의 소인 해임청구의 소가 아니라 확인의 소인 총회결의존부확인 또는 조합임원자격존부확인이 된다. 피보전권리도 물론 해임청구권이 아니므로, 앞서 본 해임청구권을 피보전권리로 하는 직무집행정지 가처분과는 소의 성격이나 피보전권리가 완전히 다른 것이다.[15] 이 때 가처분의 상대방은 조합이 아니라 직무집행에서 배제하려는 조합임원이 되어야 한다.[16]

(2) 조합장을 선출한 결의의 무효 또는 부존재 확인을 구하는 소송에서 조합을 대표할 자는 무효 또는 부존재 확인 청구의 대상이 된 결의에 의해 선출된 조합장이나, 그 조합장에 대해 직무집행정지 및 직무대행자선임 가처분이 된 경우에는, 그 가처분에 특별한 정함이 없는 한 그 조합장은 그 본안소송에서 그 단체를 대표할 권한을 포함한 일체의 직무집행에서 배제되고 직무대행자로 선임된 자가 조합장의 직무를 대행하게 되므로, 그 본안소송에서 그 단체를 대표할 자도 직무집행을 정지당한 조합장이 아니라 조합장 직무대행자로 보아야 한다(대법원 1995. 12. 12. 선고 95다31348 판결 등).

(3) 가처분재판에 의하여 조합장의 직무대행자가 선임된 상태에서 새로운 조합장이 적법하게 소집된 총회의 결의에 따라 새로 선출되었다 해도, 조합장 직무대행자의 권한은 위 총회의 결의에 의하여 당연히 소멸하는 것은 아니므로, 사정변경 등을 이유로 가처분결정이 취소되지 않는 한 직무대행자만이 적법하게 조합을 대표할 수 있고, 총회에서 선임된 조합장은 그 선임결의의 적법 여부에 관계없이 대표권을 가지지 못한다(대법원 2010. 2. 11. 선고 2009다70395

---

15) 이우재, 단체의 임원에 대한 직무집행정지가처분 ─ 재건축·재개발조합의 경우 해임의 결권과 해임청구권, 재판자료 민사집행법 실무연구II 제117집(2009년), 법원도서관, 909.
16) 이우재, 전게 논문, 916.

판결).

조합임원을 채무자로 하여 직무집행을 정지하고 직무대행자를 선임하는 가처분이 있은 경우 그 후 사정변경이 있으면 그 가처분에 의하여 직무집행이 정지된 조합임원이 그 가처분의 취소신청을 할 수 있고(조합은 이를 신청할 수 없다), 이 경우 종전의 조합임원이 사임하고 새로 조합임원이 선임되었다고 하여도 가처분 사건의 당사자가 될 수 없는 조합은 그 가처분취소신청을 할 수 없다(대법원 1997. 10. 10. 선고 97다27404 판결 등).

(4) 법원의 직무집행정지 가처분결정에 의해 권한이 정지된 조합장이 그 정지기간 중에 체결한 계약은 절대적으로 무효이고, 그 후 가처분신청의 취하에 의하여 보전집행이 취소되었다 하더라도 집행의 효력은 장래를 향하여 소멸할 뿐 소급적으로 소멸하는 것은 아니라 할 것이므로, 가처분신청이 취하되었다 하여 무효인 계약이 유효하게 되지는 않는다(대법원 2008. 5. 29. 선고 2008다4537 판결).

이때 위 가처분에 위반하여 대표권 없는 조합장과 계약을 체결한 거래상대방은 자신이 선의였음을 들어 위 계약의 유효를 주장할 수 없다(대법원 1992. 5. 12. 선고 92다5638 판결).

제8장

# 총회, 대의원회와 주민대표회의

## 1. 총회의 소집

(1) 조합에는 조합원으로 구성되는 총회를 둔다(법 제44조 제1항). 총회는 조합의 필요기관이자 최고 의사결정기구로서, 정관의 규정에 의하여서도 폐지할 수 없다.[1]

(2) 총회는 조합장[2]이 직권으로 소집하거나 조합원 5분의 1 이상(정관의 기재사항 중 법 제40조 제1항 제6호에 따른 조합임원의 권리·의무·보수·선임방법·변경 및 해임에 관한 사항을 변경하기 위한 총회의 경우는 10분의 1 이상) 또는 대의원 3분의 2 이상의 요구로 조합장이 소집한다(법 제44조 제2항).[3]

다만, 조합임원의 사임, 해임 또는 임기만료 후 6개월 이상 조합임원이 선임되지 아니한 경우에는 시장·군수등이 조합임원 선출을 위한 총회를 소집할

---

[1] 맹신균, 주택정비사업해설(상) 제2판(2012년), 법률&출판, 538.
[2] 조합장이 공동대표인 경우 공동대표 중의 1인이 나머지 공동대표자와 공동하지 않은 채 단독으로 총회를 소집하였다 하더라도 특단의 사정이 없는 한 그 총회의 결의가 부존재라거나 무효라고 할 정도의 중대한 하자라고 볼 수는 없다(대법원 1999. 6. 25. 선고 99다10363 판결).
[3] 소수조합원이 도시정비법 및 정관 규정에 따라 적법하게 총회를 소집한 경우, 조합장이라도 위 소수조합원이 소집한 총회의 기일과 같은 기일에 다른 총회를 소집할 권한은 없게 된다고 보아야 한다(대법원 1993. 10. 12. 선고 92다50799 판결).

수 있다(법 제44조 제3항).

(3) 총회를 소집하려는 자는 총회가 개최되기 7일 전까지 회의 목적·안건·일시 및 장소를 정하여 조합원에게 통지하여야 하며, 기타 총회의 소집 절차·시기 등에 필요한 사항은 정관으로 정한다(법 제44조 제4항, 제5항).

(4) 소집권한 없는 자에 의한 총회소집이라고 하더라도 소집권자가 소집에 동의하여 그로 하여금 소집하게 한 것이라면 그와 같은 총회소집을 권한 없는 자의 소집이라고 볼 수 없으나[대법원 2005. 7. 15 선고 2003다61689 판결, 대법원 2018. 12. 28. 선고 2016다260400,260417(독립당사자참가의소) 판결 등], 단지 소집권한 없는 자에 의한 총회에 소집권자가 참석하여 총회소집이나 대표자선임에 관하여 이의를 하지 아니하였다고 하여 이것만 가지고 총회가 소집권자의 동의에 의하여 소집된 것이라거나 그 총회의 소집절차상의 하자가 치유되어 적법하게 된다고는 할 수 없다(대법원 1994. 1. 11. 선고 92다40402 판결).

# 2. 총회의 의결

(1) 다음 각 호의 사항은 총회의 의결을 거쳐야 하고(법 제45조 제1항), 그중 법 또는 정관에 따라 조합원의 동의가 필요한 사항은 총회에 상정하여야 한다(같은 조 제2항).

1. 정관의 변경(법 제40조 제4항에 따른 경미한 사항의 변경은 이 법 또는 정관에서 총회의결사항으로 정한 경우로 한정한다)
2. 자금의 차입과 그 방법·이자율 및 상환방법
3. 정비사업비의 세부 항목별 사용계획이 포함된 예산안 및 예산의 사용 내역
4. 예산으로 정한 사항 외에 조합원에게 부담이 되는 계약
5. 시공자·설계자 및 감정평가법인등[4](법 제74조 제2항에 따라 시장·군수등이 선정·계약하는 감정평가법인등은 제외한다)의 선정 및 변경. 다만, 감정

---

4) "감정평가법인등"이란 감정평가법 제21조에 따라 신고를 한 감정평가사와 같은 법 제29조에 따라 인가를 받은 감정평가법인을 말한다(감정평가법 제2조 제4호).

평가법인등 선정 및 변경은 총회의 의결을 거쳐 시장·군수등에게 위탁
할 수 있다.

  6. 정비사업전문관리업자의 선정 및 변경
  7. 조합임원의 선임 및 해임
  8. 정비사업비의 조합원별 분담내역
  9. 법 제52조에 따른 사업시행계획서의 작성 및 변경(법 제50조 제1항 본문에
     따른 정비사업의 중지 또는 폐지에 관한 사항을 포함하며, 같은 항 단서에 따른
     경미한 변경은 제외한다)
 10. 법 제74조에 따른 관리처분계획의 수립 및 변경(법 제74조 제1항 각 호 외
     의 부분 단서에 따른 경미한 변경은 제외한다)
 11. 법 제89조에 따른 청산금의 징수·지급(분할징수·분할지급을 포함한다)과
     조합 해산 시의 회계보고
 12. 법 제93조에 따른 비용의 금액 및 징수방법
 13. 그 밖에 조합원에게 경제적 부담을 주는 사항 등 주요한 사항을 결정하
     기 위하여 대통령령 또는 정관으로 정하는 사항

  법 제45조 제2항 제13호에 따라 시행령에서 총회의결사항으로 규정한 사
항은 다음과 같다(시행령 제42조 제1항).

  1. 조합의 합병 또는 해산에 관한 사항
  2. 대의원의 선임 및 해임에 관한 사항
  3. 건설되는 건축물의 설계 개요의 변경
  4. 정비사업비의 변경

  (2) 총회의 의결은 도시정비법 또는 정관에 다른 규정이 없으면 조합원 과
반수의 출석과 출석 조합원의 과반수 찬성으로 하되(법 제45조 제3항), 조합원들
의 권리관계에 중요한 영향을 미치는 법 제45조 제1항 제9호(사업시행계획서의
작성 및 변경) 및 제10호(관리처분계획의 수립 및 변경)의 경우에는 조합원 과반수
의 찬성으로 의결한다. 다만, 정비사업비가 100분의 10(생산자물가상승률분, 법
제73조에 따른 손실보상 금액은 제외한다) 이상 늘어나는 경우에는 조합원 3분의 2

이상의 찬성으로 의결하여야 한다(법 제45조 제4항).

(3) 조합원은 서면으로 의결권을 행사하거나 다음 각 호의 어느 하나에 해당하는 경우에는 대리인을 통하여 의결권을 행사할 수 있다.5) 서면으로 의결권을 행사하는 경우에는 정족수를 산정할 때에 출석한 것으로 본다(법 제45조 제5항).

1. 조합원이 권한을 행사할 수 없어 배우자, 직계존비속 또는 형제자매 중에서 성년자를 대리인으로 정하여 위임장을 제출하는 경우
2. 해외에 거주하는 조합원이 대리인을 지정하는 경우
3. 법인인 토지등소유자가 대리인을 지정하는 경우. 이 경우 법인의 대리인은 조합임원 또는 대의원으로 선임될 수 있다.

(4) 총회의 의결은 조합원의 100분의 10 이상이 직접 출석하여야 한다. 다만, 창립총회, 사업시행계획서의 작성 및 변경, 관리처분계획의 수립 및 변경을 의결하는 총회 등 대통령령으로 정하는 총회6)의 경우에는 조합원의 100분의 20 이상이 직접 출석하여야 한다(법 제45조 제5항). 건설업자등의 선정을 위한 총회는 토지등소유자 과반수가 직접 출석하여 의결하여야 하는 점은 제2장에서 살펴본 바와 같다.

(5) 그 밖에 총회의 의결방법 등에 필요한 사항은 정관으로 정한다(법 제45조 제6항).

다만, 정관에 다른 규정이 없는 한 총회의 결의는 조합원들이 결의사항에 대하여 찬부를 표명함으로써 행하여지는 것으로 거수, 기립, 투표 등 어느 방법을 택하여도 무방하다(대법원 2006. 2. 23. 선고 2005다19552,19569 판결).

---

5) 정관에서 조합총회의 결의에 대리인이 참석할 경우 본인의 위임장에 인감증명서를 첨부하여 제출하도록 하는 것은 조합원 본인에 의한 진정한 위임이 있었는지를 확인하기 위한 것이므로, 조합원 본인이 사전에 대리인에게 총회참석을 위임하여 그 자격을 소명할 수 있는 위임장을 작성해 주고 대리인이 총회에 출석하여 그 위임장을 제출한 이상 본인의 인감증명서가 뒤늦게 제출되었다는 사정만으로 대리인의 참석을 무효라고 할 수 없다(대법원 2007. 7. 26. 선고 2007도3453 판결).
6) "대통령령으로 정하는 총회"는 다음 각 호의 어느 하나에 해당하는 총회를 말한다(시행령 제42조 제2항). 1. 창립총회, 2. 사업시행계획서의 작성 및 변경을 위하여 개최하는 총회, 3. 관리처분계획의 수립 및 변경을 위하여 개최하는 총회, 4. 정비사업비의 사용 및 변경을 위하여 개최하는 총회

# 3. 총회 관련 법리

(1) 총회의 결의는 의사결정기관인 총회의 의사를 결정하는 법률행위로서, 소정의 절차에 따라 결의의 성립이 선언됨으로써 관계자에 대하여 구속력을 가지는 결의가 외형적으로 존재하게 되고, 그와 같이 결의의 존재를 인정할 수 있는 어떤 외관적인 징표가 있어야만 그 결의의 효력 유무의 확인을 구할 수 있다(대법원 2008. 2. 14. 선고 2007다62437 판결).

조합의 해산안에 대한 총회 결의절차에서 의장이 일부 서면결의서의 하자 유무의 확인을 이유로 결의 성립의 선언을 보류한 채 폐회선언을 한 경우, 결의의 존재를 인정할 외관적 징표가 없으므로 그 결의가 존재함을 전제로 한 총회의 해산결의 존재확인의 소는 확인의 이익이 없어 부적법하다(위 대법원 2007다 62437 판결).

(2) 조합의 총회는 조합의 최고의사결정기관이고, 정관 변경이나 관리처분계획의 수립·변경은 총회의 결의사항이므로, 조합의 총회는 새로운 총회결의로써 종전 총회결의의 내용을 철회하거나 변경할 수 있는 자율성과 형성의 재량을 가진다. 그러나 이러한 자율성과 재량이 무제한적인 것일 수는 없다. 조합 내부의 규범을 변경하고자 하는 총회결의가 적법하려면 다음과 같은 기준들을 충족하여야 한다(대법원 2018. 3. 13. 선고 2016두35281 판결).

① 총회결의가 상위법령 및 정관에서 정한 절차와 의결정족수를 갖추어야 한다.

② 총회결의의 내용이 상위법령 및 정관에 위배되지 않아야 한다.

③ 일단 내부 규범이 정립되면 조합원들은 특별한 사정이 없는 한 그것이 존속하리라는 신뢰를 가지게 되므로, 내부 규범 변경을 통해 달성하려는 이익이 종전 내부 규범의 존속을 신뢰한 조합원들의 이익보다 우월하여야 한다. 조합 내부 규범을 변경하는 총회결의가 신뢰보호원칙에 위반되는지를 판단하기 위해서는, 한편으로는 침해받은 이익의 보호가치, 침해의 중한 정도, 신뢰가 손상된 정도, 신뢰침해의 방법 등과 다른 한편으로는 조합 내부 규범의 변경을 통해 실현하고자 하는 공익적 목적을 종합적으로 비교·형량하여야 한다(대법원 2009. 4. 23. 선고 2008두8918 판결).

이러한 법리에 비추어 볼 때, 재건축조합 임원의 보수 특히 인센티브(성과급)의 지급에 관한 내용은 정비사업의 수행에 대한 신뢰성이나 공정성의 문제와도 밀접하게 연관되어 있고 여러 가지 부작용과 문제점을 불러일으킬 수 있으므로 단순히 사적 자치에 따른 단체의 의사결정에만 맡겨둘 수는 없는 특성을 가진다. 재건축사업의 수행결과에 따라 차후에 발생하는 추가이익금의 상당한 부분에 해당하는 금액을 조합임원들에게 인센티브로 지급하도록 하는 내용을 총회에서 결의하는 경우 조합임원들에게 지급하기로 한 인센티브의 내용이 부당하게 과다하여 신의성실의 원칙이나 형평의 관념에 반한다고 볼 만한 특별한 사정이 있는 때에는 적당하다고 인정되는 범위를 벗어난 인센티브 지급에 대한 결의 부분은 그 효력이 없다고 보아야 한다. 인센티브의 내용이 부당하게 과다한지 여부는 조합임원들이 업무를 수행한 기간, 업무수행 경과와 난이도, 실제 기울인 노력의 정도, 조합원들이 재건축사업의 결과로 얻게 되는 이익의 규모, 재건축사업으로 손실이 발생할 경우 조합임원들이 보상액을 지급하기로 하였다면 그 손실보상액의 한도, 총회 결의 이후 재건축사업 진행 경과에 따라 조합원들이 예상할 수 없는 사정변경이 있었는지 여부, 그 밖에 변론에 나타난 여러 사정을 종합적으로 고려하여 판단하여야 한다(대법원 2020. 9. 3. 선고 2017다218987,218994 판결).[7]

(3) 법 제45조 제1항은 총회의 의결을 거쳐야 하는 사항을 규정하고 있고, 법 제137조 제1항 제6호는 '제45조의 규정에 따른 총회의 의결을 거치지 아니하고 같은 조 제1항 각 호의 사업(같은 항 제13호 중 정관으로 정하는 사항 제외)을 임의로 추진하는 조합임원(전문조합관리인 포함)'을 처벌하도록 규정하고 있다.

---

7) 이러한 관점에서 대법원은, 갑 재건축조합의 임시총회에서 '조합 해산 시 추가이익이 발생하여 조합원들에 대한 환급금이 상승하고 추가부담금이 감소할 경우 추가이익금의 20%를 조합임원들에 대한 인센티브(성과급)로 지급한다'는 취지의 결의를 하자, 조합원들의 일부가 위 결의에 대해 무효 확인을 구한 사안에서, 위 결의는 재건축사업에 따라 손실이 발생할 경우 조합임원들이 부담하게 될 액수의 최고한도를 제한하고 있는 반면, 추가이익이 발생할 경우 조합임원들이 받게 될 인센티브를 추가이익금에 대한 20%로만 정하고 있을 뿐 총액의 상한에 관해서는 어떠한 제한도 두고 있지 않으며, 갑 재건축조합의 조합원의 수와 시설규모, 사업 시행 위치 등을 감안할 때 재건축사업의 성패에 따라서는 큰 금액의 손실이나 추가수익금이 발생할 수 있는 상황이고, 경우에 따라서는 조합임원들이 받게 될 인센티브의 규모가 기하급수적으로 늘어날 가능성이 있는데도, 위에서 정한 인센티브가 조합임원들의 직무와 합리적 비례관계를 가지는지에 관하여 별다른 심리를 하지 않은 채 위 결의를 무효로 볼 수 없다고 한 원심판단에 법리오해의 잘못이 있다고 보았다(위 대법원 2017다218987,218994 판결).

이처럼 도시정비법이 일정한 사항에 관하여 총회의 의결을 거치도록 하고 이를 위반한 조합임원을 처벌하는 벌칙규정까지 둔 취지는 조합원들의 권리·의무에 직접적인 영향을 미치는 사항에 대하여 조합원들의 의사가 반영될 수 있도록 절차적 참여 기회를 보장하고 조합임원에 의한 전횡을 방지하기 위한 것이다(대법원 2010. 6. 24. 선고 2009도14296 판결, 대법원 2016. 10. 27. 선고 2016도138 판결 등).

(4) 이러한 규정의 취지에 비추어 보면, 조합이 조합원 총회의 결의를 거치지 아니하고 예산으로 정한 사항 외에 조합원의 부담이 될 계약을 체결한 경우에는 그 효력이 없고, 조합의 임원이 사전 의결 없이 조합원의 부담이 될 계약을 체결하였다면 법 제137조 제6호를 위반한 범행이 성립한다(대법원 2001. 3. 23. 선고 2000다61008 판결, 대법원 2010. 6. 24. 선고 2009도14296 판결, 대법원 2011. 4. 28. 선고 2010다105112 판결 등).

다만, 정비사업의 성격상 조합이 추진하는 모든 업무의 구체적 내용을 총회에서 사전에 의결하기는 어려우므로, 도시정비법 규정 취지에 비추어 사전에 총회에서 추진하려는 계약의 목적과 내용, 그로 인하여 조합원들이 부담하게 될 부담의 정도를 개략적으로 밝히고 그에 관하여 총회의 의결을 거쳤다면 사전 의결을 거친 것으로 볼 수 있다(대법원 2010. 6. 24. 선고 2009도14296 판결, 대법원 2015. 9. 10. 선고 2015도9533 판결 등).

따라서 총회 의결 없이 조합의 부담이 늘어나는 계약을 체결하여 조합원의 이익이 침해되는 일이 없도록 하면서도, 기존 총회 의결 과정에서 조합원들의 부담 정도를 충분히 예상할 수 있는 정보가 제공된 상태에서 장차 그러한 계약이 체결될 것을 의결한 경우에는 사전 의결을 거친 것으로 보아 정비사업의 원활한 추진에 지장이 없도록 조화롭게 해석할 필요가 있다(대법원 2018. 6. 15. 선고 2018도1202 판결).[8]

---

8) 다만, 법 제74조 제2항 등이 정비사업에 있어서 사업시행자가 종전의 토지 또는 건축물의 가격 등에 관하여 감정평가업자의 평가를 받고자 하는 경우의 평가방법에 관하여 규정하고 있고, 조합의 정비사업시행에 있어서 종전의 토지 또는 건축물의 가격 등에 관하여 감정평가업자의 감정 등이 예정되어 있다고 하더라도, 감정평가용역계약의 체결로 인하여 조합원에게 경제적 부담이 발생하는 이상 감정평가용역계약은 총회의 의결을 거치도록 정하고 있는 '예산으로 정한 사항 외에 조합원에게 부담이 되는 계약'에 해당한다(대법원 2007. 2. 8. 선고 2006도4784 판결).

[대법원 2018. 6. 15. 선고 2018도1202 판결]

[쟁점]
주택재개발조합의 조합장인 피고인이 조합 총회에서 차용하기로 의결한 이주비 금액 1,170억 원을 초과하여 총회 의결 없이 조합원에게 부담이 될 이주비 264억 원을 추가로 차용한 것이 도시정비법에 위배되는지 여부

[기본사실관계]
① 조합은 2014. 12. 30. 임시총회에서 총 사업비를 4,256억 원으로 추산하고, 이주비와 위와 같은 사업비를 금융기관 등을 통하여 차입할 것을 의결하였다.
② 위 임시총회에서 의결한 관리처분계획상 사업비추산표에는 이주비를 차용함으로써 조합이 부담하여야 할 이자 총액 201억 원이 금융비용으로 포함되어 있다(이주비는 조합원이 금융기관으로부터 차용하고 조합은 이주비의 이자만 사업비로 부담한다).
③ 한편 조합은 위 임시총회에서 시공자와의 공사도급계약 체결을 의결하였는데, 공사도급계약에는 조합이 시공자를 통하여 사업비 2,030억 원과 조합원들이 대출받을 이주비 1,170억 원을 차용할 것이 예정되어 있었다.
④ 조합은 2015. 4. 2. 임시총회에서 조합이 차용할 이주비와 사업비의 이율을 'CD금리 + 3%' 이내로 정하고, 가장 유리한 조건을 제시한 금융기관을 선정하여 자금을 차입할 권한을 대의원회에 위임하였다.
⑤ 피고인은 2015. 6. 23. 시공자와 사이에 사업비 1,999억 원 및 이주비 1,434억 원을 차용하기로 하는 이 사건 소비대차계약을 체결하였다.
⑥ 피고인은 2015. 7. 30. 대의원회의 의결을 거쳐 2015. 9. 22. 시공자, 새마을금고, 조합 사이에 새마을금고가 조합원들에게 총 1,434억 원의 이주비를 이율 연 2.98%로 대출하기로 하는 업무협약을 체결하였다.

[대법원의 판단]
이주비의 대출금액이 얼마이든 그로 인한 조합의 부담은 이자에 국한되고, 그 이자의 총액과 이율의 한도를 이미 총회에서 의결한 후 그 이자와 이율의 한도를 넘지 않는 범위 내에서 이주비를 차용한 이상, 피고인으로서는 조합원의 부담이 될 이 사건 소비대차계약을 체결하기 전에 이미 (중략) 총회의 사전 의결을 거쳤다고 볼 여지가 충분하다.

　(5) 조합이 총회의 의결을 거쳐야 하는 사항에 대해서는 반드시 별도의 안

건으로 상정하여 처리하여야 하는지가 문제된다.

총회의결을 명확히 하고 정비사업을 수행함에 있어서 분쟁을 미리 방지하기 위해서는 총회의 의결을 거쳐야 하는 제반 사항에 대해 별도의 안건으로 상정하여 처리하는 것이 안전하다. 특히 두 개 이상의 안건을 하나의 안건으로 처리함으로써 조합원의 토의권과 표결권을 침해하고 조합원의 의사가 왜곡될 우려가 있다면 그 총회의 결의는 하자 있는 결의가 된다. 예컨대 임원선임을 위한 총회에서 임원 개개인별로 임원선임의 가부를 묻지 아니하고 임원 전원에 대한 가부를 묻는 식으로 안건을 처리하게 되면 개개 임원별로 가부를 결정하고 싶은 조합원의 표결권을 침해함으로써 조합원의 의사가 왜곡될 수 있으므로 위법한 절차가 된다.[9]

다만 총회의 의결을 거치는 과정에서 별도의 안건으로 처리하지 않았다고 하더라도, 총회 과정에서 당해 안건에 대해 토의가 이루어지고 그 안건에 대해 실질적인 의결이 이루어졌다고 한다면, 적법하게 총회의 결의를 거친 것으로 보아야 한다.[10] 대법원도 조합이 시공사와 공사비를 인상하기로 하는 약정을 체결함에 있어서 공사비 인상에 관한 별도의 안건으로 총회에 상정하지 아니하고 관리처분계획 내용에 포함시켜 결의한 경우 적법하게 총회의 의결을 거친 것으로 보아야 한다고 보았다(대법원 2002. 2. 8. 선고 2001도6231 판결).

(6) 계약체결의 요건을 규정하고 있는 강행규정에 위반한 계약은 무효이므로 그 경우에 계약상대방이 선의·무과실이라 하더라도 민법 제107조의 비진의표시의 법리 또는 표현대리 법리가 적용될 여지는 없다(대법원 1983. 12. 27. 선고 83다548 판결, 대법원 1996. 8. 23. 선고 94다38199 판결 등 참조).

따라서 주택재건축조합의 대표자가 그 법에 정한 강행규정에 위반하여 적법한 총회의 결의 없이 계약을 체결한 경우에는 상대방이 그러한 법적 제한이 있다는 사실을 몰랐다거나 총회결의가 유효하기 위한 정족수 또는 유효한 총회결의가 있었는지에 관하여 잘못 알았다고 하더라도 그 계약이 무효임에는 변함이 없다. 또한 총회결의의 정족수에 관하여 강행규정에서 직접 규정하고 있지 않지만 강행규정이 유추적용되어 과반수보다 가중된 정족수에 의한 결의가 필요하다고 인정되는 경우에도 그 결의 없이 체결된 계약에 대하여 비진의표시

---

9) 로앤비, 온주 도시및주거환경정비법, 제45조 Ⅱ. 3.항(이형석 집필) 참조.
10) 본장 각주 9 참조.

또는 표현대리의 법리가 유추적용될 수 없는 것은 마찬가지이다(대법원 2016. 5. 12. 선고 2013다49381 판결). 강행규정이 유추적용되는 경우라고 하여 강행규정의 명문 규정이 직접 적용되는 경우와 그 효력을 달리 볼 수는 없기 때문이다.

　(7) 법 제45조 제1항 제4호의 '예산으로 정한 사항 이외에 조합원에게 부담이 되는 계약'이라 함은 조합의 예산으로 정해진 항목과 범위를 벗어나서 금원을 지출하거나 채무를 짐으로써 조합원에게 그 비용에 대한 부담이 되는 계약을 의미하고(대법원 2011. 4. 28. 선고 2010다105112 판결, 대법원 2013. 5. 23. 선고 2010다64112 판결), 예산으로 정한 사항 외의 조합원의 부담이 될 계약이라면 그 계약에 따른 채무의 효력이 1회계연도에 한정되고 그 회계연도 내에 채무의 변제가 완료되는 것이라도 총회의 의결사항에 해당한다(대법원 2008. 1. 10. 선고 2005도8426 판결).

　여기서 '예산'의 사전적 의미는 '국가나 단체에서 한 회계연도의 수입과 지출을 미리 셈하여 정한 계획'을 의미한다.

　그렇다면 법 제45조 제1항 제4호에서 규정하는 '예산'이라 함은, '조합의 정관에서 정한 1회계연도의 수입·지출 계획'을 의미한다고 할 것이므로[헌법재판소 2014. 5. 29. 선고 2012헌바390, 2014헌바155(병합) 전원재판부 결정], 이러한 예산의 요건을 충족하지 아니하는 이상, 조합이 정비사업을 추진하는 과정에서 공사비 등 정비사업에 드는 비용인 정비사업비의 지출예정액에 관하여 사업비 예산이라는 명목으로 총회의 의결을 거친 적이 있다고 하더라도, 이를 두고 법 제45조 제1항 제4호에서 규정하는 '예산'이라고 볼 수는 없다(대법원 2015. 5. 14. 선고 2014도8096 판결).

　(8) 총회 의결을 거친 예산상 정해진 항목이 아닌 것을 위하여 조합 예산을 지출하는 것은 그것이 정당한 예비비의 지출로 인정되지 않는 한 '예산으로 정한 사항 이외에 조합원에게 부담이 되는 계약'에 해당하므로 원칙적으로 조합원 총회의 의결을 거쳐야 할 것이고, 같은 취지에서 예비비 항목의 금원 지출의 경우에도 예산으로 정해진 범위를 벗어나는 금원 지출이나 채무 부담 역시 '예산으로 정한 사항 이외에 조합원에게 부담이 되는 계약'에 해당하여 조합원 총회의 의결을 거쳐야 하는 것으로 해석함이 타당하다.

　따라서 통상적으로 예비비 항목의 예산으로 지출되어 온 업무에 대한 금원 지출 내지 계약 체결이라는 이유만으로 총회 의결 없이 예산으로 정해진 예비비의 범위를 벗어나서 집행할 수 있는 것은 아니며, 조합의 예산으로 정해진 예비비 항목이 이미 모두 지출되어 소진된 상태에서 용역계약이 체결된 것이라면, 그 용역계약은 '예산으로 정한 사항 이외에 조합원에게 부담이 되는 계약'에 해당하여 피고의 조합원 총회를 거치지 아니한 이상 무효로 보아야 할 것이다(대법원 2011. 4. 28. 선고 2010다105112 판결).

(9) 형식적으로 총회의 의결을 거쳐 설계자를 선정하였더라도 그 총회의 결의에 부존재 또는 무효의 하자가 있는 경우에는 특별한 사정이 없는 한 그 설계자의 선정은 총회의 의결을 거치지 아니한 것에 해당한다고 보아야 한다(대법원 2009. 3. 12. 선고 2008도10826 판결, 대법원 2014. 7. 10. 선고 2013도11532 등).

갑, 을이 병 재건축주택조합에 신탁하였던 각 부동산에 관하여 신탁재산귀속을 원인으로 하여 자신 명의로 소유권이전등기를 마쳤다가 정 주식회사에 각각 제1, 2 근저당권설정등기를 마쳐준 후 곧바로 다시 병 조합 명의로 신탁을 원인으로 한 소유권이전등기를 하였는데, 위 각 근저당권설정등기 당시 재건축 사업부지는 사업시행을 위하여 모두 신탁을 원인으로 병 조합 명의로 소유권이전등기가 마쳐진 상태였고, 병 조합의 조합장 무가 등기권리증과 병 조합의 법인도장 등을 보관하고 있으면서 위와 같은 일련의 행위를 실행한 경우, 병 조합 소유 부동산의 소유권을 갑, 을에게 일시 넘겼다가 근저당권설정등기 후 소유권을 환원시키는 방법으로 같은 날 순차로 이루어진 일련의 행위는 조합원에게 경제적 부담을 주는 사항 등에 관하여 조합원총회의 의결을 거칠 것을 요구하는 도시정비법 규정의 적용을 잠탈하기 위한 탈법행위에 불과하다.

그렇다면 이는 실질적으로 병 조합 소유의 부동산에 근저당권을 설정하기 위한 목적으로 이루어진 것으로 보아야 하며, 그로 인하여 결국 병 조합 소유의 부동산에 근저당권의 부담을 안게 된 이상 위 제1, 2 근저당권설정계약 역시 '조합원에게 부담이 되는 계약'으로서 도시정비법에 따라 조합원총회의 의결을 거쳐야 함에도 이를 거치지 아니하여 효력이 없고, 이에 터잡아 마친 제1, 2 근저당권설정등기는 원인을 결한 무효의 등기라고 할 것이다(대법원 2011. 7. 28. 선고 2010다5977,5984,5991 판결).

(10) 법 제44조에 따라 조합원 총회에서 의결정족수를 정하는 기준이 되는 출석조합원은 당초 총회에 참석한 모든 조합원을 의미하는 것이 아니라 문제가

된 결의 당시 회의장에 남아 있던 조합원만을 의미하고, 회의 도중 스스로 회의장에서 퇴장한 조합원은 이에 포함되지 않는다(대법원 2001. 7. 27. 선고 2000다56037 판결, 대법원 2010. 4. 29. 선고 2008두5568 판결).

이러한 법리 하에서 대법원은 "피고의 조합임원 선출결의는 다른 안건과 달리 서면결의서와 별도로 배부된 부재자투표용지에 미리 기표를 하여 제출하거나 조합원이 직접 창립총회에 출석하여 투표하는 방식"으로 진행된 사안에서, 조합임원 선출결의와 나머지 안건에 관한 결의는 그 결의방식을 달리하는 별개의 결의이어서 의결정족수는 문제가 된 조합임원 결의를 기준으로 산정하여야 하므로, 조합원들이 다른 안건에 관한 서면결의서를 제출하였다고 하더라도 조합임원 선출투표에는 참여한 것이라고 볼 수 없다고 볼 원심판단이 정당하다고 판시하였다(대법원 2011. 4. 28. 선고 2010다106269 판결).

(11) 법인의 총회 또는 이사회 등의 의사에는 의사록을 작성하여야 하고 의사록에는 의사의 경과, 요령 및 결과 등을 기재하는데, 이와 같은 의사의 경과요령 및 결과 등은 의사록을 작성하지 못하였다든가 또는 이를 분실하였다는 등의 특단의 사정이 없는 한 이 의사록에 의하여서만 증명되고(대법원 1984. 5. 15. 선고 83다카1565 판결, 대법원 2010. 4. 29. 선고 2008두5568 판결), 위와 같은 의사록 등의 증명력을 부인할 만한 특별한 사정에 관하여는 결의의 효력을 다투는 측에서 구체적으로 주장·증명하여야 한다(대법원 2011. 10. 27. 선고 2010다88682 판결).

(12) 앞서 제7장에서 본 바와 같이, 조합 총회에서 임원선임결의가 있은 후 다시 개최된 총회에서 위 종전 결의를 그대로 인준하는 결의를 한 경우에는 설사 당초의 임원선임결의가 무효라고 할지라도 새로운 총회결의가 하자로 인하여 부존재 또는 무효임이 인정되거나 그 결의가 취소되는 등의 특별한 사정이 없는 한 종전 총회결의의 무효에 대한 확인을 구하는 것은 과거의 법률관계 내지 권리관계의 확인을 구하는 것에 불과하여 권리보호의 요건을 결여한 것이다(대법원 2003. 9. 26. 선고 2001다64479 판결, 대법원 2007. 3. 30. 선고 2005다45698 판결).

(13) 단체의 총회에 소집공고 등 절차상 하자가 있다 하더라도 구성원들의 총회 참여에 어떠한 지장도 없었다면 그와 같은 절차상 하자는 경미한 것이어서 총회결의는 유효하다(대법원 1992. 3. 27. 선고 91다29071 판결). 예를 들어, 정

관이 정한 총회일 20일 전 안건의 공고·게시절차를 위반하여 총회일 14일 전에 안건을 공고·게시하였다는 점만으로는 총회결의를 무효라고 단정할 수 없다(대법원 2020. 6. 25. 선고 2018두34732 판결).

총회의 개회시각이 부득이한 사정으로 당초 소집통지된 시각보다 지연되는 경우에도 사회통념에 비추어 볼 때 정각에 출석한 조합원들의 입장에서 변경된 개회시각까지 기다려 참석하는 것이 곤란하지 않을 정도라면 절차상의 하자가 되지 아니할 것이나, 그 정도를 넘어 개회시각을 사실상 부정확하게 만들고 소집통지된 시각에 출석한 조합원들의 참석을 기대하기 어려워 그들의 참석권을 침해하기에 이르렀다면 총회의 소집절차가 현저히 불공정하다고 하지 않을 수 없다. 또한 소집통지 및 공고가 적법하게 이루어진 이후에 당초의 소집장소에서 개회를 하여 소집장소를 변경하기로 하는 결의조차 할 수 없는 부득이한 사정이 발생한 경우, 소집권자가 대체 장소를 정한 다음 당초의 소집장소에 출석한 조합원들로 하여금 변경된 장소에 모일 수 있도록 상당한 방법으로 알리고 이동에 필요한 조치를 다한 때에 한하여 적법하게 소집장소가 변경되었다고 볼 수 있다(대법원 2003. 7. 11. 선고 2001다45584 판결).

(14) 소집절차에 하자가 있어 그 효력을 인정할 수 없는 총회의 결의라도 후에 적법하게 소집된 총회에서 이를 추인하면 처음부터 유효로 된다(대법원 1995. 6. 16. 선고 94다53563 판결, 대법원 1996. 6. 14. 선고 96다2729 판결).

(15) 조합은 정관에 다른 규정이 없는 한 총회에서는 개최 7일 전에 통지된 그 회의의 목적사항에 관하여만 결의할 수 있다(대법원 2006. 7. 13. 선고 2004다7408 판결).

또한 조합이 총회소집통지를 함에 있어서 회의의 목적사항을 열거한 다음 '기타 사항'이라고 기재한 경우, 총회소집통지에는 회의의 목적사항을 기재토록 한 법 제44조 제4항 등 법규정의 입법취지에 비추어 볼 때, '기타 사항'이란 회의의 기본적인 목적사항과 관계가 되는 사항과 일상적인 운영을 위하여 필요한 사항에 국한된다고 보아야 한다(대법원 1996. 10. 25. 선고 95다56866 판결).

(16) 소집된 총회가 개최되기 전에 당초 그 총회의 소집이 필요하거나 가능하였던 기초 사정에 변경이 생겼을 경우에는, 특별한 사정이 없는 한 소집권자는 소집된 총회의 개최를 연기하거나 소집을 철회·취소할 수 있다(대법원 2007. 4. 12. 선고 2006다77593 판결).

소집권자가 총회의 소집을 철회·취소하는 경우에는 반드시 총회의 소집과 동일한 방식으로 그 철회·취소를 조합원들에게 통지하여야 할 필요는 없고, 조합원들에게 소집의 철회·취소결정이 있었음이 알려질 수 있는 적절한 조치가 취하여지는 것으로써 충분히 그 소집 철회·취소의 효력이 발생한다(위 대법원 2006다77593 판결).

(17) 총회의 의장은 조합장이나(법 제42조 제1항), 총회에서 의안에 대한 심사를 마치지 아니한 채 법률상으로나 사실상으로 의사를 진행할 수 있는 상태에서 조합원들의 의사에 반하여 조합장이 자진하여 퇴장한 경우 총회가 폐회되었다거나 종결되었다고 할 수는 없으며, 이 경우 조합장은 적절한 의사운영을 하여 의사일정의 전부를 종료케 하는 등의 직책을 포기하고 그의 권한 및 권리 행사를 하지 아니하였다고 볼 것이므로, 퇴장 당시 회의장에 남아 있던 조합원들이 임시의장을 선출하여 총회를 진행할 수 있다(대법원 1983. 8. 23. 선고 83도748 판결, 대법원 2001. 5. 15. 선고 2001다12973 판결).

## (18) 집합건물법 하에서의 의결권 대리행사 관련 하급심 판결례 - 서울고등법원 2011. 7. 21. 선고 2010나65841 판결

집합건물 관리단이 정기집회 소집 당시 구분소유자들에게 송부한 위임장 양식에 인감증명서, 주민등록증, 운전면허증 중 하나를 위임인 본인확인서류로서 위임장에 첨부하도록 기재되어 있으나 일부 위임장에 본인확인서류가 첨부되지 않은 경우, 관리규약에서 대리인에 의하여 의결권을 행사할 때 대리권을 수여하는 것을 증명하는 서면을 집회개최 전까지 제출하도록 하고 있을 뿐 반드시 본인확인서류를 제출하도록 하는 규정을 두고 있지 않으므로, 위임장 양식에 기재된 첨부서류는 본인의 위임의사를 확인하기 위한 여러 방법들 중 하나의 의미를 가질 뿐 제출이 강제되는 것이라고 보기는 어렵고, 따라서 위임장의 다른 기재 등에 의하여 본인의 위임의사가 진정한 것임이 확인되는 이상 본인확인서류가 첨부되어 있지 않다고 하여 위임장에 의한 의결권 행사를 무효로 볼 수 없다.

집합건물법 제38조 제2항은 '의결권은 서면으로 또는 대리인을 통하여 행사할 수 있다'라고 규정하여 의결권의 대리행사를 인정하면서 다시 제41조 제2항에서는 '구분소유자들은 미리 그들 중 1인을 대리인으로 정하여 관리단에 신고한 경우에는 그 대리인은 그 구분소유자들을 대리하여 관리단집회에 참석하거나 서면으로 의결권을 행사할 수 있다'라고 규정하고 있는데, 제41조 제2항의 규정은 구분소유자가 다른 구분소유자를 대리인으로 선임하여 관리단에 신고한 경우에는 집회마다 개별적인 의결권 위임을 하지 않더라도 신고된 대리인에 의한 의결권 대리행사(대리인에 의한 서면결의 포함)가 가능하다는 취지로 보이고, 이에 의하여 제38조 제2항의 대리인 자격을 구분소유자로 한정한 것으로 해석할 수 없다.

## 4. 대의원회

(1) 조합원의 수가 100명 이상인 조합은 대의원회를 두어야 한다(법 제46조 제1항). 이러한 대의원회는 총회의 권한대행기관이자 조합원 전체의 대의기관이다(대법원 2010. 5. 27. 선고 2008다53430 판결).

대의원회는 조합원의 10분의 1 이상으로 구성한다. 다만, 조합원의 10분의 1이 100명을 넘는 경우에는 조합원의 10분의 1의 범위에서 100명 이상으로 구성할 수 있다(법 제46조 제2항). 구체적인 대의원수는 정관으로 정하여야 하나, 위와 같은 기준을 준수하여야 한다(시행령 제44조 제3항).

이러한 정원에 미달하는 대의원회는 총회의 권한을 대행하여 결의할 수 없다고 할 것인 만큼, 정원에 미달하는 대의원회가 한 결의는 대의원회 구성에 중대한 하자가 있어 무효로 보아야 할 것이다(대구고등법원 2012. 1. 13 선고 2011나4224 판결[11]).

(2) 대의원은 조합원 중에서 선출하여야 하나(시행령 제44조 제1항), 조합장이 아닌 조합임원은 대의원이 될 수 없고(법 제46조 제3항), 다만 조합장은 대의원이 될 수 있다.

대의원의 선임 및 해임에 관하여는 정관으로 정하는 바에 따른다(시행령 제44조 제2항).

(3) 대의원회는 조합장이 필요하다고 인정하는 때에 소집한다. 다만, 다음 각 호의 어느 하나에 해당하는 때에는 조합장은 해당일부터 14일 이내에 대의원회를 소집하여야 한다(시행령 제44조 제4항).

---

11) 이 판결은 대법원의 심리불속행 기각판결로 확정되었다(대법원 2012. 5. 10. 선고 2012다15824 판결).

1. 정관으로 정하는 바에 따라 소집청구가 있는 때
2. 대의원의 3분의 1 이상(정관으로 달리 정한 경우에는 그에 따른다)이 회의
   의 목적사항을 제시하여 청구하는 때

위 각 호의 어느 하나에 따른 소집청구가 있는 경우로서 조합장이 청구일
로부터 14일 이내에 정당한 이유 없이 대의원회를 소집하지 아니한 때에는 감
사가 지체 없이 이를 소집하여야 하며, 감사가 소집하지 아니하는 때에는 소집
을 청구한 사람의 대표가 소집한다(시행령 제44조 제5항 제1문). 이 경우 미리 시
장·군수등의 승인을 받아야 한다(같은 항 제2문).

위와 같이 감사 또는 소집을 청구한 사람의 대표가 대의원회를 소집하는
경우에는 소집주체에 따라 감사 또는 위 대표가 의장의 직무를 대행한다(시행령
제44조 제6항).

대의원회의 소집은 집회 7일 전까지 그 회의의 목적·안건·일시 및 장소를
기재한 서면을 대의원에게 통지하는 방법에 따른다. 이 경우 정관으로 정하는
바에 따라 대의원회의 소집내용을 공고하여야 한다(시행령 제44조 제7항).

대의원회는 위와 같이 사전에 통지한 안건만 의결할 수 있다. 다만, 사전에
통지하지 아니한 안건으로서 대의원회의 회의에서 정관으로 정하는 바에 따라
채택된 안건의 경우에는 그러하지 아니하다(시행령 제44조 제9항).

(4) 대의원회는 재적대의원 과반수의 출석과 출석대의원 과반수의 찬성으
로 의결한다. 다만, 그 이상의 범위에서 정관으로 달리 정하는 경우에는 그에
따른다(시행령 제44조 제8항). 특정한 대의원의 이해와 관련된 사항에 대해서는
그 대의원은 의결권을 행사할 수 없다(같은 조 제10항).

(5) 대의원회는 총회의 의결사항 중 대통령령으로 정하는 사항 외에는 총
회의 권한을 대행할 수 있다(법 제46조 제4항).

여기서 "대통령령으로 정하는 사항"(대의원회가 총회 권한을 대행할 수 없는
사항)이란 다음 각 호의 사항을 말한다(시행령 제43조).

1. 법 제45조 제1항 제1호에 따른 정관의 변경에 관한 사항(법 제40조 제4항
   에 따른 경미한 사항의 변경은 법 또는 정관에서 총회의결사항으로 정한 경우
   로 한정한다)

2. 법 제45조 제1항 제2호에 따른 자금의 차입과 그 방법·이자율 및 상환 방법에 관한 사항

3. 법 제45조 제1항 제4호에 따른 예산으로 정한 사항 외에 조합원에게 부담이 되는 계약에 관한 사항

4. 법 제45조 제1항 제5호에 따른 시공자·설계자 또는 감정평가업자(법 제74조 제2항에 따라 시장·군수등이 선정·계약하는 감정평가업자는 제외한다)의 선정 및 변경에 관한 사항

5. 법 제45조 제1항 제6호에 따른 정비사업전문관리업자의 선정 및 변경에 관한 사항

6. 법 제45조 제1항 제7호에 따른 조합임원의 선임 및 해임과 시행령 제42조 제1항 제2호에 따른 대의원의 선임 및 해임에 관한 사항. 다만, 정관으로 정하는 바에 따라 임기 중 궐위된 자(조합장은 제외한다)를 보궐선임하는 경우를 제외한다.

7. 법 제45조 제1항 제9호에 따른 사업시행계획서의 작성 및 변경에 관한 사항(법 제50조 제1항 본문에 따른 정비사업의 중지 또는 폐지에 관한 사항을 포함하며, 같은 항 단서에 따른 경미한 변경은 제외한다)

8. 법 제45조 제1항 제10호에 따른 관리처분계획의 수립 및 변경에 관한 사항(법 제74조 제1항 각 호 외의 부분 단서에 따른 경미한 변경은 제외한다)

9. 법 제45조 제2항에 따라 총회에 상정하여야 하는 사항

10. 시행령 제42조 제1항 제1호에 따른 조합의 합병 또는 해산에 관한 사항. 다만, 사업완료로 인한 해산의 경우는 제외한다.

11. 시행령 제42조 제1항 제3호에 따른 건설되는 건축물의 설계 개요의 변경에 관한 사항

12. 시행령 제42조 제1항 제4호에 따른 정비사업비의 변경에 관한 사항


이처럼 관리처분계획의 수립 및 변경에 관한 사항은 경미한 변경이 아닌 한 대의원회가 대행할 수 없는 총회 의결사항에 해당하므로, 대의원회의 결의로 보류지의 처분방법을 정할 수 있도록 하는 정관 규정은 무효이고, 이러한 무효인 정관 규정에 근거하여 대의원회 결의로 정한 보류지의 처분방법에 따라 보류지를 처분한 행위 역시 (대의원회 결의로 정한 처분방법이 관리처분계획에서 정

한 방법과 다를 경우) 그 효력이 없다(대법원 2009. 6. 25. 선고 2007다28642, 28659,28666 판결).

다만, 관리처분계획의 수립 및 변경이 대의원회가 대행할 수 없는 총회의 의결사항이더라도, 대의원회가 대행할 수 없는 것은 '관리처분계획' 자체에 대한 의결이므로, 관리처분계획에서 직접 '보류시설의 처분방법'을 규정하지 않고 총회의 의결에 의하도록 한 경우에 그 '보류시설의 처분방법'에 관한 결의까지 대의원회가 대행할 수 없다고 할 것은 아니다(대법원 2003. 6. 27. 선고 2001두 11021 판결).

## 5. 이사회 또는 대의원회의 의결을 거치지 않은 총회결의의 효력

조합총회는 조합임원의 선임 및 해임 등을 비롯하여 조합에 관한 여러 중요한 사항에 대하여 결정하는 조합의 최고 의사결정기관이고, 대의원회는 시행령이 총회의 전속의결사항으로 정한 것을 제외하고는 총회의 권한을 대행할 수 있는 의결기관이며, 이사회는 조합의 의사결정기관이 아니고 조합장을 보좌하여 조합 사무를 분담하는 사무집행기관이다.

따라서 조합의 정관에서 '조합장이 총회를 소집, 개최하는 경우 총회의 목적·안건·일시·장소 등에 관하여 미리 이사회의 의결을 거쳐야 한다.'는 규정을 두고 있음에도 조합장이 총회 소집 과정에서 위 정관 규정을 위반한 경우, 그 총회 결의가 무효인지 여부는, 총회 소집, 개최 시 이사회 의결을 거치도록 정한 정관 규정을 위반하게 된 경위, 구체적인 위반 내용, 이사회 의결에 존재하는 하자의 내용과 정도, 총회 소집과 관련하여 대의원회 등 조합 내부 다른 기관의 사전심의나 의결 등이 존재하는지 여부, 위 정관 규정을 위반한 하자가 전체 조합원들의 총회 참여기회나 의결권 행사 등에 미친 영향, 조합 내부의 기관으로 두고 있는 총회, 대의원회 등과 이사회의 관계 및 각 기관의 기능, 역할과 성격, 총회의 소집 주체, 목적과 경위 및 총회 참석 조합원들의 결의 과정과 내용 등 여러 사정을 종합적으로 고려하여, 위 정관 규정을 위반한 하자가 총회

결의의 효력을 무효로 할 만한 중대한 소집절차상의 하자라고 볼 수 있는지에 따라 판단하여야 한다(대법원 2020. 11. 5. 선고 2020다210679 판결).

도시정비법상 기구가 아닌 이사회 결의를 거치지 않은 총회 결의의 효력에 관한 위 대법원판결의 취지에 비추어 볼 때, 도시정비법상 설치가 강제되는 대의원회의 결의를 거치지 않은 총회 결의의 효력을 긍정함에 있어서는 보다 신중함이 요구된다 할 것이다.

## 6. 주민대표회의

(1) 토지등소유자가 시장·군수등 또는 토지주택공사등의 사업시행을 원하는 경우에는 정비구역 지정·고시 후 주민대표회의를 구성하여야 하고(법 제47조 제1항), 위원장 1명, 부위원장 1명, 1명 이상 3명 이하의 감사를 포함하여 5명 이상 25명 이하로 구성한다(법 제47조 제2항, 시행령 제45조 제1항).

이러한 주민대표회의는 토지등소유자의 과반수의 동의를 받아 구성하며, 주민대표회의를 구성하여 승인을 받으려는 토지등소유자는 시행규칙 별지 제7호 서식의 주민대표회의 승인신청서(전자문서로 된 신청서 포함)에 다음 각 호의 서류(전자문서 포함)를 첨부하여 시장·군수등에게 제출하여 승인을 받아야 한다(법 제47조 제3항, 시행규칙 제9조).

1. 시행령 제45조 제4항에 따라 주민대표회의가 정하는 운영규정
2. 토지등소유자의 주민대표회의 구성 동의서
3. 주민대표회의 위원장·부위원장 및 감사의 주소 및 성명
4. 주민대표회의 위원장·부위원장 및 감사의 선임을 증명하는 서류
5. 토지등소유자의 명부

토지주택공사등이 사업시행자인 정비사업에서 주민대표회의를 두도록 정한 취지는 정비구역 내 주민들의 의견을 수렴하여 사업시행자에게 제시할 수 있도록 하기 위한 것이다(대법원 2016. 5. 12. 선고 2013다1570 판결).

(2) 주민대표회의의 구성에 동의한 자는 법 제26조 제1항 제8호 후단에 따

른 사업시행자의 지정에 동의한 것으로 보며, 다만 사업시행자의 지정 요청 전에 시장·군수등 및 주민대표회의에 사업시행자의 지정에 대한 반대의 의사표시를 한 토지등소유자의 경우에는 그러하지 아니하다(법 제47조 제4항).

　　(3) 주민대표회의 또는 세입자(상가세입자 포함)는 사업시행자가 다음 각 호의 사항에 관하여 법 제53조에 따른 시행규정을 정하는 때에 의견을 제시할 수 있다. 이 경우 사업시행자는 주민대표회의 또는 세입자의 의견을 반영하기 위하여 노력하여야 한다(법 제47조 제5항).

1. 건축물의 철거
2. 주민의 이주(세입자의 퇴거에 관한 사항을 포함한다)
3. 토지 및 건축물의 보상(세입자에 대한 주거이전비 등 보상에 관한 사항을 포함한다)
4. 정비사업비의 부담
5. 세입자에 대한 임대주택의 공급 및 입주자격
6. 그 밖에 정비사업의 시행을 위하여 필요한 사항으로서 대통령령으로 정하는 사항[12]

다만, 주민대표회의 등이 사업시행자에게 의견을 제시하더라도 사업시행자는 시행규정을 정할 때 이를 반영하도록 노력하는 것으로 족하고 구속력이 인정되지 아니한다(대법원 2016. 5. 12. 선고 2013다1570 판결). 따라서 주민대표회의의 의결내용에 위법사유가 있어 효력이 없더라도 그로 인하여 조합이나 조합

---

[12] "대통령령으로 정하는 사항"이란 다음 각 호의 사항을 말한다(시행령 제45조 제2항).
　　1. 법 제29조 제4항에 따른 시공자의 추천
　　2. 다음 각 목의 변경에 관한 사항
　　　　가. 법 제47조 제5항 제1호에 따른 건축물의 철거
　　　　나. 법 제47조 제5항 제2호에 따른 주민의 이주(세입자의 퇴거에 관한 사항을 포함한다)
　　　　다. 법 제47조 제5항 제3호에 따른 토지 및 건축물의 보상(세입자에 대한 주거이전비 등 보상에 관한 사항 포함)
　　　　라. 법 제47조 제5항 제4호에 따른 정비사업비의 부담
　　3. 관리처분계획 및 청산에 관한 사항(법 제23조 제1항 제1호부터 제3호까지의 방법으로 시행하는 주거환경개선사업은 제외한다)
　　4. 제3호에 따른 사항의 변경에 관한 사항

원들의 권리 또는 법적 지위에 어떠한 위험이나 불안이 야기되었다고 보기 어려워 그 법률관계를 확인의 대상으로 삼아 원·피고 간의 확인판결에 의하여 즉시 확정할 필요가 있다고 할 수 없으므로, 위 주민대표회의 의결의 무효확인을 구하는 소는 확인의 이익이 없어 부적법하다(위 대법원 2013다1570 판결).

반면, 법 제29조 제6항, 제7항, 제8항에 의하면 시장·군수 등이 직접 정비사업을 시행하거나 토지주택공사등 또는 지정개발자가 사업시행자로 지정된 경우 또는 법 제23조 제1항 제4호(주거환경개선사업의 시행자가 법 제74조에 따라 인가받은 관리처분계획에 따라 주택 및 부대시설·복리시설을 건설하여 공급하는 경우)의 경우, 주민대표회의의 시공자 추천에 관한 의견은 사업시행자에 대하여 구속력이 인정된다(위 대법원 2013다1570 판결).

(4) 시장·군수등 또는 토지주택공사등은 주민대표회의의 운영에 필요한 경비의 일부를 해당 정비사업비에서 지원할 수 있다(시행령 제45조 제3항).

(5) 주민대표회의의 위원의 선출·교체 및 해임, 운영방법, 운영비용의 조달 그 밖에 주민대표회의의 운영에 필요한 사항은 주민대표회의가 정한다(시행령 제45조 제4항).

# 제9장

# 사업시행계획인가

## 1. 절차 개관

(1) 사업시행계획이란 정비사업이 목적하는 건축물 및 정비기반시설 등을 위한 설계도면임과 동시에 그 설계도면 대로의 시공을 위해 필요한 각종의 계획을 포괄한다. 이러한 내용의 사업시행계획은 인가를 통해 법적으로 확정되며 사업시행계획의 인가는 사업시행자에게 도면대로 사업을 시행할 수 있도록 하는 법적 지위를 부여하는 의미를 갖는다(포괄적 수권기능).[1]

사업시행자(법 제25조 제1항 및 제2항에 따른 공동시행의 경우를 포함하되, 사업시행자가 시장·군수등인 경우는 제외)는 정비사업을 시행하려는 경우에는 법 제52조에 따른 사업시행계획서(이하 "사업시행계획서")에 정관등과 그 밖에 국토교통부령으로 정하는 서류를 첨부하여 시장·군수등에게 제출하고 사업시행계획인가를 받아야 하고, 인가받은 사항을 변경하거나 정비사업을 중지 또는 폐지하려는 경우에도 같다(법 제50조 제1항 본문).

이를 좀 더 구체적으로 보면, 사업시행자(법 제25조 제1항 및 제2항에 따른 공동시행의 경우를 포함하되, 사업시행자가 시장·군수등인 경우를 제외하며, 사업시행자

---

[1] 김종보·전연규, 재건축·재개발 이야기 I (하권), 한국도시개발연구포럼(2010), 135.

가 둘 이상인 경우에는 그 대표자를 말한다. 이하 같다)가 사업시행계획인가(변경·중지 또는 폐지인가 포함)를 신청하려는 경우 신청서(전자문서로 된 신청서 포함)는 시행규칙 별지 제8호서식에 따라야 한다(시행규칙 제10조 제1항)

사업시행계획서에 첨부할 서류는 다음 각 호와 같다(시행규칙 제10조 제2항).

1. **사업시행계획인가**: 다음 각 목의 서류
   가. 총회의결서 사본. 다만, 법 제25조 제1항 제2호에 따라 토지등소유자가 재개발사업을 시행하는 경우 또는 법 제27조에 따라 지정개발자를 사업시행자로 지정한 경우에는 토지등소유자의 동의서 및 토지등소유자의 명부를 첨부한다.
   나. 법 제52조에 따른 사업시행계획서
   다. 법 제57조 제3항에 따라 제출하여야 하는 서류(인허가 의제 관련 서류)
   라. 법 제63조에 따른 수용 또는 사용할 토지 또는 건축물의 명세 및 소유권 외의 권리의 명세서[재건축사업의 경우에는 공공시행자(법 제26조 제1항 제1호) 및 지정개발자(법 제27조 제1항 제1호)가 사업을 시행하는 경우로 한정한다]
2. **사업시행계획 변경·중지 또는 폐지인가**: 다음 각 목의 서류
   가. 제1호 다목의 서류
   나. 변경·중지 또는 폐지의 사유 및 내용을 설명하는 서류

시장·군수등은 특별한 사유가 없으면 사업시행계획서의 제출이 있은 날부터 60일 이내에 인가 여부를 결정하여 사업시행자에게 통보하여야 한다(법 제50조 제2항).

(2) 사업시행자(시장·군수등 또는 토지주택공사등은 제외)는 사업시행계획인가를 신청하기 전에 미리 총회의 의결을 거쳐야 하며, 인가받은 사항을 변경하거나 정비사업을 중지 또는 폐지하려는 경우에도 또한 같다(법 제50조 제3항 본문).

토지등소유자가 법 제25조 제1항 제2호에 따라 재개발사업을 시행하려는 경우에는 사업시행계획인가를 신청하기 전에 사업시행계획서에 대하여 토지등소유자의 4분의 3 이상 및 토지면적의 2분의 1 이상의 토지소유자의 동의를 받

아야 한다(법 제50조 제4항 본문).[2] 다만, 인가받은 사항을 변경하려는 경우에는 규약으로 정하는 바에 따라 토지등소유자의 과반수의 동의를 받아야 한다(법 제50조 제4항 단서 전단).

지정개발자가 정비사업을 시행하려는 경우에는 사업시행계획인가를 신청하기 전에 토지등소유자의 과반수의 동의 및 토지면적의 2분의 1 이상의 토지소유자의 동의를 받아야 한다(법 제50조 제5항 본문). 다만 법 제26조 제1항 제1호[3] 및 제27조 제1항 제1호[4]에 따른 사업시행자는 제5항에도 불구하고 토지등소유자의 동의를 필요로 하지 아니한다(법 제50조 제6항).

(3) 시장·군수등은 제1항에 따른 사업시행계획인가(시장·군수등이 사업시행계획서를 작성한 경우 포함)를 하거나 정비사업을 변경·중지 또는 폐지하는 경우에는 국토교통부령으로 정하는 방법 및 절차에 따라 그 내용을 해당 지방자치단체의 공보에 고시하여야 한다(법 제50조 제7항 본문).

고시할 사항은 다음 각 구분에 따르며(시행규칙 제10조 제3항), 이와 같이 고시한 내용을 해당 지방자치단체의 인터넷 홈페이지에도 실어야 한다(시행규칙 제10조 제4항).

---

2) 구법은 사업시행계획인가 신청에 필요한 동의정족수를 토지등소유자가 자치적으로 정하여 운영하는 정관에서 정하도록 하였다. 헌법재판소는 이에 대하여 "토지등소유자가 도시환경정비사업을 시행하는 경우 사업시행인가 신청시 필요한 토지등소유자의 동의는 개발사업의 주체 및 정비구역 내 토지등소유자를 상대로 수용권을 행사하고 각종 행정처분을 발할 수 있는 행정주체로서의 지위를 가지는 사업시행자를 지정하는 문제로서 그 동의요건을 정하는 것은 국민의 권리와 의무의 형성에 관한 기본적이고 본질적인 사항이므로 국회가 스스로 행하여야 하는 사항에 속하는 것임에도 불구하고 사업시행인가 신청에 필요한 동의정족수를 토지등소유자가 자치적으로 정하여 운영하는 규약에 정하도록 한 것은 법률유보원칙에 위반된다."라고 보면서 구법 제28조 제5항 본문의 "사업시행자" 중 제8조 제3항에 따라 도시환경정비사업을 토지등소유자가 시행하는 경우 "정관등이 정하는 바에 따라" 부분은 헌법에 위반된다고 보았다[헌법재판소 2011. 8. 30. 선고 2009헌바128,148(병합) 전원재판부 결정, 헌법재판소 2012. 4. 24. 선고 2010헌바1 전원재판부 결정].

3) 공공시행자가 사업시행자인 정비사업에서, "천재지변, 「재난 및 안전관리 기본법」 제27조 또는 「시설물의 안전 및 유지관리에 관한 특별법」 제23조에 따른 사용제한·사용금지, 그 밖의 불가피한 사유로 긴급하게 정비사업을 시행할 필요가 있다고 인정하는 때"를 가리킨다.

4) 지정개발자가 사업시행자인 정비사업에서, "천재지변, 「재난 및 안전관리 기본법」 제27조 또는 「시설물의 안전 및 유지관리에 관한 특별법」 제23조에 따른 사용제한·사용금지, 그 밖의 불가피한 사유로 긴급하게 정비사업을 시행할 필요가 있다고 인정하는 때"를 가리킨다.

1. **사업시행계획인가**: 다음 각 목의 사항

가. 정비사업의 종류 및 명칭

나. 정비구역의 위치 및 면적

다. 사업시행자의 성명 및 주소(법인인 경우에는 법인의 명칭 및 주된 사무소의 소재지와 대표자의 성명 및 주소를 말한다. 이하 같다)

라. 정비사업의 시행기간

마. 사업시행계획인가일

바. 수용 또는 사용할 토지 또는 건축물의 명세 및 소유권 외의 권리의 명세(해당하는 사업을 시행하는 경우로 한정한다)

사. 건축물의 대지면적·건폐율·용적률·높이·용도 등 건축계획에 관한 사항

아. 주택의 규모 등 주택건설계획

자. 법 제97조에 따른 정비기반시설 및 토지 등의 귀속에 관한 사항

2. **변경·중지 또는 폐지인가**: 다음 각 목의 사항

가. 제1호 가목부터 마목까지의 사항

나. 변경·중지 또는 폐지의 사유 및 내용

(4) 사업시행계획 중 대통령령으로 정하는 경미한 사항5)을 변경하려는 때에는 시장·군수등에게 신고하여야 한다(법 제50조 제1항 단서).

---

5) "대통령령으로 정하는 경미한 사항을 변경하려는 때"란 다음 각 호의 어느 하나에 해당하는 때를 말한다(시행령 제46조). 1. 정비사업비를 10퍼센트의 범위에서 변경하거나 관리처분계획의 인가에 따라 변경하는 때. 다만, 주택법 제2조 제5호에 따른 국민주택을 건설하는 사업인 경우에는 주택도시기금법에 따른 주택도시기금의 지원금액이 증가되지 아니하는 경우만 해당한다. 2. 건축물이 아닌 부대시설·복리시설의 설치규모를 확대하는 때(위치가 변경되는 경우는 제외한다), 3. 대지면적을 10퍼센트의 범위에서 변경하는 때, 4. 세대수와 세대당 주거전용면적을 변경하지 않고 세대당 주거전용면적의 10퍼센트의 범위에서 세대 내부구조의 위치 또는 면적을 변경하는 때, 5. 내장재료 또는 외장재료를 변경하는 때, 6. 사업시행계획인가의 조건으로 부과된 사항의 이행에 따라 변경하는 때, 7. 건축물의 설계와 용도별 위치를 변경하지 아니하는 범위에서 건축물의 배치 및 주택단지 안의 도로선형을 변경하는 때, 8. 건축법 시행령 제12조 제3항 각 호의 어느 하나에 해당하는 사항을 변경하는 때, 9. 사업시행자의 명칭 또는 사무소 소재지를 변경하는 때, 10. 정비구역 또는 정비계획의 변경에 따라 사업시행계획서를 변경하는 때, 11. 법 제35조 제5항 본문에 따른 조합설립변경 인가에 따라 사업시행계획서를 변경하는 때, 12. 그 밖에 시·도조례로 정하는 사항을 변경하는 때

이러한 경미한 사항의 변경은 총회의 의결을 필요로 하지 아니하고(법 제50조 제3항 본문), 토지등소유자의 동의도 필요로 하지 아니하며(법 제50조 제4항 단서 후단, 법 제50조 제5항 단서), 시장·군수등이 그 내용을 해당 지방자치단체의 공보에 고시할 필요도 없다(법 제50조 제7항 단서).

대법원은 행정청이 재개발조합에 사업시행계획인가처분을 한 후 변경인가처분을 하였으나 변경인가처분의 내용이 정비사업비를 사업시행계획인가 시보다 약 4.9% 증액하는 것뿐인 경우, 위 변경인가처분을 할 때 토지등소유자의 동의 등을 받아야 하는 것은 아니라고 보았다(대법원 2010. 12. 9. 선고 2009두4913 판결).

## 2. 사업시행계획인가의 시기 조정

특별시장·광역시장 또는 도지사는 정비사업의 시행으로 정비구역 주변 지역에 주택이 현저하게 부족하거나 주택시장이 불안정하게 되는 등 특별시·광역시 또는 도의 조례로 정하는 사유가 발생하는 경우에는 주거기본법 제9조에 따른 시·도 주거정책심의위원회의 심의를 거쳐 사업시행계획인가의 시기를 조정하도록 해당 시장, 군수 또는 구청장에게 요청할 수 있다. 이 경우 요청을 받은 시장, 군수 또는 구청장은 특별한 사유가 없으면 그 요청에 따라야 하며, 사업시행계획인가의 조정 시기는 인가를 신청한 날부터 1년을 넘을 수 없다(법 제75조 제1항).

특별자치시장 및 특별자치도지사는 정비사업의 시행으로 정비구역 주변 지역에 주택이 현저하게 부족하거나 주택시장이 불안정하게 되는 등 특별자치시 및 특별자치도의 조례로 정하는 사유가 발생하는 경우에는 주거기본법 제9조에 따른 시·도 주거정책심의위원회의 심의를 거쳐 사업시행계획인가의 시기를 조정할 수 있다. 이 경우 사업시행계획인가의 조정 시기는 인가를 신청한 날부터 1년을 넘을 수 없다(법 제75조 제2항).

위와 같은 사업시행계획인가의 시기 조정의 방법 및 절차 등에 필요한 사항은 특별시·광역시·특별자치시·도 또는 특별자치도의 조례로 정한다(법 제75조 제3항).

# 3. 사업시행계획 및 그 인가의 법적 성격

(1) 조합이 수립한 사업시행계획은 그것이 인가·고시를 통해 확정되면 이해관계인에 대한 구속적 행정계획으로서 독립된 행정처분에 해당하고(대법원 2009. 11. 2.자 2009마596 결정, 대법원 2010. 12. 9. 선고 2009두4913 판결), 사업시행계획을 인가하는 행정청의 행위는 조합의 사업시행계획에 대한 법률상의 효력을 완성시키는 보충행위에 해당한다(대법원 2008. 1. 10. 선고 2007두16691 판결, 대법원 2010. 12. 9. 선고 2009두4913 판결).

따라서 기본행위인 사업시행계획이 무효인 경우 그에 대한 인가처분이 있다고 하더라도 그 기본행위인 사업시행계획이 유효한 것으로 될 수 없으며, 기본행위가 적법·유효하고 보충행위인 인가처분 자체에만 하자가 있다면 그 인가처분의 무효나 취소를 주장할 수 있다고 할 것이지만, 인가처분에 하자가 없다면 기본행위에 하자가 있다고 하더라도 따로 그 기본행위의 하자를 다투는 것은 별론으로 하고 기본행위의 무효를 내세워 바로 그에 대한 인가처분의 취소 또는 무효확인을 구할 수 없다(대법원 2001. 12. 11. 선고 2001두7541 판결, 대법원 2010. 12. 9. 선고 2009두4913 판결, 대법원 2014. 2. 27. 선고 2011두25173 판결 등).[6]

또한, 사업시행계획안에 대한 조합 총회결의는 독립된 행정처분인 사업시행계획에 이르는 절차적 요건 중 하나에 불과한 것으로서, 그 사업시행계획이 인가·고시를 통해 확정된 후에는 항고소송의 방법으로 사업시행계획의 취소 또는 무효확인을 구할 수 있을 뿐, 절차적 요건에 불과한 총회결의 부분만을 대상으로 그 효력 유무를 다투는 확인의 소를 제기하는 것은 허용되지 아니한다

---

6) 만일 조합이 사업시행계획을 변경하면서 도시정비법상의 동의요건을 갖추지 않았다는 흠(즉, 기본행위의 하자)을 이유로 조합원이 인허가청을 상대로 사업시행계획인가처분의 취소를 구하는 경우, 법원은 위 조합을 새로운 피고로 하여 사업시행계획 자체의 취소를 구하는 소송으로의 경정 여부에 대한 석명권을 적절히 행사하여 적법한 소송형태를 갖추도록 하여야 할 것이다(대법원 2010. 12. 9. 선고 2010두1248 판결). 참고로 행정소송법 제14조 제1항은 "원고가 피고를 잘못 지정할 때에는 법원은 원고의 신청에 의하여 결정함으로써 피고의 경정을 허가할 수 있다.", 같은 조 제4항은 "제1항의 규정에 의한 결정이 있는 때에는 새로운 피고에 대한 소송은 처음에 소를 제기한 때에 제기된 것으로 본다."고 규정하고 있다.

(대법원 2008. 1. 10. 선고 2007두16691 판결, 대법원 2009. 9. 17. 선고 2007다2428 전원합의체 판결 등).

이러한 항고소송의 대상이 되는 행정처분의 효력이나 집행 혹은 절차속행 등의 정지를 구하는 신청은 행정소송법상 집행정지신청의 방법으로서만 가능할 뿐 민사소송법상 가처분의 방법으로는 허용될 수 없다(대법원 1992. 7. 6.자 92마54 결정, 대법원 2009. 11. 2.자 2009마596 결정 등).

(2) 조합 등이 사업시행자인 경우와 달리, 법 제25조 제1항 제2호, 제50조 제1항에 따라 사업시행인가를 받은 토지등소유자가 직접 시행하는 재개발사업에서 토지등소유자에 대한 사업시행계획 인가처분은 정비사업을 시행할 수 있는 권한을 가지는 행정주체로서의 지위를 부여하는 일종의 설권적 처분의 성격을 가진다(대법원 2013. 6. 13. 선고 2011두19994 판결).[7]

재개발사업을 직접 시행하려는 토지등소유자가 작성한 사업시행계획에 대한 토지등소유자의 4분의 3 이상 및 토지면적의 2분의 1 이상의 동의는 이러한 설권적 처분의 절차적 요건에 해당한다(대법원 2015. 6. 11. 선고 2013두15262 판결).

(3) 사업시행계획인가는 상대방에게 권리나 이익을 부여하는 효과를 가진 이른바 수익적 행정처분으로서 법령에 처분의 요건이 일의적으로 규정되어 있지 아니한 이상 행정청의 재량행위에 속하므로(대법원 2002. 6. 14. 선고 2000두10663 판결), 인가관청으로서는 법령상의 제한에 근거한 것이 아니라 하더라도 공익상 필요 등에 의하여 필요한 범위 내에서 여러 조건이나 부담을 부과할 수 있다(대법원 2007. 7. 12. 선고 2007두6663 판결).

대법원은 구 주택건설촉진법 하에서 "65세대의 공동주택을 건설하려는 사업주체(지역주택조합)에게 주택건설촉진법 제33조에 의한 주택건설사업계획의 승인처분을 함에 있어 그 주택단지의 진입도로 부지의 소유권을 확보하여 진입도로 등 간선시설을 설치하고 그 부지 소유권 등을 기부채납하며 그 주택건설사업 시행에 따라 폐쇄되는 인근 주민들의 기존 통행로를 대체하는 통행로를 설치하고 그 부지 일부를 기부채납하도록 조건을 붙인 경우, 주택건설촉진법과

---

7) 재개발사업을 직접 시행하려는 토지등소유자들은 사업시행계획인가를 받기 전까지는 행정주체로서의 지위를 갖지 못하며, 따라서 그가 작성한 사업시행계획은 인가처분의 요건 중 하나에 불과하고 항고소송의 대상이 되는 독립적인 행정처분에 해당하지 아니한다(대법원 2013. 6. 13. 선고 2011두19994 판결).

같은 법 시행령 및 주택건설기준등에관한규정 등 관련 법령의 관계 규정에 의하면 그와 같은 조건을 붙였다 하여도 다른 특별한 사정이 없는 한 필요한 범위를 넘어 과중한 부담을 지우는 것으로서 형평의 원칙 등에 위배되는 위법한 부관이라 할 수 없다."라고 전제하면서, 위 조건을 이행하지 않은 사업주체의 사용검사신청을 반려한 행정청의 처분이 적법하다고 보았다(대법원 1997. 3. 14. 선고 96누16698 판결).

### (4) 토지등소유자가 부동산을 신탁한 경우 동의권자 – 대법원 2015. 6. 11. 선고 2013두15262 판결

토지등소유자로 하여금 재개발사업을 시행할 수 있도록 하고 토지등소유자의 동의를 얻도록 요구하는 것은 재개발사업과 직접적인 이해관계가 있는 당사자를 주체로 하여 사업을 추진하고 또한 그러한 이해관계인의 의견을 반영하려는 취지이다.

따라서 토지등소유자가 재개발사업 시행을 위하여 또는 그 사업 시행과 관련하여 직접적인 이해관계를 가지는 당사자로서 부동산을 신탁한 경우에 그 사업의 시행은 신탁의 목적에 부합하고, 오히려 부동산 신탁은 토지등소유자의 의사에 기하여 추진되는 재개발사업 시행을 위한 수단으로서 기능하게 되므로, 위와 같은 신탁의 경우에 재개발사업의 시행 및 토지등소유자의 동의 절차에서는 해당 부동산에 관한 소유권 등의 행사 및 그 사업 시행에 직접 이해관계를 가지는 종전 토지등소유자인 위탁자가 주체가 되어 그의 의견이 반영될 수 있도록 함이 타당하다.

한편 신탁법에 의한 신탁재산은 대내외적으로 소유권이 수탁자에게 완전히 귀속되며, 위탁자와의 내부관계에서 그 소유권이 위탁자에게 유보되어 있는 것은 아니다(대법원 2013. 1. 24. 선고 2010두27998 판결 등). 그렇지만 신탁법은 수탁자가 신탁재산을 수탁자의 고유재산과 구별하여 관리하고(신탁법 제37조), 수탁자는 누구의 명의로 하든지 신탁재산을 고유재산으로 하거나 신탁재산에 관한 권리를 고유재산에 귀속시키지 못한다고 정하는 등(신탁법 제34조) 신탁재산을 수탁자의 고유재산과 구분하여 권리·의무관계를 규정하고 있으므로, 비록 신탁재산이 수탁자의 소유에 속한다 하더라도 그에 관한 권리관계를 수탁자의 고유재산과 마찬가지로 취급할 수는 없다.

위와 같은 도시정비법에서 정한 토지등소유자의 법적 성격과 그 제도의 목적, 시행령 제33조 제1항 제1호 (다)목 단서의 의미와 그 입법 취지, 재개발사업의 시행을 위한 부동산 신탁의 특수성 및 신탁재산에 관한 법률관계 등을 종합하여 보면, 재개발사업에서 사업시행계획인가 처분의 요건인 사업시행자로서의 토지등소유자의 자격 및 사업시행계획에 대한 토지등소유자의 동의를 일반적인 사법(私法)관계와 동일하게 볼 수 없다.

따라서 재개발사업 시행을 위하여 또는 그 사업 시행과 관련하여 부동산에 관하여 담보신탁 또는 처분신탁 등이 이루어진 경우에, 법 제50조 제4항에서 정한 사업시행자로서 사업시행인가를 신청하는 토지등소유자 및 그 신청에 필요한 동의를 얻어야 하는 토지등소유자는 모두 수탁자가 아니라 재개발사업에 따른 이익과 비용이 최종적으로 귀속되는 위탁자로 해석함이 타당하며, 토지등소유자의 자격 및 동의자 수를 산정할 때에는 위탁자를 기준으로 하여야 할 것이다.

### (5) 사정판결(事情判決)

행정소송법 제26조, 제28조 제1항 전단의 각 규정에 비추어 보면, 법원은 행정소송에 있어서 행정처분이 위법하여 원고의 청구가 이유 있다고 인정하는 경우에도 그 처분 등을 취소하는 것이 현저히 공공복리에 적합하지 아니하다고 인정하는 때에는 원고의 청구를 기각하는 사정판결을 할 수 있고, 이러한 사정판결을 할 필요가 있다고 인정하는 때에는 당사자의 명백한 주장이 없는 경우에도 일건 기록에 나타난 사실을 기초로 하여 직권으로 사정판결을 할 수 있다.

이러한 법리에 기초하여 대법원은 재개발조합설립 및 사업시행계획인가처분이 처분 당시 법정요건인 토지 및 건축물 소유자 총수의 각 3분의 2 이상의 동의를 얻지 못하여 위법하나, 그 후 90% 이상의 소유자가 재개발사업의 속행을 바라고 있어 재개발사업의 공익목적에 비추어 그 처분을 취소하는 것은 현저히 공공복리에 적합하지 아니하다고 인정하고 사정판결을 한 원심판단을 수긍하였다(대법원 1995. 7. 28. 선고 95누4629 판결).

반면, 대법원은 재개발사업이 시행될 경우 재개발구역 내 토지등소유자의 권리에 미치는 영향의 중대성에 비추어 재개발사업에 동의한 자가 동의하지 아니한 자에 비하여 많다거나 재개발사업을 시행하지 못하게 됨으로써 사업시행에 동의한 사람들이 생활상의 고통을 받는다는 사정만으로는 재개발조합설립 및 사업시행인가처분을 취소하는 것이 현저히 공공복리에 적합하지 아니하다

고 할 수 없다는 이유로 사정판결의 필요성을 부정한 원심의 판단이 적법하다
고 보기도 하였다(대법원 2001. 6. 15. 선고 99두5566 판결).

### (6) 인허가의제

법 제57조 제1항에 의하면, 사업시행자가 사업시행계획인가를 받은 때(시
장·군수등이 직접 정비사업을 시행하는 경우에는 사업시행계획서를 작성한 때)에는
주택법 제15조에 따른 사업계획 승인 등의 각종 인허가가 의제된다.

이와 같이 주된 인·허가에 관한 사항을 규정하고 있는 갑 법률에서 주된
인·허가가 있으면 을 법률에 의한 인·허가를 받은 것으로 의제한다는 규정을
둔 경우에는, 주된 인·허가가 있으면 을 법률에 의한 인·허가가 있는 것으로
보는데 그치는 것이고, 그에서 더 나아가 을 법률에 의하여 인·허가를 받았음
을 전제로 한 을 법률의 모든 규정들까지 적용되는 것은 아니다(대법원 2004. 7.
22. 선고 2004다19715 판결, 대법원 2015. 4. 23. 선고 2014두2409 판결, 대법원 2016.
11. 24. 선고 2014두47686 판결, 대법원 2016. 11. 25 선고 2015두37815 판결, 대법원
2016. 12. 15. 선고 2014두40531 판결).

법 제57조 제4항은 "시장·군수등은 사업시행계획인가를 하거나 사업시행
계획서를 작성하려는 경우 제1항 각 호 및 제2항 각 호에 따라 의제되는 인·허
가등에 해당하는 사항이 있는 때에는 미리 관계 행정기관의 장과 협의하여야
하고, 협의를 요청받은 관계 행정기관의 장은 요청받은 날(제3항 단서의 경우에
는 서류가 관계 행정기관의 장에게 도달된 날을 말한다)부터 30일 이내에 의견을 제
출하여야 한다. 이 경우 관계 행정기관의 장이 30일 이내에 의견을 제출하지 아
니하면 협의된 것으로 본다."라고 규정하고 있다.

여기서 미리 관계 행정기관의 장과 협의를 하라고 규정한 의미는 그의 자
문을 구하라는 것이지 그 의견을 따라 처분을 하라는 의미는 아니라 할 것이므
로, 이러한 협의를 거치지 아니하였다고 하더라도 이는 위 지정처분을 취소할
수 있는 원인이 되는 하자 정도에 불과하고 위 지정처분이 당연무효가 되는 하
자에 해당하는 것은 아니다(대법원 2000. 10. 13. 선고 99두653 판결, 대법원 2006.
6. 30. 선고 2005두14363 판결).

## 4. 구법 하에서의 사업시행계획에 대한 동의

(1) 사업시행계획에 대하여 총회 의결을 거치도록 한 현행법과 달리 구법 (2009. 2. 6. 법률 제9444호로 개정되기 전의 것) 제28조 제5항은 사업시행계획에 대한 동의의 시기에 관하여 인가 신청을 하기 전에 미리 하도록 규정하고 있을 뿐, 동의의 방법과 정족수에 관하여는 정관 등에 의한 자치법적 규율에 맡기고 있었다.8) 따라서 사업시행계획의 내용이 확정되기 이전에 동의서가 작성되었다면 구체적인 사업시행계획의 작성에 관하여 조합에 위임한다는 취지가 포함되었다고 볼 수 있으므로 이러한 사정만으로 그 동의서가 위법하다고 볼 수 없다(대법원 2014. 2. 27. 선고 2011두25173 판결).

또한 사업시행계획의 내용이 동의 이후 변경되었다고 하더라도 그 동의의 효력이 당연히 상실된다고 볼 수 없다(대법원 2014. 1. 16. 선고 2011두12801 판결).

(2) 다만 조합설립과 달리 사업시행계획에 있어서는 인가 신청 이전에 창립총회와 같이 변경된 사업시행계획에 대한 의사를 확인할 수 있는 절차가 규정되어 있지 아니한 점을 고려하여 보면, 동의 이후 사업시행계획이 변경된 경우 조합으로서는 조합원들에게 변경된 사업시행계획의 내용과 함께 기존 동의를 철회할 수 있음을 고지할 신의칙상 의무가 있다고 봄이 타당하다(대법원 2014. 2. 27. 선고 2011두25173 판결).

(3) 구법 제28조 제4항에서 정관 등이 정하는 바에 따라 토지등소유자의 동의를 얻도록 한 것은 사업시행계획에 대한 인가신청에 앞서 조합설립동의서나 창립총회 결의 등과는 별도로 서면 동의 방식을 통한 토지등소유자의 동의를 받도록 하되, 다만 그 구체적인 동의율 등에 관하여는 정관 등의 규정에 의한다는 취지로 새길 것이다(대법원 2014. 2. 13. 선고 2011두21652 판결).

따라서 구법에 정한 사업시행계획에 대한 토지등소유자의 서면 동의 요건

---

8) 이러한 위임이 헌법 제75조가 정하는 포괄위임입법금지의 원칙에 위배된다고 할 수는 없다(대법원 2007. 10. 12. 선고 2006두14476 판결, 대법원 2013. 11. 28. 선고 2012두 7332 판결). 한편 본장 각주 2에서 본 바와 같이, 헌법재판소 2012. 4. 24. 선고 2010헌바1 전원재판부 결정은 구법 제28조 제5항 본문의 "사업시행자" 중 제8조 제3항에 따라 도시환경정비사업을 토지등소유자가 시행하는 경우 "정관등이 정하는 바에 따라" 부분은 헌법에 위반된다고 보았고, 헌법재판소 2011. 8. 30. 선고 2009헌바128,148(병합) 전원재판부 결정도 같은 취지이다.

을 충족하지 못한 것은 위법할 뿐만 아니라 그 하자가 중대하다고 볼 것이나, ① 구법 제28조 제4항의 '정관 등이 정하는 바에 따라' 부분의 문언적 의미가 명확한 것이 아니어서 동의 방식 자체에 대하여도 정관에 위임한 것으로 해석될 여지가 있는 점, ② 위 조항 이외에 창립총회 등과는 별개의 서면 동의절차를 거쳐야 한다는 명문의 규정이 없고, 이에 관한 명시적인 판례나 확립된 선례도 존재하지 않았던 것으로 보이는 점, ③ 이후 개정된 도시정비법(2009. 2. 6. 법률 제9444호로 개정된 것) 제28조 제5항에서는 사업시행인가 신청 전 토지등소유자의 동의 요건을 서면 동의가 아닌 조합원총회의 의결로 완화하기도 한 점 등에 비추어 보면, 사업시행인가처분 당시 사업시행계획에 대하여 창립총회의 결의 등과는 별개의 서면 동의절차를 거쳐야 한다는 점이 객관적으로 명백하였다고 할 수 없으므로, 이 사건 사업시행계획 및 그에 따른 인가처분이 당연무효라고 볼 수는 없다(위 대법원 2011두21652 판결).

# 5. 사업시행계획변경의 효력

(1) 당초 조합원 총회에서 사업시행계획안 및 관리처분계획안에 대하여 결의를 한 후에 다시 조합원 총회에서 새로운 결의를 거쳐 사업시행계획 및 관리처분계획을 변경하여 관할 행정청의 인가를 받은 경우에도, 행정처분인 변경된 사업시행계획 및 관리처분계획에 대하여 항고소송의 방법으로 취소 또는 무효확인을 구하여야 하고, 당초의 조합원 총회의 효력 유무를 다투는 확인의 소를 제기하는 것은 특별한 사정이 없는 한 허용되지 아니하며, 또한 설령 변경 전의 사업시행계획안 및 관리처분계획안에 대한 종전 결의에 하자가 있다 하더라도, 종전 결의의 무효확인을 구하는 것은 특별한 사정이 없는 한 과거의 법률관계 내지 권리관계의 확인을 구하는 것에 불과하여 권리보호요건으로서 확인의 이익이 없다(대법원 2010. 10. 28. 선고 2009다63694 판결, 대법원 2012. 4. 12. 선고 2010다10986 판결, 대법원 2016. 10. 13. 선고 2012두24481 판결 등).

다만, 사업시행계획 인가처분의 유효를 전제로 분양공고 및 분양신청 절차, 분양신청을 하지 아니한 조합원에 대한 수용절차, 관리처분계획의 수립 및 그에 대한 인가 등 후속 행위가 있었다면, 당초 사업시행계획이 무효로 확인되거나 취소될 경우 그것이 유효하게 존재하는 것을 전제로 이루어진 위와 같은 일련의 후속 행위 역시 소급하여 효력을 상실하게 되므로, 당초 사업시행계획을 실질적으로 변경하는 내용으로 새로운 사업시행계획이 수립되어 시장·군수로부터 인가를 받았다는 사정만으로 일률적으로 당초 사업시행계획의 무효확인을 구할 소의 이익이 소멸된다고 볼 수는 없고, 위와 같은 후속 행위로 토지등소유자의 권리·의무에 영향을 미칠 정도의 공법상의 법률관계를 형성시키는 외관이 만들어졌는지 또는 존속되고 있는지 등을 개별적으로 따져 보아야 할 것이다(대법원 2013. 11. 28. 선고 2011두30199 판결).

(2) 최초 조합설립인가처분에 대한 무효확인 판결 및 제1차 조합설립변경인가처분에 대한 취소 판결이 선고되어 확정된 경우, 위 각 인가처분에 기초하여 이루어진 후속행위인 종전 사업시행계획 등은 모두 소급하여 효력을 상실하고, 그 후 제3차 사업시행변경계획이 수립·인가되고 종전 사업시행계획 등을 추인하는 조합총회의 결의가 있었다 하더라도 무효인 하자가 치유된다고 할 수 없다(대법원 2016. 12. 1. 선고 2016두34905 판결).

(3) 인가받은 사업시행계획의 내용 중 경미한 사항을 변경하여 이를 신고한 경우는 물론, 그 밖의 사항을 변경하여 그 인가를 받은 경우에도 종전에 인가받은 사업시행계획 중 변경되지 아니한 부분은 여전히 존재하여 그 효력을 유지함이 원칙이지만, 조합이 당초 사업시행계획의 흠을 바로 잡기 위하여 당초 사업시행계획과 동일한 요건, 절차를 거쳐 새로운 사업시행계획을 수립하여 시장·군수로부터 인가받은 경우 또는 당초 사업시행계획의 주요 부분을 실질적으로 변경하는 내용으로 새로운 사업시행계획을 수립하여 시장·군수의 인가를 받음으로써 새로운 사업시행계획이 당초 사업시행계획을 대체하였다고 평가할 수 있는 경우에는 그 효력을 상실한다(대법원 2014. 2. 27. 선고 2011두25173 판결).

그리고 당초 사업시행계획의 주요 부분을 실질적으로 변경하는 내용의 새로운 사업시행계획을 수립하여 당초 사업시행계획을 대체하였는지 여부는, 사업시행계획 중 변경된 내용, 변경의 원인 및 그 정도, 당초 사업시행계획과 변경 사업시행계획 사이의 기간, 당초 사업시행계획의 유효를 전제로 이루어진 후속행위의 내용 및 그 진행 정도 등을 종합적으로 고려하여 판단하여야 할 것이다(대법원 2014. 2. 27. 선고 2011두25173 판결, 대법원 2011. 2. 10. 선고 2010두

19799 판결).

# 6. 사업시행계획의 하자

사업시행계획에 당연무효인 하자가 있는 경우에는 조합은 사업시행계획을 새로이 수립하여 관할관청에게서 인가를 받은 후 다시 분양신청을 받아 관리처분계획을 수립하여야 한다(대법원 2014. 2. 27. 선고 2011두25173 판결).

따라서 분양신청기간 내에 분양신청을 하지 않거나 분양신청을 철회함으로 인해 도시정비법 및 조합 정관 규정에 의하여 조합원의 지위를 상실한 토지등소유자도 그때 분양신청을 함으로써 건축물 등을 분양받을 수 있으므로 사업시행계획의 무효확인 또는 취소, 관리처분계획의 무효확인 또는 취소를 구할 법률상 이익이 있다(대법원 2011. 12. 8. 선고 2008두18342 판결, 대법원 2014. 2. 27. 선고 2011두25173 판결).

# 7. 기 타

(1) 통상 고시 또는 공고에 의하여 행정처분을 하는 경우에는 그 처분의 상대방이 불특정 다수인이고, 그 처분의 효력이 불특정 다수인에게 일률적으로 적용되는 것이므로, 그 행정처분에 이해관계를 갖는 자는 고시 또는 공고가 효력을 발생하는 날에 그 행정처분이 있음을 알았다고 보아야 한다(대법원 2001. 7. 27. 선고 99두9490 판결, 대법원 2007. 6. 14. 선고 2004두619 판결 등).

사업시행계획 인가처분은 '행정 효율과 협업 촉진에 관한 규정' 제6조 제3항9)에 따라 인가 및 고시가 있은 후 5일이 경과한 날부터 효력이 발생한다고 할 것이고, 위 법리에 의하면 이해관계인은 특별한 사정이 없는 한 그 때 처분이 있음을 알았다고 할 것이므로, 그 취소를 구하는 소의 제소기간은 그 때부터 기산된다(대법원 2010. 12. 9. 선고 2009두4913 판결).10)

---

9) "제2항에도 불구하고 공고문서는 그 문서에서 효력발생 시기를 구체적으로 밝히고 있지 않으면 그 고시 또는 공고 등이 있은 날부터 5일이 경과한 때에 효력이 발생한다."

(2) 인가된 사업시행계획상의 사업시행기간은 사업시행계획의 효력기간을 정한 것이 아니므로 사업시행기간이 만료되었다는 것만으로 사업시행계획이 실효되었다고 볼 수는 없다(대법원 2017. 6. 19. 선고 2015다70679 판결).

따라서 사업시행계획에서 정한 사업시행기간이 도과하였다고 하더라도, 유효하게 수립된 사업시행계획에 기초하여 사업시행기간 내에11) 이루어진 토지의 매수·수용을 비롯한 사업시행의 법적 효과가 소급하여 그 효력을 상실하여 무효로 되는 것은 아니다(대법원 2016. 12. 1. 선고 2016두34905 판결, 대법원 2020. 1. 30. 선고 2018두66067 판결).

### (3) 사업시행계획과 준공인가 – 대법원 1992. 4. 10. 선고 91누5358 판결

준공인가처분은 사업시행계획인가를 받아 건축한 건물이 인가받은 사업시행계획 내용대로 건축행정목적에 적합한가의 여부를 확인하고, 준공인가를 함으로써 준공인가를 받은 자로 하여금 건축한 건물을 사용, 수익할 수 있게 하는 법률효과를 발생시키는 것이다.

인가관청은 특단의 사정이 없는 한 인가받은 사업시행계획 내용대로 완공된 건축물의 준공을 거부할 수 없다고 하겠으나(이러한 측면에서 준공인가는 기속행위 또는 기속재량행위로 볼 것이다),12) 만약 사업시행계획인가 자체가 도시정비법 등 관계 법령에 위반되는 하자가 있는 경우에는 비록 인가받은 사업시행계획 내용대로 완공된 건축물이라 하더라도 위법한 건축물이 되는 것으로서 그 하자의 정도에 따라 사업시행계획인가를 취소할 수 있음은 물론 그 준공도 거부할 수 있다고 하여야 할 것이다.13)

---

10) 한편, 주택재개발사업 시행구역 내에 있는 토지 및 그 지상 교회건물을 소유자의 승낙 하에 종교시설로 사용하고 있음에 불과한 경우, 특별한 사정이 없는 한 주택재개발정비사업 시행인가의 취소를 구할 원고적격이 없다(부산지방법원 2007. 7. 5. 선고 2006구합3583 판결).

11) 제10장에서 보는 바와 같이, 수용 또는 사용에 대한 재결의 "신청"은 사업시행기간 이내에 하여야 한다(법 제65조 제3항).

12) 따라서 사업시행계획인가에 부관이 붙어 있다면 준공인가를 받기 위해서는 해당 부관을 먼저 이행하여야 한다(대법원 1997. 3. 14. 선고 96누16698 판결 등).

13) 나아가 건축물이 관련 법령상 위법건축물인 경우 설령 인허가청이 이를 간과하여 준공인가를 하였다고 하더라도 해당 건축물이 적법하게 간주되는 것은 아니고(대법원 1999. 1. 26. 선고 98두15283 판결), 소유자 아닌 다른 사람이 인허가청으로부터 건축물에 대한 준공인가를 받아 이를 사용·수익함으로써 소유자의 권리행사가 방해를 받고 있는 경우 준공인가 처분이 그러한 침해행위까지 정당화하는 것은 아니다(대법원 2001. 9. 18. 선고 99두11752 판결).

　　사업시행계획인가를 받게 되면 이를 기초로 하여 일정한 사실관계와 법률관계를 형성하게 되므로 그 인가를 취소함에 있어서는 상대방이 입게 될 불이익과 건축행정상의 공익 및 제3자의 이익과 인가조건 위반의 정도를 비교 교량하여 개인적 이익을 희생시켜도 부득이하다고 인정되는 경우가 아니면 함부로 그 인가를 취소할 수 없는 것이므로 사업시행자가 인가받은 사업시행계획 내용대로 완공하였으나 사업시행계획인가 자체에 하자가 있어서 위법한 건축물이라는 이유로 인가관청이 준공을 거부하려면 사업시행계획인가의 취소에 있어서와 같은 조리상의 제약이 따른다고 할 것이고, 만약 당해 사업시행계획인가를 취소할 수 없는 특별한 사정이 있는 경우라면 그 준공도 거부할 수 없다고 할 것이다.

　　(4) 구법상 사업시행인가신청 전 동의요건 조항에 대하여 헌법재판소의 위헌결정이 있었는데, 위 위헌결정과 사업시행인가의 효력에 관하여는 아래 대법원판결의 법리를 참조하기 바란다.

---

[구 도시정비법상 사업시행인가신청 전 동의요건 조항에 대한 위헌결정과 사업시행인가의 효력
- 대법원 2012. 7. 26. 선고 2012재두145 판결]

구 도시정비법(2009. 2. 6. 법률 제9444호로 개정되기 전의 것) 제8조 제3항은 "도시환경정비사업은 조합 또는 토지등소유자가 시행하거나, 조합 또는 토지등소유자가 조합원 또는 토지등소유자의 과반수의 동의를 얻어 시장·군수, 주택공사 등, 한국토지공사법에 의한 한국토지공사(공장이 포함된 구역에서의 도시환경정비사업의 경우를 제외한다), 건설업자, 등록사업자 또는 대통령령이 정하는 요건을 갖춘 자와 공동으로 이를 시행할 수 있다"고 정하고, 같은 법 제16조 제1항 본문은 "주택재개발사업 및 도시환경정비사업의 추진위원회가 조합을 설립하고자 하는 때에는 토지등소유자의 4분의 3 이상의 동의를 얻어 정관 및 건설교통부령이 정하는 서류를 첨부하여 시장·군수의 인가를 받아야 한다. 인가받은 사항을 변경하고자 하는 때에도 또한 같다"고 정하고 있다. 한편 같은 법 제28조 제5항 본문은 "사업시행자(시장·군수 또는 주택공사 등을 제외한다)는 사업시행인가를 신청(인가받은 내용을 변경하거나 정비사업을 중지 또는 폐지하고자 하는 경우를 포함한다)하기 전에 미리 정관 등이 정하는 바에 따라 토지등소유자(주택재건축사업인 경우에는 조합원을 말하며, 이하 이 항에서 같다)의 동의를 얻어야 한다"고 정하고, 같은 법 제2조 제11호는 '정관 등'에 토지등소유자가 자치적으로 정하여 운영하는 규약도 포함되는 것으로 정한다.

헌법재판소는 구 도시정비법 제28조 제5항 본문의 "사업시행자" 중 제8조 제3항에 따라 도시환경정비사업을 토지등소유자가 시행하는 경우 "정관등이 정하는 바에 따라" 부분(이하 '이 사건 동의요건조항'이라 한다)이 법률유보원칙에 위반된다고 보았다(헌법재판소 2012. 4. 24. 선고 2010헌바1 전원재판부 결정).

그런데 위 위헌결정은 사업시행인가의 근거조항 자체에 대한 것이 아니고, 구 도시정비법 제28조 제5항 본문 중 도시환경정비사업을 시행하고자 하는 토지등소유자가 사업시행인가를 신청하기 전에 얻어야 하는 토지등소유자의 동의 요건 내지 그 정족수에 관하여 이를 자치규약에 정하도록 한 부분이 헌법에 위반된다는 것이다. 그리고 그 결정이유에서도 토지등소유자가 도시환경정비사업을 시행하는 경우에 있어서 사업시행인가 신청에 필요한 토지등소유자의 동의는 개발사업의 주체 및 정비구역 내 토지등소유자를 상대로 수용권을 행사하고 각종 행정처분을 발할 수 있는 행정주체로서의 지위를 가지는 사업시행자를 지정하는 문제로서 그 동의요건을 정하는 것은 토지등소유자의 재산권에 중대한 영향을 미치고, 이해관계인 사이의 충돌을 조정하는 중요한 역할을 담당하는 점에 비추어 사업시행인가 신청시 요구되는 토지등소유자의 동의정족수를 정하는 것은 국민의 권리와 의무의 형성에 관한 기본적이고 본질적인 사항으로 법률유보 내지 의회유보의 원칙이 지켜져야 할 영역이므로 토지등소유자가 사업시행인가를 신청하기 위하여 얻어야 하는 동의정족수는 자치규약에 정할 것이 아니라 법률에 규정하여야 한다는 것이다.

따라서 위 위헌결정이 있다고 하여 이 사건 동의요건조항에 따른 사업시행인가가 당연히 위법하게 된다고 볼 수는 없다. 이와 달리 만일 위 위헌결정으로 인하여 이 사건 동의요건 조항에 따라 기왕에 이루어진 사업시행인가를 당연히 위법하다고 본다면, 이미 이러한 사업시행인가를 토대로 진행된 도시환경정비사업을 모두 무위로 돌리는 것이 되어 그에 따른 법률관계에 상당한 혼란을 초래하여 법적 안정성을 해치고 이해관계인의 이익을 침해하는 부당한 결과가 발생할 가능성도 적지 아니하고, 또한 위와 같은 경우에는 현행 법률에 따라 사업시행인가를 받는 절차부터 다시 거쳐 도시환경정비사업을 계속 진행할 수밖에 없는데 현행 도시정비법(2009. 2. 6. 법률 제9444호로 개정된 것) 제28조 제7항 본문은 아래에서 보는 바와 같이 도시환경정비사업을 토지등소유자가 시행하고자 하는 경우에 있어서 사업시행인가신청 전에 토지등소유자의 4분의 3 이상의 동의를 얻도록 규정하고 있기 때문에 이러한 절차를 다시 거치도록 하는 것이 적절하다고 보기 어렵다.

그렇다면 이 사건의 경우에 법원으로서는 관련 규정을 체계적으로 조화롭게 해석하여 이 사건 동의요건조항을 포함하여 구 도시정비법 제28조 제5항 본문에 따른 사업시행인가의 적법 여부를 판단할 수밖에 없다고 봄이 타당하다.

나아가 ① 구 도시정비법 제16조 제1항에 의하면, 도시환경정비사업조합의 추진위원회가 조합을 설립하고자 하는 때에는 토지등소유자의 4분의 3 이상의 동의를 얻어 정관 및 건설교통부령이 정하는 서류를 첨부하여 시장·군수의 인가를 받아야 하도록 규정하고 있는 점, ② 토지등소유자가 도시환경정비사업을 시행하고자 하는 경우에는 조합설립단계가 없고 사업시행인가에 의하여 비로소 사업시행자가 정하여지므로 이 경우 사업시행인가는 사업시행자인 토지등소유자에게 행정주체로서의 지위를 부여하는 성격을 가지고 있는 점, ③ 현행 도시정비법(2009. 2. 6. 법률 제9444호로 개정된 것) 제28조 제7항 본문은 "제8조 제3항에 따라 도시환경정비사업을 토지등소유자가 시행하고자 하는 경우에는 사업시행인가를 신청하기 전에 제30조에 따른 사업시행계획서에 대하여 토지등소유자의 4분의 3 이상의 동의를 얻어야 한다"고 규정하여 사업시행자인 토지등소유자가 사업시행인가를 신청하기 전에 조합설립을 위한 동의정족수와 동일하게 토지등소유자의 4분의 3 이상의 동의를 얻도록 하고 있는 점, ④ 도시환경정비사업의 정비구역 내 토지등소유자 사이에는 많은 이해관계가 얽혀 있을 수밖에 없어 현실적으로 토지등소유자의 개별적·구체적 이익을 모두 만족시키는 수준의 동의를 얻기란 불가능하고, 또한 이러한 수준의 동의를 요한다면 오히려 정비구역 내 소수의 토지등소유자에게 도시 및 주거환경의 개선촉진과 도심기능의 조속한 회복이라는 공익사업의 존립 및 진행을 맡기게 되는 결과가 되는 점 등과 같은 여러 사정을 종합하여 보면, 구 도시정비법 제28조 제5항 본문에 따라 도시환경정비사업을 토지등소유자가 시행하고자 하는 경우에는 사업시행인가를 신청하기 전에 조합설립인가에 관한 구 도시정비법 제16조 제1항을 유추적용하여 정비구역 내 토지등소유자 4분의 3 이상의 동의를 얻어야 한다고 봄이 타당하다.

기록에 의하면, 이 사건 도시환경정비사업의 시행자로서 토지등소유자인 피고 보조참가인은 정비구역 내 토지등소유자의 4분의 3 이상의 동의, 즉 전체 토지등소유자 26인 중 21인으로부터 사업시행계획서의 승인 및 사업시행인가의 신청에 관하여 동의를 받은 사실을 알 수 있는바, 이러한 사실관계를 위 법리에 비추어 보면 이 사건 사업시행인가는 적법하다고 할 것이다.

# 제 10 장

# 임시거주시설의 설치, 토지 등의 수용·사용과 보상

## 1. 임시거주시설 등의 설치와 보상

(1) 사업시행자는 주거환경개선사업 및 재개발사업의 시행으로 철거되는 주택의 소유자 또는 세입자에게 해당 정비구역 안과 밖에 위치한 임대주택 등의 시설에 임시로 거주하게 하거나 주택자금의 융자를 알선하는 등 임시거주에 상응하는 조치를 하여야 한다(법 제61조 제1항).

이러한 규정은 강행규정으로서 정관에 임시거주시설의 설치 등을 하지 않기로 하는 규정이 있다 하더라도 해당 의무가 면제되지 않는다(대법원 1992. 10. 13. 선고 91누10862 판결).

(2) 사업시행자는 임시거주시설의 설치 등을 위하여 필요한 때에는 국가·지방자치단체, 그 밖의 공공단체 또는 개인의 시설이나 토지를 일시 사용할 수 있고(법 제61조 제2항), 국가 또는 지방자치단체는 사업시행자로부터 임시거주시설에 필요한 건축물이나 토지의 사용신청을 받은 때에는 대통령령으로 정하는 사유1)가 없으면 이를 거절하지 못한다. 이 경우 사용료 또는 대부료는 면제한

---

1) "대통령령으로 정하는 사유"란 다음 각 호의 사유를 말한다(시행령 제53조). 1. 법 제61
조 제1항에 따른 임시거주시설의 설치를 위하여 필요한 건축물이나 토지에 대하여 제3

다(법 제61조 제3항).

(3) 사업시행자는 정비사업의 공사를 완료한 때에는 완료한 날부터 30일 이내에 임시거주시설을 철거하고, 사용한 건축물이나 토지를 원상회복하여야 한다(법 제61조 제4항).

(4) 재개발사업의 사업시행자는 사업시행으로 이주하는 상가세입자가 사용할 수 있도록 정비구역 또는 정비구역 인근에 임시상가를 설치할 수 있다(법 제61조 제5항).

(5) 사업시행자는 임시거주시설·임시상가의 설치 등에 따라 공공단체(지방자치단체 제외) 또는 개인의 시설이나 토지를 일시 사용함으로써 손실을 입은 자가 있는 경우에는 손실을 보상하여야 하며, 손실을 보상하는 경우에는 손실을 입은 자와 협의하여야 한다(법 제62조 제1항).

사업시행자 또는 손실을 입은 자는 위 손실보상에 관한 협의가 성립되지 아니하거나 협의할 수 없는 경우 토지보상법 제49조에 따라 설치되는 관할 토지수용위원회에 재결을 신청할 수 있다(법 제62조 제2항).

이러한 손실보상은 도시정비법에 규정된 사항을 제외하고는 토지보상법을 준용한다(법 제62조 제3항).

## 2. 토지 등의 수용·사용

사업시행자는 정비구역에서 정비사업[재건축사업의 경우에는 공공시행자(법 제26조 제1항 제1호) 및 지정개발자(법 제27조 제1항 제1호)가 시행하는 사업으로 한정]을 시행하기 위하여 토지보상법 제3조에 따른 토지·물건 또는 그 밖의 권리를 취득하거나 사용할 수 있다(법 제63조).

위 규정에 따라 재개발조합이 재결신청을 하고, 토지수용위원회가 이에 기하여 금전보상의 재결을 하여 그 재결이 확정되면, 토지 및 건물을 수용당한 조합원은 토지 및 건물에 대한 소유권을 상실하고, 재개발조합의 조합원 지위도

---

자와 이미 매매계약을 체결한 경우, 2. 사용신청 이전에 임시거주시설의 설치를 위하여 필요한 건축물이나 토지에 대한 사용계획이 확정된 경우, 3. 제3자에게 이미 임시거주시설의 설치를 위하여 필요한 건축물이나 토지에 대한 사용허가를 한 경우

상실하게 된다(대법원 2001. 9. 7. 선고 2000두1485 판결, 대법원 2011. 1. 27. 선고 2008두14340 판결 등).

따라서 재개발조합이 사업시행구역 안에 있는 을 소유의 무허가건축물의 철거 등을 구하는 소송을 제기하는 한편 위 건축물 등에 대한 보상금을 공탁하였고, 소송 계속 중에 재개발조합이 건축물을 인도받아 취득하고 을은 그 보상으로 위 공탁금을 수령한다는 내용의 화해권고결정이 확정되었다면, 위 화해권고결정의 확정과 이행을 통해 재개발조합과 을 사이에는 위 건축물에 관하여 토지보상법에 따른 협의취득의 법률관계가 유효하게 성립되었으므로, 을은 위 건축물의 소유권을 상실하고 그 소유권에 터잡아 가지는 조합원의 지위도 상실한다(대법원 2011. 2. 10. 선고 2010두18819 판결).

## 3. 토지보상법의 준용 및 관련 법리

(1) 정비구역에서 정비사업의 시행을 위한 토지 또는 건축물의 소유권과 그 밖의 권리에 대한 수용 또는 사용은 도시정비법에 규정된 사항을 제외하고는 토지보상법을 준용한다(법 제65조 제1항 본문).

토지보상법을 준용하는 경우 사업시행계획인가 고시(시장·군수등이 직접 정비사업을 시행하는 경우에는 법 제50조 제7항에 따른 사업시행계획서의 고시를 말한다. 이하 본항에서 같다)가 있은 때에는 토지보상법 제20조 제1항 및 제22조 제1항에 따른 사업인정 및 그 고시가 있은 것으로 본다(법 제65조 제2항).

수용 또는 사용에 대한 재결의 신청은 토지보상법 제23조 및 같은 법 제28조 제1항에도 불구하고 사업시행계획인가(사업시행계획변경인가 포함)를 할 때 정한 사업시행기간 이내에 하여야 한다(법 제65조 제3항).

대지 또는 건축물을 현물보상하는 경우에는 토지보상법 제42조에도 불구하고 법 제83조에 따른 준공인가 이후에도 할 수 있다(법 제65조 제4항).

(2) 토지보상법 제20조 제1항, 제22조 제3항은 사업시행자가 토지 등을 수용하거나 사용하려면 국토교통부장관의 사업인정을 받아야 하고, 사업인정은 고시한 날부터 효력이 발생한다고 규정하고 있다.

이러한 사업인정은 수용권을 설정해 주는 행정처분으로서, 이에 따라 수용할 목적물의 범위가 확정되고, 수용권자가 목적물에 대한 현재 및 장래의 권리자에게 대항할 수 있는 공법상 권한이 생긴다(대법원 1988. 12. 27. 선고 87누1141 판결, 대법원 1994. 11. 11. 선고 93누19375 판결, 대법원 1995. 12. 5. 선고 95누4889 판결 등).

법 제65조 제1항, 제2항은 정비구역 안에서 하는 정비사업의 경우 사업시행계획인가의 고시가 있은 때에 토지보상법에 의한 사업인정 및 그 고시가 있은 것으로 본다고 규정하고 있다. 따라서 도시정비법상 정비사업의 사업시행자인 조합은 사업인정으로 의제된 사업시행계획인가 및 그 고시를 통하여 수용권을 부여받게 된다.

이처럼 도시정비법상 사업시행계획인가는 사업시행계획에 따른 대상 토지에서의 개발과 건축을 승인하여 주고, 덧붙여 의제조항에 따라 토지에 대한 수용 권한 부여와 관련한 사업인정의 성격을 가진다. 따라서 어느 특정한 토지를 최초로 사업시행 대상 부지로 삼은 사업시행계획이 당연무효이거나 법원의 확정판결로 취소된다면, 그로 인하여 의제된 사업인정도 효력을 상실한다.

(3) 법 제65조 제1항, 토지보상법 제70조 제1항, 제4항에 따르면, 정비사업을 위한 수용에서는 사업인정 고시일로 의제되는 사업시행계획인가 고시일 전의 시점을 공시기준일로 하는 공시지가로서, 해당 토지에 관한 협의의 성립 또는 재결 당시 공시된 공시지가 중 그 사업시행계획인가 고시일과 가장 가까운 시점에 공시된 공시지가를 근거로 보상금이 산정된다(대법원 2016. 12. 15. 선고 2015두51309 판결)

(4) 특정한 토지를 최초로 사업시행 대상 부지로 삼은 최초의 사업시행계획인가가 효력을 유지하고 있고 그에 따라 의제된 사업인정의 효력 역시 유지되고 있는 경우라면, 특별한 사정이 없는 한 최초의 사업시행계획인가를 통하여 의제된 사업인정은 변경인가에도 불구하고 그 효력이 계속 유지된다.

사업시행 대상부지 자체에 관하여는 아무런 변경 없이 건축물의 구조와 내용 등 사업시행계획의 내용을 대규모로 변경함으로써 최초 사업시행계획인가의 주요 내용을 실질적으로 변경하는 인가가 있는 경우에도 최초의 사업시행계획인가가 유효하게 존속하다가 변경인가 시부터 장래를 향하여 실효될 뿐이고, 사업시행 대상부지에 대한 수용의 필요성은 특별한 사정이 없는 한 변경인가 전후에 걸쳐 아무런 차이가 없다.

토지보상법 제24조에 비추어 보더라도, 사업시행계획변경인가에 따라 사업대상 토지 일부가 제외되는 등의 방식으로 사업내용이 일부 변경됨으로써 종전의 사업대상 토지 중 일부에 대한 수용의 필요성이 없게 된 경우에, 그 부분에 한하여 최초 사업시행계획인가로 의제된 사업인정 중 일부만이 효력을 상실하게 될 뿐이고(토지보상법 제24조 제1항, 제5항 참조), 변동 없이 수용의 필요성이 계속 유지되는 토지 부분에 대하여는 최초 사업시행계획인가로 의제된 사업인정의 효력이 그대로 유지됨을 당연한 전제로 하고 있다.

이러한 도시정비법령과 토지보상법령의 체계와 취지에 비추어 보면, 특정한 토지를 사업시행 대상 부지로 삼은 최초의 사업시행계획인가 고시로 의제된 사업인정이 효력을 유지하고 있다면, 최초의 사업시행계획인가 고시일을 기준으로 보상금을 산정함이 원칙이다.

만일 이렇게 보지 않고 사업시행계획변경인가가 있을 때마다 보상금 산정 기준시점이 변경된다고 보게 되면, 최초의 사업시행계획인가 고시가 있을 때부터 수용의 필요성이 유지되는 토지도 그와 무관한 사정으로 보상금 산정 기준시점이 매번 바뀌게 되어 부당할 뿐 아니라, 사업시행자가 자의적으로 보상금 산정 기준시점을 바꿀 수도 있게 되어 합리적이라고 볼 수 없다(대법원 2018. 7. 26. 선고 2017두33978 판결).

(5) 토지보상법에 의하면 ① 사업시행자는 관할 토지수용위원회가 재결로써 결정한 수용 개시일에 토지나 물건의 소유권을 취득하고(제45조 제1항) 토지소유자 등은 수용 개시일까지 당해 토지나 물건을 사업시행자에게 인도하거나 이전하여야 하나(제43조), ② 사업시행자는 수용 개시일까지 토지수용위원회가 재결한 보상금을 지급하거나 공탁하여야 하며(제40조 제1항, 제2항), 만일 사업시행자가 수용 개시일까지 보상금을 지급 또는 공탁하지 아니한 때에는 그 재결은 효력을 상실하지만(제42조 제1항), ③ 일단 그 재결에 의한 수용의 효력이 생긴 후에는 그 재결에 대한 이의신청이나 행정소송의 제기가 있다 하더라도 그 수용의 효력을 정지시키지 아니한다(제88조).

따라서 사업시행자가 수용 개시일까지 토지수용위원회가 재결한 수용보상금을 지급하거나 공탁하면 수용 개시일에 토지나 물건의 소유권을 취득하며, 설령 그 후 이의재결에서 보상액이 늘어났다 하더라도 그 사유만으로 달리 볼수 없다(대법원 2002. 10. 11. 선고 2002다35461 판결, 대법원 2017. 3. 30. 선고 2014

두43387 판결 등).

# 4. 주거이전비와 이사비

(1) 토지보상법 제78조 제5항은 "주거용 건물의 거주자에 대하여는 주거이전에 필요한 비용과 가재도구 등 동산의 운반에 필요한 비용을 산정하여 보상하여야 한다."라고 규정하고, 같은 법 시행규칙 제54조 제1항은 "공익사업시행지구에 편입되는 주거용 건축물의 소유자에 대하여는 해당 건축물에 대한 보상을 하는 때에 가구원수에 따라 2개월분의 주거이전비를 보상하여야 한다. 다만, 건축물의 소유자가 해당 건축물 또는 공익사업시행지구 내 타인의 건축물에 실제 거주하고 있지 아니하거나 해당 건축물이 무허가건축물등²⁾인 경우에는 그러하지 아니하다."라고 규정하고 있다.

여기서 위 각 규정을 준용하는 도시정비법상 주거용 건축물의 소유자에 대한 주거이전비의 보상은 주거용 건축물에 대하여 정비계획에 관한 공람공고일부터 해당 건축물에 대한 보상을 하는 때까지 계속하여 소유 및 거주한 주거용 건축물의 소유자를 대상으로 한다(대법원 2015. 2. 26. 선고 2012두19519 판결, 대법원 2016. 12. 15. 선고 2016두49754 판결).

따라서 분양신청 후 정비구역 밖으로 이주한 후 분양계약 체결을 거부함으로써 현금청산 대상자가 된 조합원은 주거용 건축물의 소유자에 대한 주거이전비의 보상 대상에 포함되지 않는다(대법원 2016. 12. 15. 선고 2016두49754 판결).³⁾

(2) 주택재개발사업에 있어서 주거용 건축물의 소유자인 현금청산 대상자로서 현금청산에 관한 협의가 성립되어 사업시행자에게 주거용 건축물의 소유권을 이전하거나 현금청산에 관한 협의가 성립되지 아니하여 토지보상법에 의

---

2) "무허가건축물등"이란 건축법 등 관계법령에 의하여 허가를 받거나 신고를 하고 건축 또는 용도변경을 하여야 하는 건축물을 허가를 받지 아니하거나 신고를 하지 아니하고 건축 또는 용도변경한 건축물을 가리킨다(토지보상법 시행규칙 제24조).

3) 이러한 사유는 주거요건의 예외에 해당하는 '질병으로 인한 요양, 징집으로 인한 입영, 공무, 취학, 해당 공익사업지구 내 타인이 소유하고 있는 건축물에의 거주, 그 밖에 이에 준하는 부득이한 사유로 인하여 거주하지 아니한 경우'에 해당한다고 보기도 어렵다(도시정비법 시행령 제54조 제1항이 준용하는 토지보상법 시행령 제40조 제5항 제2호 각 목. 대법원 2016. 12. 15. 선고 2016두49754 판결).

하여 주거용 건축물이 수용된 사람에 대하여는 같은 법을 준용하여 주거이전비 및 이사비를 지급하여야 할 것이다(대법원 2013. 1. 10. 선고 2011두19031 판결, 대법원 2013. 1. 16. 선고 2011두19185 판결, 대법원 2013. 1. 16. 선고 2012두34 판결).

그리고 토지보상법 제78조 제5항, 같은 법 시행규칙 제55조 제2항의 각 규정 및 공익사업의 추진을 원활하게 함과 아울러 주거를 이전하게 되는 거주자들을 보호하려는 이사비 제도의 취지에 비추어 보면,[4] 이사비 보상대상자는 공익사업시행지구에 편입되는 주거용 건축물의 거주자로서 공익사업의 시행으로 인하여 이주하게 되는 자로 보는 것이 타당하다(대법원 2010. 11. 11. 선고 2010두5332 판결, 대법원 2012. 2. 23. 선고 2011두23603 판결, 대법원 2012. 8. 30. 선고 2011두22792 판결 등). 이러한 취지는 도시정비법에 따른 정비사업의 경우에도 마찬가지이다(대법원 2016. 12. 15. 선고 2016두49754 판결, 대법원 2020. 1. 30. 선고 2018두66067 판결).

(3) 법 제65조 제1항에 의하여 준용되는 토지보상법 제78조 제5항, 제9항, 같은 법 시행규칙 제54조 제2항, 제55조 제2항에 의하면, 공익사업인 정비사업의 시행으로 인하여 이주하게 되는 주거용 건축물의 세입자로서 사업인정 고시일 등 당시 또는 공익사업을 위한 관계 법령에 의한 고시 등이 있은 당시 해당 공익사업시행지구 안에서 3월 이상 거주한 자에 대하여는 가구원 수에 따라 4개월분의 주거이전비를, 공익사업시행지구에 편입되는 주거용 건축물의 거주자에 대하여는 토지보상법 시행규칙 [별표 4]의 기준에 의하여 산정한 이사비를 보상하여야 한다.[5]

---

4) 대법원 2006. 4. 27. 선고 2006두2435 판결, 대법원 2010. 9. 9. 선고 2009두16824 판결 등

5) 토지보상법 시행규칙 제54조 제2항은 세입자에 대한 주거이전비 보상대상을 "사업인정 고시일 등 당시 또는 공익사업을 위한 관계 법령에 의한 고시 등이 있은 당시 당해 공익사업시행지구 안에서 3월 이상 거주한 자"로 규정하는바, 위 규정이 주거이전비 보상 기준일을 "고시가 있은 날"이 아니라 "고시 등이 있은 날"로 규정한 취지는, 토지수용 절차에 같은 법을 준용하는 '관계 법령' 중에는 바로 사업인정 고시를 할 뿐 고시 이전에 주민 등에 대한 공람공고를 예정하지 아니한 법률이 있는 반면, 사업인정 고시 이전에 주민 등에 대한 공람공고를 예정한 법률도 있기 때문에, 그러한 경우를 모두 포섭하기 위한 것으로 보일 뿐만 아니라, 고시가 있기 전이라도 재개발사업의 시행이 사실상 확정되고 외부에 공표되어 누구나 사업 시행 사실을 알 수 있게 된 후 재개발사업지역 내로 이주한 자를 주거이전비 보상 대상자로 보호할 필요는 없는 데다가, 재개발사업이 있을 것을 알고 보상금을 목적으로 재개발사업예정지역에 이주, 전입하는 것을 방지함으로써 정당한 보상을 하기 위함이라고 볼 것이므로, "고시 등이 있은 날"에는 재개발

(4) 도시정비법 및 토지보상법에 따라 지급되는 '주거이전비'와 '이사비'는 사업시행지구 안에 거주하는 세입자들의 조기이주와 사업추진을 원활하게 하려는 정책적인 목적과 주거이전으로 인하여 특별한 어려움을 겪게 될 세입자들에 대한 사회보장적인 고려 아래 지급하도록 강제하는 것이다(대법원 2006. 4. 27. 선고 2006두2435 판결, 대법원 2010. 9. 9. 선고 2009두16824 판결 등).

따라서 사업시행자의 세입자에 대한 주거이전비 지급의무를 정하고 있는 토지보상법 규정은 당사자 합의 또는 사업시행자 재량에 의하여 적용을 배제할 수 없는 강행규정이라고 보아야 할 것이고(대법원 2011. 7. 14. 선고 2011두3685 판결), 세입자가 이를 포기하는 취지의 포기각서를 제출하였다고 하더라도 그 포기각서는 강행규정에 위배되어 무효이다(대법원 2011. 7. 14. 선고 2011두3685 판결).

(5) 도시정비법상 주거용 건축물의 세입자에 대한 주거이전비의 보상은 정비계획에 관한 공람공고일 당시 해당 정비구역 안에서 3월 이상 거주한 자를 대상으로 한다(대법원 2010. 9. 9. 선고 2009두16824 판결, 대법원 2020. 1. 30. 선고 2018두66067 판결 등).[6]

그 보상 방법 및 금액 등의 보상내용은 원칙적으로 사업시행계획인가 고시일에 확정되므로 이 때를 기준으로 보상금액을 산정하여야 할 것이고(대법원 2012. 8. 30. 선고 2011두7755 판결, 대법원 2012. 9. 27. 선고 2010두13890 판결, 대법원 2020. 1. 30. 선고 2018두66067 판결 등), 도시정비법이 준용하는 토지보상법 시행규칙도 사업시행계획인가 고시 당시 시행 중인 시행규칙이 된다(대법원 2012. 8. 30. 선고 2011두7755 판결, 대법원 2012. 8. 30. 선고 2011두22792 판결, 대법원 2012. 8. 30. 선고 2011두31789 판결).

이와 같이 주거이전비 및 이사비의 지급의무는 사업시행계획인가 고시일

---

　　사업지역 지정 고시일뿐만 아니라 고시를 하기 전에 관계 법령에 의해 공람공고 절차를 거친 경우에는 그 공람공고일도 포함된다고 보아야 할 것이어서, 고시 전에 관계 법령에 따른 공람공고 절차를 거친 때에는 그 공람공고일을 보상기준일로 볼 수 있다. 또한, 위 규정의 "3월 이상 거주"라 함은 실제로 그곳에 거주하는 것을 말하는 것이지, 그곳에 주민등록이 되어 있는 것을 말하는 것이 아니므로, 주민등록상 등재 여부 및 다른 여러 가지 사정에 비추어 실제 거주 여부를 판단하여야 한다(부산지방법원 2008. 8. 22. 선고 2008나2279 판결).

6) 다만, 다만 무허가건축물 등에 입주한 세입자의 경우에는 토지보상법 시행규칙 제54조 제2항 단서에 따라 정비계획에 관한 공람공고일 당시 해당 정비구역 안에서 1년 이상 거주한 세입자여야 한다(대법원 2020. 1. 30. 선고 2018두66067 판결).

에 발생하는 것이나, 이 의무는 이행기의 정함이 없는 채무이므로 이행청구를 받은 다음날부터 지체책임이 발생한다(대법원 2012. 4. 26. 선고 2010두7475 판결, 대법원 2020. 1. 30. 선고 2018두66067 판결).

또한 토지보상법에 따라 보상계획을 공고하고 보상계획을 통지하는 절차를 거치는 것은 요구되지 않고, 도시정비법 제56조 제1항 및 시행령 제49조 등에 규정된 사업시행계획인가에 관한 공고 및 통지절차를 거치는 것으로 충분하다(대법원 2012. 9. 27. 선고 2010두13890 판결, 대법원 2012. 9. 27. 선고 2011두32966 판결 등).

(6) 보상내용이 확정된 세입자는 그 확정된 주거이전비를 청구할 수 있고 반드시 정비사업의 시행에 따른 관리처분계획 인가·고시 및 그에 따른 주거이전비에 관한 보상계획의 공고일 내지 그 산정통보일까지 계속 거주하여야 할 필요는 없다(대법원 2012. 2. 23. 선고 2011두23603 판결).

이러한 법리는 위와 같은 세입자가 보상받을 이사비의 경우에도 마찬가지로 적용된다(대법원 2017. 10. 26. 선고 2015두46673 판결).

(7) 주거용 건축물의 세입자가 사업시행자로부터 주거이전비와 이사비를 지급받기 위한 전제로서 정비구역 밖으로 먼저 또는 그 지급과 동시에 이주하여야 한다고 볼 수는 없다.

토지보상법 시행규칙 제54조 제2항은 '공익사업의 시행으로 인하여 이주하게 되는' 세입자를 주거이전비 지급대상으로 정하고 있어 그 문언 자체에서 주거이전비 지급을 위하여 먼저 세입자가 이주하였을 것을 전제하고 있지는 아니하며, 관련 법령의 취지에 따라 사회보장적 차원에서 공익사업 등으로 희생될 수 있는 세입자를 보호할 필요가 있기 때문이다(대법원 2017. 10. 26. 선고 2015두46673 판결).

(8) 도시환경정비사업(현행 재개발사업)에서 정비사업에 동의하여 분양신청을 함으로써 정비사업에 참여한 토지등소유자는 자신의 토지 또는 건축물을 정비사업에 제공하는 대신 정비사업의 시행으로 완공되는 건축물을 분양받고 종전에 소유하고 있던 토지 또는 건축물의 가격과 분양받은 토지 또는 건축물의 가격 사이에 차이가 있는 경우 이를 청산할 의무가 있는 사람으로서 사업시행자에 준하는 지위를 가지고 있다고 할 것이다.

따라서 이러한 토지등소유자에게는 토지보상법에 규정된 주거이전비 청구권이 발생하지 아니한다고 봄이 상당하다(대법원 2011. 11. 24. 선고 2009다28394 판결).

### (9) "소유자 겸 세입자"에 대한 주거이전비 지급 의무의 존재 여부 – 대법원 2017. 10. 31. 선고 2017두40068 판결

법 제65조 제1항, 토지보상법 제78조 제5항, 제9항 등의 내용, 체계, 취지 등에 비추어 보면, 도시정비법이 적용되는 재개발사업의 사업구역 내 주거용 건축물을 소유하는 조합원이 사업구역 내의 타인의 주거용 건축물에 거주하는 세입자일 경우(이하 "소유자 겸 세입자")에는 법 제65조 제1항, 토지보상법 시행령 제54조 제2항에 따른 '세입자로서의 주거이전비(4개월분)' 지급대상이 아니라고 봄이 타당하고, 그 이유는 다음과 같다.

① 토지보상법령의 규정에 의하여 공익사업 시행에 따라 이주하는 주거용 건축물의 세입자에게 지급하는 주거이전비는 공익사업 시행지구 안에 거주하는 세입자들의 조기 이주를 장려하고 사업추진을 원활하게 하려는 정책적인 목적과 주거이전으로 특별한 어려움을 겪게 될 세입자들에게 사회보장적인 차원에서 지급하는 금원이다.

그런데 재개발사업의 개발이익을 누리는 조합원은 그 자신이 사업의 이해관계인이므로 관련 법령이 정책적으로 조기 이주를 장려하고 있는 대상자에 해당한다고 보기 어렵다. 이러한 조합원이 소유 건축물이 아닌 정비사업구역 내 다른 건축물에 세입자로 거주하다 이전하더라도, 일반 세입자처럼 주거이전으로 특별한 어려움을 겪는다고 보기 어려우므로, 그에게 주거이전비를 지급하는 것은 사회보장급부로서의 성격에 부합하지 않는다.

② 재개발사업에서 조합원은 사업 성공으로 인한 개발이익을 누릴 수 있고 그가 가지는 이해관계가 실질적으로는 사업시행자와 유사할 뿐 아니라, 궁극적으로는 공익사업 시행으로 생활의 근거를 상실하게 되는 자와는 차이가 있다. 이러한 특수성은 '소유자 겸 세입자'인 조합원에 대하여 세입자 주거이전비를 인정할 것인지를 고려할 때에도 반영되어야 한다.

더욱이 법 제61조 제1항은 사업시행자가 재개발사업 시행으로 철거되는 주택의 소유자 또는 세입자에게 정비구역 안과 밖에 위치한 임대주택 등의 시설에 임시로 거주하게 하거나 주택자금의 융자를 알선하는 등 임시거주에 상응하는 조치를 하여야 한다고 정하고 있고, 이러한 다양한 보상조치와 보호대책은 소유자 겸 세입자에 대해서도 적용될 수 있으므로 최소한의 보호에 공백이 있다고 보기 어렵다.

③ 조합원인 소유자 겸 세입자를 주택재개발정비사업조합의 세입자 주거 이전비 지급대상이 된다고 본다면, 지급액은 결국 조합·조합원 모두의 부담으로 귀결될 것인데, 동일한 토지등소유자인 조합원임에도 우연히 정비구역 안의 주택에 세입자로 거주하였다는 이유만으로 다른 조합원들과 비교하여 이익을 누리고, 그 부담이 조합·조합원들의 부담으로 전가되는 결과 역시 타당하다고 볼 수 없다.

### (10) 도시정비법에 의한 세입자에 대한 임시거주시설의 제공과 토지보상법에 의한 주거이전비의 관계 - 대법원 2011. 7. 14. 선고 2011두3685 판결

도시정비법에 의한 세입자에 대한 임시거주시설의 제공 등은 주거환경개 선사업 및 재개발사업의 사업시행자로 하여금 주거환경개선사업 및 재개발사 업의 시행으로 철거되는 주택에 거주하던 세입자에게 사업시행기간 동안 거주 할 임시거주시설을 제공하거나 주택자금의 융자알선 등 임시거주시설 제공에 상응하는 조치를 취하도록 하여 사업시행기간 동안 세입자의 주거안정을 도모 하기 위한 조치로 볼 수 있다.

반면, 공익사업의 시행에 따라 이주하는 주거용 건축물의 세입자에게 지급 하는 주거이전비는 당해 공익사업 시행지구 안에 거주하는 세입자들의 조기이 주를 장려하여 사업추진을 원활하게 하려는 정책적인 목적과 주거이전으로 인 하여 특별한 어려움을 겪게 될 세입자들을 대상으로 하는 사회보장적인 차원에 서 지급하는 금원의 성격을 갖는 것으로 볼 수 있는 점, 도시정비법 및 토지보 상법 시행규칙 등의 관련 법령에서 임시거주시설 등의 제공과 주거이전비 지급 을 사업시행자의 의무사항으로 규정하면서 임시거주시설 등을 제공받는 자를 주거이전비 지급대상에서 명시적으로 배제하지 아니한 점을 비롯한 위 각 규정 의 문언, 내용 및 입법 취지 등을 종합하여 보면, 도시정비법 규정에 의하여 사 업시행자로부터 임시거주시설을 제공받는 세입자라 하더라도 토지보상법 및 토지보상법 시행규칙에 의한 주거이전비를 별도로 청구할 수 있다고 봄이 타당 하다

대법원은 유사한 취지로 구 도시재개발법이 적용되는 사안에서 "재개발사 업으로 인하여 주택이 철거되는 주민들을 위하여 재개발사업이 완료되어 입주

하기까지 사이의 기간 동안 임시로 거처할 시설 등을 제공하도록 한 임시수용시설의 설치에 관한 규정인 구 도시재개발법(2002. 12. 30. 법률 제6852호로 폐지) 제27조 제1항은 재개발사업으로 인하여 생활근거를 상실하는 자에 대하여 시행하도록 규정하고 있는 이주대책과는 별개의 내용을 규정한 것이므로, 위 규정을 이유로 재개발사업의 경우 이주대책을 세우지 않아도 된다고 할 수는 없다." 라고 보았다(대법원 2004. 10. 27. 선고 2003두858 판결).

# 제 11 장

# 매도청구 등 재건축사업의 특례

## 1. 재건축사업에서의 매도청구

(1) 재건축사업의 사업시행자는 앞서 본 법 제63조 소정의 토지 등의 수용 또는 사용 권한이 인정되지 않고,[1] 대신 매도청구권을 갖는다.

매도청구권은 사업시행자가 재건축사업 시행을 위해 조합설립 또는 사업시행자 지정에 동의하지 않은 토지등소유자나 건축물 또는 토지만 소유한 자에 대해 정비구역 내[2]에 있는 토지 또는 건축물의 소유권이나 그 밖의 권리의 매도를 청구할 수 있는 권리를 말하며,[3][4] 그 절차는 아래와 같다.

---

[1] 공공시행자(법 제26조 제1항 제1호) 및 지정개발자(법 제27조 제1항 제1호)가 시행하는 재건축사업의 경우 사업시행자가 토지 등의 수용 또는 사용 권한을 갖는다는 점은 앞서 제10장에서 본 바와 같다(법 제63조 괄호 부분).

[2] 매도청구 당시 정비구역에 포함되지 않았던 토지가 매도청구소송 중에 정비구역에 포함되었더라도 당초의 매도청구가 소급하여 유효하게 되는 것은 아니라고 할 것이다(대법원 2011. 5. 13 선고 2009다42123 판결).

[3] 로앤비, 온주 도시및주거환경정비법, 제64조 I. 1.항(이형석 집필) 참조

[4] 매도청구권은 재건축사업의 원활한 진행을 위하여 도시정비법이 재건축 불참자의 의사에 반하여 그 재산권을 박탈할 수 있도록 특별히 규정한 것으로서, 그 실질이 헌법 제23조 제3항의 공용수용과 같다고 볼 수 있다(대법원 2008. 7. 10. 선고 2008다12453 판결, 대법원 2009. 3. 26. 선고 2008다21549,21556,21563 판결, 대법원 2013. 5. 9. 선고

재건축사업의 사업시행자5)는 사업시행계획인가의 고시가 있은 날부터 30일 이내에 다음 각 호의 자에게 조합설립 또는 사업시행자의 지정에 관한 동의 여부를 회답할 것을 서면으로 촉구하여야 한다(법 제64조 제1항).6)

1. 법 제35조 제3항부터 제5항까지에 따른 조합설립에 동의하지 아니한 자
2. 법 제26조 제1항 및 제27조 제1항에 따라 시장·군수등, 토지주택공사등 또는 신탁업자의 사업시행자 지정에 동의하지 아니한 자

위와 같은 촉구를 받은 토지등소유자는 촉구를 받은 날부터 2개월 이내에 회답하여야 하고, 위 기간 내에 회답하지 아니한 경우 그 토지등소유자는 조합설립 또는 사업시행자의 지정에 동의하지 아니하겠다는 뜻을 회답한 것으로 본다(법 제64조 제2항, 제3항).7)

위 회답기간(촉구를 받은 날부터 2개월)이 지나면 사업시행자는 그 기간이 만료된 때부터 2개월 이내에 조합설립 또는 사업시행자 지정에 동의하지 아니

---

2011다101315,101322 판결).

5) 도시정비법상 주택재건축정비사업조합 설립인가처분이 판결에 의하여 취소되거나 무효로 확인된 경우에는 그 조합설립인가처분은 처분 당시로 소급하여 효력을 상실하고, 이에 따라 당해 주택재건축정비사업 조합 역시 조합설립인가처분 당시로 소급하여 도시정비법상 주택재건축정비사업을 시행할 수 있는 행정주체인 공법인으로서의 지위를 상실한다. 다만 그 효력 상실로 인한 잔존사무의 처리와 같은 업무는 여전히 수행되어야 하므로 조합설립인가처분이 판결에 의하여 무효로 확인되기 전에 주택재건축정비사업 조합이 제기한 매도청구소송에서의 당사자지위까지 함께 소멸한다고 할 수는 없다(대법원 2012. 3. 29. 선고 2008다95885 판결, 대법원 2012. 11. 29. 선고 2011두518 판결 등). 따라서 조합이 매도청구소송을 제기한 후 조합설립인가처분이 판결에 의하여 취소되거나 무효로 확인된 경우, 법원은 조합이 당사자능력 또는 원고적격이 없음을 이유로 소를 각하할 것이 아니라, 조합의 매도청구를 기각하여야 할 것이다(대법원 2014. 6. 26. 선고 2011다42751 판결).
6) 대법원은 "우편물이 등기취급의 방법으로 발송된 경우 그것이 도중에 유실되었거나 반송되었다는 등의 특별한 사정에 대한 반증이 없는 한 그 무렵 수취인에게 배달되었다고 추정할 수 있다."라고 보고 있으므로(대법원 2017. 3. 9. 선고 2016두60577 판결), 최고서면을 우편으로 할 경우에는 등기우편으로 하는 것이 유리하다[로앤비, 온주 도시및주거환경정비법, 제64조 Ⅳ. 2. 마.항(이형석 집필) 참조].
7) 도시정비법이 회답절차를 규정한 것은 재건축에 참가하지 아니한 토지등소유자에게 숙려의 기회를 부여함으로써 그를 보호하고자 하는데 있으므로, 회답기간이 경과되기 전에 매도청구권 행사의 의사표시를 한 경우에는 거기에 의사표시가 상대방에게 도달함과 동시에 구분소유권에 관한 매매계약이 성립되는 효력은 인정되지 아니한다고 할 것이다(대법원 2001. 1. 5. 선고 2000다12099 판결).

하겠다는 뜻을 회답한 토지등소유자와 건축물 또는 토지만 소유한 자에게 건축물 또는 토지의 소유권과 그 밖의 권리를 매도할 것을 청구할 수 있다(법 제64조 제2항, 제3항).

(2) 재건축사업의 주택단지 내에 토지만을 소유하고 있어 토지등소유자에 해당하지 않아 조합원의 자격이 없을 뿐 아니라 조합설립동의의 상대방이 되지도 아니하므로, 재건축사업의 주택단지 내에 토지만을 소유하고 있어 조합설립동의의 상대방이 되지 아니하는 자는 매도청구권의 최고 절차에 대하여 법률상 이해관계를 갖지 아니하다.

따라서 이러한 자에 대한 매도청구에 있어서는 매도청구 전에 최고 절차를 거치지 않았더라도 그 매도청구가 위법하다거나 무효로 된다고 할 수 없다(대법원 2008. 2. 29. 선고 2006다56572 판결). 물론 이 경우에도 법 제64조 제4항의 매도청구권 행사기간 내에 이를 행사하지 아니하면 매도청구권은 그 효력을 상실한다(대법원 2008. 2. 29. 선고 2006다56572 판결).

반대로, 주택단지가 아닌 지역이 정비구역에 포함된 재건축조합이 조합설립인가를 받기 위해서는 '주택단지가 아닌 지역' 안에 있는 토지 또는 건축물 소유자 등의 동의를 얻어야 하므로, 이러한 자는 '주택단지' 내에 토지만을 소유하고 있는 자와는 달리 최고 절차에 대하여도 법률상 이해관계를 갖는다고 보아야 할 것이다(대법원 2010. 5. 27. 선고 2009다95585 판결, 대법원 2012. 1. 12. 선고 2009다82374 판결).

(3) 법 제64조가 매도청구권의 행사기간[8])을 규정한 취지는, 매도청구권이 형성권으로서 재건축 참가자 다수의 의사에 의하여 매매계약의 성립을 강제하는 것이어서 만일 행사기간을 제한하지 아니하면 매도청구의 상대방은 매도청구권자가 언제 매도청구를 할지 모르게 되어 그 법적 지위가 불안하게 될 뿐만 아니라, 매도청구권자가 매수대상의 시가가 가장 낮아지는 시기를 임의로 정하여 매도청구를 할 수 있게 되어 매도청구 상대방의 권익을 부당하게 침해할 우

---

8) 구 도시정비법은 재건축사업의 매도청구에 관한 직접적인 규정을 두지 않고 집합건물법 규정을 준용하였는데, 집합건물법 제48조 제1항에 의하면, 매도청구권은 재건축결의가 있으면 "지체 없이" 행사하여야 한다. 여기서 "지체 없이"란 재건축결의가 이루어진 직후는 아니더라도 적어도 재건축사업의 진행 정도에 비추어 적절한 시점에는 이루어져야 한다는 의미이다(대법원 2009. 1. 15. 선고 2008다40991 판결, 대법원 2015. 2. 12. 선고 2013다15623,15630 판결 등).

려가 있기 때문에, 매도청구권의 행사기간을 제한함으로써 매도청구 상대방의 정당한 법적 이익을 보호하고 아울러 재건축을 둘러싼 법률관계를 조속히 확정하기 위한 것이다.

따라서 매도청구권은 그 행사기간 내에 이를 행사하지 아니하면 그 효력을 상실한다(대법원 2008. 2. 29. 선고 2006다56572 판결, 대법원 2013. 3. 14. 선고 2012다111531 판결, 대법원 2016. 12. 29. 선고 2015다202162 판결).

다만, 매도청구권의 행사기간이 도과하였다고 하더라도 매도청구권이 종국적으로 소멸하는 것은 아니고, 조합이 새로이 조합설립인가처분을 받는 것과 동일한 요건과 절차를 거쳐 조합설립변경인가처분을 받음으로써 그 조합설립변경인가처분이 새로운 조합설립인가처분의 요건을 갖춘 경우, 조합은 그러한 조합설립변경인가처분에 터 잡아 새로이 매도청구권을 행사할 수 있다(대법원 2009. 1. 15. 선고 2008다40991 판결, 대법원 2010. 7. 15. 선고 2009다63380 판결, 대법원 2012. 12. 26. 선고 2012다90047 판결, 대법원 2013. 2. 28. 선고 2012다34146 판결, 대법원 2013. 3. 14. 선고 2012다111531 판결, 대법원 2016. 12. 29. 선고 2015다202162 판결).

(4) 재건축사업의 사업시행자가 매도청구권을 행사하면, 매도청구권 행사의 의사표시가 도달함과 동시에 매도청구권 목적부동산에 관하여 시가에 의한 매매계약이 성립하며,[9] 이때의 시가는 매도청구권이 행사된 당시의 객관적 거래가격으로서, 재건축사업이 시행되는 것을 전제로 하여 평가한 가격, 즉 재건축으로 인하여 발생할 것으로 예상되는 개발이익이 포함된 가격을 말한다(대법원 2009. 3. 26. 선고 2008다21549,21556,21563 판결).

---

9) 매도청구권 행사에 따라 성립하는 매매계약도 일반적인 매매계약과 마찬가지로 채무불이행을 이유로 해제할 수 있다고 보아야 할 것이다. 하급심 중에는 "갑 주택재건축정비사업조합이 조합 설립에 동의하지 않은 아파트 구분소유자 을을 상대로 매도청구권을 행사하여 제기한 소송에서 화해권고결정이 확정된 후 화해권고결정에 따른 을의 매매대금 지급 이행 통지에 불응하다가 매매대금을 공탁하고 위 아파트에 대한 부동산인도 강제집행을 신청하자, 을이 화해권고결정에 의한 매매계약은 적법하게 해제되었다며 청구이의를 제기한 사안에서, 화해권고결정에 따른 매매계약은 채무불이행을 이유로 해제할 수 있는데, 을이 3차례에 걸친 내용증명으로 기한을 정하여 갑 조합에 매매대금 지급을 요구하면서 매매대금을 지급하지 않을 경우 매매계약은 없었던 것으로 한다는 내용을 명시하여 계약해제의 의사표시를 사전에 또는 묵시적으로 하였으며 갑 조합도 계약이 종료됨을 객관적으로 인식할 수 있었으므로, 위 매매계약은 마지막 내용증명에서 통보한 이행기간이 지남으로써 적법하게 해제되었다."고 본 사례가 있다(창원지방법원 2013. 8. 22. 선고 2013가단10348 판결).

따라서 매도청구권 목적부동산의 현황이 도로일지라도 재건축사업이 추진되면 공동주택 부지의 일부가 되는 이상 그 시가는 재건축사업이 시행될 것을 전제로 할 경우의 인근 대지의 시가와 기본적으로 동일하게 평가하되, 다만 위 부동산의 형태, 주요 간선도로와의 접근성, 획지조건 등 개별요인들을 고려하여 감액평가하는 방법으로 산정하는 것이 타당하다고 할 것이고, 이와 달리 현황이 도로라는 이유만으로 인근 대지 가액의 3분의 1로 감액한 평가액을 기준으로 시가를 산정한 것은 매도청구권 행사에 있어 시가 산정에 관한 법리를 오해한 것이다(대법원 2014. 12. 11. 선고 2014다41698 판결).

반면, 철거되는 건물은 이미 그 부지가 되는 토지들과 함께 개발이익을 고려하여 시가를 평가하였으므로 건물에 대한 개발이익을 따로 반영할 필요가 없다고 볼 수 있는 점, 재건축사업의 시행으로 건물은 철거될 운명에 처하는 점을 고려할 때 건물 그 자체의 활용가치가 증대된다거나 그로 인한 개발이익이 발생하여 건물의 객관적 거래가격이 상승한다고 보기는 쉽지 아니한 점 등을 고려할 때, 철거되는 건물의 개발이익은 시가에 반영할 필요가 없을 것이다(대법원 2013. 4. 26. 선고 2012다100999 판결).

(5) 매도청구권의 행사에 의하여 성립하는 매매계약상의 매매대금채권은 기한의 정함이 없는 채권이다(대법원 2015. 3. 26. 선고 2013다7721 판결).

한편, 매도인이 말소할 의무를 부담하고 있는 매매목적물상의 근저당권을 말소하지 못하고 있다면 매수인은 그 위험의 한도에서 매매대금의 지급을 거절할 수 있고, 그 결과 민법 제587조 단서에 의하여 매수인이 매매목적물을 인도받았다고 하더라도 미지급 대금에 대한 인도일 이후의 이자를 지급할 의무가 없으나, 이 경우 지급을 거절할 수 있는 매매대금이 어느 경우에나 근저당권의 채권최고액에 상당하는 금액인 것은 아니고, 매수인이 근저당권의 피담보채무액을 확인하여 이를 알고 있는 경우와 같은 특별한 사정이 있는 경우에는 지급을 거절할 수 있는 매매대금은 확인된 피담보채무액에 한정된다(대법원 1996. 5. 10. 선고 96다6554 판결).

(6) 재건축조합이 조합 설립에 동의하지 않은 사람에 대하여 매도청구권을 행사하고, 부동산의 시가에서 그 부동산에 대한 대항력 있는 임차인의 임대차보증금 상당액을 공제한 나머지 금액의 지급과 상환으로 소유권이전등기절차의 이행을 구할 수 있게 되었다면, 특별한 사정이 없는 한 간접점유자에 불과한

매도청구 상대방에 대하여 대항력 있는 임차인이 점유하는 부분의 인도를 구할 수 없다(대법원 2014. 9. 4. 선고 2014다17848,17855 판결, 대법원 2017. 6. 29. 선고 2016다276641 판결).

　　재건축조합은 대항력 있는 임차인이 점유하는 부분에 관하여 매도청구 상대방으로부터 소유권이전등기를 이전받음과 동시에 임대인의 지위를 승계함에 따라, 대항력 있는 임차인이 점유하는 부분에 대한 매도청구 상대방의 간접 점유를 이전받게 되기 때문이다(위 대법원 2014다17848,17855 판결).

　　(7) 매도청구권은 재건축사업의 원활한 진행을 위하여 같은 법이 재건축 불참자의 의사에 반하여 그 재산권을 박탈할 수 있도록 특별히 규정한 것으로서, 그 실질이 헌법 제23조 제3항의 공용수용과 같다고 볼 수 있는데, 재단법인의 기본재산에 대하여 매도청구를 하는 경우에도 위 기본재산을 취득하기 위해서는 재단법인의 정관변경이 별도로 필요하다고 보면, 재단법인이 스스로 그 기본재산을 처분하는 내용으로 정관변경을 하지 않는 이상 매도청구를 한 사람이 재단법인의 기본재산을 취득할 수 없게 되어 매도청구 대상자의 의사에 반하여 그 재산권을 박탈하도록 한 매도청구권의 본질에 반하게 된다. 따라서 재단법인의 기본재산에 대하여 매도청구가 있는 경우에는 그 기본재산에 대한 매매계약의 성립뿐만 아니라 기본재산의 변경을 내용으로 하는 재단법인의 정관의 변경까지 강제된다(대법원 2008. 7. 10. 선고 2008다12453 판결).

　　(8) 조합설립결의에 하자가 있다 하더라도 그로 인해 조합설립인가처분이 취소되거나 당연무효로 되지 않는 한 조합은 여전히 사업시행자로서의 지위를 가지므로(대법원 2009. 9. 24. 선고 2008다60568 판결), 조합이 조합 설립에 동의하지 않은 자 등에 대해 매도청구권을 행사하여 그에 따른 소유권이전등기절차 이행 등을 구하는 소송을 제기한 경우 그 소송절차에서 조합 설립에 동의하지 않은 자 등이 조합설립결의에서 정한 비용분담에 관한 사항 등이 구체성을 결여하여 위법하다는 점을 근거로 매도청구권 행사의 적법성을 다툴 수 있기 위해서는, 그와 같은 사정으로 조합설립결의가 효력이 없다는 것만으로는 부족하고 그로 인해 조합설립인가처분이 적법하게 취소되었거나 그 하자가 중대·명백하여 당연무효임을 주장·입증하여야 한다(대법원 2010. 4. 8. 선고 2009다10881 판결).

### (9) 승계인에 대한 매도청구권의 행사 – 대법원 2019. 2. 28. 선고 2016다 255613 판결

법 제64조 및 집합건물법 제48조 제1항[10] 및 제4항[11]의 규정 내용과 취지에 따르면, 재건축사업의 사업시행자가 매도청구권을 행사하기 위해서는 사업시행계획인가의 고시가 있은 날로부터 30일 이내에 조합설립에 동의하지 않은 자 등에게 재건축 참가 여부(조합설립 또는 사업시행자의 지정에 관한 동의 여부)를 회답할 것을 서면으로 촉구하여야 하고, 촉구받은 사람이 재건축에 참가하지 않겠다는 뜻을 회답하거나 2개월 이내에 회답을 하지 않았는데 토지 또는 건축물의 특정승계가 이루어진 경우, 사업시행자는 승계인에게 다시 새로운 최고를 할 필요 없이 곧바로 승계인을 상대로 매도청구권을 행사할 수 있다.

그러나 위 규정은 승계인에게 매도할 것을 청구할 수 있다고 정하고 있을 뿐이고 승계인이 매매계약상의 의무를 승계한다고 정한 것은 아니다. 따라서 사업시행자가 매도청구권을 행사한 이후에 비로소 토지 또는 건축물의 특정승계가 이루어진 경우 이미 성립한 매매계약상의 의무가 그대로 승계인에게 승계된다고 볼 수는 없다.

한편, 법 제129조는 "사업시행자와 정비사업과 관련하여 권리를 갖는 자의 변동이 있은 때에는 종전의 사업시행자와 권리자의 권리·의무는 새로이 사업시행자와 권리자로 된 자가 이를 승계한다."라고 규정하고 있다. 여기에서 '정비사업과 관련하여 권리를 갖는 자'는 조합원 등을 가리키는 것이고, 사업시행자로부터 매도청구를 받은 토지 또는 건축물 소유자는 이에 포함되지 않는다. 따라서 매도청구권이 행사된 다음에 토지 또는 건물의 특정승계인이 이 조항에 따라 매매계약상의 권리·의무를 승계한다고 볼 수도 없다.

또한 민사소송법 제82조 제1항은 '승계인의 소송인수'에 관하여 "소송이 법

---

10) "① 재건축의 결의가 있으면 집회를 소집한 자는 지체 없이 그 결의에 찬성하지 아니한 구분소유자(그의 승계인을 포함한다)에 대하여 그 결의 내용에 따른 재건축에 참가할 것인지 여부를 회답할 것을 서면으로 촉구하여야 한다."

11) "④ 제2항의 기간이 지나면 재건축 결의에 찬성한 각 구분소유자, 재건축 결의 내용에 따른 재건축에 참가할 뜻을 회답한 각 구분소유자(그의 승계인을 포함한다) 또는 이들 전원의 합의에 따라 구분소유권과 대지사용권을 매수하도록 지정된 자(이하 "매수지정자"라 한다)는 제2항의 기간 만료일부터 2개월 이내에 재건축에 참가하지 아니하겠다는 뜻을 회답한 구분소유자(그의 승계인을 포함한다)에게 구분소유권과 대지사용권을 시가로 매도할 것을 청구할 수 있다. 재건축 결의가 있은 후에 이 구분소유자로부터 대지사용권만을 취득한 자의 대지사용권에 대하여도 또한 같다."

원에 계속되어 있는 동안에 제3자가 소송목적인 권리 또는 의무의 전부나 일부를 승계한 때에는 법원은 당사자의 신청에 따라 그 제3자로 하여금 소송을 인수하게 할 수 있다."라고 규정하고 있다. 그러나 토지 또는 건축물에 관한 특정 승계를 한 것이 토지 또는 건축물에 관한 소유권이전등기의무를 승계하는 것은 아니다. 따라서 사업시행자가 조합 설립에 동의하지 않은 토지 또는 건축물 소유자를 상대로 매도청구의 소를 제기하여 매도청구권을 행사한 이후에 제3자가 매도청구 대상인 토지 또는 건축물을 특정승계하였다고 하더라도, 특별한 사정이 없는 한 사업시행자는 민사소송법 제82조 제1항에 따라 제3자로 하여금 매도청구소송을 인수하도록 신청할 수 없다.

(10) 도시정비법의 입법 목적 및 취지, 도시정비법상 주택재건축사업의 특성 등과 아울러 ① 도시정비법은 다양한 유형의 정비사업에 대하여 각 사업의 공공성 및 공익성의 정도에 따라 구체적 규율의 내용을 달리하고 있는 점, ② 도시정비법상 주택재건축사업은 '정비기반시설은 양호하나 노후·불량건축물이 밀집한 지역에서 주거환경을 개선'할 목적으로 시행하는 것으로서 정비기반시설이 열악한 지역에서 정비기반시설 설치를 통한 도시기능의 회복 등을 목적으로 하는 주택재개발사업 등에 비하여 공공성 및 공익성이 상대적으로 미약한 점, ③ 그에 따라 도시정비법은 주택재건축사업 시행자와 토지등소유자 등의 협의가 성립하지 않을 경우의 해결방법으로, 수용·사용 등의 공적 수단에 의하지 않고 매도청구권의 행사를 통한 사적 자치에 의해 해결하도록 규정하고 있는데, 이는 도시정비법의 기본적 틀로서 입법자가 결단한 것이라고 볼 수 있는 점, ④ 주택재개발사업 등에서 수용보상금의 산정이 개발이익을 배제한 수용 당시의 공시지가에 의하는 것과는 달리, 주택재건축사업의 매도청구권 행사의 기준인 '시가'는 재건축으로 인하여 발생할 것으로 예상되는 개발이익이 포함된 가격을 말하는데, 이러한 차이는 주택재건축사업의 토지등소유자로 하여금 임차권자 등에 대한 보상을 임대차계약 등에 따라 스스로 해결하게 할 것을 전제로 한 것으로 보이는 점 등에 비추어 보면, 주택재건축사업에 대하여는 법 제63조(토지 등의 수용 또는 사용)나 토지보상법 규정이 유추적용된다고 볼 수 없다(대법원 2014. 7. 24. 선고 2012다62561,62578 판결).

## 2. 주택단지 내의 일부 토지 분할

(1) 사업시행자 또는 추진위원회는 다음 각 호의 어느 하나에 해당하는 경우에는 그 주택단지 안의 일부 토지에 대하여 건축법 제57조에도 불구하고 분할하려는 토지면적이 같은 조에서 정하고 있는 면적에 미달되더라도 토지분할을 청구할 수 있다(법 제67조 제1항).

1. 주택법 제15조 제1항에 따라 사업계획승인을 받아 건설한 둘 이상의 건축물이 있는 주택단지에 재건축사업을 하는 경우
2. 법 제35조 제3항에 따른 조합설립의 동의요건을 충족시키기 위하여 필요한 경우

사업시행자 또는 추진위원회는 위와 같이 토지분할 청구를 하는 때에는 토지분할의 대상이 되는 토지 및 그 위의 건축물과 관련된 토지등소유자와 협의하여야 하고, 토지분할의 협의가 성립되지 아니한 경우에는 법원에 토지분할을 청구할 수 있다(법 제67조 제2항, 제3항).

시장·군수등은 법 제67조 제3항에 따라 토지분할이 청구된 경우에 분할되어 나가는 토지 및 그 위의 건축물이 다음 각 호의 요건을 충족하는 때에는 토지분할이 완료되지 아니하여 법 제67조 제1항에 따른 동의요건에 미달되더라도 건축법 제4조에 따라 특별자치시·특별자치도·시·군·구(자치구를 말한다)에 설치하는 건축위원회의 심의를 거쳐 조합설립인가와 사업시행계획인가를 할 수 있다(법 제67조 제4항).

1. 해당 토지 및 건축물과 관련된 토지등소유자의 수가 전체의 10분의 1 이하일 것
2. 분할되어 나가는 토지 위의 건축물이 분할선 상에 위치하지 아니할 것
3. 그 밖에 사업시행계획인가를 위하여 대통령령으로 정하는 요건[12]에 해

---

12) "대통령령으로 정하는 요건"이란 분할되어 나가는 토지가 건축법 제44조(대지와 도로의 관계)에 적합한 경우를 말한다(시행령 제56조).

당할 것

(2) 이러한 '주택재건축사업의 범위에 관한 특례 규정은 주택단지 안의 일부 토지 및 그 위의 건축물과 관련된 토지등소유자의 반대 등으로 조합설립인가나 사업시행계획인가를 받지 못하여 그 밖에 다수의 토지등소유자들에게 피해가 발생하는 것을 방지하고 재건축사업을 원활하게 시행할 수 있도록 하기 위하여 마련된 특별규정이므로, 이러한 입법 취지나 법원에 토지분할을 청구한 상태에서 바로 조합설립인가가 가능하도록 한 점 등에 비추어 보면, 법 제67조에 따라 조합설립인가를 하는 경우에는 그 제3항에 의한 토지분할이 청구되고 분할되어 나갈 토지 및 건축물과 관련된 토지등소유자의 수가 전체의 10분의 1 이하일 것 등 법 제67조 제4항이 정한 요건이 갖추어지면 되는 것이고, 특별한 사정이 없는 한 토지분할을 전제로 한 새로운 조합설립동의서나 특별결의, 정관변경 등이 요구되는 것은 아니다(대법원 2013. 12. 12. 선고 2011두12900 판결).

법 제67조 제1항에 의하면, 추진위원회는 주택법 제15조 제1항의 규정에 의하여 사업계획승인을 받아 건설한 둘 이상의 건축물이 있는 주택단지에 재건축사업을 하는 경우, 그 주택단지 안의 일부 토지에 대하여 토지분할을 청구할 수 있고, 분할대상 토지등소유자와 협의가 성립하지 아니한 때에는 법원에 토지분할을 청구할 수 있으나, 재건축대상 아파트 각 동 및 대지의 구분소유자가 아닌 상가동 건물 및 부지의 단독소유자를 상대로는 위 규정에 의한 토지분할을 청구할 수 없다(전주지방법원 군산지원 2006. 12. 29. 선고 2006가합687 판결). 상가 소유자는 아파트 구분소유자들과 공유관계에 있지 않으므로 정비구역 축소나 분할 등의 방법으로 상가를 해당 정비구역에서 배제할 수 있기 때문이다.[13]

---

13) 로앤비, 온주 도시및주거환경정비법, 제67조 II. 3.항(노경필 집필) 참조.

제 12 장

# 분양신청과 분양신청을 하지
# 아니한 자에 대한 조치

## 1. 분양공고와 분양신청 개관

(1) 사업시행자는 법 제50조 제7항에 따른 사업시행계획인가의 고시가 있은 날(사업시행계획인가 이후 시공자를 선정한 경우에는 시공자와 계약을 체결한 날)부터 120일 이내에 다음 각 호의 사항을 토지등소유자에게 통지하고, 분양의 대상이 되는 대지 또는 건축물의 내역 등 대통령령으로 정하는 사항[1]을 해당 지역에서 발간되는 일간신문에 공고하여야 한다. 다만, 토지등소유자 1인이 시행하는 재개발사업의 경우에는 그러하지 아니하다(법 제72조 제1항).

1. 분양대상자별 종전의 토지 또는 건축물의 명세 및 사업시행계획인가의

---

1) "분양의 대상이 되는 대지 또는 건축물의 내역 등 대통령령으로 정하는 사항"이란 다음 각 호의 사항을 말한다(시행령 제59조 제1항). 1. 사업시행인가의 내용, 2. 정비사업의 종류·명칭 및 정비구역의 위치·면적, 3. 분양신청기간 및 장소, 4. 분양대상 대지 또는 건축물의 내역, 5. 분양신청자격, 6. 분양신청방법, 7. 토지등소유자외의 권리자의 권리 신고방법, 8. 분양을 신청하지 아니한 자에 대한 조치, 9. 그 밖에 시·도조례로 정하는 사항.

고시가 있은 날을 기준으로 한 가격(사업시행계획인가 전에 법 제81조 제3항에 따라 철거된 건축물은 시장·군수등에게 허가를 받은 날을 기준으로 한 가격)

2. 분양대상자별 분담금의 추산액
3. 분양신청기간
4. 그 밖에 대통령령으로 정하는 사항[2]

위 분양신청기간은 통지한 날부터 30일 이상 60일 이내로 하여야 한다. 다만, 사업시행자는 법 제74조 제1항에 따른 관리처분계획의 수립에 지장이 없다고 판단하는 경우에는 분양신청기간을 20일의 범위에서 한 차례만 연장할 수 있다(법 제72조 제2항).

(2) 대지 또는 건축물에 대한 분양을 받으려는 토지등소유자는 위 분양신청기간에 아래와 같이 대통령령으로 정하는 방법 및 절차에 따라 사업시행자에게 대지 또는 건축물에 대한 분양신청을 하여야 한다(법 제72조 제3항).

법 제72조 제3항에 따라 분양신청을 하려는 자는 분양신청서에 소유권의 내역을 분명하게 적고, 그 소유의 토지 및 건축물에 관한 등기부등본 또는 환지예정지증명원을 첨부하여 사업시행자에게 제출하여야 한다. 이 경우 우편의 방법으로 분양신청을 하는 때에는 분양신청기간 내에 발송된 것임을 증명할 수 있는 우편으로 하여야 한다(시행령 제59조 제3항).

분양신청서를 받은 사업시행자는 전자정부법 제36조 제1항에 따른 행정정보의 공동이용을 통하여 첨부서류를 확인할 수 있는 경우에는 그 확인으로 첨부서류를 갈음하여야 한다(시행령 제59조 제5항).

재개발사업의 경우 토지등소유자가 정비사업에 제공되는 종전의 토지 또는 건축물에 따라 분양받을 수 있는 것 외에 공사비 등 사업시행에 필요한 비용의 일부를 부담하고 그 대지 및 건축물(주택 제외)을 분양받으려는 때에는 분양신청을 하는 때에 그 의사를 분명히 하고, 법 제72조 제1항 제1호에 따른 가격(사업시행계획인가의 고시가 있은 날을 기준으로 한 가격)의 10퍼센트에 상당하는

---

2) "대통령령으로 정하는 사항"이란 다음 각 호의 사항을 말한다(시행령 제59조 제2항). 1. 시행령 제59조 제1항 제1호부터 제6호까지 및 제8호의 사항, 2. 분양신청서, 3. 그 밖에 시·도조례로 정하는 사항.

금액을 사업시행자에게 납입하여야 한다. 이 경우 그 금액은 납입하였으나 시행령 제62조 제3호에 따라 정하여진 비용부담액을 정하여진 시기에 납입하지 아니한 자는 그 납입한 금액의 비율에 해당하는 만큼의 대지 및 건축물(주택 제외)만 분양을 받을 수 있다(시행령 제59조 제4항).

(3) 사업시행자는 위 분양신청기간 종료 후 법 제50조 제1항에 따른 사업시행계획인가의 변경(경미한 사항의 변경 제외)으로 세대수 또는 주택규모가 달라지는 경우 법 제72조 제1항부터 제3항까지의 규정에 따라 분양공고 등의 절차를 다시 거칠 수 있다(법 제72조 제4항).

사업시행자는 정관등으로 정하고 있거나 총회의 의결을 거친 경우 법 제72조 제4항에 따라 제73조 제1항 제1호 및 제2호에 해당하는 토지등소유자에게 분양신청을 다시 하게 할 수 있다(법 제72조 제5항).

(4) 법 제72조 제3항부터 제5항까지의 규정에도 불구하고 투기과열지구의 정비사업에서 법 제74조에 따른 관리처분계획에 따라 같은 조 제1항 제2호 또는 제1항 제4호 가목의 분양대상자 및 그 세대에 속한 자는 분양대상자 선정일(조합원 분양분의 분양대상자는 최초 관리처분계획 인가일을 말한다)부터 5년 이내에는 투기과열지구에서 제3항부터 제5항까지의 규정에 따른 분양신청을 할 수 없다. 다만, 상속, 결혼, 이혼으로 조합원 자격을 취득한 경우에는 분양신청을 할 수 있다(법 제72조 제6항).

## 2. 분양신청 관련 법리

(1) 법 제72조 제1항에서 정한 분양신청기간의 통지 등 절차는 재개발구역 내의 토지등소유자에게 분양신청의 기회를 보장해 주기 위한 것으로서 관리처분계획을 수립하기 위해서는 반드시 거쳐야 할 필요적 절차이고, 사업시행자인 재개발조합이 분양신청 통지를 함에 있어서는 도시정비법 및 그 위임에 의하여 정해진 정관 규정에 따라 통지 등 절차가 이루어져야 할 것이므로, 이러한 통지 등 절차를 제대로 거치지 않고 이루어진 관리처분계획은 위법하다(대법원 2011. 1. 27. 선고 2008두14340 판결).

(2) 조합원은 원칙적으로 그가 가진 지분에 따라 분양을 신청할 권리가 있

고, 조합은 일정한 기간 내에 분양을 공고하고 그 신청을 받아 분양업무를 처리하여야 하는데(법 제72조), 이러한 조합원에 대한 분양업무는 조합원의 분양권을 보호하기 위한 측면은 있으나 이는 어디까지나 조합의 사무일 뿐이고, 조합 또는 조합장 개인이 조합원들과 사이에서 그 지분을 보존하는 임무를 대행하거나 조합원의 재산보전행위에 협력하는 자의 지위에 있다고 볼 수는 없다(대법원 2007. 5. 10. 선고 2006도8832 판결).

(3) 구 도시정비법 하에서는, 구 도시정비법이 분양신청 통지 및 공고에 포함시킬 사항으로, '개략적인 부담금 내역'만을 정하고 있을 뿐 종전 자산의 가격을 정하고 있지 아니한 점, ② 분양신청 통지 및 공고절차는 사업시행인가 고시일로부터 60일 이내에 이루어지도록 정하고 있는데, 구 도시정비법상 그 기간이 만료되기 이전에 사업시행인가 고시일을 기준으로 한 종전자산가격 평가가 이루어져야 한다고 볼 근거도 없는 점 등에 비추어 보면, 구 도시정비법 제46조 제1항에 따른 분양신청 통지에 종전자산가격 평가액에 관한 내용이 포함되지 아니하였다고 하여 분양신청 통지가 위법하다고 볼 수 없고, 이를 기초로 수립된 관리처분계획이 위법하다고 볼 수도 없다는 것이 대법원의 입장이었다(대법원 2016. 2. 18. 선고 2015두2048 판결).[3]

그러나 현행법 제72조 제1항 제1호는 분양신청 통지시 "분양대상자별 종전의 토지 또는 건축물의 명세 및 사업시행계획인가의 고시가 있은 날을 기준으로 한 가격"을 포함하도록 규정하고 있으므로, 위 대법원 판례의 법리는 더 이상 유지되기 어렵다.

(4) 분양대상 조합원에 해당하는지 여부 판정의 기준일을 '분양신청기간 만료일'이 아니라 '관리처분계획이 수립되는 날'로 늦추는 변경을 할 경우 정비사업의 진행에 현저한 지장을 초래하고 조합원들의 권리관계에도 큰 혼란을 초래

---

3) 같은 취지에서 대법원은 구체적인 부담금을 확정하기 위하여는 분양대상자, 현금청산대상자, 분양평형 등이 결정되어야 하는데 분양신청을 안내하는 단계에서는 위와 같은 사항이 결정되기 전이므로 개략적인 부담금을 통지할 수밖에 없을 것으로 보이는 점, 사업시행자는 사업인정고시일 이후 21일 이내에 위와 같은 통지를 하여야 하는데, 구 도시정비법 제48조에 의한 종전 자산가를 산정하기 위하여는 상당한 시일이 소요될 것으로 보이는 점, 개정된 도시정비법 제46조 제1항은 위 21일을 60일로 변경한 점 등에 비추어 피고 조합이 통지한 정도의 내용이라면 구 도시정비법 제46조 제1항에 따른 통지의무를 이행한 것으로 볼 수 있다고 본 원심 판단을 수긍하였다(대법원 2014. 2. 13. 선고 2011두21652 판결).

할 우려가 있는 점 등 사정을 감안하면, 위와 같은 내용의 조합원 총회의 결의는 관련 법령의 취지에 배치될 뿐만 아니라 공익에 현저히 반하는 것으로서 그 효력이 없다고 보아야 할 것이다(대법원 2002. 1. 22. 선고 2000두604 판결).


## 3. 분양신청을 하지 아니한 자 등에 대한 조치의 개요


(1) 사업시행자는 관리처분계획이 인가·고시된 다음 날부터 90일 이내에 다음 각 호에서 정하는 자와 토지, 건축물 또는 그 밖의 권리의 손실보상에 관한 협의를 하여야 한다. 다만, 사업시행자는 분양신청기간 종료일의 다음 날부터 협의를 시작할 수 있다(법 제73조 제1항).


1. 분양신청을 하지 아니한 자
2. 분양신청기간 종료 이전에 분양신청을 철회한 자
3. 법 제72조 제6항 본문에 따라 분양신청을 할 수 없는 자
4. 법 제74조에 따라 인가된 관리처분계획에 따라 분양대상에서 제외된 자


사업시행자가 법 제73조 제1항에 따라 토지등소유자의 토지, 건축물 또는 그 밖의 권리에 대하여 현금으로 청산하는 경우 청산금액은 사업시행자와 토지등소유자가 협의하여 산정한다. 이 경우 재개발사업의 손실보상액의 산정을 위한 감정평가업자 선정에 관하여는 토지보상법 제68조 제1항에 따른다(시행령 제60조 제1항).

(2) 위 협의가 성립되지 아니하면 사업시행자는 그 기간의 만료일 다음 날부터 60일 이내에 수용재결을 신청하거나 매도청구소송을 제기하여야 하고(법 제73조 제2항), 사업시행자가 이 기간을 넘겨서 수용재결을 신청하거나 매도청구소송을 제기한 경우에는 해당 토지등소유자에게 지연일수(遲延日數)에 따른 이자를 지급하여야 한다. 이 경우 이자는 100분의 15 이하의 범위에서 대통령령으로 정하는 이율4)을 적용하여 산정한다(법 제73조 제3항).

---

4) "대통령으로 정하는 이율"이란 다음 각 호를 말한다(시행령 제60조 제2항). 1. 6개월 이내의 지연일수에 따른 이자의 이율: 100분의 5, 2. 6개월 초과 12개월 이내의 지연일수

## 4. 분양신청을 하지 아니한 자 등에 대한 조치에 관한 주요 법리

　(1) 구 도시정비법(2012. 2. 1. 법률 제11293호로 개정되기 전의 것) 제47조는 사업시행자는 토지등소유자가 '분양신청을 하지 아니한 자', '분양신청을 철회한 자' 등에 해당하는 경우에는 그 해당하게 된 날부터 150일 이내에 대통령령이 정하는 절차에 따라 토지·건축물 또는 그 밖의 권리에 대하여 현금으로 청산하여야 한다고 규정하고 있었다.

　여기서 '분양신청을 철회한 자'의 의미에 관하여 다툼이 있었는데, 대법원은 '분양신청을 철회한 자'라고 함은 분양신청기간 내에 분양신청을 하였으나 그 기간이 종료하기 전에 이를 철회함으로써 '분양신청을 하지 아니한 자'와 마찬가지로 관리처분계획의 수립과정에서 현금청산 대상자가 된 사람을 의미할 뿐, 분양신청을 한 후 분양신청기간이 종료한 다음 임의로 분양신청을 철회하는 사람까지 이에 해당된다고 볼 수는 없고, 나아가 위 규정은 사업시행자가 조합원들에게 분양계약 체결을 요구하는데도 분양계약 체결 의무를 위반하여 분양계약을 체결하지 아니한 조합원을 현금청산 대상자로 한다는 의미이지 사업시행자가 사업 진행상 조합원들에게 분양계약 체결 자체를 요구하지 아니한 경우에 그러한 사정만으로 조합원들이 당연히 현금청산 대상자가 된다는 의미는 아니라고 판시하였다(대법원 2011. 12. 22. 선고 2011두17936 판결, 대법원 2012. 5. 9. 선고 2010다71141 판결, 대법원 2013. 7. 11. 선고 2013다13023 판결, 대법원 2018. 12. 27. 선고 2018다260015 판결, 대법원 2018. 12. 27. 선고 2018다261216 판결).

　현행법은 이러한 대법원판결에 따라 "분양신청기간 종료 이전에 분양신청을 철회한 자"라고 규정하여 이를 명확히 하였다.

　(2) 구 도시정비법(2012. 2. 1. 법률 제11293호로 개정되기 전의 것) 제40조 제1항에 의하여 재개발사업에 준용되는 토지보상법 제30조는, 사업인정 고시가 있은 후 협의가 성립하지 아니한 경우에는 토지소유자 등이 서면으로 사업시행자에게 재결을 신청할 것을 청구할 수 있고(제1항), 사업시행자는 그 청구가 있은

───────────

에 따른 이자의 이율: 100분의 10, 3. 12개월 초과의 지연일수에 따른 이자의 이율: 100분의 15.

날부터 60일 이내에 관할 토지수용위원회에 재결을 신청하여야 하며(제2항), 만일 사업시행자가 그 기간을 경과하여 재결을 신청한 때에는 그 지연한 기간에 대하여 「소송촉진 등에 관한 특례법」 제3조에 따른 법정이율을 적용하여 산정한 금액(이하 "재결신청 지연가산금")을 관할 토지수용위원회에서 재결한 보상금에 가산하여 지급하도록(제3항) 규정하고 있다. 이러한 재결신청 지연가산금은 토지보상법이 특별히 정한 책임으로서, 사업시행자가 정해진 기간 내에 재결신청을 하지 않고 지연한 데 대한 제재와 토지소유자 등의 손해에 대한 전보라는 성격을 아울러 가지고 있다(대법원 2017. 4. 7. 선고 2016두63361 판결 참조).

이처럼 구 도시정비법 하에서는 사업시행자가 청산금 지급을 지체할 경우 그에 따른 지연손해금 청구권(구 도시정비법 제47조에 따른 청산금 지급의무의 지체책임)5)과 재결신청 지연가산금 청구권이 병존하였는데, 두 청구권은 근거 규정과 요건, 효과를 달리하는 것으로서 각 요건이 충족되면 성립하는 별개의 청구권이다. 다만 재결신청 지연가산금에는 이미 '손해 전보'라는 요소가 포함되어 있어 같은 기간에 대하여 양자의 청구권을 동시에 행사할 수 있다고 본다면 이중배상의 문제가 발생하므로, 같은 기간에 대하여 양자의 청구권이 동시에 성립하더라도 토지등소유자는 어느 하나만을 선택적으로 행사할 수 있을 뿐이고, 양자의 청구권을 동시에 행사할 수는 없다(대법원 2020. 7. 23. 선고 2019두46411 판결, 대법원 2020. 7. 29. 선고 2016다51170 판결).

다만, 2017. 2. 8. 법률 제14567호로 전부 개정된 도시정비법 제73조 제1항, 제2항, 제3항 및 그 부칙 제9조에 의하면, 2012. 8. 2. 이후 최초로 조합설립인가를 신청한 정비사업부터는 현금청산사유가 발생한 경우에는 관리처분계획인가 다음 날부터 90일 이내에 현금으로 청산하여야 하고, 그 기간 내에 보상협의가 성립하지 아니하면 그 기간의 만료일 다음 날부터 60일 이내에 수용재결을

---

5) 한편, 대법원은 구 도시정비법(2012. 2. 1. 법률 11293호로 개정되기 전의 것) 하에서, 「구 도시정비법 제47조에서 정한 바와 같이, 조합이 현금청산사유가 발생한 날부터 150일 이내에 지급하여야 하는 현금청산금은 토지등소유자의 종전자산 출자에 대한 반대급부이고, 150일은 그 이행기간에 해당한다. 민법 제587조 후단도 "매수인은 목적물의 인도를 받은 날로부터 대금의 이자를 지급하여야 한다. 그러나 대금의 지급에 대하여 기한이 있는 때에는 그러하지 아니하다."라고 규정하고 있다. 따라서 조합이 구 도시정비법 제47조에서 정한 현금청산금 지급 이행기간(현금청산사유 발생 다음 날부터 150일) 내에 현금청산금을 지급하지 못한 것에 대하여 지체책임을 부담하는지 여부는 토지등소유자의 종전자산 출자시점과 조합이 실제 현금청산금을 지급한 시점을 비교하여 판단하여야 한다」고 보았다(대법원 2020. 9. 3. 선고 2018두48922 판결).

신청하거나 매도청구소송을 제기하여야 하며, 만일 60일의 기간을 넘겨서 수용 재결을 신청하거나 매도청구소송을 제기한 경우에는 해당 토지 등 소유자에게 지연일수에 대하여 100분의 15 이하의 범위에서 대통령령으로 정하는 이율을 적용한 이자를 지급하여야 한다. 그에 따라 2012. 8. 2. 이후 최초로 조합설립인 가를 신청한 정비사업부터는 토지보상법상 재결신청 지연가산금 제도가 준용 되지 않고, 전부 개정된 도시정비법 제73조 제3항에 따른 지연이자 제도만 적 용된다(대법원 2020. 7. 23. 선고 2019두46411 판결).

(3) 조합원이 현금청산 대상자가 된 경우에는 조합원 지위를 상실하게 되 어(대법원 2010. 8. 19. 선고 2009다81203 판결, 대법원 2011. 7. 28. 선고 2008다91364 판결), 조합탈퇴자에 준하는 신분을 가지는 것이므로, 매도청구에 관한 법 제64 조를 준용하여 재건축조합은 현금청산 대상자를 상대로 정비구역 내 부동산에 관한 소유권이전등기를 청구할 수 있다(대법원 2010. 12. 23. 선고 2010다73215 판 결 참조).

이 때 조합원의 지위를 상실하는 시점은 현금청산 관계가 성립되어 조합의 청산금 지급의무가 발생하는 시기이자 현금청산에 따른 토지 등 권리의 가액을 평가하는 기준시점과 동일한 분양신청기간 종료일 다음 날이라고 봄이 상당하 고(대법원 2010. 8. 19. 선고 2009다81203 판결, 대법원 2012. 5. 10. 선고 2010다 47469,47476,47483 판결), 현금청산 대상자에 대한 매도청구권의 행사로 매매계약 의 성립이 의제되는 날도 마찬가지로 "분양신청기간 종료일 다음 날"로 보아야 할 것이다(대법원 2010. 12. 23. 선고 2010다73215).

현금청산 대상자가 된 조합원이 분양신청기간 종료일 다음 날부터 조합원 의 지위를 상실하는 이상 그 이후 조합에 대한 조합원으로서의 의무, 즉 사업 비·청산금 등의 비용납부의무 등도 면하는 것으로 보아야 하며(위 대법원 2009 다81203 판결, 위 대법원 2010다47469,47476,47483 판결), 그 후 개최되는 조합원총 회의 의사정족수 산정을 위한 총 조합원 수에서도 제외되어야 한다(위 대법원 2009다81203 판결, 대법원 2012. 3. 29. 선고 2010두7765 판결).

다만, 재건축조합과 그 조합원 사이의 법률관계는 그 근거 법령이나 정관 의 규정, 조합원총회의 결의 또는 조합과 조합원 사이의 약정에 따라 규율되는 것으로서 그 규정이나 결의 또는 약정으로 특별히 정한 바가 없는 이상, 조합원 이 조합원의 지위를 상실하였다고 하더라도 그 조합원이 조합원의 지위에서 얼은 이익을 당연히 소급하여 반환할 의무가 있는 것은 아니다(대법원 2009. 9. 10. 선고 2009다32850,32867 판결).

(4) 현금청산 대상자에 대한 사업시행자의 청산금 지급의무는 '분양계약 체결기간의 종료일 다음 날' 발생한다(대법원 2008. 10. 9. 선고 2008다37780 판결, 대법원 2010. 12. 23. 선고 2010다73215 판결, 대법원 2011. 12. 22. 선고 2011두17936 판결, 대법원 2012. 5. 10. 선고 2010다47469,47476,47483 판결, 대법원 2013. 7. 11. 선고 2013다13023 판결).6)

(5) 청산금의 지급을 구하는 소송에 있어서 법원은 반드시 시가감정에 의하여 청산금액을 평가하여야 하는 것은 아니고 적절한 방법으로 청산금액을 평가할 수 있다(대법원 2008. 10. 9. 선고 2008다37780 판결, 대법원 2010. 12. 23. 선고 2010다73215 판결, 대법원 2012. 5. 10. 선고 2010다47469,47476,47483 판결).

(6) **정관이나 관리처분계획에서 조합이 조합원들에게 '분양신청 기간 종료 후 일정한 기간 내에 분양계약을 체결할 것'을 요구하면서 '그 기간 내에 분양계약을 체결하지 않으면 그 권리를 현금으로 청산한다'고 정한 경우의 법률관계**

정관이나 관리처분계획에서 조합이 조합원들에게 '분양신청 기간 종료 후 일정한 기간 내에 분양계약을 체결할 것'을 요구하면서 '그 기간 내에 분양계약을 체결하지 않으면 그 권리를 현금으로 청산한다'고 정한 경우, 이는 사업시행자가 조합원이었던 토지등소유자에게 해당 기간에 분양계약의 체결을 거절하는 방법으로 사업에서 이탈할 수 있는 기회를 추가로 부여한 것이다(대법원 2011. 7. 28. 선고 2008다91364 판결, 대법원 2014. 8. 26. 선고 2013두4293 판결, 대법원 2016. 12. 15. 선고 2015두51309 판결).7)

이에 따라 당초 분양신청을 했음에도 분양계약을 체결하지 아니함으로써 추가로 현금청산 대상자가 된 자에 대한 사업시행자의 청산금 지급의무 역시 '분양계약체결기간의 종료일 다음 날' 발생하는 것으로 보아야 한다(대법원

---

6) 다만, 분양계약 체결기간에도 이르기 전에 사업시행자의 재결신청과 그에 따른 수용재결이 이루어진 경우에는 사업시행자의 재결신청 지연을 이유로 한 토지보상법 제30조 제3항이 정한 가산금은 발생할 여지가 없다(대법원 2013. 1. 24. 선고 2011두22778 판결, 대법원 2014. 8. 26. 선고 2013두4293 판결 등).

7) 따라서 이러한 정관 규정은 도시정비법에 위배된다고 볼 수 없다(대법원 2011. 7. 28. 선고 2008다91364 판결).

2008. 10. 9. 선고 2008다37780 판결, 대법원 2011. 7. 28. 선고 2008다91364 판결, 대법원 2011. 12. 22. 선고 2011두17936 판결 등).

이러한 법리에 기초하여 대법원은 조합에 분양신청을 하였다가 분양신청기간 종료 후 분양신청을 철회한 갑이, 관할 토지수용위원회의 재결감정에 대하여 재결신청 청구일을 기준으로 60일이 경과한 때부터 지연가산금을 지급하여야 한다는 이유로 보상금 증액을 청구한 사안에서, 갑이 분양신청기간 종료 후 임의로 분양신청을 철회하였다고 하더라도 관리처분계획에서 정한 분양계약체결기간 종료일까지는 갑에 대한 청산금지급의무가 발생하지 않는다고 보았다(대법원 2011. 12. 22. 선고 2011두17936 판결).

한편, 위와 같은 내용을 정한 정관이나 관리처분계획은 조합이 조합원들에게 분양계약 체결을 요구하는데도 분양계약 체결 의무를 위반하여 분양계약을 체결하지 않은 조합원을 현금청산 대상자로 한다는 의미이다(대법원 2012. 5. 9. 선고 2010다71141 판결, 대법원 2013. 7. 11. 선고 2013다13023 판결, 대법원 2014. 8. 26. 선고 2013두4293 판결, 대법원 2016. 12. 15. 선고 2015두51309 판결).8)

위와 같은 정관조항은 조합이 조합원들에게 분양계약체결을 요구하는데도 그 분양계약체결 의무에 위반하여 분양계약을 체결하지 아니한 조합원을 현금청산 대상자로 한다는 의미로 해석하는 것이 타당하고, 조합이 사업 진행상 여러 가지 사정으로 조합원들에게 분양계약체결 자체를 요구하지 아니한 경우에도 그 규정에 따라 분양계약체결기간 내에 분양계약 체결이 이루어지지 않았다고 하여 모든 조합원들이 현금청산 대상자가 된다고 볼 것은 아니다(대법원 2012. 5. 9. 선고 2010다71141 판결, 대법원 2013. 7. 11. 선고 2013다13023 판결).

다만, 분양신청기간을 전후하여 재건축조합과 조합원 사이에 분쟁이 있어

---

8) 한편, 구 「중소기업의 구조개선과 재래시장 활성화를 위한 특별조치법」(2002. 12. 30. 법률 제6852호로 개정되기 전의 것) 제16조 제2항에 의하여 종로구청장으로부터 조합설립인가를 받은 시장재건축조합(도시정비법상 재건축조합이 아님)이 조합원에 대한 분양신청 공고를 하면서 도시정비법 및 조합규약에 따라 공고한다는 점을 명시하고 분양신청을 하지 아니하는 경우 관리처분계획에 따라 현금청산한다는 취지를 밝혔으며, 위 조합의 조합원총회에서 의결된 관리처분계획에는 "분양신청기간 내에 분양신청을 하지 아니하는 조합원의 지분에 대하여 조합 정관 제30조와 도시정비법 제73조에 의거하여 현금청산함을 원칙으로 한다."라고 규정되어 있는 경우, 분양신청기간 내에 분양신청을 하지 아니한 피고 조합의 조합원들에 대하여 현금청산을 함에 있어서는 도시정비법 제73조가 원칙적으로 적용된다(대법원 2012. 5. 10. 선고 2010다47469,47476,47483 판결).

서 조합원이 분양신청을 할 수 없었던 경우에는 그 후 추가로 분양신청을 할 수 있게 된 조합원이 최종적으로 분양신청을 하지 않는 등의 사유로 인하여 분양대상자의 지위를 상실하는 때에 현금청산 대상자가 된다고 봄이 상당하고, 현금청산에 따른 토지 등 권리의 가액을 평가하는 기준시점과 현금청산 대상자에 대한 매도청구권의 행사로 매매계약의 성립이 의제되는 날도 같은 날로 보아야 한다(대법원 2013. 9. 26. 선고 2011다16127 판결).

(7) 법 제73조에 따라 사업시행자가 분양신청을 하지 아니하거나 분양신청을 철회한 토지등소유자에게 청산금 지급의무를 부담하는 경우에, 공평의 원칙상 토지등소유자는 권리제한등기가 없는 상태로 토지 등의 소유권을 사업시행자에게 이전할 의무를 부담하고, 이러한 권리제한등기 없는 소유권 이전의무와 사업시행자의 청산금 지급의무는 동시이행관계에 있다(대법원 2008. 10. 9. 선고 2008다37780 판결, 대법원 2010. 8. 19. 선고 2009다81203 판결, 대법원 2018. 9. 28. 선고 2016다246800 판결).[9] 수용절차에 의할 때에는 부동산 인도에 앞서 청산금 등의 지급절차가 이루어져야 할 것이다(대법원 2011. 7. 28. 선고 2008다78415 판결, 대법원 2011. 7. 28. 선고 2008다91364 판결, 대법원 2020. 7. 23. 선고 2019두46411 판결).

다만, 토지등소유자가 그 소유 토지 등에 관하여 이미 사업시행자 앞으로 신탁을 원인으로 한 소유권이전등기를 마친 경우에는 청산금을 지급받기 위하여 별도로 소유권을 이전할 의무는 부담하지 아니한다(대법원 2008. 10. 9. 선고 2008다37780 판결, 대법원 2010. 9. 9. 선고 2010다19204 판결 등).[10]

또한 사업시행자는 사업수행을 위하여 필요한 경우에는 스스로 토지등소유자에게 청산금 중 권리제한등기를 말소하는 데 필요한 금액을 공제한 나머지 금액만을 지급하고 토지 등에 관한 소유권이전등기 및 인도를 구할 수도 있다

---

9) 사업시행자는 말소되지 아니한 근저당권의 채권최고액 또는 채권최고액의 범위 내에서 확정된 피담보채무액에 해당하는 청산금에 대하여만 동시이행의 항변권에 기초하여 지급을 거절할 수 있다고 보는 것이 공평의 관념과 신의칙에 부합한다(대법원 2015. 11. 19. 선고 2012다114776 전원합의체 판결).

10) 자기 소유의 토지 지분에 관하여 조합 명의로 신탁을 원인으로 한 소유권이전등기를 마친 조합원이 조합에게 적법한 분양신청을 하지 않아 현금청산 대상자가 됨으로써 위 신탁이 종료한 경우 신탁재산이었던 위 토지 지분은 조합에 귀속하므로, 조합원이 조합으로부터 신탁등기의 말소등기 및 소유권이전등기의 신청절차를 인수하고 다시 조합에게 현금청산을 원인으로 한 소유권이전등기절차를 이행할 의무는 인정되지 않는다(대법원 2010. 9. 9. 선고 2010다19204 판결).

(대법원 2008. 10. 9. 선고 2008다37780 판결, 대법원 2014. 8. 20. 선고 2012다69159 판결 등).

한편, 특별한 사정이 없는 한 그에 관하여 설정되어 있던 저당권이나 가압류와 같은 기존의 권리제한은 이전고시로 소멸하게 되므로, 이전고시 이후 사업시행자로서는 권리제한등기 말소의무를 이유로 한 동시이행 항변권을 행사할 수 없게 된다(대법원 2018. 9. 28. 선고 2016다246800 판결).

---

**[대법원 2018. 9. 28. 선고 2016다246800 판결]**

[1] 구 도시 및 주거환경정비법(2017. 2. 8. 법률 제14567호로 전부 개정되기 전의 것) 제47조에 의하여 사업시행자가 분양신청을 하지 아니하거나 분양신청을 철회한 토지등소유자에게 청산금 지급의무를 부담하는 경우에, 공평의 원칙상 토지등소유자는 권리제한등기가 없는 상태로 토지 등의 소유권을 사업시행자에게 이전할 의무를 부담하고, 이러한 권리제한등기 없는 소유권 이전의무와 사업시행자의 청산금 지급의무는 동시이행관계에 있다.

[2] 구 도시정비법 제48조 제3항은 "사업시행자는 분양신청을 받은 후 잔여분이 있는 경우에는 정관 등 또는 사업시행계획이 정하는 목적을 위하여 보류지(건축물을 포함한다)로 정하거나 조합원 외의 자에게 분양할 수 있다."라고 규정하고 있고, 제55조 제2항은 위와 같은 보류지와 일반에게 분양하는 대지 또는 건축물을 '도시개발법 제34조의 규정에 의한 보류지 또는 체비지로 본다'고 규정하고 있다. 이에 따라 조합원이 분양신청을 하지 않거나 분양계약을 체결하지 않아 보류지 또는 일반분양분이 되는 대지·건축물에 관하여는 도시개발법상 보류지 또는 체비지에 관한 법리가 적용될 수 있다.

한편 도시개발법은 제34조에서 보류지 또는 체비지에 관한 규정을 두면서, 제42조 제5항에서 "제34조에 따른 체비지는 시행자가, 보류지는 환지 계획에서 정한 자가 각각 환지처분이 공고된 날의 다음 날에 해당 소유권을 취득한다."라고 규정하고 있다. 나아가 제42조 제1항은 "환지 계획에서 정하여진 환지는 그 환지처분이 공고된 날의 다음 날부터 종전의 토지로 보며, 환지 계획에서 환지를 정하지 아니한 종전의 토지에 있던 권리는 그 환지처분이 공고된 날이 끝나는 때에 소멸한다."라고 규정하고 있다. 이러한 규정들에 의하면, 종전의 토지 중 환지 계획에서 환지를 정한 것은 종전 토지와 환지 사이에 동일성이 유지되므로 종전 토지의 권리제한은 환지에 설정된 것으로 보게 되고, 환지를 정하지 않은 종전 토지의 권리제한은 환지처분으로 소멸하게 된다. 이에 따라 보류지 또는 체비지는 그에 상응하는 종전의 토지에 아무런 권리제한이 없는 상태로 도시개발법 제42조 제5항이 정한 자가 소유권을 취득한다.

도시개발법 제40조 제4항, 제5항에 의하면, 시행자는 지정권자에 의한 준공검사를 받은 경우 환지 계획에서 정한 사항을 토지 소유자에게 알리고 이를 공고하는 방식으로 환지처분을 하고, 이러한 환지처분으로 환지 계획에서 정한 내용에 따른 권리변동이 발생한다. 한편 도시정비법 제54조 제1항, 제2항에 의하면, 사업시행자는 준공인가와 공사의 완료에 관한 고시가 있는 때 관리처분계획에 정한 사항을 분양받을 자에게 통지하고 그 내용을 당해 지방자치단체의 공보에 고시하는데, 이러한 이전고시로 관리처분계획에 따른 권리변동이 발생한다. 이와 같은 환지처분과 이전고시의 방식 및 효과에 비추어 보면, 이전고시의 효력 등에 관하여는 도시정비법 관련 규정에 의하여 준용되는 도시개발법에 따른 환지처분의 효력과 궤를 같이 하여 새겨야 함이 원칙이다.[11]

이러한 보류지 등에 관한 규정과 법리에 따라 살펴보면, 주택재건축사업에서 조합원이 분양신청을 하지 않거나 분양계약을 체결하지 않음으로써 청산금 지급 대상이 되는 대지·건축물의 경우에는, 특별한 사정이 없는 한 그에 관하여 설정되어 있던 기존의 권리제한은 이전고시로 소멸하게 된다. 이처럼 이전고시로 저당권이나 가압류와 같은 권리제한이 소멸하게 되는 이상, 이전고시 이후 사업시행자로서는 권리제한등기 말소의무를 이유로 한 동시이행 항변권을 행사할 수 없게 된다.

[3] 민법 제587조는 "매매계약이 있은 후에도 인도하지 아니한 목적물로부터 생긴 과실은 매도인에게 속한다. 매수인은 목적물의 인도를 받은 날로부터 대금의 이자를 지급하여야 한다."라고 규정하고 있다. 그러나 매수인의 대금 지급의무와 매도인의 근저당권설정등기 내지 가압류등기 말소의무가 동시이행관계에 있는 등으로 매수인이 대금 지급을 거절할 정당한 사유가 있는 경우에는 매매목적물을 미리 인도받았다 하더라도 위 민법 규정에 의한 이자를 지급할 의무는 없다고 보아야 한다.

### (8) 사업시행자가 수용재결을 신청하지 않는 경우의 토지등소유자 권리

법 제73조는 사업시행자가 수용재결을 신청하는 경우에 관한 규정이다. 그런데 사업시행자가 수용재결을 신청하지 않는 경우, 토지등소유자가 사업시행자에 대하여 수용재결을 신청하도록 청구할 권리를 부여할 필요가 있으며, 이는 토지보상법에 근거하여 이루어진다.

---

11) 따라서 주택재개발사업에서 시행자가 사업에 필요한 경비에 충당하거나 규약·정관·시행규정 또는 사업시행계획으로 정한 목적을 위하여 관리처분계획에서 조합원 외의 자에게 분양하는 새로운 소유지적의 체비지를 창설하고 이를 이전고시 전에 이미 매도한 경우, 해당 체비지는 사업시행자가 이전고시가 있는 날의 다음 날에 소유권을 원시적으로 취득하고 해당 체비지를 매수한 자는 소유권이전등기를 마친 때에 소유권을 취득하게 된다(대법원 2020. 5. 28. 선고 2016다233729 판결).

이를 상세히 보면, 토지소유자는 사업시행자와 사이에 협의가 이루어지지 않으면 도시정비법 제65조 제1항에 의하여 준용되는 토지보상법에 따라 사업시행자에게 재결신청을 청구할 수 있다(토지보상법 제30조 제1항). 그 청구를 받은 사업시행자는 청구를 받은 날부터 60일 이내에 관할 토지수용위원회에 재결을 신청하여야 한다(토지보상법 제30조 제2항).12)

사업시행자가 관할 토지수용위원회의 재결에 불복할 때에는 행정소송을 제기할 수 있으나(토지보상법 제85조 제1항), 사업시행자가 제기한 행정소송이 각하·기각 또는 취하된 경우에는 재결서 정본을 받은 날부터 판결일 또는 취하일까지의 기간에 대하여 소송촉진법 제3조에 따른 법정이율을 적용하여 산정한 금액을 '보상금'에 가산하여 지급하여야 한다(토지보상법 제87조 제1항,13) 대법원 2019. 1. 17. 선고 2018두54675 판결).

다만, 토지보상법 제14조, 제15조, 제16조, 제68조 등은 공익사업을 위한 수용에 선행하는 협의 및 그 사전절차를 정하고 있는데, 위 규정들은 법 제65조 제1항 본문에서 말하는 '이 법에 규정된 사항'에 해당하므로 도시정비법상 현금청산 대상자인 토지등소유자에 대하여는 준용될 여지가 없다고 보아야 한다(대법원 2015. 11. 27. 선고 2015두48877 판결). 그러므로 재개발사업에 있어서 분양신청을 하지 아니하여 현금청산 대상자가 된 토지등소유자는 법 제73조 제1항이 정한 기간 내에 협의가 성립되지 않은 경우 토지보상법상의 손실보상에 관한 협의를 별도로 거칠 필요 없이 사업시행자에게 수용재결신청을 청구할 수 있다(대법원 2015. 11. 27. 선고 2015두48877 판결,14) 대법원 2015. 12. 23. 선고 2015두

---

12) 앞서 본 바와 같이, 2012. 8. 2. 이후 최초로 조합설립인가를 신청한 정비사업부터는 토지보상법 제30조 제3항의 재결신청 지연가산금 제도가 준용되지 않고, 전부 개정된 도시정비법 제73조 제3항에 따른 지연이자 제도만 적용된다(대법원 2020. 7. 23. 선고 2019두46411 판결).

13) 토지보상법 제30조(재결 신청의 청구) ① 사업인정고시가 된 후 협의가 성립되지 아니하였을 때에는 토지소유자와 관계인은 대통령령으로 정하는 바에 따라 서면으로 사업시행자에게 재결을 신청할 것을 청구할 수 있다.
② 사업시행자는 제1항에 따른 청구를 받았을 때에는 그 청구를 받은 날부터 60일 이내에 대통령령으로 정하는 바에 따라 관할 토지수용위원회에 재결을 신청하여야 한다. 이 경우 수수료에 관하여는 제28조 제2항을 준용한다.
③ 사업시행자가 제2항에 따른 기간을 넘겨서 재결을 신청하였을 때에는 그 지연된 기간에 대하여 「소송촉진 등에 관한 특례법」 제3조에 따른 법정이율을 적용하여 산정한 금액을 관할 토지수용위원회에서 재결한 보상금에 가산(加算)하여 지급하여야 한다.

14) 위 대법원판결의 판단근거는 다음과 같다. "위와 같은 도시정비법령의 체계와 내용, 일

50535 판결).

한편, 토지등소유자가 현금청산기간이 만료되기 이전에 재결신청의 청구를 하였더라도 토지등소유자와 사업시행자 사이에 청산금 지급 대상 여부나 청산금의 범위에 관하여 다툼이 심하여 협의가 성립될 가능성이 없다고 볼 수 있는 명백한 사정이 있는 경우에는 그러한 재결신청 청구도 유효하다고 보아야 한다(위 대법원 2015두50535 판결).

**(9) 재건축조합에서 제명되거나 탈퇴하는 등 후발적인 사정으로 조합원 지위를 상실하는 경우의 법률관계 - 대법원 2013. 11. 28. 선고 2012다110477,110484 판결**

조합원이 분양신청을 하지 아니하거나 철회하는 경우에는 조합원의 지위를 상실함으로써 현금청산 대상자가 되는데(대법원 2010. 8. 19. 선고 2009다81203 판결), 조합원이 재건축조합에서 제명되거나 탈퇴하는 등 후발적인 사정으로 그 지위를 상실하는 경우에도 처음부터 분양신청을 하지 아니하거나 철회하는 경우와 마찬가지로 현금청산 대상자가 된다.

한편 법 제38조 제1항은 '조합은 법인으로 한다'라고 하고, 제49조는 '조합에 관하여는 이 법에 규정된 것을 제외하고는 민법 중 사단법인에 관한 규정을 준용한다'라고 규정하고 있는데, 민법은 사단법인의 구성원인 사원의 권리와 의무에 관하여 제56조에서 '사단법인의 사원의 지위는 양도 또는 상속할 수 없다'

---

반적인 공익사업과 구별되는 도시정비법상 정비사업의 절차진행의 특수성과 아울러, ① 도시정비법상 정비사업의 단계별 진행과정을 보면, 현금청산대상자와 사업시행자 사이의 청산금 협의에 앞서 사업시행인가 신청과 그 인가처분·고시 및 분양신청 통지·공고 절차가 선행하게 되는데, 이를 통하여 수용의 대상이 되는 토지 등의 명세가 작성되고 그 개요가 대외적으로 고시되며, 세부사항이 토지등소유자에게 개별적으로 통지되거나 공고되는 점, ② 따라서 토지등소유자에 대하여는 위와 같은 도시정비법 고유의 절차와 별도로 토지보상법상 토지조서 및 물건조서의 작성(제14조)이나 보상계획의 공고·통지 및 열람(제15조)의 절차를 새로이 거쳐야 할 필요나 이유가 없는 점, ③ 토지보상법상 손실보상의 협의는 사업시행자와 토지등소유자 사이의 사법상 계약의 실질을 갖는다(대법원 2014. 4. 24. 선고 2013다218620 판결 참조)는 점에서 도시정비법상 협의와 그 성격상 구별된다고 보기 어려운 점, ④ 또한 도시정비법은 협의의 기준이 되는 감정평가액의 산정에 관하여 별도의 규정을 두고 있으므로, 토지보상법상 감정평가업자를 통한 보상액의 산정(제68조)이나 이를 기초로 한 사업시행자와의 협의(제16조) 절차를 따로 거칠 필요도 없는 점 등에 비추어 보면, 토지보상법상 협의 및 그 사전절차를 정한 위 각 규정은 도시정비법 제40조 제1항 본문에서 말하는 '이 법에 특별한 규정이 있는 경우'에 해당하므로 도시정비법상 현금청산대상자인 토지등소유자에 대하여는 준용될 여지가 없다고 보아야 한다."

라고 규정하고 있을 뿐이므로, 나머지 사항에 관하여는 원칙적으로 사단법인의 정관에 의하여 규율된다. 따라서 재건축조합이 조합원 지위를 상실한 토지등소유자를 상대로 그가 출자한 재산에 관한 청산절차를 이행하여야 하는 경우에도 도시정비법에서 정한 것을 제외하고는 조합 정관에 따라 해석하여야 한다.

그리고 법 제73조에서 재건축조합이 분양신청을 하지 아니하거나 철회한 토지등소유자를 상대로 그가 출자한 토지 등에 대하여 현금으로 청산하도록 규정한 취지는, 조합원이 조합 정관에 따라 현물출자의무를 이행한 후 조합원 지위를 상실함으로써 청산을 하여야 하는 경우에 그가 출자한 현물의 반환을 인정하지 아니하고 현금으로 지급하도록 정한 것으로 보아야 한다. 이는 조합원이 그 소유의 토지 등에 관하여 재건축조합 앞으로 신탁을 원인으로 한 소유권이전등기를 마친 후 조합원의 지위를 상실함으로써 신탁관계가 그 목적 달성 불능을 이유로 종료된 경우에도 달리 볼 것은 아니므로, 재건축조합은 위 토지 등의 소유권을 취득하기 위하여 법 제64조를 준용하여 새로이 매도청구권을 행사할 필요가 없다.

따라서 법 제73조에 따라 재건축조합이 조합원의 지위를 상실한 토지등소유자에게 청산금 지급의무를 부담하는 경우에, 공평의 원칙상 토지등소유자는 권리제한등기가 없는 상태로 토지 등의 소유권을 재건축조합에 이전할 의무를 부담하고, 이러한 권리제한등기 없는 소유권 이전의무와 재건축조합의 청산금 지급의무는 동시이행관계에 있는 것이 원칙이나, 토지등소유자가 그 소유의 토지 등에 관하여 이미 재건축조합 앞으로 신탁을 원인으로 한 소유권이전등기를 마친 경우에는 청산금을 받기 위하여 별도로 소유권을 이전할 의무를 부담하지 아니하고(대법원 2008. 10. 9. 선고 2008다37780 판결), 조합원이 조합원 지위를 상실함으로써 신탁관계가 그 목적 달성 불능을 이유로 종료된 경우 신탁재산이었던 부동산은 당연히 재건축조합에 귀속되므로 재건축조합이 먼저 토지등소유자에게 신탁등기의 말소등기와 신탁재산의 귀속을 원인으로 한 소유권이전등기를 한 뒤 다시 토지등소유자가 재건축조합 앞으로 청산을 원인으로 하는 소유권이전등기를 하는 절차를 밟을 필요는 없다.

(10) 정비사업 구역 내 토지등소유자 갑이 재개발조합의 조합원으로 당연 가입되었다가 분양신청기간 내에 분양신청을 하지 않았음에도 갑의 토지 등이 수용되고 수용재결까지 확정된 경우, 갑은 사업시행계획과 별도로 관리처분계

획에 대하여 취소를 구할 소의 이익이 없다(대법원 2013. 10. 31. 선고 2012두19007 판결).

(11) 사업시행계획에 당연무효인 하자가 있는 경우에는 조합은 사업시행계획을 새로이 수립하여 관할관청에게서 인가를 받은 후 다시 분양신청을 받아 관리처분계획을 수립하여야 한다(대법원 2014. 2. 27. 선고 2011두25173 판결).

따라서 분양신청기간 내에 분양신청을 하지 않거나 분양신청을 철회함으로 인해 도시정비법 및 조합 정관 규정에 의하여 조합원의 지위를 상실한 토지등소유자도 그때 분양신청을 함으로써 건축물 등을 분양받을 수 있으므로 사업시행계획의 무효확인 또는 취소, 관리처분계획의 무효확인 또는 취소를 구할 법률상 이익이 있다(대법원 2011. 12. 8. 선고 2008두18342 판결, 대법원 2014. 2. 27. 선고 2011두25173 판결).

반면, 조합원이 분양신청절차에서 분양신청을 하지 않아 분양신청기간 종료일 다음날에 현금청산 대상자가 되고 조합원의 지위를 상실한 후, 그 분양신청절차의 근거가 된 사업시행계획이 사업시행기간 만료나 폐지 등으로 실효된다고 하더라도 이는 장래에 향하여 효력이 발생할 뿐이므로 그 이전에 발생한 조합관계 탈퇴라는 법적 효과가 소급적으로 소멸하거나 이미 상실된 조합원의 지위가 자동적으로 회복된다고 볼 수는 없다(대법원 2021. 2. 10. 선고 2020두48031 판결).

(12) 법령에 의하여 조합원 지위가 인정되는 조합원들 사이에 권리의 차등을 두는 내용의 총회 결의는 특별한 사정이 없는 이상 무효라고 보아야 하나, 정관의 규정에 의하여 비로소 조합원 지위가 인정되는 조합원의 권리 내용에 대해서는 정관에서 이를 제한할 수 있다고 할 것이므로, 분양신청을 하지 아니하여 분양신청기간 만료일 다음 날에 조합원 지위를 상실한 사람들에게 조합 총회에서 다시 조합원 지위를 부여하기로 결의하면서 그들의 권리 내용을 제한하였다고 하여 그 총회 결의가 무효라고 볼 것은 아니다(대법원 2014. 8. 20. 선고 2012두5572 판결).

조합이 새로운 사업시행계획을 수립하면서 현금청산 대상자들에게 새로운 분양신청 및 조합 재가입의 기회를 부여하는 것은 단체 자치적 결정으로서 허용되지만, 그 기회를 활용하여 분양신청을 함으로써 조합에 재가입할지 여부는 현금청산 대상자들이 개별적으로 결정할 몫이지, 현금청산 대상자들의 의사와 무관하게 조합이 일방적으로 현금청산 대상자들이 조합원의 지위를 회복하는 것으로 결정하는 것은 도시정비법의 입법취지에도 반하고, 현금청산 대상자들의 의사와 이익에도 배치되므로 허용되지 않는다(대법원 2021. 2. 10. 선고 2020두48031 판결).

제 13 장

# 관리처분계획

## 1. 관리처분계획의 수립 및 인가

### 가. 의의[1]

"관리처분계획"이란 정비구역 안에 있는 종전의 토지 또는 건축물의 소유권과 소유권 이외의 권리(지상권, 전세권, 임차권, 저당권 등)를 정비사업으로 새로이 조성된 토지와 축조된 건축시설에 관한 권리로 일정한 기준 아래 변환시켜 배분하는 일련의 계획, 즉 사업완료 후 이전고시의 내용을 미리 정하는 계획이다.

관리처분계획은, 손실보상, 계약, 수용 등에 의한 취득, 청산 또는 권리의 해지로 소멸시키거나 이행하는 "관리계획"과 공공시설의 귀속 및 시행자에게 귀속된 대지 또는 건축시설의 "처분에 관한 계획"으로 구성된다.

관리처분계획은 '이전고시'를 통하여 그 계획을 최종적으로 완성하고, '청산금 부과처분'을 통하여 종전 및 향후 자산가액의 과부족분을 해결하게 된다. 관리처분계획은 사업시행자가 분양신청기간이 종료된 때에 기존 건축물을 철거하기 전에 분양신청현황을 기초로 이를 수립하여 시장·군수의 인가를 받도

---

1) 정동진, 재개발조합, 재건축조합의 도시정비법 제49조 제6항에 따른 부동산 인도청구의 제문제, 판례연구 27집(2016년), 부산판례연구회, 215.

록 하고 있다.

관리처분계획은 정비사업시행구역 안의 토지등소유자의 권리·의무에 직접 관계되는 행위로서 사업시행자가 행한 '행정처분'에 해당하고, 강학상 그 성격을 '공용환권'으로 보고 있다.

## 나. 절차 개관

(1) 사업시행자는 법 제72조에 따른 분양신청기간이 종료된 때에는 분양신청의 현황을 기초로 다음 각 호의 사항이 포함된 관리처분계획을 수립하여 시장·군수등의 인가를 받아야 하며, 관리처분계획을 변경·중지 또는 폐지하려는 경우에도 또한 같다(법 제74조 제1항 본문).

1. 분양설계
2. 분양대상자의 주소 및 성명
3. 분양대상자별 분양예정인 대지 또는 건축물의 추산액(임대관리 위탁주택에 관한 내용 포함)
4. 다음 각 목에 해당하는 보류지 등의 명세와 추산액 및 처분방법. 다만, 나목의 경우에는 제30조 제1항에 따라 선정된 임대사업자의 성명 및 주소(법인인 경우에는 법인의 명칭 및 소재지와 대표자의 성명 및 주소)를 포함한다.
   가. 일반 분양분
   나. 공공지원민간임대주택
   다. 임대주택
   라. 그 밖에 부대시설·복리시설 등
5. 분양대상자별 종전의 토지 또는 건축물 명세 및 사업시행계획인가 고시가 있은 날을 기준으로 한 가격(사업시행계획인가 전에 법 제81조 제3항에 따라 철거된 건축물은 시장·군수등에게 허가를 받은 날을 기준으로 한 가격)2)

---

2) 대법원은 구법 하에서 "구 도시정비법 제48조 제1항에 의하면, 사업시행자는 '분양대상자별 종전의 토지 또는 건축물의 명세 및 사업시행인가의 고시가 있은 날을 기준으로 한 가격'(이하 '4호 사항'이라 한다) 및 '정비사업비의 추산액 및 그에 따른 조합원 부담규모 및 부담시기'(이하 '5호 사항'이라 한다)에 관한 사항이 모두 포함된 관리처분계획

6. 정비사업비의 추산액(재건축사업의 경우에는 재건축이익환수법에 따른 재건축부담금에 관한 사항을 포함한다) 및 그에 따른 조합원 분담규모 및 분담시기

7. 분양대상자의 종전 토지 또는 건축물에 관한 소유권 외의 권리명세

8. 세입자별 손실보상을 위한 권리명세 및 그 평가액

9. 그 밖에 정비사업과 관련한 권리 등에 관하여 대통령령으로 정하는 사항3)

관리처분계획인가 신청서(시행규칙 별지 제9호 서식)에는 관리처분계획서와 총회의결서 사본을 첨부하여야 하고, 관리처분계획변경·중지 또는 폐지인가 신청서에는 변경·중지 또는 폐지의 사유와 그 내용을 설명하는 서류를 첨부하여야 한다(시행규칙 제12조).

다만, 대통령령으로 정하는 경미한 사항을 변경하려는 경우4)에는 시장·군

---

을 수립하여야 하고, 제49조 제1항에 의하면, 사업시행자는 제48조의 규정에 의한 관리처분계획의 인가를 받기 전에 관계서류의 사본을 30일 이상 토지등소유자에게 공람하게 하고 의견을 들어야 하며, 구 도시정비법 시행령 제53조 제5호에 의하면, 사업시행자는 관리처분계획의 인가고시가 있는 때에는 분양신청을 한 자에게 '분양대상자별 기존의 토지 또는 건축물의 명세 및 가격과 분양예정인 대지 또는 건축물의 명세 및 추산가액'을 통지하여야 하지만, 구 도시정비법 및 시행령은 사업시행자가 관리처분계획 수립을 위한 총회 개최 이전에 미리 조합원들에게 위 4호 및 5호 사항을 통지하도록 하는 내용의 명문의 규정을 두고 있지는 않았다. 그리고 기록에 의하면, 피고 조합의 정관도 피고가 관리처분계획 수립을 위한 총회 개최 이전에 조합원들에게 위 4호 및 5호 사항을 통지하도록 규정하고 있지 않다. 위 법리와 구 도시정비법령 및 피고 조합의 정관에 의하면, 피고가 이 사건 관리처분계획의 수립을 위한 2007. 10. 24.자 임시총회 개최 이전에 미리 조합원들에게 4호 사항 및 5호 사항을 통지하여야만 한다고 볼 것은 아니다." 라고 판시하였다(대법원 2014. 2. 13. 선고 2011두21652 판결).
3) "대통령령으로 정하는 사항"이란 다음 각 호의 사항을 말한다(시행령 제62조). 1. 법 제73조에 따라 현금으로 청산하여야 하는 토지등소유자별 기존의 토지·건축물 또는 그 밖의 권리의 명세와 이에 대한 청산방법, 2. 법 제79조 제4항 전단에 따른 보류지 등의 명세와 추산가액 및 처분방법, 3. 시행령 제63조 제1항 제4호에 따른 비용의 부담비율에 따른 대지 및 건축물의 분양계획과 그 비용부담의 한도·방법 및 시기(이 경우 비용부담으로 분양받을 수 있는 한도는 정관등에서 따로 정하는 경우를 제외하고는 기존의 토지 또는 건축물의 가격의 비율에 따라 부담할 수 있는 비용의 50퍼센트를 기준으로 정한다), 4. 정비사업의 시행으로 인하여 새롭게 설치되는 정비기반시설의 명세와 용도가 폐지되는 정비기반시설의 명세, 5. 기존 건축물의 철거 예정시기, 6. 그 밖에 시·도 조례로 정하는 사항.
4) "대통령령으로 정하는 경미한 사항을 변경하려는 경우"란 다음 각 호의 어느 하나에 해

수등에게 신고하여야 한다(법 제74조 제1항 단서).

(2) 사업시행자는 관리처분계획인가를 신청하기 전에 관계 서류의 사본을 30일 이상 토지등소유자에게 공람하게 하고 의견을 들어야 한다. 다만, 경미한 사항을 변경하려는 경우에는 토지등소유자의 공람 및 의견청취 절차를 거치지 아니할 수 있다(법 제78조 제1항).

(3) 정비사업에서 법 제74조 제1항 제3호·제5호 및 제8호에 따라 재산 또는 권리를 평가할 때에는 다음 각 호의 방법에 따른다(법 제74조 제2항).

1. 감정평가법에 따른 감정평가법인등 중 다음 각 목의 구분에 따른 감정평가법인등이 평가한 금액을 산술평균하여 산정한다. 다만, 관리처분계획을 변경·중지 또는 폐지하려는 경우 분양예정 대상인 대지 또는 건축물의 추산액과 종전의 토지 또는 건축물의 가격은 사업시행자 및 토지등소유자 전원이 합의하여 산정할 수 있다.

    가. 주거환경개선사업 또는 재개발사업: 시장·군수등이 선정·계약한 2인 이상의 감정평가법인등

    나. 재건축사업: 시장·군수등이 선정·계약한 1인 이상의 감정평가법인등과 조합총회의 의결로 선정·계약한 1인 이상의 감정평가법인등

2. 시장·군수등은 제1호에 따라 감정평가법인등을 선정·계약하는 경우 감정평가법인등의 업무수행능력, 소속 감정평가사의 수, 감정평가 실적, 법규 준수 여부, 평가계획의 적정성 등을 고려하여 객관적이고 투명한 절차에 따라 선정하여야 한다. 이 경우 감정평가법인등의 선정·절차 및 방법 등에 필요한 사항은 시·도조례로 정한다.

3. 사업시행자는 제1호에 따라 감정평가를 하려는 경우 시장·군수등에게

---

당하는 경우를 말한다(시행령 제61조). 1. 계산착오·오기·누락 등에 따른 조서의 단순 정정인 경우(불이익을 받는 자가 없는 경우에만 해당한다), 2. 법 제40조 제3항에 따른 정관 및 법 제50조에 따른 사업시행계획인가의 변경에 따라 관리처분계획을 변경하는 경우, 3. 법 제64조에 따른 매도청구에 대한 판결에 따라 관리처분계획을 변경하는 경우, 4. 법 제129조에 따른 권리·의무의 변동이 있는 경우로서 분양설계의 변경을 수반하지 아니하는 경우, 5. 주택분양에 관한 권리를 포기하는 토지등소유자에 대한 임대주택의 공급에 따라 관리처분계획을 변경하는 경우, 6. 민간임대주택에 관한 특별법 제2조 제7호에 따른 임대사업자의 주소(법인인 경우에는 법인의 소재지와 대표자의 성명 및 주소)를 변경하는 경우.

감정평가법인등의 선정·계약을 요청하고 감정평가에 필요한 비용을 미리 예치하여야 한다. 시장·군수등은 감정평가가 끝난 경우 예치된 금액에서 감정평가 비용을 직접 지불한 후 나머지 비용을 사업시행자와 정산하여야 한다.

(4) 법 제23조 제1항 제4호5)의 방법으로 시행하는 주거환경개선사업과 재개발사업의 경우 법 제74조 제4항에 따른 관리처분은 다음 각 호의 방법에 따른다(시행령 제63조 제1항).

1. 시·도조례로 분양주택의 규모를 제한하는 경우에는 그 규모 이하로 주택을 공급할 것
2. 1개의 건축물의 대지는 1필지의 토지가 되도록 정할 것. 다만, 주택단지의 경우에는 그러하지 아니하다.
3. 정비구역의 토지등소유자(지상권자는 제외한다. 이하 이 항에서 같다)에게 분양할 것. 다만, 공동주택을 분양하는 경우 시·도조례로 정하는 금액·규모·취득 시기 또는 유형에 대한 기준에 부합하지 아니하는 토지등소유자는 시·도조례로 정하는 바에 따라 분양대상에서 제외할 수 있다.
4. 1필지의 대지 및 그 대지에 건축된 건축물(법 제79조 제4항 전단에 따라 보류지로 정하거나 조합원 외의 자에게 분양하는 부분은 제외한다)을 2인 이상에게 분양하는 때에는 기존의 토지 및 건축물의 가격(시행령 제93조에 따라 사업시행방식이 전환된 경우에는 환지예정지의 권리가액을 말한다. 이하 제7호에서 같다)과 시행령 제59조 제4항 및 제62조 제3호에 따라 토지등소유자가 부담하는 비용(재개발사업의 경우에만 해당한다)의 비율에 따라 분양할 것
5. 분양대상자가 공동으로 취득하게 되는 건축물의 공용부분은 각 권리자의 공유로 하되, 해당 공용부분에 대한 각 권리자의 지분비율은 그가 취득하게 되는 부분의 위치 및 바닥면적 등의 사항을 고려하여 정할 것
6. 1필지의 대지 위에 2인 이상에게 분양될 건축물이 설치된 경우에는 건축

---

5) "제24조에 따른 사업시행자가 정비구역에서 제74조에 따라 인가받은 관리처분계획에 따라 주택 및 부대시설·복리시설을 건설하여 공급하는 방법."

물의 분양면적의 비율에 따라 그 대지소유권이 주어지도록 할 것(주택과 그 밖의 용도의 건축물이 함께 설치된 경우에는 건축물의 용도 및 규모 등을 고려하여 대지지분이 합리적으로 배분될 수 있도록 한다). 이 경우 토지의 소유관계는 공유로 한다.

7. 주택 및 부대시설·복리시설의 공급순위는 기존의 토지 또는 건축물의 가격을 고려하여 정할 것. 이 경우 그 구체적인 기준은 시·도조례로 정할 수 있다.

(5) 재건축사업의 경우 법 제74조 제4항에 따른 관리처분은 다음 각 호의 방법에 따른다. 다만, 조합이 조합원 전원의 동의를 받아 그 기준을 따로 정하는 경우에는 그에 따른다(시행령 제63조 제2항).

1. 시행령 제63조 제1항 제5호 및 제6호를 적용할 것
2. 부대시설·복리시설(부속토지를 포함한다. 이하 이 호에서 같다)의 소유자에게는 부대시설·복리시설을 공급할 것. 다만, 다음 각 목의 어느 하나에 해당하는 경우에는 1주택을 공급할 수 있다.
   가. 새로운 부대시설·복리시설을 건설하지 아니하는 경우로서 기존 부대시설·복리시설의 가액이 분양주택 중 최소분양단위규모의 추산액에 정관등으로 정하는 비율(정관등으로 정하지 아니하는 경우에는 1로 한다. 이하 나목에서 같다)을 곱한 가액보다 클 것
   나. 기존 부대시설·복리시설의 가액에서 새로 공급받는 부대시설·복리시설의 추산액을 뺀 금액이 분양주택 중 최소분양단위규모의 추산액에 정관등으로 정하는 비율을 곱한 가액보다 클 것
   다. 새로 건설한 부대시설·복리시설 중 최소분양단위규모의 추산액이 분양주택 중 최소분양단위규모의 추산액보다 클 것

(6) 조합은 법 제45조 제1항 제10호의 사항을 의결하기 위한 총회의 개최일부터 1개월 전에 법 제74조 제1항 제3호부터 제6호까지의 규정에 해당하는 사항을 각 조합원에게 문서로 통지하여야 한다(법 제74조 제3항).

(7) 시장·군수등은 사업시행자의 관리처분계획인가의 신청이 있은 날부터 30일 이내에 인가 여부를 결정하여 사업시행자에게 통보하여야 한다. 다만, 시장·군수등은 아래와 같이 관리처분계획의 타당성 검증을 요청하는 경우에는 관리처분계획인가의 신청을 받은 날부터 60일 이내에 인가 여부를 결정하여 사업시행자에게 통지하여야 한다(법 제78조 제2항).

시장·군수등은 다음 각 호의 어느 하나에 해당하는 경우에는 대통령령으로 정하는 공공기관6)에 관리처분계획의 타당성 검증을 요청하여야 한다. 이 경우 시장·군수등은 타당성 검증 비용을 사업시행자에게 부담하게 할 수 있다(법 제78조 제3항).

1. 법 제74조 제1항 제6호에 따른 정비사업비가 법 제52조 제1항 제12호에 따른 정비사업비 기준으로 100분의 10 이상으로서 대통령령으로 정하는 비율7) 이상 늘어나는 경우
2. 법 제74조 제1항 제6호에 따른 조합원 분담규모가 법 제72조 제1항 제2호에 따른 분양대상자별 분담금의 추산액 총액 기준으로 100분의 20 이상으로서 대통령령으로 정하는 비율8) 이상 늘어나는 경우
3. 조합원 5분의 1 이상이 관리처분계획인가 신청이 있은 날부터 15일 이내에 시장·군수등에게 타당성 검증을 요청한 경우
4. 그 밖에 시장·군수등이 필요하다고 인정하는 경우

(8) 시장·군수등이 제2항에 따라 관리처분계획을 인가하는 때에는 그 내용을 해당 지방자치단체의 공보에 고시9)하여야 한다(법 제78조 제4항).

사업시행자는 위와 같이 공람을 실시하려거나 시장·군수등의 고시가 있은

---

6) "대통령령으로 정하는 공공기관"이란 토지주택공사등과 한국부동산원을 말한다(시행령 제64조 제1항).
7) 100분의 10을 말한다(시행령 제64조 제2항).
8) 100분의 20을 말한다(시행령 제64조 제3항).
9) 시장·군수등이 관리처분계획의 인가내용을 고시하는 경우에는 다음 각 호의 사항을 포함하여야 한다(시행규칙 제13조). 1. 정비사업의 종류 및 명칭, 2. 정비구역의 위치 및 면적, 3. 사업시행자의 성명 및 주소, 4. 관리처분계획인가일, 관리처분계획인가의 요지(대지 및 건축물의 규모 등 건축계획, 분양 또는 보류지의 규모 등 분양계획, 신설 또는 폐지하는 정비기반시설의 명세, 기존 건축물의 철거 예정시기 등 포함).

때에는 공람기간·장소 등 공람계획에 관한 사항과 개략적인 공람사항을 미리 토지등소유자에게 통지하여야 한다(법 제78조 제5항, 시행령 제65조 제1항).

또한 사업시행자는 분양신청을 한 자에게는 정비사업의 종류 및 명칭, 정비사업 시행구역의 면적, 사업시행자의 성명 및 주소, 관리처분계획의 인가일, 분양대상자별 기존의 토지 또는 건축물의 명세 및 가격과 분양예정인 대지 또는 건축물의 명세 및 추산가액 등 관리처분계획인가의 내용 등을 통지하여야 하며, 관리처분계획 변경의 고시가 있는 때에도 같다(법 제78조 제5항, 시행령 제65조 제2항).

(9) 법 제74조 제1항 각 호의 관리처분계획의 내용과 제2항부터 제4항까지의 규정과 법 제78조 제1항, 제4항 및 제5항은 시장·군수등이 직접 수립하는 관리처분계획에 준용한다(법 제74조 제5항, 제78조 제6항).

## 다. 관련 법리

(1) 관리처분계획은 인가·고시를 통해 확정되면 이해관계인에 대한 구속적 행정계획으로서의 독립적인 행정처분에 해당한다.

따라서 총회결의의 하자를 이유로 하여 행정처분의 효력을 다투는 항고소송의 방법으로 조합을 상대로 관리처분계획의 취소 또는 무효확인을 구하여야 하고, 그와 별도로 행정처분에 이르는 절차적 요건 중 하나에 불과한 총회결의 부분만을 따로 떼어내어 효력 유무를 다투는 확인의 소를 제기하는 것은 특별한 사정이 없는 한 허용되지 않는다(대법원 2009. 9. 17. 선고 2007다2428 전원합의체 판결, 대법원 2009. 10. 29. 선고 2008다97737 판결, 대법원 2010. 2. 25. 선고 2007다73598 판결).[10)]

---

10) 조합을 상대로 관리처분계획안 등에 관한 총회결의의 무효확인을 구하는 소가 관할을 위반하여 민사소송으로 제기된 후에 관할 행정청의 인가·고시가 있었던 경우, 그 소는 이송 후 부적법 각하될 것이 명백한 경우에 해당한다고 보기 어려우므로 관할법원인 행정법원으로 이송함이 상당하다(대법원 2009. 9. 17. 선고 2007다2428 전원합의체 판결, 대법원 2010. 2. 25. 선고 2007다73598 판결). 또한 원고가 고의 또는 중대한 과실 없이 행정소송으로 제기하여야 할 것을 민사소송으로 잘못 제기한 경우 수소법원으로서는 만약 그 행정소송에 대한 관할도 동시에 가지고 있는 경우라면, 행정소송으로서의 소송요건을 결하고 있음이 명백하여 행정소송으로 제기되었더라도 어차피 부적법하게 되는 경우가 아닌 이상, 원고로 하여금 항고소송으로 소 변경을 하도록 하여 심리·판단하여야 한다(대법원 1999. 11. 26. 선고 97다42250 판결).

(2) 조합원 지위나 그 구체적인 권리의무는 도시정비법 및 조합 정관에 의하여 정하여지고 이에 기하여 이루어진 조합의 관리처분계획은 소위 기속행위에 속하는 것이므로, 조합원의 구체적인 권리, 의무를 확정함에 조합의 재량이 개입될 여지는 없다. 가사 조합이 관리처분계획 수립 전에 마치 원고에게 분양대상 조합원으로서의 지위를 인정하는 듯한 태도를 취하였다고 하더라도 그것만으로 원고를 분양대상 조합원으로 인정하는 행정처분이 있었다고는 볼 수 없으므로, 조합이 관리처분계획에서 조합원을 분양대상 조합원에서 배제한 조치를 수익적 행정처분의 취소나 철회라고 볼 수 없다(대법원 1998. 11. 27. 선고 98두12796 판결).

다만 조합원의 지위나 권리·의무의 인정 자체에 관하여는 재량의 여지가 없다고 하겠지만, 본장 3.나.항에서 보는 바와 같이 그 구체적인 내용의 수립에 관하여는 이른바 계획재량행위에 해당하여 상당한 재량이 인정된다고 할 것이다(대법원 2010. 10. 28. 선고 2009두4029 판결, 대법원 2014. 3. 27. 선고 2011두24057 판결).

(3) 관리처분계획을 인가하는 행정청의 행위는 조합의 관리처분계획에 대한 법률상의 효력을 완성시키는 보충행위이다(대법원 2016. 12. 15. 선고 2015두51347 판결). 따라서 기본행위가 적법·유효하고 보충행위인 인가처분 자체에 흠이 있다면 그 인가처분의 무효나 취소를 주장할 수 있다(위 대법원 2015두51347 판결).[11)

그러나 인가처분에 흠이 없다면 기본행위에 흠이 있다고 하더라도 따로 기본행위의 흠을 다투는 것은 별론으로 하고 기본행위의 흠을 내세워 바로 그에 대한 인가처분의 무효확인 또는 취소를 구할 수는 없으므로, 그 당부에 관하여 판단할 필요 없이 해당 부분 청구를 기각하여야 한다(대법원 2010. 12. 9. 선고 2009두4913 판결, 대법원 2015. 2. 26. 선고 2012두5244 판결, 대법원 2016. 12. 15. 선고 2015두51347 판결 등).

(4) 행정청이 관리처분계획에 대한 인가 여부를 결정할 때에는 관리처분계

---

11) 관리처분계획 인가처분은 '행정 효율과 협업 촉진에 관한 규정' 제6조 제3항에 따라 인가 및 고시가 있은 후 5일이 경과한 날부터 효력이 발생한다고 할 것이고, 위 법리에 의하면 이해관계인은 특별한 사정이 없는 한 그 때 처분이 있음을 알았다고 할 것이므로, 그 취소를 구하는 소의 제소기간은 그 때부터 기산된다(대법원 2010. 12. 9. 선고 2009두4913 판결)는 점은 앞서 제9장에서 살펴본 바와 같다.

확인가 신청서와 첨부서류를 기준으로 그 관리처분계획에 법 제74조 제1항 등에 규정된 사항이 포함되어 있는지, 그 계획의 내용이 법 제76조 제1항의 기준에 부합하는지 여부 등을 심사·확인하여 인가 여부를 결정하여야 하고, 기부채납과 같은 다른 조건을 붙일 수는 없다고 할 것이다(대법원 2012. 8. 30. 선고 2010두24951 판결). 따라서 관리처분계획에 대한 인가는 기속행위 또는 기속재량행위로 보아야 할 것이다.

인가 과정에서 행정청은 법 제111조 제2항, 제113조 제1항에서 정한 조치를 통하여 관리처분계획을 실질적으로 심사할 권한이 있으나, 더 나아가 행정청이 정비계획 수립 과정에서 미리 조사하거나 조합으로부터 이미 제출받아 보유하고 있는 정비구역 내 토지등소유자의 명단과 관리처분계획상 분양대상자, 현금청산 대상자 명단을 하나하나 대조하여 현금청산 대상자 중 누락된 사람이 있는지를 확인할 의무까지 부담한다고 볼 수 없으며, 설령 현금청산 대상자를 누락하는 등의 하자가 있는 관리처분계획을 그대로 인가하였다고 하더라도 그 하자의 존재를 관리처분계획인가 신청서와 첨부서류에 대한 심사만으로 발견할 수 없는 경우라면 누락된 현금청산 대상자에 대하여 불법행위로 인한 손해배상책임을 진다고 볼 수 없다(대법원 2014. 3. 13. 선고 2013다27220 판결).

(5) 정비사업이 완료되어 이전고시가 이루어지기 전에는 관리처분계획의 일부 변경 등이 가능하므로, 관리처분계획의 인가처분에 대하여는 이전고시의 경우와는 달리 그 일부의 취소 청구도 허용된다(대법원 1995. 7. 14. 선고 93누9118 판결).

(6) 관리처분계획의 인가 전에 행정주체인 주택재건축정비사업조합을 상대로 관리처분계획안에 대한 조합 총회결의의 효력을 다투는 소송은, 행정처분에 이르는 절차적 요건의 존부나 효력 유무에 관한 소송으로서 그 소송결과에 따라 행정처분의 위법 여부에 직접 영향을 미치는 공법상 법률관계에 관한 것이므로, 행정소송법상의 당사자소송에 해당하고 행정법원의 전속관할에 속한다(대법원 2009. 9. 17. 선고 2007다2428 전원합의체 판결, 대법원 2009. 10. 29. 선고 2008다97737 판결 등).

당사자소송에 대하여는 행정소송법 제23조 제2항의 집행정지에 관한 규정이 준용되지 아니하므로(행정소송법 제44조 제1항 참조), 이를 본안으로 하는 가처분에 대하여는 행정소송법 제8조 제2항에 따라 민사집행법상의 가처분에 관한 규정이 준용되어야 한다(대법원 2015. 8. 21.자 2015무26 결정).

(7) 관리처분계획의 수립 또는 변경을 위하여 조합총회의 의결 및 행정청의 인가절차 등을 요구하는 취지는, 관리처분계획의 수립 또는 변경이 조합원, 현금청산 대상자 등(이하 "조합원 등")에 대한 소유권 이전 등 권리귀속 및 비용부담에 관한 사항을 확정하는 행정처분에 해당하므로 그로 인하여 자신의 권리의무와 법적 지위에 커다란 영향을 받게 되는 조합원 등의 의사가 충분히 반영되어야 할 필요가 있기 때문이다. 반면에 관리처분계획의 경미한 사항을 변경하는 경우에는 이러한 필요성이 그다지 크지 아니하기 때문에 행정청에 신고하는 것으로 족하도록 규정하고 있는 것이라고 할 것이다(대법원 2012. 5. 24. 선고 2009두22140 판결).

위와 같은 도시정비법 관련 규정의 내용, 형식 및 취지에 비추어 보면, 법 제74조 제1항 단서 소정의 '대통령령으로 정하는 경미한 사항을 변경하려는 경우'란 시행령 제61조의 각 호에 규정된 사항들에 한정되는 것이 아니라, 변경대상이 되는 관리처분계획의 내용을 구체적·개별적으로 살펴보아 조합총회의 의결을 거치지 아니하더라도 그 변경내용이 객관적으로 조합원 등 이해관계인의 의사에 충분히 부합하고 그 권리의무 내지 법적 지위를 침해하지 아니하거나, 분양대상자인지 여부에 대한 확정판결에 따라 관리처분계획의 내용을 변경하는 때와 같이 조합총회의 의결을 거친다고 하더라도 그 변경내용과 다르게 의결할 수 있는 여지가 없는 경우 등도 포함한다고 봄이 타당하다(대법원 2012. 5. 24. 선고 2009두22140 판결).12)

(8) 당초 관리처분계획의 경미한 사항을 변경하는 경우와는 달리 당초 관리처분계획의 주요 부분을 실질적으로 변경하는 내용으로 새로운 관리처분계획을 수립하여 시장·군수의 인가를 받은 경우에 당초 관리처분계획은 달리 특

---

12) 예를 들어, 갑 주택재개발조합이, 조합원총회를 개최하여 사업지구 내 다가구주택의 공유지분권자들을 청산대상자로 정하는 관리처분계획을 결의한(제1관리처분계획) 후에 소송절차 등을 통해 아파트를 단독으로 분양받을 권리가 있는 것으로 밝혀진 공유지분권자들에게 미리 대비해 둔 소송 보류시설을 분양하는 내용으로 관리처분계획을 일부 변경하고(제2관리처분계획) 이를 관할 구청장에게 신고한 경우, 위와 같은 관리처분계획의 변경내용은 조합총회의 의결을 거치지 않더라도 객관적으로 조합원 등 이해관계인의 의사에 충분히 들어맞고 그 권리의무 및 법적 지위를 침해하지 않거나 조합총회의 의결을 거친다고 하더라도 변경내용과 다르게 의결할 수 없는 경우에 해당한다고 할 수 있다(대법원 2012. 5. 24. 선고 2009두22140 판결).

별한 사정이 없는 한 그 효력을 상실한다고 할 것이다(대법원 2011. 2. 10. 선고 2010두19799 판결, 대법원 2012. 3. 22. 선고 2011두6400 전원합의체 판결, 대법원 2012. 3. 29. 선고 2010두7765 판결, 대법원 2013. 12. 26. 선고 2012두6674 판결, 대법원 2016. 6. 23. 선고 2014다16500 판결, 대법원 2018. 2. 13. 선고 2017두64224 판결).

당초 관리처분계획의 결의요건에 관한 하자가 있어 이를 보완하는 의미로 다시 조합총회의 결의를 거쳐 당초 관리처분계획에 대하여 시장·군수의 인가를 받은 경우에도 당초 관리처분계획은 달리 특별한 사정이 없는 한 그 효력을 상실한다고 할 것이다(대법원 2013. 12. 26. 선고 2012두6674 판결).

이때 당초 관리처분계획이 효력을 상실한다는 것은 당초 관리처분계획이 유효하게 존속하다가 변경 시점을 기준으로 장래를 향하여 실효된다는 의미이지 소급적으로 무효가 된다는 의미가 아니다(대법원 2015. 11. 26. 선고 2014두15528 판결, 위 대법원 2014다16500 판결 등).[13]

이러한 법리는 변경된 관리처분계획이 당초 관리처분계획의 주요 부분을 실질적으로 변경하는 정도에 이르지 않는 경우에도 동일하게 적용된다고 할 것이므로, 이와 같은 경우 당초 관리처분계획 중 변경되는 부분은 장래를 향하여 실효된다고 보아야 한다(위 대법원 2014다16500 판결).

관리처분계획의 주요 부분을 실질적으로 변경하는 내용으로 새로운 관리처분계획을 수립하여 시장·군수의 인가를 받은 경우, 처음 관리처분계획의 효력 상실 여부에 관한 보다 상세한 내용은 아래 대법원 2018. 2. 13. 선고 2017두64224 판결의 판시내용을 참조하기 바란다.

---

13) 한편, 대법원 2011. 2. 10. 선고 2010두19799 판결은 "변경인가된 관리처분계획은 이 사건 관리처분계획의 주요 부분을 실질적으로 변경한 것에 해당하여 이로써 이 사건 관리처분계획은 소급하여 실효되었다고 봄이 상당하다."라고 설시하였는데, 이는 판례의 전반적인 흐름에 부합하는 것이 아니라 해당 사안의 특수성을 반영한 설시인 것으로 보아야 할 것이다. 위 판결은 그 제1심 및 원심에서 관리처분계획이 위법하다고 판단되자 상고심에 이르러 조합이 판결 취지대로 관리처분계획을 적합하게 변경한 사안에 대한 것이다. 즉 위 사건에서는 종전 관리처분계획이 소급적으로 무효라고 보는 것이 (비록 그 이유가 관리처분계획 변경 때문이 아니라 그 자체의 고유한 하자 때문이지만) 가능한 사안인 것이다[이병희, 관리처분계획 변경인가가 있는 경우 종전 관리처분계획에서 정한 내용이 소급적으로 효력을 상실하는지 여부, 대법원판례해설 제107호(2016년), 법원도서관, 206, 207].

[대법원 2018. 2. 13. 선고 2017두64224 판결]

2. 원심판결 이유 및 기록에 의하면, 아래와 같은 사실을 알 수 있다.
(1) 피고는 이 사건 관리처분계획의 흠을 보완하기 위해 원심 변론종결 이후인 2017. 9. 10. 조합원총회에서 전체 조합원 1,294명 중 1,078명의 찬성(찬성률 83.30%)으로 이 사건 상가의 소유자인 조합원들의 종전 자산 중 아파트 재건축에 사용된 대지 지분을 같은 조합원들이 '출자'한 것으로 보아 개발이익 및 이를 토대로 한 비례율, 권리가액, 조합원 분담금을 다시 산정하여 이 사건 관리처분계획을 변경하는 내용의 결의를 하였다.
(2) 새롭게 변경된 관리처분계획에서는 이 사건 관리처분계획과 비교하여 아파트 사업부분의 개발이익이 7,704,960,000원 정도 줄어드는 반면 상가 사업부분의 개발이익이 같은 금액만큼 증가하였고, 아파트 사업부분의 비례율이 116.77%에서 115.89%로 감소하는 반면, 상가 사업부분의 비례율이 118.37%에서 146.58%로 증가하였으며, 아파트 사업부분의 무상지분율이 140.44%에서 139.39%로 감소하고, 상가 사업부분의 무상지분율이 139.39%에서 286.81%로 증가하였다.
(3) 원심에서 이 사건 관리처분계획이 위법하다는 취지의 항소기각 판결이 선고된 후 피고의 신청에 따라 과천시장은 2017. 11. 14. 새롭게 수립된 관리처분계획에 대하여 변경인가처분을 하였다.
(4) 피고는 상고심에 이르러서 위와 같은 관리처분계획 변경인가로 인해 이 사건 관리처분계획을 다툴 이익이 소멸하였다고 주장하면서, 이를 뒷받침하는 관련 자료를 제출하였다.

3. 이러한 사실관계를 앞서 본 법리에 따라 살펴볼 때, 피고가 총회 결의를 거쳐 관리처분계획을 변경한 다음 과천시장으로부터 변경인가를 받았고, 그 변경된 관리처분계획이 피고의 주장과 같이 이 사건 관리처분계획의 주요 부분을 실질적으로 변경하는 내용이어서 새로운 관리처분계획에 해당한다면, 달리 특별한 사정이 없는 한 이 사건 관리처분계획은 이미 효력을 상실한 과거의 법률관계에 불과하여 더 이상 그 무효확인 또는 취소를 구할 법률상 이익이 없고, 그에 따라 이 사건 소가 부적법하게 되었다고 볼 여지가 있다.

4. 그렇다면 이 사건은 과연 피고의 주장과 같이 이 사건 관리처분계획이 원심 변론종결 후에 변경인가처분으로 인하여 효력을 상실함으로써 더 이상 그 효력을 다툴 법률상 이익이 없게 되었는지 여부 등을 새롭게 따져보아야 할 필요가 있다.

(9) 관리처분계획을 수립할 때에 의결한 정비사업비가 조합원들의 이해관계에 중대한 영향을 미칠 정도로 실질적으로 변경된 경우에 해당하는지를 판단할 경우에는, 조합설립에 관한 동의서 기재 건축물 철거 및 신축비용 개산액과 바로 비교할 것이 아니라, 먼저 사업시행계획 시에 조합원들의 동의를 거친 정비사업비가 조합설립에 관한 동의서 기재 건축물 철거 및 신축비용 개산액과 비교하여 조합원들의 이해관계에 중대한 영향을 미칠 정도로 실질적으로 변경된 경우에 해당하는지를 판단하고, 다음으로 관리처분계획안에서 의결한 정비사업비가 사업시행계획 시에 조합원들의 동의를 거친 정비사업비와 비교하여 조합원들의 이해관계에 중대한 영향을 미칠 정도로 실질적으로 변경된 경우에 해당하는지를 판단하여야 할 것이다(대법원 2014. 6. 12. 선고 2012두28520 판결, 대법원 2014. 8. 20. 선고 2012두5572 판결).

(10) 비교적 장기간에 걸쳐서 진행되는 정비사업의 특성을 감안하더라도 법 제74조 제1항 제5호의 '사업시행계획인가 고시가 있는 날'이란 '최초 사업시행계획인가 고시일'을 의미하는 것으로 봄이 타당하고, 따라서 최초 사업시행계획의 주요 부분을 실질적으로 변경하는 사업시행계획 변경인가가 있었다고 하더라도 특별한 사정이 없는 한 최초 사업시행계획 인가 고시일을 기준으로 평가한 종전자산가격을 기초로 하여 수립된 관리처분계획이, 종전자산의 면적·이용상황·환경 등을 종합적으로 고려하여 대지 또는 건축물이 균형있게 분양신청자에게 배분되도록 정한 법 제76조 제1항 제1호에 위반된다고 볼 수 없다(대법원 2015. 10. 29. 선고 2014두13294 판결, 대법원 2015. 11. 26. 선고 2014두15528 판결,[14] 대법원 2016. 2. 18. 선고 2015두2048 판결).

---

14) 위 대법원 판결은 판단근거를 다음과 같이 제시하고 있다. "구 도시 및 주거환경정비법 (2012. 2. 1. 법률 제11293호로 개정되기 전의 것, 이하 '구 도시정비법'이라고 한다) 제48조 제1항 제4호, 제2항 제1호, 제5항 제1호, 제6항의 문언·취지·체계 등에 더하여, ① 구 도시정비법에 따른 재개발·재건축 등 정비사업은 정비구역 내의 토지등소유자가 종전자산을 출자하고 공사비 등을 투입하여 공동주택 등을 건설한 후 조합원에게 배분하고 남는 공동주택 등을 일반에게 분양하여 발생한 개발이익을 조합원들 사이의 출자비율에 따라 나누어 가지는 사업으로서, 관리처분계획의 내용으로서의 분양대상자별 종전의 토지 또는 건축물의 명세 및 사업시행인가의 고시가 있는 날을 기준으로 한 가격(사업시행인가 전에 제48조의2 제2항에 따라 철거된 건축물의 경우에는 시장·군수에게 허가받은 날을 기준으로 한 가격, 이하 '종전자산가격'이라고 한다) 평가는 조합원들 사이의 상대적 출자 비율을 정하기 위한 것인 점, ② 구 도시정비법 제48조 제1항 제4호가 원칙적으로 사업시행인가 고시일을 기준으로 종전자산가격을 평가하도록 하면서, 구 도시정비법 제48조의2 제2항에 따라 철거된 건축물은 시장·군수에게 허가받

(11) 종전의 조합설립인가처분이 당연무효이거나 취소되는 경우에는 종전의 조합설립인가처분이 유효함을 전제로 수립·인가된 관리처분계획은 소급하여 효력을 잃는다(대법원 2012. 12. 13. 선고 2011두21010 판결, 대법원 2012. 12. 27. 선고 2011두19680 판결, 대법원 2014. 5. 16. 선고 2011두27094 판결, 대법원 2016. 12. 15. 선고 2015두51347 판결 등).

따라서 조합은 조합설립변경인가처분을 받기 전에 수립·인가된 종전의 관리처분계획에 따라 정비사업을 진행할 수는 없고, 도시정비법령이 정한 요건과 절차에 따라 관리처분계획을 새롭게 수립하여 인가를 받아야 한다(대법원 2016. 12. 15. 선고 2015두51309 판결, 대법원 2016. 12. 15. 선고 2015두51347 판결).

이때 조합은 도시정비법이 규정하고 있는 분양신청 통지·공고 등의 절차를 다시 밟거나 분양신청 대상자들(종전 분양신청 절차에서 분양신청을 한 사람들과 이때에는 분양신청을 하지 않았지만 조합원 지위를 상실하지 않은 자를 포함한다. 이하 같다)의 분양신청에 관한 의사를 개별적으로 확인하여 그 분양신청 현황을 기초로 관리처분계획을 수립하여야 하고, 조합이 이러한 절차를 밟지 않고 종전 분양신청 현황에 따라 관리처분계획을 수립하였다면 그 관리처분계획은 위법하다(위 대법원 2015두51309 판결, 위 대법원 2015두51347 판결).

다만, 종전의 분양신청 현황을 기초로 했다고 하더라도 새로운 관리처분계획 수립 당시 토지등소유자의 분양신청 현황을 기초로 관리처분계획을 수립했다고 평가할 수 있는 예외적인 경우, 즉 ① '분양의 대상이 되는 대지 또는 건축물의 내역', '개략적인 분담금의 내역' 등 법령이 분양신청 통지에 포함시키도록 한 사항 등에 관하여 새로운 사업시행계획과 종전 사업시행계획 사이에 실질적

---

은 날을 기준으로 평가하도록 하고 있을 뿐, 사업시행계획이 변경된 경우 종전자산가격 평가를 새로 해야 한다는 내용의 규정을 두고 있지 않은 것은, 평가시점에 따라 종전자산가격이 달라질 경우 발생할 수 있는 분쟁을 방지하기 위하여 종전자산의 가격 평가 시점을 획일적으로 정하기 위한 것인 점, ③ 사업시행계획의 변경이 필연적으로 종전자산의 가격에 영향을 미쳐 평가를 변경인가 고시일을 기준으로 새로 해야 한다고 볼 수도 없는 점, ④ 최초 사업시행계획의 주요 부분에 해당하는 공동주택의 면적, 세대수 및 세대별 면적 등이 실질적으로 변경되어 최초 사업시행계획이 효력을 상실한다고 하더라도, 이는 사업시행계획 변경시점을 기준으로 최초 사업시행계획이 장래를 향하여 실효되었다는 의미일 뿐, 이전에 이루어진 종전자산가격 평가에 어떠한 영향을 미친다고 볼 수 없는 점 등에 비추어 보면, 비교적 장기간에 걸쳐서 진행되는 정비사업의 특성에 비추어 보더라도 구 도시정비법 제48조 제1항 제4호가 정한 '사업시행인가 고시일'이란 문언 그대로 '최초 사업시행계획 인가 고시일'을 의미한다."

으로 변경된 내용이 없고, ② 사업의 성격이나 규모 등에 비추어 두 사업시행계획 인가일 사이의 시간적 간격이 지나치게 크지 않으며, ③ 분양신청 대상자들 중 종전 분양신청을 철회·변경하겠다거나 새롭게 분양신청을 희망한다는 의사를 조합에 밝힌 사람이 실제 있지 않은 경우 등에는, 종전의 분양신청 현황을 기초로 새로운 관리처분계획을 수립하는 것도 허용된다(위 대법원 2015두51309 판결, 위 대법원 2015두51347 판결).

　(12) 법률에 근거하여 행정처분이 발하여진 후에 헌법재판소가 그 행정처분의 근거가 된 법률을 위헌으로 결정하였다면 결과적으로 위 행정처분은 법률의 근거가 없이 행하여진 것과 마찬가지가 되어 하자가 있는 것이 된다고 할 것이다.

　그러나 하자 있는 행정처분이 당연무효가 되기 위하여는 그 하자가 중대할 뿐만 아니라 명백한 것이어야 하는데, 일반적으로 법률이 헌법에 위반된다는 사정이 헌법재판소의 위헌결정이 있기 전에는 객관적으로 명백한 것이라고 할 수는 없으므로 헌법재판소의 위헌결정 전에 행정처분의 근거되는 당해 법률이 헌법에 위반된다는 사유는 특별한 사정이 없는 한 그 행정처분의 취소소송의 전제가 될 수 있을 뿐 당연무효 사유는 아니라고 봄이 상당하다. 그리고 이처럼 위헌인 법률에 근거한 행정처분이 당연무효인지의 여부는 위헌결정의 소급효와는 별개의 문제로서, 위헌결정의 소급효가 인정된다고 하여 위헌인 법률에 근거한 행정처분이 당연무효가 된다고는 할 수 없고 오히려 이미 취소소송의 제기기간을 경과하여 확정력이 발생한 행정처분에는 위헌결정의 소급효가 미치지 않는다고 보아야 할 것이다(대법원 1994. 10. 28. 선고 92누9463 판결, 대법원 2002. 11. 8. 선고 2001두3181 판결 등).

　이러한 법리에 비추어 보면, 사업시행계획인가처분 후 그 근거 규정인 구 도시정비법(2009. 2. 6. 법률 제9444호로 개정되기 전의 것) 제28조 제5항 본문의 '사업시행자' 중 제8조 제3항에 따라 도시환경정비사업을 토지등소유자가 시행하는 경우 '정관등이 정하는 바에 따라' 부분에 대하여 헌법에 위반된다는 위헌결정이 있었다고 하더라도(헌법재판소 2012. 4. 24. 선고 2010헌바1 결정), 그와 같이 헌법에 위반된다는 사유는 특별한 사정이 없는 한 사업시행계획인가처분의 취소소송의 전제가 될 수 있을 뿐 당연무효 사유가 될 수는 없고, 사업시행계획인가처분에 대하여 취소소송의 제기기간이 경과하여 확정력이 발생한 이상 위헌결정의 소급효가 미치지 않는다고 할 것이므로, 결국 위와 같은 위헌결정이 관리처분계획에 대한 취소사유가 될 수는 없다고 할 것이다(대법원 2014. 3. 27. 선고 2011두24057 판결).

(13) 법인인 조합에 부과된 개발부담금을 조합원들에게 어떻게 분담하게 하는가는 정관 기타 규약에 따라 조합원총회 등에서 조합의 자산과 부채를 정산하여 조합원들이 납부하여야 할 금액을 결정하고 이를 조합원에게 분담시키는 결의를 하였을 때 비로소 확정적으로 발생하는 것이므로 이러한 결의 등의 절차 없이 구청장이 분담금을 임의로 확정하여 이에 대한 국세징수법상의 채권압류통지를 하였다 하여도 조합원들에게 압류의 효력이 미치지 아니한다(대법원 1998. 10. 27 선고 98다18414 판결).

(14) 보류시설은 조합의 사업수행과정에서의 예상치 못한 추가수요에 대비하기 위하여 지정하여 두는 것이고, 다만 조합이 그 목적 사업을 대부분 완료한 상태에서 조합장 등이 조합에 기여한 공로를 보상하는 차원에서 다소간의 시세차익을 볼 수 있도록 조합장 등에게 보류시설을 관리처분계획에서 예정한 가격으로 분양하여 준다고 하더라도 그것이 당초 보류시설의 지정 취지에 크게 어긋나는 것이라고 할 것은 아니지만(대법원 2005. 8. 19. 선고 2003도6672 판결 등), 그와 같이 공로에 대한 보상을 하는 경우에도 보류시설을 무상으로 취득하도록 하는 것은 조합에 귀속되어야 할 수익을 감소시켜 조합에 손해를 가하는 것으로서 허용될 수 없다고 할 것이다(대법원 2006. 11. 23. 선고 2006도6053 판결[15])).

## 2. 관리처분계획인가의 시기 조정

특별시장·광역시장 또는 도지사는 정비사업의 시행으로 정비구역 주변 지역에 주택이 현저하게 부족하거나 주택시장이 불안정하게 되는 등 특별시·광역시 또는 도의 조례로 정하는 사유가 발생하는 경우에는 주거기본법 제9조에

---

15) 다만 위 대법원 2006도6053 판결은 조합의 조합장인 피고인이 조합장으로서의 공로에 대한 보상으로 보류시설 아파트 2채 중 1채를 무상취득하였으나 나머지 아파트 1채를 2채의 처분예정가 합계액 이상으로 처분하여 그 대금으로 시공사에 대한 공사대금채무를 변제함으로써 결국 조합에 그 수익이 귀속되는 등의 사정에 비추어 피고인에게 배임의 범의가 있었다고 볼 수 없다고 보았다.

따른 시·도 주거정책심의위원회의 심의를 거쳐 관리처분계획인가의 시기를 조정하도록 해당 시장, 군수 또는 구청장에게 요청할 수 있다. 이 경우 요청을 받은 시장, 군수 또는 구청장은 특별한 사유가 없으면 그 요청에 따라야 하며, 관리처분계획인가의 조정 시기는 인가를 신청한 날부터 1년을 넘을 수 없다(법 제75조 제1항).

특별자치시장 및 특별자치도지사는 정비사업의 시행으로 정비구역 주변 지역에 주택이 현저하게 부족하거나 주택시장이 불안정하게 되는 등 특별자치시 및 특별자치도의 조례로 정하는 사유가 발생하는 경우에는 주거기본법 제9조에 따른 시·도 주거정책심의위원회의 심의를 거쳐 관리처분계획인가의 시기를 조정할 수 있다. 이 경우 관리처분계획인가의 조정 시기는 인가를 신청한 날부터 1년을 넘을 수 없다(법 제75조 제2항).

위와 같은 관리처분계획인가의 시기 조정의 방법 및 절차 등에 필요한 사항은 특별시·광역시·특별자치시·도 또는 특별자치도의 조례로 정한다(법 제75조 제3항).

# 3. 관리처분계획의 수립기준

## 가. 개관

(1) 관리처분계획의 내용은 다음 각 호의 기준에 따른다(법 제76조 제1항).

1. 종전의 토지 또는 건축물의 면적·이용 상황·환경, 그 밖의 사항을 종합적으로 고려하여 대지 또는 건축물이 균형 있게 분양신청자에게 배분되고 합리적으로 이용되도록 한다.
2. 지나치게 좁거나 넓은 토지 또는 건축물은 넓히거나 좁혀 대지 또는 건축물이 적정 규모가 되도록 한다.
3. 너무 좁은 토지 또는 건축물이나 정비구역 지정 후 분할된 토지를 취득한 자에게는 현금으로 청산할 수 있다.
4. 재해 또는 위생상의 위해를 방지하기 위하여 토지의 규모를 조정할 특별

한 필요가 있는 때에는 너무 좁은 토지를 넓혀 토지를 갈음하여 보상을 하거나 건축물의 일부와 그 건축물이 있는 대지의 공유지분을 교부할 수 있다.

5. 분양설계에 관한 계획은 법 제72조에 따른 분양신청기간이 만료하는 날을 기준으로 하여 수립한다.

6. 1세대 또는 1명이 하나 이상의 주택 또는 토지를 소유한 경우 1주택을 공급하고, 같은 세대에 속하지 아니하는 2명 이상이 1주택 또는 1토지를 공유한 경우에는 1주택만 공급한다.

7. 제6호에도 불구하고 다음 각 목의 경우에는 각 목의 방법에 따라 주택을 공급할 수 있다.

　가. 2명 이상이 1토지를 공유한 경우로서 시·도조례로 주택공급을 따로 정하고 있는 경우에는 시·도조례로 정하는 바에 따라 주택을 공급할 수 있다.

　나. 다음 어느 하나에 해당하는 토지등소유자에게는 소유한 주택 수만큼 공급할 수 있다.

　　1) 과밀억제권역에 위치하지 아니한 재건축사업의 토지등소유자. 다만, 투기과열지구 또는 주택법 제63조의2 제1항 제1호에 따라 지정된 조정대상지역에서 사업시행계획인가(최초 사업시행계획인가를 말한다)를 신청하는 재건축사업의 토지등소유자는 제외한다.

　　2) 근로자(공무원인 근로자를 포함한다) 숙소, 기숙사 용도로 주택을 소유하고 있는 토지등소유자

　　3) 국가, 지방자치단체 및 토지주택공사등

　　4) 국가균형발전 특별법 제18조에 따른 공공기관지방이전 및 혁신도시 활성화를 위한 시책 등에 따라 이전하는 공공기관이 소유한 주택을 양수한 자[16)]

　다. 법 제74조 제1항 제5호에 따른 가격의 범위 또는 종전 주택의 주거전용면적의 범위에서 2주택을 공급할 수 있고, 이 중 1주택은 주거전용면적을 60제곱미터 이하로 한다. 다만, 60제곱미터 이하로 공급

---

16) 법률 제14567호(2017. 2. 8.) 부칙 제2조의 규정에 의하여 법 제74조 제1항 제7호 나목 4)는 2018년 1월 26일까지 유효하다.

받은 1주택은 법 제86조 제2항에 따른 이전고시일 다음 날부터 3년
이 지나기 전에는 주택을 전매(매매·증여나 그 밖에 권리의 변동을 수
반하는 모든 행위를 포함하되 상속의 경우는 제외한다)하거나 전매를 알
선할 수 없다.
라. 과밀억제권역에 위치한 재건축사업의 경우에는 토지등소유자가 소유
한 주택수의 범위에서 3주택까지 공급할 수 있다. 다만, 투기과열지
구 또는 주택법 제63조의2 제1항 제1호에 따라 지정된 조정대상지역
에서 사업시행계획인가(최초 사업시행계획인가를 말한다)를 신청하는
재건축사업의 경우에는 그러하지 아니하다.

(2) 정비사업을 통하여 분양받을 건축물이 다음 각 호의 어느 하나에 해당
하는 경우에는 법 제16조 제2항 전단에 따른 고시가 있은 날 또는 시·도지사가
투기를 억제하기 위하여 기본계획 수립 후 정비구역 지정·고시 전에 따로 정하
는 날(이하 "기준일")의 다음 날을 기준으로 건축물을 분양받을 권리를 산정한다
(법 제77조 제1항).

1. 1필지의 토지가 여러 개의 필지로 분할되는 경우
2. 단독주택 또는 다가구주택이 다세대주택으로 전환되는 경우
3. 하나의 대지 범위에 속하는 동일인 소유의 토지와 주택 등 건축물을 토
   지와 주택 등 건축물로 각각 분리하여 소유하는 경우
4. 나대지에 건축물을 새로 건축하거나 기존 건축물을 철거하고 다세대주
   택, 그 밖의 공동주택을 건축하여 토지등소유자의 수가 증가하는 경우

시·도지사는 위와 같이 기준일을 따로 정하는 경우에는 기준일·지정사유·
건축물을 분양받을 권리의 산정 기준 등을 해당 지방자치단체의 공보에 고시하
여야 한다(법 제77조 제2항).

## 나. 관련 법리

(1) 법 제76조 제1항 제1호는 관리처분계획의 기준의 하나로 종전의 토지

또는 건축물의 면적·이용상황·환경 그 밖의 사항을 종합적으로 고려하여 대지 또는 건축물이 균형 있게 분양신청자에게 배분되고 합리적으로 이용되도록 할 것을 규정하고 있다.

그런데 재개발사업(구 도시환경정비사업)은 상업지역·공업지역 등에서 도시기능의 회복 및 상권활성화 등을 위하여 도시환경을 개선하기 위하여 시행하는 것으로서 다수의 이해관계가 상충되어 토지등소유자들의 개별적이고 구체적인 이익 전부를 만족시킬 수는 없는 것이고, 위 사업에서의 관리처분계획은 사업을 시행함에 있어 반드시 수립하여야 하는 법률이 정한 행정계획으로서 토지등소유자의 지위나 권리·의무의 인정 자체에 관하여는 재량의 여지가 없다고 하겠지만, 그 구체적인 내용의 수립에 관하여는 이른바 계획재량행위에 해당하여 상당한 재량이 인정된다고 할 것이다.

따라서 적법하게 인가된 관리처분계획이 종전의 토지 또는 건축물의 면적·이용상황·환경 그 밖의 사항을 종합적으로 고려하여 대지 또는 건축물이 균형 있게 분양신청자에게 배분되고 합리적으로 이용되도록 하는 것인 이상, 그로 인하여 토지등소유자들 사이에 다소 불균형이 초래된다고 하더라도 그것이 특정 토지등소유자의 재산권을 본질적으로 침해하는 것이 아닌 한, 이에 따른 손익관계는 종전자산과 종후자산의 적정한 평가 등을 통하여 청산금을 가감함으로써 조정될 것이므로, 그러한 사정만으로 그 관리처분계획을 위법하다고 볼 수는 없다(대법원 2010. 10. 28. 선고 2009두4029 판결, 대법원 2014. 3. 27. 선고 2011두 24057 판결).

(2) 토지 또는 건축물의 소유권 등이 수인의 공유에 속하는 때에는 수인을 대표하는 1인을 조합원으로 보아 공유하는 토지 또는 건축물에 대하여 하나의 주택만을 공급하는 것이 원칙이고, 따라서 사업시행방식이 전환되었을 때에도 '종전의 건축물 중 주택(주거용으로 사용하고 있는 특정무허가건축물 중 조합정관 등에서 정한 건축물 포함)을 소유한 자' 대신 '전환되기 전의 사업방식에 따라 환지를 지정받은 자'를 조합원 및 분양대상자로 정하는 경우에는 하나의 환지를 지정받은 수인을 대표하는 1인을 조합원으로 보고 환지예정지에 대하여 하나의 공동주택만을 공급하는 것을 원칙으로 하되, 환지면적의 크기나 공동환지 여부에 관계없이 환지를 지정받은 자 전부를 각각 단독의 분양대상자로 정할 수도 있는 것으로 해석할 수 있다(대법원 2014. 10. 27. 선고 2014두8179 판결).

(3) 시행령 제63조 제2항은 "재건축사업의 경우 법 제74조 제4항에 따른 관리처분은 다음 각 호의 방법에 따른다. 다만, 조합이 조합원 전원의 동의를 받아 그 기준을 따로 정하는 경우에는 그에 따른다."고 정하고 있다. 그러므로 재건축사업의 관리처분기준은 원칙적으로 시행령 제63조 제2항 각 호에 의하되, 조합원 전원의 동의가 있는 경우에 한하여 위 각 호와 다른 내용의 기준을 정할 수 있다고 할 것이다(대법원 2010. 3. 25.자 2009무165 결정).

만일 조합이 수립한 관리처분계획이 시행령 제63조 제2항 각 호에 위배되고, 그에 대하여 조합원 전원의 동의를 받은 사실이 없다면, 위 관리처분계획은 무효이고 조합원은 위 관리처분계획이 확정됨으로 인하여 생길 회복하기 어려운 손해를 예방하기 위하여 위 관리처분계획의 효력을 정지할 긴급한 필요가 있다고 할 것이다(위 대법원 2009무165 결정[17]).

한편 앞서 본 시행령 제52조 제2항에서 정하는 '각 호'의 하나로 그 제1호는 "제1항 제5호 및 제6호의 규정을 적용할 것"이라고 정하고 있고, 여기서의 제1항 제6호는 "1필지의 대지 위에 2인 이상에게 분양될 건축물이 설치된 경우에는 건축물의 분양면적의 비율에 의하여 그 대지소유권이 주어지도록 할 것. 이 경우 토지의 소유관계는 공유로 한다."고 정하고 있다. 따라서 건축물의 분양면적 비율에 따라 대지소유권을 부여한다는 기준은 시·도조례로써는 이를 달리 정할 수 없다고 할 것이다(위 대법원 2009무165 결정).

(4) 도시정비법은 관리처분계획의 수립 등을 조합원총회의 결의에 의하도록 규정하고 있으므로(법 제45조 제1항 제10호), 재건축조합이 조합원의 신탁을 원인으로 한 소유권이전등기 미이행을 이유로 해당 조합원의 분양신청권을 제한하려면 분양신청이 이루어지기 전에 미리 조합원총회의 결의를 거쳐야 하고, 분양신청이 종료된 후에 그 권리를 소급하여 제한할 수는 없다고 할 것이다(대법원 2008. 2. 15. 선고 2006다77272 판결).

(5) 재건축조합이 신축아파트 배정에서 우선배정권이 있는 조합원을 배제하고 동·호수 추첨을 마친 후 남은 세대를 위 조합원에게 배정한 경우, 그 동·호수 추첨 절차는 중대한 하자가 있어 무효이고, 위 조합원은 그 무효확인을 구할 이익이 있으며, 평형 우선배정권이 있는 조합원의 청구에 따라 재건축조합

---

17) 위 대법원결정은 조합이 시행령 제63조 제2항 제1호, 제1항 제6호를 위반하여 전유면적에 따라 대지소유권이 부여되도록 한 상가관리처분계획을 무효로 보았다.

의 신축아파트 배정을 위한 동·호수 추첨 및 배정이 무효로 확인될 경우 나머지 평형의 배정도 일부씩 순차 변경이 불가피하다면, 모든 동·호수에 대한 추첨 및 배정 등이 무효이고, 위 조합원은 그 전부의 무효확인을 구할 수 있다(위 대법원 2006다77272 판결).

다만, 재건축조합의 신축아파트 배정을 위한 동·호수 추첨 절차에 하자가 있다고 주장하면서 그 무효를 다투던 조합원이 재건축조합과의 사이에 그 동·호수 추첨으로 배정받은 아파트를 포기하고 일반 분양분으로 예정되어 있던 아파트를 배정받기로 하는 별도의 약정을 하였다면, 특별한 사정이 없는 한 그 조합원은 더 이상 재건축조합의 동·호수 추첨 등의 무효확인을 구할 소의 이익이 없다고 할 것이다(위 대법원 2006다77272 판결).

한편, 재건축조합이 총회에서 조합의 재건축사업에 반대한 조합원들에게 신축아파트 추첨권을 주지 않기로 한 결의와 신축아파트를 배정함에 있어 위 조합원들을 제외하고 나머지 조합원들에 대하여, 그 방법도 공개추첨에 의하지 아니하고 조합원들이 입주를 희망하는 아파트의 동, 층, 호수를 임의로 선택하여 지정하도록 한 결의는 조합원의 기본적 권리를 침해한 것으로서 무효라고 볼 것이다(대법원 1999. 3. 9. 선고 98다60118 판결).

### (6) 용도지역이 변경된 경우의 종전자산평가 - 대법원 2012. 2. 23. 선고 2010두19782 판결

원심은, 그 채택 증거에 의하여 이 사건 정비구역이 도시환경정비구역으로 지정된 날에 그중 일부 구역에 대한 용도지역이 제3종 일반주거지역에서 일반상업지역으로 변경되었고 그 후 이 사건 사업시행인가가 고시된 사실, 이 사건 감정평가법인들은 용도지역이 변경된 일부 구역에 대하여 감정평가를 실시함에 있어 이 사건 정비구역 외의 인근지역에 위치하고 있는 변경 전 용도지역과 동일한 용도지역의 표준지를 기준으로 하여 이 사건 정비구역 내 부동산의 매매사례와 보상선례 등 기타요인을 참작하였고, 피고는 조합 총회에서 위와 같은 감정평가결과에 따라 수립된 이 사건 관리처분계획을 의결한 사실 등 판시와 같은 사실을 인정한 다음, ① 이 사건 관리처분계획에서 이 사건 정비구역 중 일부 구역에 관하여 제3종 일반주거지역의 표준지를 기준으로 감정평가를 실시한 것은 표준지의 선정에 관하여 종전 용도지역에 따른 것일 뿐 감정평가 기준일은 여전히 이 사건 사업시행인가 고시일이고, 이와 같이 종전의 용도지역과 동일한 표준지를 기준으로 감정평가를 실시한 것은 이 사건 사업의 시행으로 인한 용도지역의 변화 등 가격변동에 미치는 영향을 배제함으로써 이 사건 정비구역의 종전 자산에 대한 평가가 균형있게 이루어지도록 하기 위한 것으로서 종전 자산 평가에 관한 관리처분계획의 기준에 합치되고 관련 법규상 기준에 위반되지 않으며, ② 종전 자산의 평가가 자산의 가치에 영향을 미치는 각종 요소들을 종합하여 사업시행인가 고시일을 기준으로 이루어진 이상 이 사건 감정평가법인들이 수집한 매매사례 또는 보상선례에 이 사건 사업시행인가 고시일로부터 1년 전의 사례가 일부 포함되어 있다고 하더라도 이를 위법하다고 할 수 없다고 판단하였다.

이 사건 정비구역 중 일부 구역에 대한 용도지역이 변경된 것은 이 사건 사업의 시행을 직접 목적으로 한 것으로서 앞서 본 규정에 비추어 변경 전의 용도지역을 기준으로 종전 자산을 평가한 감정평가결과에 따라 관리처분계획을 수립하는 것이 조합원들 사이의 형평에 부합한다고 보이는 점 등 기록에 나타난 사정을 종합해 보면, 원심이 위와 같이 판단한 조치는 정당한 것으로 수긍할 수 있고, 거기에 상고이유로 주장하는 바와 같이 논리와 경험의 법칙에 위배하여 자유심증주의의 한계를 벗어나 사실을 잘못 인정하거나 필요한 심리를 다하지 아니한 나머지 종전 자산에 대한 감정평가 방법과 표준지 선정 및 매매사례와 보상선례의 선정에 관한 법리를 오해하는 등의 위법이 없다.

(7) 건축물 철거비가 조합이 정비사업 시행을 위하여 부담하여야 할 비용이기는 하나, 조합 정관이 건축물 소유자가 건축물을 자진 철거하는 것을 원칙으로 하고, 조합에게 철거를 위탁한 경우에는 철거비용을 조합원별 부담금으로 하여 관리처분계획시 청산하도록 규정하고 있는 경우, 관리처분계획에서 건축물 소유 여부와 관계없이 모든 조합원들로 하여금 일률적으로 철거비용을 분담하도록 정한 것은 정관에 위배된 것으로서 위법하다.

이러한 관리처분계획의 일부 취소로 인하여 정비사업의 진행에 심각한 차질이 초래된다거나, 또는 다른 조합원들로 하여금 부당하게 많은 손해를 입게 하는 등 현저하게 공공복리에 적합하지 않은 결과가 발생할 것이라는 점이 인정되지 않는 한 법원이 사정판결을 하지 않은 것이 위법하다고 볼 수는 없다(대법원 2007. 2. 8. 선고 2004두7658 판결).

(8) 주택법 제38조의2는 '사업주체가 제38조의 규정에 따라 일반에게 공급

하는 공동주택에 분양가 상한제가 적용된다'고 규정하는 반면, 구 도시정비법 제50조 제2항은 '주택법 제38조에 불구하고 입주자 모집조건 등에 관하여 시장·군수의 승인을 얻어 사업시행자가 이를 따로 정할 수 있다'고 규정하고, 다만 같은 법 제50조 제5항에서 사업시행자가 토지등소유자에게 주택을 공급하고 남은 주택에 대하여 공급대상자 외의 자에게 공급할 경우에는 주택의 공급방법·절차 등에 관하여 주택법 제38조를 준용하도록 규정하고 있다.

이러한 법령의 내용에 더하여 주거환경개선사업에 대하여는 사업시행비용 보조 등의 다양한 혜택이 부여되어 당해 사업으로 인하여 건설되는 주택의 분양가격은 주택건설업자가 그러한 보조 등이 없이 일반적으로 책정하게 되는 분양가보다 낮아질 뿐만 아니라, 구 도시정비법 제50조 제2항에 의하여 시장·군수의 승인을 얻어 책정되므로 분양가가 과도하게 책정될 우려가 크지 않다는 사정을 종합하여 보면, 구 도시정비법상의 사업시행자는 토지등소유자 등의 공급대상자에 대하여는 주택법 제38조가 아닌 구 도시정비법 제50조 제2항에 따라 주택을 공급하고, 공급하고 남은 주택이 있어 구 도시정비법 제50조 제5항에 따라 공급대상자 외의 일반인들에게 공급하는 경우에 주택법 제38조를 준용하게 되므로, 일반인에게 공급된 공동주택에 대하여만 주택법 제38조의2에 따른 분양가 상한제가 적용된다고 보아야 한다(대법원 2013. 9. 13. 선고 2013다 200322 판결).

## 4. 건축물 등의 사용·수익의 중지와 철거

(1) 종전의 토지 또는 건축물의 소유자·지상권자·전세권자·임차권자 등 권리자는 법 제78조 제4항에 따른 관리처분계획인가의 고시가 있은 때에는 법 제86조에 따른 이전고시가 있는 날까지 종전의 토지 또는 건축물을 사용하거나 수익할 수 없다. 다만, 다음 각 호의 어느 하나에 해당하는 경우에는 그러하지 아니하다(법 제81조 제1항).[18]

---

18) 법 제81조 제6항 단서는 관리처분계획의 인가·고시에도 불구하고 권리자의 사용·수익이 정지되지 않도록 하는 예외를 두고 있는데, 이는 사업시행에 지장이 없거나 사업시행으로 인하여 소유권 등 권리를 상실하는 권리자가 주거공간을 인도하기 전에 손실보상을 받을 수 있도록 법적으로 보장함으로써 사업시행자와 권리자의 이해관계를 조정

1. 사업시행자의 동의를 받은 경우
2. 토지보상법에 따른 손실보상이 완료되지 아니한 경우

사업시행자는 법 제74조 제1항에 따른 관리처분계획인가를 받은 후 기존의 건축물을 철거하여야 한다(법 제81조 제2항).

사업시행자는 다음 각 호의 어느 하나에 해당하는 경우에는 법 제81조 제2항에도 불구하고 기존 건축물 소유자의 동의 및 시장·군수등의 허가를 받아 해당 건축물을 철거할 수 있다. 이 경우 건축물의 철거는 토지등소유자로서의 권리·의무에 영향을 주지 아니한다(법 제81조 제3항).

1. 「재난 및 안전관리 기본법」·주택법·건축법 등 관계 법령에서 정하는 기존 건축물의 붕괴 등 안전사고의 우려가 있는 경우
2. 폐공가(廢空家)의 밀집으로 범죄발생의 우려가 있는 경우

시장·군수등은 사업시행자가 법 제81조 제2항에 따라 기존의 건축물을 철거하는 경우 다음 각 호의 어느 하나에 해당하는 시기에는 건축물의 철거를 제한할 수 있다(법 제81조 제4항).

1. 일출 전과 일몰 후
2. 호우, 대설, 폭풍해일, 지진해일, 태풍, 강풍, 풍랑, 한파 등으로 해당 지역에 중대한 재해발생이 예상되어 기상청장이 기상법 제13조에 따라 특보를 발표한 때
3. 「재난 및 안전관리 기본법」 제3조에 따른 재난이 발생한 때
4. 제1호부터 제3호까지의 규정에 준하는 시기로 시장·군수등이 인정하는 시기

(2) 법 제81조 제1항 단서는 법 제63조에 따라 사업시행자에게 토지보상법상 정비구역 안의 토지 등을 수용 또는 사용할 권한이 부여된 정비사업에 제한

---

하고, 소유자 등 권리자의 재산권에 대한 손실을 보전하고 안정적인 주거 이전을 확보함에 그 취지가 있다(헌법재판소 2014. 7. 24. 선고 2012헌마662 결정).

적으로 적용되고, 그 권한이 부여되지 아니한 재건축사업에는 적용될 수 없다 할 것이다(대법원 2014. 7. 24. 선고 2012다62561,62578 판결).

(3) 재개발사업의 사업시행자가 공사에 착수하기 위하여 조합원이 아닌 현금청산 대상자로부터 그 소유의 정비구역 내 토지 또는 건축물을 인도받기 위해서는 관리처분계획이 인가·고시된 것만으로는 부족하고 도시정비법이 정하는 바에 따라 협의 또는 수용절차를 거쳐야 하며, 협의 또는 수용절차를 거치지 아니한 때에는 법 제81조 제1항의 규정에도 불구하고 현금청산 대상자를 상대로 토지 또는 건축물의 인도를 구할 수 없다고 보는 것이 국민의 재산권을 보장하는 헌법합치적 해석이라고 할 것이다.

조합과 현금청산 대상자 사이에 청산금에 관한 협의가 성립된다면 조합의 청산금 지급의무와 현금청산 대상자의 토지 등 부동산 인도의무는 특별한 사정이 없는 한 동시이행의 관계에 있게 되고, 수용절차에 의할 때에는 부동산 인도에 앞서 청산금 등의 지급절차가 이루어져야 할 것이다(대법원 2011. 7. 28. 선고 2008다78415 판결, 대법원 2011. 7. 28. 선고 2008다91364 판결, 대법원 2020. 7. 23. 선고 2019두46411 판결).

종전의 토지 등의 소유자가 청산금을 지급받는 등의 이유로 부동산 인도의무를 부담함에도, 재개발조합을 상대로 조합설립인가처분 등의 효력을 다투면서 재개발조합에 부동산 인도의무를 이행하지 않은 사안에서, 대법원은 위 소유자가 잘못된 법률적 판단으로 부동산 인도의무가 없다고 믿고 의무의 이행을 거부한 것이라 하더라도 인도의무가 없다고 믿은 데 정당한 사유가 없으므로 인도의무 불이행에 관하여 위 소유자에게 고의나 과실이 인정된다고 보았다(대법원 2013. 12. 26. 선고 2011다85352 판결).

(4) 재개발사업(구 도시환경정비사업)의 사업시행자는 사용·수익권을 제한받는 임차인에게 토지보상법을 유추적용하여(법 제65조 제1항 참조) 그 해당 요건이 충족되는 경우라면 손실을 보상할 의무가 있다고 봄이 타당하다(대법원 2011. 11. 24. 선고 2009다28394 판결).

이 때 재개발사업(구 도시환경정비사업)의 사업시행자가 공사에 착수하기 위하여 임차인으로부터 정비구역 내 토지 또는 건축물을 인도받기 위하여는 관리처분계획이 인가·고시된 것만으로는 부족하고 협의 또는 재결절차에 의하여 결정되는 영업손실보상금 등을 지급할 것이 요구된다고 보는 것이 국민의 재산권을 보장하는 헌법에 합치하는 해석이라고 할 것이다(대법원 2011. 11. 24. 선고 2009다28394 판결).

만일 사업시행자와 임차인 사이에 보상금에 관한 협의가 성립된다면 조합의 보상금 지급의무와 임차인의 부동산 인도의무는 동시이행의 관계에 있게 되고, 재결절차에 의할 때에는 부동산 인도에 앞서 영업손실보상금 등의 지급절차가 선행되어야 할 것이다(대법원 2011. 7. 28. 선고 2008다78415 판결, 대법원 2011. 11. 24. 선고 2009다28394 판결).

(5) 법 제81조 제1항은 관리처분계획 인가·고시 전에 현금청산사유가 발생한 경우, 즉 토지등소유자가 분양신청기간에 분양신청을 포기하여 현금청산 대상자가 된 경우에 조합으로부터 적법한 보상을 받을 때까지 종전자산을 기존대로 사용·수익할 수 있다는 것일 뿐, 일단 조합원으로서의 종전자산 출자의무를 이행하였으나 그 후 분양계약 체결기간에 분양계약 체결을 거부하여 현금청산 사유가 발생한 경우에도 토지등소유자가 조합을 상대로 기존에 적법하게 출자하여 인도한 종전자산의 반환을 다시 구할 수 있다는 의미로 해석할 수는 없다.

이 경우 조합은 현금청산 대상자에게 기존에 출자받은 종전자산을 다시 반환할 필요가 없고, 단지 현금청산 대상자에게 협의 또는 수용절차를 거쳐 현금청산금을 지급할 의무만 부담한다. 따라서 조합이 기존에 출자받은 종전자산을 재개발사업을 위하여 계속 점유하더라도 이를 권원 없는 점유라거나 불법점유라고 할 수 없다(대법원 2020. 7. 29. 선고 2016다51170 판결).

(6) 도시정비법의 입법 목적 및 취지, 도시정비법상 재건축사업의 특성 등과 아울러 ① 도시정비법은 다양한 유형의 정비사업에 대하여 각 사업의 공공성 및 공익성의 정도에 따라 그 구체적 규율의 내용을 달리하고 있는 점, ② 도시정비법상 재건축사업은 "정비기반시설은 양호하나 노후·불량건축물에 해당하는 공동주택이 밀집한 지역에서 주거환경을 개선"할 목적으로 시행하는 것으로서 정비기반시설이 열악한 지역에서 정비기반시설 설치를 통한 도시기능의 회복 등을 목적으로 하는 재개발사업 등에 비하여 그 공공성 및 공익성이 상대적으로 미약한 점, ③ 그에 따라 도시정비법은 재건축사업 시행자와 토지등소유자 등의 협의가 성립하지 않을 경우의 해결방법으로, 수용·사용 등의 공적 수단에 의하지 않고 매도청구권의 행사를 통한 사적 자치에 의해 해결하도록 규정하고 있는바, 이는 도시정비법의 기본적 틀로서 입법자가 결단한 것이라고

볼 수 있는 점, ④ 재개발사업 등에 있어서 수용보상금의 산정이 개발이익을 배제한 수용 당시의 공시지가에 의하는 것과는 달리, 재건축사업의 매도청구권 행사의 기준인 '시가'는 재건축으로 인하여 발생할 것으로 예상되는 개발이익이 포함된 가격을 말하는데(대법원 2009. 3. 26. 선고 2008다21549,21556,21563 판결), 이러한 차이는 재건축사업의 토지등소유자로 하여금 임차권자 등에 대한 보상을 임대차계약 등에 따라 스스로 해결하게 할 것을 전제로 한 것으로 보이는 점 등에 비추어 보면, 주택재건축사업에 대하여 법 제81조 제1항 단서나 토지보상법 규정이 유추적용된다고 보기 어렵다(대법원 2014. 7. 24. 선고 2012다62561,62578 판결).

따라서 재건축사업의 시행자는 임차권자에 대한 영업손실 등에 관한 손실보상의 의무가 없다(대법원 2014. 7. 24. 선고 2012다62561,62578 판결).

(7) 구 도시재개발법(2002. 12. 30. 법률 제6852호로 폐지되기 전의 것)이나 도시정비법에 의하여 사업시행계획인가를 받은 시행자라 하더라도 관리처분계획의 인가·고시가 있기 전에는 사업시행계획인가만으로 재개발사업 시행구역 안의 토지나 지상물을 사용·수익하는 등의 권리를 직접 취득한다고 할 수 없으므로(구 도시재개발법 제34조 제8항, 도시정비법 제81조 제1항), 사업시행자가 토지등소유자에게 손실을 보상하거나 보상하는 조건으로 수용 또는 사용절차 등을 거치거나(구 도시재개발법 제31조, 제32조, 도시정비법 제63조, 제65조), 토지등소유자로부터 토지나 지상물의 사용승낙을 받지 않는 한 재개발사업의 시행을 위하여 그 토지나 지상물을 점용하는 경우라 하더라도 이를 적법한 점유·사용이라 할 수 없다(대법원 1992. 12. 22. 선고 91다22094 전원합의체 판결 등).

(8) 소유권의 핵심적 권능에 속하는 사용·수익의 권능이 소유자에 의하여 대세적·영구적으로 유효하게 포기될 수 있다고 한다면, 이는 결국 처분권능만이 남는 새로운 유형의 소유권을 창출하는 것이어서 물권 법정주의에 반하므로, 특별한 사정이 없는 한 이를 허용할 수 없고 당사자가 사용수익권을 포기하였다 하더라도 이는 그 상대방에 대하여 채권적으로 포기한 것으로 봄이 상당하며, 그것이 상대방의 사용·수익을 일시적으로 인정하는 취지라면 이는 사용대차의 계약관계에 다름 아니라고 할 것이다(대법원 2009. 3. 26. 선고 2009다228,235 판결).

이와 같은 법리는 토지등소유자가 관리처분계획의 인가·고시 전에 사업시행자로 하여금 사업시행을 할 수 있도록 토지 등에 대한 사용수익을 포기하거나 토지 등의 사용을 승낙한 경우에도 마찬가지로 적용될 수 있다(대법원 2009. 7. 9. 선고 2007다83649 판결).

민법 제613조 제2항에 의하면, 사용대차에 있어서 그 존속기간을 정하지 아니한 경우, 차주는 계약 또는 목적물의 성질에 의한 사용·수익이 종료한 때에는 목적물을 반환하여야 하고, 비록 현실로 사용·수익이 종료하지 아니한 경우라도 사용·수익에 충분한 기간이 경과한 때에는 대주는 언제든지 계약을 해지하고 그 차용물의 반환을 청구할 수 있는바, 토지등소유자가 종전 사업시행자에 대하여 위와 같은 사유로 사용대차를 적법하게 해지한 경우에는 새로운 사업시행자가 승계받을 수 있는 토지 등에 대한 사용대차는 이미 소멸하여 존재하지 아니하므로, 그 새로운 사업시행자가 관리처분계획의 인가·고시 전까지 그 토지 등을 적법하게 점유·사용하기 위해서는 수용 또는 사용절차 등을 거치거나 토지등소유자로부터 사용승낙을 받는 등 새로운 점유권원을 취득하여야 할 것이다(위 대법원 2007다83649 판결).

여기서, 토지등소유자가 종전 사업시행자에 대하여 사용·수익에 충분한 기간이 경과하였음을 이유로 사용대차를 적법하게 해지할 수 있는지 여부는, 사용대차 계약 당시의 사정, 차주의 사용기간 및 이용상황, 대주가 반환을 필요로 하는 사정 등을 종합적으로 고려하여 공평의 입장에서 토지등소유자에게 해지권을 인정하는 것이 타당한가의 여부에 의하여 판단하여야 한다(대법원 2001. 7. 24. 선고 2001다23669 판결, 대법원 1993. 11. 26. 선고 93다36806 판결 등).

(9) 관리처분계획인가·고시가 이루어지면 종전 건축물의 소유자나 임차권자는 그때부터 이전고시가 있는 날까지 이를 사용·수익할 수 없고(법 제81조 제1항), 사업시행자는 소유자, 임차권자 등을 상대로 부동산의 인도를 구할 수 있다. 이에 따라 임대인은 원활한 정비사업 시행을 위하여 정해진 이주기간 내에 세입자를 건물에서 퇴거시킬 의무가 있다. 따라서 임대차 종료 시 이미 도시정비법상 관리처분계획인가·고시가 이루어졌다면, 임대인이 관련 법령에 따라 건물 철거를 위해 건물 점유를 회복할 필요가 있어 상가임대차법 제10조 제1항 제7호 (다)목에서 정한 계약갱신 거절사유가 있다고 할 수 있다. 그러나 도시정비법상 사업시행계획인가·고시가 있는 때부터 관리처분계획인가·고시가 이루어질 때까지는 일정한 기간의 정함이 없고 정비구역 내 건물을 사용·수익하는

데 별다른 법률적 제한이 없다(대법원 2020. 11. 26. 선고 2019다249831 판결).

이러한 점에 비추어 보면, 정비사업의 진행 경과에 비추어 임대차 종료 시 단기간 내에 관리처분계획인가·고시가 이루어질 것이 객관적으로 예상되는 등 의 특별한 사정이 없는 한, 사업시행계획인가·고시가 이루어졌다는 사정만으 로는 임대인이 건물 철거 등을 위하여 건물의 점유를 회복할 필요가 있다고 할 수 없어 상가임대차법 제10조 제1항 제7호 (다)목에서 정한 계약갱신 거절사유 가 있다고 할 수 없다(위 대법원 2019다249831 판결).

이와 같이 임대차 종료 시 관리처분계획인가·고시가 이루어졌거나 이루어 질 것이 객관적으로 예상되는 등으로 상가임대차법 제10조 제1항 제7호 (다)목 의 사유가 존재한다는 점에 대한 증명책임은 임대인에게 있다(위 대법원 2019다 249831 판결).

(10) 재건축사업으로 철거예정이고 그 입주자들이 모두 이사하여 아무도 거주하지 않은 채 비어 있는 아파트라 하더라도, 그 객관적 성상이 본래 사용목 적인 주거용으로 쓰일 수 없는 상태라거나 재물로서의 이용가치나 효용이 없는 물건이라고도 할 수 없으므로 재물손괴죄의 객체가 된다.

또한 재건축조합의 규약이나 정관에 '조합은 사업의 시행으로서 그 구역 내의 건축물을 철거할 수 있다', '조합원은 그 철거에 응할 의무가 있다'는 취지 의 규정이 있고, 조합원이 재건축조합에 가입하면서 '조합원의 권리, 의무 등 조합 정관에 규정된 모든 내용에 동의한다'는 취지의 동의서를 제출하였다고 하더라도, 조합원은 이로써 조합의 건축물 철거를 위한 명도의 의무를 부담하 겠다는 의사를 표시한 것일 뿐이므로, 조합원이 그 의무이행을 거절할 경우 재 건축조합은 명도청구소송 등 법적 절차를 통하여 그 의무이행을 구하여야 함이 당연하고, 조합원이 위와 같은 동의서를 제출한 것을 '조합원이 스스로 건축물 을 명도하지 아니하는 경우 재건축조합이 법적 절차에 의하지 아니한 채 자력 으로 건축물을 철거하는 것'에 대해서까지 사전 승낙한 것이라고 볼 수는 없다 (대법원 2007. 9. 20. 선고 2007도5207 판결).

한편, 재건축조합의 조합장이 조합탈퇴의 의사표시를 한 자를 상대로 '사 업시행구역 안에 있는 그 소유의 건물을 명도하고 이를 재건축사업에 제공하여 행하는 업무를 방해하여서는 아니 된다'는 가처분의 판결을 받아 위 건물을 철 거한 것이 형법 제20조에 정한 업무로 인한 정당행위에 해당한다고 보아 재물손괴죄의 성립을 부정한 사례가 있다(대법원 1998. 2. 13 선고 97도2877 판결).

같은 취지에서 대법원은 재건축사업은 재건축지역 내에 있는 주택의 철거를 전제로 하는 것이어서, 조합원은 주택 부분의 철거를 포함한 일체의 처분권을 조합에 일임하였다고 보아야 할 뿐만 아니라(대법원 1997. 5. 30. 선고 96다23887 판결), 조합 정관에 "조합은 재건축을 위한 사업계획승인을 받은 이튿날부터 사업시행지구 안의 건축물 또는 공작물 등을 철거할 수 있다."고 규정하고 있는 사실, 조합이 조합원인 피해자들을 상대로 이 사건 각 아파트에 관한 소유권이전등기 및 인도 청구소송을 제기하여 제1심에서 이 사건 각 아파트에 관한 소유권이전등기절차를 이행하고 조합목적 달성을 위한 건물 철거를 위하여 이 사건 각 아파트를 인도하라는 취지의 가집행선고부 판결이 내려졌으며 위 판결은 이후 항소 및 상고가 기각되어 확정된 사실, 이 사건 조합의 조합장과 부조합장이 위 소송의 항소심 계속 중 제1심판결에 기하여 이 사건 각 아파트에 관한 부동산인도집행을 완료한 후 재건축 시공자에 이 사건 각 아파트의 철거를 요청하였고, 재건축 시공사의 현장소장들이 다시 철거전문업체에 철거지시를 하여 그 직원들이 이 사건 각 아파트를 철거하기에 이른 사실을 알 수 있고, 나아가 이 사건 조합이 이 사건 각 아파트를 철거하기 전에 관할구청장에게 그 신고를 하지 않았다 하더라도 이는 건축법에 따른 제재대상이 되는 것은 별론으로 하고 형법상 재물손괴죄의 성립 여부에는 영향을 미칠 수 없다고 할 것인바, 이와 같은 사정을 종합하면 피고인들이 위 가집행선고부 판결을 받아 이 사건 각 아파트를 철거한 것은 형법 제20조에 정한 정당행위라 할 것이니 이 사건 공소사실은 범죄로 되지 아니하는 경우에 해당한다고 보았다(대법원 2010. 2. 25. 선고 2009도8473 판결).

제 14 장

# 이전고시와 청산금

## 1. 이전고시

### 가. 개관

사업시행자는 준공인가의 고시가 있은 때에는 지체 없이 대지확정측량을 하고 토지의 분할절차를 거쳐 관리처분계획에서 정한 사항을 분양받을 자에게 통지하고 대지 또는 건축물의 소유권을 이전하여야 한다(법 제86조 제1항 본문). 다만, 정비사업의 효율적인 추진을 위하여 필요한 경우에는 해당 정비사업에 관한 공사가 전부 완료되기 전이라도 완공된 부분은 준공인가를 받아 대지 또는 건축물별로 분양받을 자에게 소유권을 이전할 수 있다(법 제86조 제1항 단서).

사업시행자는 위와 같이 대지 및 건축물의 소유권을 이전하려는 때에는 그 내용을 해당 지방자치단체의 공보에 고시(이전고시)한 후 시장·군수등에게 보고하여야 한다. 이 경우 대지 또는 건축물을 분양받을 자는 고시가 있은 날의 다음 날에 그 대지 또는 건축물의 소유권을 취득한다(법 제86조 제2항).[1]

---

1) 체비지의 경우 사업시행자가 이전고시가 있은 날의 다음 날에 소유권을 원시적으로 취득하고 해당 체비지를 매수한 자는 소유권이전등기를 마친 때에 소유권을 취득한다(대법원 2020. 5. 28. 선고 2016다233729 판결)는 점은 제12장 각주 11에서 본 바와 같다.

대지 또는 건축물을 분양받을 자에게 위와 같이 소유권을 이전한 경우 종전의 토지 또는 건축물에 설정된 지상권·전세권·저당권·임차권·가등기담보권·가압류 등 등기된 권리 및 주택임대차보호법 제3조 제1항의 요건을 갖춘 임차권은 소유권을 이전받은 대지 또는 건축물에 설정된 것으로 본다(법 제87조 제1항).

위와 같이 취득하는 대지 또는 건축물 중 토지등소유자에게 분양하는 대지 또는 건축물은 도시개발법 제40조에 따라 행하여진 환지로 보고(법 제87조 제2항), 법 제79조(관리처분계획에 따른 처분 등) 제4항2)에 따른 보류지와 일반에게 분양하는 대지 또는 건축물은 도시개발법 제34조에 따른 보류지 또는 체비지로 본다(법 제87조 제3항).

사업시행자는 이전고시가 있은 때에는 지체 없이 대지 및 건축물에 관한 등기를 지방법원지원 또는 등기소에 촉탁 또는 신청하여야 하고(법 제88조 제1항), 이러한 등기에 필요한 사항은 대법원규칙으로 정하며(법 제88조 제2항), 정비사업에 관하여 이전고시가 있은 날부터 위 등기가 있을 때까지는 저당권 등의 다른 등기를 하지 못한다(법 제88조 제3항).

## 나. 관련 법리

(1) 이전고시는 준공인가의 고시에 따라 사업시행이 완료된 이후에 관리처분계획에서 정한 바에 의하여 종전의 토지 또는 건축물에 대하여 정비사업으로 조성된 대지 또는 건축물의 위치 및 범위 등을 정하여 그 소유권을 분양받을 자에게 이전하고 그 가격의 차액에 상당하는 금액을 청산하거나 대지 또는 건축물을 정하지 않고 금전적으로 청산하는 공법상 처분이다(대법원 2012. 3. 22. 선고 2011두6400 전원합의체 판결, 대법원 2016. 12. 29. 선고 2013다73551 판결).3)

---

2) "사업시행자는 제72조에 따른 분양신청을 받은 후 잔여분이 있는 경우에는 정관등 또는 사업시행계획으로 정하는 목적을 위하여 그 잔여분을 보류지(건축물을 포함한다)로 정하거나 조합원 또는 토지등소유자 이외의 자에게 분양할 수 있다. 이 경우 분양공고와 분양신청절차 등에 필요한 사항은 대통령령으로 정한다."

3) 구 도시재개발법하의 분양처분(도시정비법의 이전고시)이 있는 경우 환지처분과 마찬가지로 종전 부동산에 관한 소유권 등의 권리가 동일성을 유지한 채 새로운 부동산으로 강제적으로 변환된다는 점에서 공용환지와 같은 물적 공용부담에 해당하나, 다만 토지 사이에서 권리를 변환시키는 환지처분과 달리 토지 또는 건축물 사이에서 권리가

이러한 이전고시는 관리처분계획에 대한 집행행위로서의 성격을 가지므로 이전고시를 하기 위하여는 유효한 관리처분계획이 존재하여야 하며, 관리처분계획이 당연무효이거나 권한 있는 기관에 의해 취소되면 이전고시도 할 수 없다.

또한 이전고시는 관리처분계획에서 정한 내용대로 소유권을 귀속시키는 것이므로, 관리처분계획에 반하는 이전고시는 위법하고, 그러한 하자는 관리처분계획과 비교함으로써 손쉽게 확인할 수 있는 것이므로 중대·명백하여 당연무효라고 보아야 할 것이다.4)

대법원도 같은 취지에서 토지구획정리사업법상 환지계획의 내용에 의하지 아니하거나 환지계획에 없는 사항을 내용으로 하는 환지처분은 무효라고 보았다(대법원 1993. 5. 27. 선고 92다14878 판결, 대법원 1999. 8. 20. 선고 97누6889 판결, 대법원 2000. 2. 25. 선고 97누5534 판결).

(2) 구 도시재개발법에 따른 재개발사업에서도 만일 관리처분계획이 변경되었다면 어떤 토지가 환지의 대상에 포함되는지는 최종적으로 변경된 관리처분계획을 기준으로 판단하여야 할 것이고, 처음에는 재개발사업에 의한 환지의 대상에 포함된 토지라 하더라도 도중에 관리처분계획이 변경되어 재개발사업 구역에서 제외되었다면, 그 토지에 대하여는 분양처분의 고시(도시정비법상 이전고시)에 따른 환지의 확정으로 인한 효력이 미칠 수 없다(대법원 2007. 1. 11. 선고 2005다70151 판결).5)

(3) 이전고시에 따라 분양받을 자에게 이전되는 것은 이전고시 이전에 종전 대지 또는 건축물 위에 설정되어 있던 권리에 한하고, 이전고시 이후 이전고시에 따른 등기 이전에 이루어진 종전재산에 관한 등기는 정비사업으로 조성된

---

변환된다는 점에서 공용환지와 구별하여 공용환권이라고 부르는 것이 일반적인 견해이고 대법원 판례의 입장이었다(대법원 1995. 6. 30. 선고 95다10570 판결, 대법원 2009. 6. 23. 선고 2008다1132 판결). 즉, 공용환권은 변환되는 권리가 토지에 한정되지 않고, 또 새로 취득하는 권리의 대상이 종전 권리의 그것과 동질적이지 않다는 점에서 공용환지와 구별되는 것이다. 도시정비법은 이전고시에 관하여 도시재개발법에서와 같은 규정을 두고 있기 때문에 분양처분과 마찬가지로 공용환권으로 이해하는 것이 일반적이다. 대법원도 이전고시의 법적 성격이 도시재개발법상의 분양처분과 본질적으로 다르지 않다고 판시한 점(대법원 2012. 3. 22. 선고 2011두6400 전원합의체 판결)에서 같은 입장인 것으로 보인다[노경필, 이전고시에 관한 소고, 사법 23호(2013년), 사법발전재단, 105~106].

4) 노경필, 전게 논문, 100~101.

5) 노경필, 전게 논문, 101.

대지 또는 건축물의 등기로 이전되지 않는다(대법원 1983. 12. 27. 선고 81다1039 판결).

(4) 이전고시의 효력이 발생하면 조합원 등이 관리처분계획에 따라 분양받을 대지 또는 건축물에 관한 권리의 귀속이 확정되고 조합원 등은 이를 토대로 다시 새로운 법률관계를 형성하게 되는데, 이전고시의 효력 발생으로 대다수 조합원 등에 대하여 권리귀속 관계가 획일적·일률적으로 처리되는 이상 그 후 일부 내용만을 분리하여 변경할 수 없고,6) 그렇다고 하여 전체 이전고시를 모두 무효화시켜 처음부터 다시 관리처분계획을 수립하여 이전고시 절차를 거치도록 하는 것도 정비사업의 공익적·단체법적 성격에 배치되어 허용될 수 없다(대법원 2012. 3. 22. 선고 2011두6400 전원합의체 판결, 대법원 2014. 9. 25. 선고 2011두20680 판결, 대법원 2019. 4. 23. 선고 2018두55326 판결).

따라서 조합설립인가처분의 취소나 무효확인 판결이 확정되기 전에 이전고시의 효력이 발생하였다면 더 이상 정비사업 결과를 원상으로 되돌리는 것은 허용될 수 없으므로, 이전고시의 효력이 발생한 후에는 원칙적으로 조합설립인가처분이나 관리처분계획 인가처분의 취소 또는 무효확인을 구할 법률상 이익이 없다고 해석함이 타당하다(대법원 2012. 3. 22. 선고 2011두6400 전원합의체 판결, 대법원 2012. 5. 24. 선고 2009두22140 판결, 대법원 2014. 9. 25. 선고 2011두20680 판결).7)

같은 이유에서 이전고시의 효력이 발생한 이후에는 원칙적으로 조합원 등이 해당 정비사업을 위하여 이루어진 수용재결이나 이의재결의 취소 또는 무효확인을 구할 법률상 이익이 없다(대법원 2017. 3. 16. 선고 2013두11536 판결, 대법원 2017. 3. 30. 선고 2013두840 판결, 대법원 2019. 4. 23. 선고 2018두55326 판결).

---

6) 대법원은 구 도시재개발법 하에서도 "도시재개발법에 의한 도시재개발사업에서 분양처분이 일단 고시되어 효력을 발생하게 된 이후에는 그 전체의 절차를 처음부터 다시 밟지 아니하는 한 그 일부만을 따로 떼어 분양처분을 변경할 길이 없고 분양처분의 일부 변경을 위한 관리처분계획의 변경도 분양처분이 이루어지기 전에만 가능하므로, 분양처분이 효력을 발생한 이후에는 조합원은 관리처분계획의 변경 또는 분양거부처분의 취소를 구할 수 없고 재개발조합으로서도 분양처분의 내용을 일부 변경하는 취지로 관리처분계획을 변경할 수 없다."라고 판시하였다(대법원 1999. 10. 8. 선고 97누12105 판결).

7) 다만, 청산금 부과처분은 확정된 관리처분계획의 일부 내용에 대한 집행이라는 성격을 가지는 것이므로, 이전고시의 효력이 발생한 후 정비사업조합이 청산금 부과처분을 할 수 있다(대법원 2014. 9. 25. 선고 2011두20680 판결).

그렇다면, 이 경우 위법한 관리처분계획에 의하여 피해를 입은 조합원은 어떻게 권리를 구제받을 수 있는가? 실무에서는 아래와 같은 4가지 방안을 제시하고 있다.[8]

① 관리처분계획에 대한 소송 중 집행정지신청 – 조합원이 관리처분계획의 무효확인 소송을 제기하여 계속 중인 경우에 그 관리처분계획에 대한 집행정지(효력정지 또는 절차속행정지)를 신청하여 조합이 이전고시 절차로까지 나아가지 않도록 함으로써, 이전고시의 효력 발생을 이유로 법률상 이익이 없게 되는 부당한 결과를 피할 수 있다.

② 보류지에 관한 권리관계를 다투는 소송 – 사업시행자는 분양신청을 받은 후 잔여분이 있는 경우에는 정관 등 또는 사업시행계획이 정하는 목적을 위하여 보류지(건축물을 포함한다)로 정하거나 조합원 외의 자에게 분양할 수 있는 바, 이러한 보류지는 분양대상의 누락·착오로 인한 변경이나 소송 등의 사유로 인한 추가분양에 대비하기 위한 것이다. 따라서 조합원이 아파트를 분양받지 못하거나 자신이 원하는 평형을 배정받지 못한 경우 보류지로 지정된 아파트 등을 자신에게 분양해 달라는 소송을 통하여 그 권리구제를 받을 수 있다.

③ 청산금 부과처분에 관한 항고소송 – 관리처분계획의 내용에는 비용부담과 청산금 부과에 관한 사항이 포함되어 있으므로, 그 청산금의 산정기준 등에 당연무효 사유인 하자가 있는 경우, 조합원은 이전고시의 효력 발생 이후라도 청산금 부과 단계에서 위와 같은 하자를 주장하여 청산금 부과처분의 위법성을 다툴 수 있다고 볼 것이다(청산금부과처분은 교부청산과 징수청산의 방법이 있는데, 교부청산이 이루어지지 않는 경우 청산금 교부를 신청하고 이에 대한 거부처분이 있으면 취소소송으로 다투게 되고, 교부청산이 이루어졌으나 그 금액이 과소한 경우나 징수청산에서 과도한 금액이 책정된 경우에는 각 청산금 부과처분 취소소송으로 다툴 수 있다).

④ 무효인 관리처분계획으로 인한 손해배상 청구소송 – 무효인 관리처분계획에 따른 이전고시가 효력을 발생하여 더 이상 관리처분계획의 무효확인을 구할 수 없는 경우라도, 조합원은 조합을 상대로 불법행위 책임을 물어 무효인 관

---

8) 이완희, 도시 및 주거환경정비법상 이전고시가 효력을 발생한 이후에도 조합원 등이 관리처분계획의 취소 또는 무효확인을 구할 법률상 이익 유무, 양승태 대법원장 재임 3년 주요 판례 평석, 사법발전재단(2012년), 559~560.

리처분계획으로 인하여 자신이 입은 손해배상을 청구할 수 있다. 관리처분계획의 당연무효에 해당하는 하자로 인하여 ⓐ 조합원이 본래 분양받을 수 있었던 아파트를 분양받지 못하게 된 경우에는 그 분양받지 못한 아파트 가액 상당을 손해배상으로 구할 수 있고, ⓑ 자신의 권리가액에 부합하는 평형의 아파트가 아닌 다른 평형의 아파트를 배정받은 경우에는 아파트 가격의 차액 상당이 손해배상액이 될 수 있다. 또한 ⓒ 대지 또는 건축물을 분양하거나 청산금을 지급하지도 아니한 채 정비구역 내에 다른 사람이 소유한 토지의 소유권을 상실케 한 경우에도 손해배상책임을 부담한다.

(5) 이와 달리 ① 정비사업비의 증액, 부가가치세의 부담주체 결정, 아파트의 설계변경 등에 하자가 있는 경우, ② 신축된 대지 및 건축물을 분양받을 자격이 없는 자에게 위법하게 분양된 아파트의 분양을 취소하고 당해 분양분을 보류시설로 변경할 것을 구하는 경우, ③ 종전 건축물의 철거 및 신축비용의 개산액 등을 구체적으로 정하지 아니한 경우, ④ 부가가치세가 면제되는 국민주택규모 이하 수분양조합원들이 국민주택규모 초과 수분양조합원이 부담하여야 할 부가가치세를 함께 부담하도록 하는 내용이 포함된 경우, ⑤ 일반분양 아파트에 대한 선택사항(옵션) 품목의 설치를 위한 추가공사비를 원가에 산입함으로써 이를 부담할 의무가 없는 조합원들에게 분담하게 하는 결과를 초래한 하자가 있는 경우9)에는 이미 이루어진 조합원 등의 소유권 이전에 아무런 영향을 미치지 아니하고 단지 조합원들 상호 간 내지 피고 조합과 시공자 상호 간의 비용부담의 주체, 내용 등의 변경에 한정되는 것에 불과하므로, 이러한 경우까지 이전고시의 효력 발생 이후임을 이유로 그 하자를 다툴 수 없다고 보는 것은 부당하다. 따라서 이러한 사유를 들어 관리처분계획의 무효확인 등을 구하는 소송은 이전고시의 효력 발생 이후에도 소의 이익이 있다고 보아야 할 것이다.10)

(6) 재건축조합이 관리처분계획 인가 및 이에 따른 이전고시 등의 절차를 거쳐 신 주택이나 대지를 조합원에게 분양한 경우에는 구 주택이나 대지에 관한 권리가 권리자의 의사에 관계없이 신 주택이나 대지에 관한 권리로 강제적

---

9) 대법원 2007. 2. 8. 선고 2004두7658 판결.
10) 이완희, 도시 및 주거환경정비법상 이전고시가 효력을 발생한 이후에도 조합원 등이 관리처분계획의 취소 또는 무효확인을 구할 법률상 이익이 있는지 여부, 대법원판례해설 91호(2012년), 법원도서관, 935~935.

으로 교환·변경되어 공용환권된 것으로 볼 수 있다(대법원 2009. 6. 23. 선고 2008 다1132 판결, 대법원 2020. 9. 3. 선고 2019다272343 판결).

그러나 이러한 관리처분계획 인가 및 이에 따른 이전고시 등의 절차를 거치지 아니한 채 조합원에게 신 주택이나 대지가 분양된 경우에는, 당해 조합원은 조합규약 내지 분양계약에 의하여 구 주택이나 대지와는 다른 신 주택이나 대지에 관한 소유권을 취득한 것에 불과할 뿐 이를 가리켜 구 주택이나 대지에 관한 소유권이 신 주택이나 대지에 관한 소유권으로 강제적으로 교환·변경되어 공용환권된 것으로 볼 수는 없으므로 양자 간에 그 동일성이 유지된다고 할 수 없다(위 대법원 2008다1132 판결, 위 대법원 2019다272343 판결).

(7) 명의신탁자와 명의수탁자 사이의 명의신탁약정에 기하여 명의수탁자 앞으로 부동산소유권이전등기가 마쳐진 후 명의수탁자가 이를 새로운 이해관계를 가진 제3자에게 처분한 경우에는 그 제3자에 대하여 명의신탁약정의 무효를 이유로 대항하지 못한다(대법원 2005. 11. 10. 선고 2005다34667,34674 판결 참조).

명의수탁자가 명의신탁 부동산을 재건축조합에게 신탁하고 재건축조합이 이를 바탕으로 재건축사업을 진행한 경우 재건축조합도 여기서 말하는 새로운 이해관계인인 제3자에 해당하므로(대법원 2003. 8. 19. 선고 2001다47467 판결), 명의수탁자와 재건축조합 사이에 체결된 명의신탁 부동산에 관한 신탁약정이나 명의수탁자가 재건축조합과의 관계에서 취득한 조합원의 지위 등은 특별한 사정이 없는 한 그 명의신탁약정이 명의신탁자에 대한 관계에서 무효라는 사정만으로 영향을 받지 않는다고 할 것이다.

따라서 재건축조합이 관리처분계획 인가 및 이에 따른 이전고시 등의 절차를 밟지 않고 조합원들로부터 토지 및 건물 등을 신탁받아 재건축사업을 진행하여 신축한 건물과 그 대지권을 조합원인 명의수탁자와의 분양계약을 통하여 명의수탁자에게 분양한 경우 명의수탁자의 그 신축 건물 등에 대한 소유권 취득은 유효하다고 할 것이고, 그 신축 건물 등과 당초의 명의신탁 부동산 사이에는 동일성이 유지되고 있다고 볼 수 없으므로 명의신탁자는 명의신탁 부동산의 처분을 이유로 명의수탁자에게 손해배상 등을 청구할 수 있음은 별론으로 하고, 당초의 명의신탁약정이 명의신탁자에 대한 관계에서 무효라는 사정을 내세워 명의수탁자를 상대로 명의수탁자가 재건축조합으로부터 분양받은 신축 건물 등에 관한 소유권의 이전을 청구할 권리가 있다고 할 수 없다(대법원 2009. 6. 23. 선고 2008다1132 판결).

### (8) 도시개발법상 입체환지 규정 준용 여부 - 대법원 2016. 12. 29. 선고 2013다73551 판결

도시개발법 제32조에서 규정하는 입체환지는 시행자가 도시개발사업을 원활히 시행하기 위하여 환지의 목적인 토지에 갈음하여 토지 또는 건축물 소유자의 신청을 받아 건축물의 일부와 그 건축물이 있는 토지의 공유지분을 부여하는 것을 말하는데, 도시정비법상 이전고시는 종전 부동산과 새로운 부동산 사이에 형태상 일치가 존재하지 않는 점, 새로 취득하는 부동산이 건물과 그 부지의 지분이라는 점, 그리고 그것이 토지등소유자의 신청에 기초한다는 점에서 도시개발법상 입체환지와 유사하므로, 도시정비법상 토지등소유자가 분양받은 대지 또는 건축물에 관하여는 도시정비법에서 특별히 규정하는 내용을 제외하고는 원칙적으로 도시개발법상 환지에 관한 법리, 그중에서도 특히 입체환지에 관한 규정이 준용될 수 있다.

그런데 도시개발법에 의한 환지 등에 관한 규정인 환지등기절차 등에 관한 업무처리지침(대법원 등기예규 제1430호) 제6의 가.항은 소유자가 동일한 여러 필지의 토지에 관하여 1필지의 환지를 교부하는 합필환지에 관하여, "종전 토지 중 일부의 토지에 근저당권설정등기와 같이 지분 위에 존속할 수 있는 권리가 등기되어 있는 경우, 시행자는 촉탁서에 환지 중 얼마의 지분이 그 등기의 목적이라는 것을 구체적으로 기재하여야 하고, 등기관은 이를 환지의 등기기록에 기록하여야 한다. 예컨대, 근저당권설정등기가 되어 있는 종전 토지 1토지와 소유권 이외의 권리가 등기되어 있지 않은 2토지에 대하여 1필지를 환지로 지정한 경우, 시행자는 환지등기 촉탁서에 위 1토지의 근저당권이 환지의 몇 분의 몇 지분 위에 존속한다는 취지를 기재하여야 하고, 등기관은 환지등기를 실행하면서 당해 근저당권설정등기를 위 몇 분의 몇 지분에 대한 근저당권설정등기로 변경하여야 한다."라고 규정하고 있다.

도시정비법상 이전고시의 법적 성격(공법상 처분) 및 관계 법령의 규정을 종합하면, 도시정비법상 정비구역에 포함된 종전의 여러 토지 또는 건축물에 대하여 정비사업으로 조성된 하나의 대지 또는 건축물의 소유권을 분양받을 자에게 이전함에 있어 종전의 여러 토지 또는 건축물 중 일부의 토지 또는 건축물에 근저당권이 설정되어 있는 경우에는 환지등기절차 등에 관한 업무처리지침상 합필환지의 규정을 준용하여, 법 제87조 제1항에 의하여 소유권이 이전되는 대지 또는 건축물에 설정된 것으로 보게 되는 근저당권의 목적물 범위는 위 대지 또는 건축물 중 위 근저당권이 설정되어 있던 종전의 토지 또는 건축물의 지분에 한정되는 것으로 볼 수 있다.

(9) 사업시행자에게 이전고시 후 지체 없이 대지 및 건축물에 관한 등기를 촉탁 또는 신청하도록 한 것은(법 제88조 제1항), 종전토지의 소유자가 이전고시 후 토지의 소유자로 됨에도 불구하고 같은 조 제3항에 의하여 다른 등기를 경료하지 못함으로써 그 재산을 처분함에 있어 받는 제약을 최소화하기 위하여 사업시행자에게 이전고시 후 지체 없이 환지등기를 촉탁하도록 의무를 부과하고 있는 것이라고 할 것이므로, 사업시행자가 별다른 이유 없이 등기의 촉탁을 장기간 지체하는 경우 토지의 소유자로서는 사업시행자에 대하여 등기의 촉탁을 신청할 수 있는 조리상의 권리가 있다고 할 것이고, 사업시행자가 이를 거부하였다면 위법한 처분이 된다고 할 것이다(대법원 2000. 12. 22. 선고 99두11349 판결).

## 2. 청산금

(1) 대지 또는 건축물을 분양받은 자가 종전에 소유하고 있던 토지 또는 건축물의 가격과 분양받은 대지 또는 건축물의 가격 사이에 차이가 있는 경우, 사업시행자는 이전고시가 있은 후에 그 차액에 상당하는 금액(이하 "청산금")을 분양받은 자로부터 징수하거나 분양받은 자에게 지급하여야 한다(법 제89조 제1항).

그럼에도 불구하고 사업시행자는 정관등에서 분할징수 및 분할지급을 정하고 있거나 총회의 의결을 거쳐 따로 정한 경우에는 관리처분계획인가 후부터 이전고시가 있은 날까지 일정 기간별로 분할징수하거나 분할지급할 수 있다(법 제89조 제2항).

사업시행자는 청산금의 징수와 부과를 위하여 종전에 소유하고 있던 토지 또는 건축물의 가격과 분양받은 대지 또는 건축물의 가격을 평가하는 경우 그 토지 또는 건축물의 규모·위치·용도·이용 상황·정비사업비 등을 참작하여 평가하여야 한다(법 제89조 제3항).

이러한 평가방법에 관하여 시행령은 아래와 같이 규정하고 있다(시행령 제76조).

① 대지 또는 건축물을 분양받은 자가 종전에 소유하고 있던 토지 또는 건축물의 가격은 법 제89조 제3항에 따라 다음 각 호의 구분에 따른 방법으로 평가한다.

1. 법 제23조 제1항 제4호의 방법으로 시행하는 주거환경개선사업과 재개발사업의 경우에는 법 제74조 제2항 제1호 가목을 준용하여 평가할 것
2. 재건축사업의 경우에는 사업시행자가 정하는 바에 따라 평가할 것. 다만, 감정평가업자의 평가를 받으려는 경우에는 법 제74조 제2항 제1호 나목을 준용할 수 있다.

② 분양받은 대지 또는 건축물의 가격은 법 제89조 제3항에 따라 다음 각 호의 구분에 따른 방법으로 평가한다.

1. 법 제23조 제1항 제4호의 방법으로 시행하는 주거환경개선사업과 재개발사업의 경우에는 법 제74조 제2항 제1호 가목을 준용하여 평가할 것
2. 재건축사업의 경우에는 사업시행자가 정하는 바에 따라 평가할 것. 다만, 감정평가업자의 평가를 받으려는 경우에는 법 제74조 제2항 제1호 나목을 준용할 수 있다.

③ 제2항 각 호에 따른 평가를 할 때 다음 각 호의 비용을 가산하여야 하며, 법 제95조에 따른 보조금은 공제하여야 한다.

1. 정비사업의 조사·측량·설계 및 감리에 소요된 비용
2. 공사비
3. 정비사업의 관리에 소요된 등기비용·인건비·통신비·사무용품비·이자 그 밖에 필요한 경비

4. 법 제95조에 따른 융자금이 있는 경우에는 그 이자에 해당하는 금액

5. 정비기반시설 및 공동이용시설의 설치에 소요된 비용(법 제95조 제1항에 따라 시장·군수등이 부담한 비용은 제외한다)

6. 안전진단의 실시, 정비사업전문관리업자의 선정, 회계감사, 감정평가, 그 밖에 정비사업 추진과 관련하여 지출한 비용으로서 정관등에서 정한 비용

④ 제1항 및 제2항에 따른 건축물의 가격평가를 할 때 층별·위치별 가중치를 참작할 수 있다.

(2) 시장·군수등인 사업시행자는 청산금을 납부할 자가 이를 납부하지 아니하는 경우 지방세 체납처분의 예에 따라 징수(분할징수 포함)할 수 있고, 시장·군수등이 아닌 사업시행자는 시장·군수등에게 청산금의 징수를 위탁할 수 있으며, 시장·군수등이 청산금의 징수를 위탁받은 경우 지방세 체납처분의 예에 따른다(법 제90조 제1항, 제93조 제5항).

청산금을 지급받을 자가 받을 수 없거나 받기를 거부한 때에는 사업시행자는 그 청산금을 공탁할 수 있고(법 제90조 제2항), 청산금을 지급(분할지급 포함) 받을 권리 또는 이를 징수할 권리는 이전고시일의 다음 날부터 5년간 행사하지 아니하면 소멸한다(법 제90조 제3항).

(3) 도시정비법이 청산금의 징수 방법에 관하여 지방세 체납처분의 예에 의한 징수 위탁을 할 수 있도록 하는 간이하고 경제적인 특별구제절차를 마련해 두고 있는 이상, 그 징수는 원칙적으로 그 절차에 의하여야 하고, 다만 시장·군수등이 징수 위탁에 응하지 아니하는 등의 특별한 사정이 있는 경우에는 사업시행자가 직접 공법상 당사자소송의 방법으로 토지등소유자를 상대로 청산금 등의 지급을 청구할 수 있다(대법원 2014. 9. 4. 선고 2014다203588 판결, 대법원 2017. 4. 28. 선고 2016두39498 판결, 대법원 2017. 5. 17. 선고 2016두40580 판결, 대법원 2017. 8. 18. 선고 2016두52064 판결 등).

(4) 행정처분에 하자가 있어 그 처분이 무효로 되기 위해서는 그 하자가 중대하고도 명백할 것이 요구되는바, 재개발조합의 청산금부과처분에 법령 위반의 하자가 있는 경우라도 부과대상이 아니거나 납부의무 없는 자에 대한 부과처분과 같이 부과처분을 하지 않았어야 함에도 잘못 부과처분을 한 경우에는 그 하자가 중대하고도 명백하다고 할 수 있을 것이나, 단순히 청산금 산정방법

이 잘못된 경우에는 그 하자가 중대하고도 명백하다고 할 수 없다(대법원 1995. 6. 13. 선고 94누13626 전원합의체 판결 등).

그러나 재개발조합의 청산금 징수액 산정에 관한 제1차 관리처분계획에 대한 취소판결이 확정된 경우, 그 기판력은 그 후 종전권리가액에 대한 비례율을 달리하여 새로 청산금 징수액을 산정한 제2차 관리처분계획의 효력에 대한 판단에는 미치지 않지만, 확정된 취소판결의 주문에서 제1차 관리처분계획 중 청산금 산정의 기준이 되는 특정 조합원의 종전권리가액 결정 부분을 별도로 취소하였다면 이 부분에 기판력이 생기므로, 그 후 소송에서 취소된 종전권리가액을 기초로 해당 조합원의 청산금 징수액을 산정하는 것은 기판력에 반하여 효력이 없다(대법원 2008. 2. 14. 선고 2006다33470,33487 판결).

(5) 관리처분계획은 사업시행자가 작성하는 포괄적 행정계획으로서 사업시행의 결과 설치되는 대지를 포함한 각종 시설물의 권리귀속에 관한 사항과 그 비용 분담에 관한 사항을 정하는 행정처분이고, 청산금 부과처분은 관리처분계획에서 정한 비용 분담에 관한 사항에 근거하여 대지 또는 건축시설의 수분양자에게 청산금 납부의무를 발생시키는 구체적인 행정처분으로서, 청산금 부과처분이 선행처분인 관리처분계획을 전제로 하는 것이기는 하나 위 두 처분은 각각 단계적으로 별개의 법률효과를 발생시키는 독립된 행정처분이라고 할 것이므로, 관리처분계획에 불가쟁력이 생겨 그 효력을 다툴 수 없게 된 경우에는 그 관리처분계획에 위법사유가 있다 할지라도 그것이 당연무효의 사유가 아닌 한 관리처분계획상의 하자를 이유로 후행처분인 청산금 부과처분의 위법을 주장할 수는 없다(대법원 2007. 9. 6. 선고 2005두11951 판결).

(6) 구법 하에서 대법원은 개발사업 시행자가 분양신청을 하지 아니한 토지의 소유자에 대하여 대지 및 건축시설을 분양하지도 아니하고 청산금도 지급하지 아니하기로 하는 분양처분고시는 행정처분의 성질을 지닌 것이므로 그것이 적법한 행정소송의 절차에 의하여 취소되지 아니하는 한 법원도 그 처분에 기속되어 그 행정처분의 내용과 달리 청산금을 지급하라고 명할 수는 없지만, 그와 같이 대지 및 건축시설도 분양하지 아니하고 청산금도 지급하지 아니한 채 분양처분고시를 하여 재개발구역 내에 다른 사람이 소유하고 있던 토지의 소유권을 상실시켰다면 재개발사업 시행자는 그 한도에서 재개발사업을 위법하게 시행하였으므로 그 토지의 소유자에 대하여 불법행위의 책임을 지며(대법

원 1990. 6. 12. 선고 89다카9552 전원합의체 판결, 대법원 2002. 10. 11. 선고 2002다 33502 판결 등), 이러한 법리는 도시재개발사업 시행자가 서울특별시 도시재개 발사업조례 제2조 제1호 소정의 '기존 무허가건축물'에 해당하는 건축물에 대하 여 그·일부 면적만을 인정하여 그에 상응한 분양을 하고 그 차액부분에 대하여 청산금을 지급하지 아니한 채 분양처분고시를 한 경우에도 마찬가지라고 보았 다(대법원 2007. 6. 29. 선고 2006다60441 판결).

또한 대법원은 도시재개발사업을 시행하는 공사(公社)의 시행규정에서 무 허가건축물의 면적은 무허가건물확인원상의 면적으로 한다고 규정하고 있다 하더라도, 이는 서울특별시 도시재개발사업조례 제2조 제1호 (가)목에 해당하는 '1981. 12. 31. 현재 무허가건축대장에 등재된 건물'의 면적산정에 관한 규정일 뿐, 나아가 위 조례 제2조 제1호 (나)목 내지 (라)목 소정의 기존 무허가건축물 을 배제하거나 또는 (나)목 내지 (라)목 소정의 기존 무허가건축물에 대하여 무 허가건물확인원에 등재할 것을 요구하는 취지라고 볼 수는 없으므로, 결국 위 조례 소정의 기존 무허가건축물로 인정되는 이상 그 측량성과에 따른 면적이 모두 인정되어야 한다고 보았다(위 대법원 2006다60441 판결).

# 제 15 장

# 정비기반시설과 토지 등의 귀속

## 1. 개 관

　시장·군수등 또는 토지주택공사등이 정비사업의 시행으로 새로 정비기반
시설1)2)을 설치하거나 기존의 정비기반시설을 대체하는 정비기반시설을 설치
한 경우에는 국유재산법 및 공유재산법에도 불구하고 종래의 정비기반시설은
사업시행자에게 무상으로 귀속되고, 새로 설치된 정비기반시설은 그 시설을 관
리할 국가 또는 지방자치단체에 무상으로 귀속된다(법 제97조 제1항).

　또한 민간 사업시행자가 정비사업의 시행으로 새로 설치한 정비기반시설
은 그 시설을 관리할 국가 또는 지방자치단체에 무상으로 귀속되고(법 제97조
제2항 전단, 이하 "전단 규정"), 정비사업의 시행으로 용도가 폐지되는 국가 또는
지방자치단체 소유의 정비기반시설은 사업시행자가 새로 설치한 정비기반시설

---

1) 강학상 정비기반시설은 도시의 기능을 능률적으로 수행하는데 기본적으로 필요한 시설
   인 도로, 상·하수도, 공원 등을 비롯하여 시민의 쾌적하고 적정한 생활수준 유지와 관
   련이 있는 사회서비스 시설로 여가시설, 공원녹지, 복지시설 등을 포함하는 매우 포괄
   적인 개념이다[김종수, 사실상 도로의 도시정비법상 정비기반시설 포함 여부, 판례연구
   23집(2012년), 부산판례연구회, 385].
2) 도시정비법은 정비기반시설을 도로·상하수도·공원·공용주차장·국토계획법 제2조 제9
   호에 따른 공동구, 그 밖에 주민의 생활에 필요한 열·가스 등의 공급시설로서 대통
   령으로 정하는 시설로 정의하고 있다(법 제2조 제4호).

의 설치비용에 상당하는 범위에서 그에게 무상으로 양도된다(법 제97조 제2항 후단, 이하 "후단 규정").

여기서 정비기반시설에 해당하는 도로는 국토계획법 제30조에 따라 도시·군관리계획으로 결정되어 설치된 도로, 도로법 제23조에 따라 도로관리청이 관리하는 도로, 도시개발법 등 다른 법률에 따라 설치된 국가 또는 지방자치단체 소유의 도로 또는 그 밖에 공유재산법에 따른 공유재산 중 일반인의 교통을 위하여 제공되고 있는 부지(이 경우 부지의 사용 형태, 규모, 기능 등 구체적인 기준은 시·도조례로 정할 수 있다)에 해당하는 도로를 말한다(법 제97조 제3항).3)

시장·군수등은 위와 같은 정비기반시설의 귀속 및 양도에 관한 사항이 포함된 정비사업을 시행하거나 그 시행을 인가하려는 경우에는 미리 그 관리청의 의견을 들어야 하고, 인가받은 사항을 변경하려는 경우에도 같다(법 제97조 제4항).

사업시행자는 위와 같이 관리청에 귀속될 정비기반시설과 사업시행자에게 귀속 또는 양도될 재산의 종류와 세목을 정비사업의 준공 전에 관리청에 통지하여야 하며, 해당 정비기반시설은 그 정비사업이 준공인가되어 관리청에 준공인가통지를 한 때에 국가 또는 지방자치단체에 귀속되거나 사업시행자에게 귀속 또는 양도된 것으로 간주된다(법 제97조 제5항). 이러한 정비기반시설에 대한 등기의 경우 정비사업의 시행인가서와 준공인가서(시장·군수등이 직접 정비사업을 시행하는 경우에는 법 제50조 제7항에 따른 사업시행계획인가의 고시와 법 제83조 제4항에 따른 공사완료의 고시)는 부동산등기법에 따른 등기원인을 증명하는 서류를 갈음한다(법 제97조 제6항).

법 제97조 제1항 및 제2항에 따라 정비사업의 시행으로 용도가 폐지되는 국가 또는 지방자치단체 소유의 정비기반시설의 경우 정비사업의 시행 기간 동안 해당 시설의 대부료는 면제된다(법 제97조 제7항).

---

3) 구법 하에서 대법원은 "일반 공중의 교통을 위해 이용되었을 뿐 위와 같은 관계 법령에 따라 설치된 것이 아닌 이른바 '사실상 도로'는 '사업시행자에게 무상으로 양도되는 정비기반시설'에 해당하지 않는다."고 보았으나(대법원 2011. 2. 24. 선고 2010두22498 판결, 대법원 2019. 6. 27. 선고 2016다241072 판결 등), 현행법 제97조 제3항 제4호(그 밖에 공유재산법에 따른 공유재산 중 일반인의 교통을 위하여 제공되고 있는 부지)가 신설되어 위 대법원판결의 법리를 현행법에서 그대로 적용하기는 어렵다.

## 2. 무상귀속과 무상양도의 법적 성격

무상귀속은 소유권이 관리청에 준공인가통지를 한 때에 국가 또는 지방자치단체에 직접 원시적으로 귀속된다(대법원 1999. 4. 15. 선고 96다24897 전원합의체 판결).

반면, 민간 사업시행자는 대가를 출연하거나 소유권을 창설적으로 취득하는 것이 아니므로(무상양도), 사업시행자의 정비기반시설 취득은 무상의 승계취득에 해당한다(대법원 2019. 4. 3. 선고 2017두66824 판결, 대법원 2020. 1. 16. 선고 2019두53075 판결).[4]

무상귀속과 무상양도는 법률의 규정에 의한 물권변동이므로,[5] 기부자가 그 소유재산을 지방자치단체에게 증여하는 의사표시를 하고 지방자치단체는 이를 승낙하는 의사표시를 함으로써 성립하는 증여계약인 기부채납[6]과는 구별되는 개념이다.[7]

## 3. 민간 사업시행자의 정비사업시행에 따른 정비기반시설 등의 귀속(법 제97조 제2항 관련)

법 제97조는 제2항의 전단 규정과 후단 규정의 해석에 관하여 집중적으로 법리가 형성되어 있다.

(1) 전단 규정은 민간 사업시행자에 의하여 새로이 설치된 정비기반시설을 국가 또는 지방자치단체에 무상으로 귀속되게 함으로써 정비사업 과정에서 필수적으로 요구되는 정비기반시설을 원활하게 확보하고 그 시설을 효율적으로

---

4) 따라서 이에 대한 취득세 납세의무 성립일인 취득시기는 법 제97조 제5항에서 정한 '정비사업이 준공인가되어 관리청에 준공인가통지를 한 때'라고 봄이 타당하고(대법원 2020. 1. 16. 선고 2019두53075 판결), 지방세법 제11조 제1항 제2호에 따라 취득세율이 정해진다(대법원 2019. 4. 3. 선고 2017두66824 판결 등).

5) 이우재, 조해 도시 및 주거환경정비법(하), 진원사(2009년), 472.

6) 대법원 1999. 2. 5. 선고 98다24136 판결 등.

7) 김종수, 전게 논문, 386.

유지·관리한다는 공법상 목적을 달성하는 데 그 입법 취지가 있고, 후단 규정은 정비기반시설이 국가 또는 지방자치단체에 무상으로 귀속됨으로 인하여 발생하는 사업시행자의 재산상 손실을 고려하여, 그 사업시행자가 새로이 설치한 정비기반시설8)의 설치비용에 상당하는 범위 안에서 '정비사업의 시행으로 인하여 용도가 폐지되는 국가 또는 지방자치단체 소유의 정비기반시설'을 그 사업시행자에게 무상으로 양도되도록 하여 위와 같은 재산상의 손실을 합리적인 범위 안에서 보전해 주는 데 그 입법 취지가 있다(대법원 2007. 7. 12. 선고 2007두6663 판결, 대법원 2008. 12. 11. 선고 2008두815 판결, 대법원 2012. 8. 30. 선고 2010두24951 판결, 대법원 2013. 10. 24. 선고 2011두21157 판결, 대법원 2014. 2. 21. 선고 2012다82466 판결 등).9)

이러한 입법취지를 고려할 때 후단 규정은 민간 사업시행자가 새로 설치할 정비기반시설의 설치비용에 상당하는 범위 안에서 용도폐지될 정비기반시설의 무상양도를 강제하는 강행규정이다(대법원 2007. 7. 12. 선고 2007두6663 판결, 대법원 2014. 2. 21. 선고 2012다82466 판결).10)

---

8) 동일한 법령에서의 용어는 법령에 다른 규정이 있는 등 특별한 사정이 없는 한 동일하게 해석·적용되어야 하므로, 용도 폐지되는 기존 정비기반시설이 사업시행자에게 무상양도될 수 있는 범위를 정하는 후단 규정의 '사업시행자가 새로 설치한 정비기반시설'이란 전단 규정의 '사업시행자가 정비사업의 시행으로 새로 설치한 정비기반시설'을 가리키는 것으로서 양자는 같은 것으로 보아야 하고(대법원 2013. 10. 24. 선고 2011두21157 판결), 이와 달리 사업시행자가 새로이 설치한 정비기반시설 중 관련법에 따라 당연히 그 설치의무가 인정되는 정비기반시설은 제외되는 것으로 제한적으로 해석할 수 없다(대법원 2007. 4. 13. 선고 2006두11149 판결).

9) 법 제97조 제2항은, 종래 민간 사업시행자가 사업지구 내에 공공시설을 설치할 경우 그 공공시설 및 그 부지의 소유권을 아무런 보상 없이도 국가나 지방자치단체에 귀속시킬 수 있도록 행정청에 재량권을 부여한 구 주택건설촉진법 제33조 제8항, 구 도시계획법 (2000. 1. 28. 법률 제6243호로 전문 개정되어 2002. 2. 4. 법률 제6655호로 폐지되기 전의 것) 제52조 제2항 등을 둘러싼 위헌성 논란 내지 행정청의 재량권 일탈 논란 소지를 제거하고, 민간 사업시행자에 의하여 새로 설치된 정비기반시설이 도시정비법 제97조 제2항 전단 규정에 따라 관리청에 무상으로 귀속됨으로 인하여 야기되는 민간 사업시행자의 재산상 손실을 고려하여, 그 민간 사업시행자가 새로 설치한 정비기반시설의 설치비용에 상당하는 범위 안에서 정비사업의 시행으로 용도가 폐지되는 국가 또는 지방자치단체 소유의 정비기반시설을 그 민간 사업시행자에게 무상으로 양도되도록 같은 항 후단 규정을 둠으로써 위와 같은 재산상의 손실을 합리적인 범위 안에서 보전해 주고, 민간 사업시행자와 국가나 지방자치단체 사이의 재산적 권리관계를 보다 형평에 맞게 합리적으로 조정하기 위하여 마련된 규정이므로, 이는 정비사업의 시행으로 인하여 용도가 폐지되는 국가 또는 지방자치단체 소유의 정비기반시설의 양도 또는 귀속에 관한 실체적 권리관계를 규정한 조항이지 '사업시행방식'에 관한 사항을 규정한 조항이라고 볼 수 없다(대법원 2009. 6. 11. 선고 2008다20751 판결 등).

따라서 행정청과 사업시행자 사이에 사업시행자가 정비기반시설을 설치하는 것에 대한 보상으로 용적률 제한의 완화와 같은 다른 이익을 얻는 대신 후단규정을 적용하지 않기로 하는 합의를 하였고 그에 따라 실제 사업시행자가 다른 이익을 얻은 바 있다 하더라도, 그러한 사정만으로 후단규정의 적용을 배제할 수는 없다(대법원 2008. 12. 11. 선고 2007두14312 판결).[11]

그리고 도시정비법 시행 이전에 사업계획승인을 받은 재건축사업의 민간 사업시행자가 도시정비법 시행 후 정비사업의 시행으로 인하여 용도가 폐지되는 국가 또는 지방자치단체 소유의 정비기반시설의 양도 또는 귀속에 관하여 국가 또는 지방자치단체 사이에 계약을 체결하는 경우에는 법 제97조 제2항 후단이 적용된다고 봄이 상당하다(대법원 2009. 6. 11. 선고 2008다20751 판결). 따라서 위 규정을 위반하여 사업시행자와 국가 또는 지방자치단체 사이에 체결된 매매계약 등은 무효이고(대법원 2009. 6. 11. 선고 2008다20751 판결 등), 새로 설치한 정비기반시설의 설치비용이 용도폐지되는 정비기반시설의 평가가액을 초과함에도 불구하고 사업시행 인가관청이 새로이 설치한 정비기반시설의 설치비용을 산정함에 있어 그중 일부를 제외하는 등으로 사업시행자에게 양도한 용도폐지 정비기반시설의 가액에 미달한다고 보아 그 차액 상당의 정산금을 부과하였다면 이는 위 강행규정에 반하는 것으로서 무효라 할 것이므로, 사업시행자

---

10) 반면, 국토계획법 제65조 제2항은 "개발행위허가를 받은 자가 행정청이 아닌 경우 개발행위허가를 받은 자가 새로 설치한 공공시설은 그 시설을 관리할 관리청에 무상으로 귀속되고, 개발행위로 용도가 폐지되는 공공시설은 국유재산법과 공유재산법에도 불구하고 새로 설치한 공공시설의 설치비용에 상당하는 범위에서 개발행위허가를 받은 자에게 무상으로 양도할 수 있다."고 규정하고 있고, 주택법 제29조는 사업계획승인을 받은 주택건설사업의 시행자가 그 사업지구의 토지에 새로 공공시설을 설치하거나 기존의 공공시설에 대체되는 공공시설을 설치하는 경우 국토계획법 제65조를 준용하도록 하고 있다. 따라서 주택법에 따른 주택건설사업의 경우에 사업계획승인권자인 행정청은 그 사업에 따라 용도가 폐지되는 공공시설을 새로 설치되는 공공시설의 설치비용에 상당하는 범위에서 사업 시행자에게 무상으로 양도할 수 있고, 여기서 '무상으로 양도할 수 있다'는 것은 그 문언상 재량규정으로 보아야 한다(대법원 2010. 12. 9. 선고 2010다40499 판결, 대법원 2014. 1. 29. 선고 2013다200483 판결 등).

11) 같은 취지에서 하급심은 행정청이 주택재개발사업시행을 인가하면서, 사업시행자가 새로 설치하는 정비기반시설을 기부채납하는 조건으로 용적률을 상향 조정받았다는 이유로 새로 설치하는 정비기반시설의 설치비용에서 용적률 상향조정에 따른 인센티브 금액을 공제한 금액의 범위 내에서만 기존 정비기반시설을 무상으로 양도하고 이를 초과하는 부분은 유상으로 매수하도록 하는 내용의 인가조건을 부여한 것은, 후단 규정의 적용을 임의로 제한하는 것으로서 위법하다고 보았다(서울행정법원 2009. 3. 18. 선고 2008구합35712 판결).

는 그 부과처분에 따라 납부한 정산금 상당에 대하여 부당이득반환을 청구할 수 있다(대법원 2014. 2. 21. 선고 2012다82466 판결).

같은 취지에서 법 제97조 제4항에 따른 관리청 의견 청취나 제5항에 따른 사업시행자의 통지 절차를 거치지 않았다고 하여 용도폐지되는 정비기반시설이 무상양도의 대상이 되지 않는다고 볼 수는 없고, 그러한 절차를 거치지 않았다는 사정만으로 법 제97조 제2항을 위반하여 체결된 계약을 유효로 볼 수 없다(대법원 2009. 6. 25. 선고 2006다18174 판결).

(2) 도시정비법에 따른 재개발 또는 재건축사업의 시행으로 그 사업구역 내에 존재하는 공공하수도의 이전이나 증설 등이 필요하여 기존의 하수도는 용도폐지되고 민간 사업시행자가 새로이 하수도를 설치한 경우에, 무상귀속 및 무상양도되는 재산의 범위와 가액 정산을 함에 있어 위 하수도 설치비용은 새로이 설치한 정비기반시설의 설치비용에 포함시켜야 한다(대법원 2007. 4. 13. 선고 2006두11149 판결).

그리고 이는 재건축 등 도시정비사업 시행인가처분의 인가조건에서 하수도 이설 비용 등을 사업시행자가 부담하도록 정한 데 대하여 그 인가조건을 다툴 수 있는 불복기간이 지난 경우라고 하더라도 마찬가지이다(대법원 2014. 2. 21. 선고 2012다82466 판결).

또한, 신규 기반시설의 설치비용이 용도폐지되는 종전 기반시설의 가액을 초과하는 경우에는 종전 기반시설은 그 전부가 사업시행자에게 무상양도되어야 하므로, 사업시행계획 인가관청이 사업시행계획인가처분 등을 통하여 그중 일부를 무상양도 대상에서 제외하는 것은 특별한 사정이 없는 한 위법하다(대법원 2014. 2. 21. 선고 2011두20871 판결).

### (3) 중복정비기반시설 - 대법원 2013. 10. 24. 선고 2011두21157 판결

기존 정비기반시설과 신설 정비기반시설이 겹치는 경우(이하 "중복 정비기반시설"), 법 제97조 제2항 규정의 입법 취지 및 문언의 내용 등에 비추어 볼 때, 후단 규정의 '사업시행자가 새로이 설치한 정비기반시설의 설치비용'을 계산함에 있어서, 중복 정비기반시설도 후단 규정의 '정비사업의 시행으로 용도가 폐지되는 국가 또는 지방자치단체 소유의 정비기반시설'에 해당하여 사업시행자가 매입할 대상으로 본다면, 사업시행자는 중복 정비기반시설을 매입하여 국가 등에 무상으로 귀속시키게 되므로, 후단 규정의 '사업시행자가 새로이 설치한 정비기반시설의 설치비용'에 중복 정비기반시설의 가액을 포함하여야 한다.

그와 달리 중복 정비기반시설은 그대로 신설 정비기반시설로 사용될 예정이어서 후단 규정의 '정비사업의 시행으로 용도가 폐지되는 국가 또는 지방자치단체 소유의 정비기반시설'에 해당되지 않아서 사업시행자가 매입할 대상이 아니라고 본다면, 중복 정비기반시설의 가액을 후단 규정의 '사업시행자가 새로이 설치한 정비기반시설의 설치비용'에서 제외하여야 한다.

(4) 사업시행자가 사업시행 인가신청을 할 때는 정비사업의 시행으로 용도 폐지되는 정비기반시설의 조서·도면과 가액에 관한 감정평가서, 새로이 설치되는 정비기반시설의 설치비용계산서 등을 제출하여야 하는 점 등에 비추어, 무상양도 대상인 종전 기반시설의 대상과 범위는 보통은 인가관청이 사업시행계획서 등을 심사하여 사업시행계획인가처분을 하면서 무상양도 대상인 종전 기반시설을 결정하고 그에 해당하지 아니하는 종전 기반시설은 유상매수하도록 하는 부관(부담)을 부가하는 데 따라 결정될 것이지만, 사업시행계획인가처분 이후 따로 결정할 것을 유보한 경우에는 나중에 사후부담의 부관을 부가하거나 변경처분을 함으로써 달리 정할 수 있다고 할 것이다(대법원 2014. 2. 21. 선고 2011두20871 판결).

사업시행자가 사업시행계획인가처분 및 그 후속의 사후부담 부가처분 또는 변경처분에서 특정한 정비기반시설을 무상양도 대상에서 제외한 부분의 취소를 구하는 소를 제기하는 경우, 그 제소기간은 무상양도 대상에 관한 행정청의 확정적인 제외 의사가 담긴 처분이 있은 때를 기준으로 할 것이다(대법원 2014. 2. 21. 선고 2011두20871 판결).

그리고 이는 당해 처분서의 이유 기재 등 문언을 통하여 행정청의 의사가 처분의 상대방에게 명확하게 표명되었는지, 그 결과 처분의 상대방이 처분서에 따라 불복의 대상과 범위를 특정할 수 있는지 등 제반 사정을 종합적으로 고려하여 판단하여야 한다(대법원 2014. 2. 21. 선고 2011두20871 판결).

(5) 후단 규정에 따른 정비기반시설의 소유권 귀속에 관한 국가 또는 지방자치단체와 정비사업시행자 사이의 법률관계는 공법상의 법률관계로 보아야 한다.

따라서 위 후단 규정에 따른 정비기반시설의 소유권 귀속에 관한 소송은 공법상의 법률관계에 관한 소송으로서 행정소송법 제3조 제2호에서 규정하는 당사자소송에 해당한다(대법원 2018. 7. 26. 선고 2015다221569 판결 등).

　　(6) 후단 규정의 '사업시행자에게 무상으로 양도되는 국가 또는 지방자치단체 소유의 정비기반시설'은 정비사업 시행인가 전에 이미 국토계획법에 따라 도시관리계획으로 결정되어 설치된 국가 또는 지방자치단체 소유의 기반시설을 의미한다(대법원 2008. 11. 27. 선고 2007두24289 판결, 대법원 2011. 2. 24. 선고 2010두22498 판결, 대법원 2013. 1. 24. 선고 2011두27193 판결, 대법원 2013. 6. 27. 선고 2011두22419 판결, 대법원 2013. 7. 12. 선고 2012두20571 판결 등).

　　따라서 그 현황이 도로나 공원 등으로 사실상 공중에 제공되고 있다는 사정만으로 사업시행자에게 무상으로 양도되는 정비기반시설이라고 할 수는 없다(대법원 2011. 2. 24. 선고 2010두22498 판결, 대법원 2013. 7. 12. 선고 2012두27671 판결 등).[12][13]

　　그리고 법 제97조 제2항에 따라 사업시행자에게 무상으로 양도되는 정비기반시설이라는 사실에 관한 증명책임은 이를 주장하는 사업시행자가 부담한다(대법원 2015. 10. 29. 선고 2012두19410 판결).

> **[도시계획사업의 일환으로 토지구획정리사업을 시행하여 설치한 도로가 정비기반시설에 해당하는지 여부 - 대법원 2018. 5. 11. 선고 2015다41671 판결]**
> 도로는 도로의 형태를 갖추고 도로법에 따라 노선의 지정·인정 공고와 도로구역 결정·고시를 한 때 또는 구 도시계획법이 정한 절차를 거쳐 도로를 설치한 때, 공용개시행위가 있다고 볼 수 있다(대법원 2000. 2. 25. 선고 99다54332 판결). 토지가 지

---

12) 구 국유재산법(2009. 1. 30. 법률 제9401호로 전부 개정되기 전의 것. 이하 같다)상 행정재산은 국가 소유의 재산으로서 그 종류로는 공용재산, 공공용재산, 기업용재산이 있고, 공공용재산은 국가가 직접 그 공공용으로 사용하거나 사용하기로 결정한 재산을 말하며(구 국유재산법 제4조 제2항), 그중 도로와 같은 인공적 공공용 재산은 법령에 의하여 지정되거나 행정처분으로써 공공용으로 사용하기로 결정한 경우 또는 행정재산으로 실제로 사용하는 경우의 어느 하나에 해당하여야 비로소 행정재산이 되는 것이다. 특히 도로는 도로로서의 형태를 갖추고, 도로법에 따른 노선의 지정이나 인정의 공고 및 도로구역 결정·고시를 한 때 또는 국토계획법이나 도시정비법이 정한 절차를 거쳐 도로를 설치하였을 때에 공공용물로서 공용개시행위가 있다고 할 수 있다(대법원 2000. 2. 25. 선고 99다54332 판결, 대법원 2013. 6. 27. 선고 2011두22419 판결 등).
13) 다만, 현행법상 '그 밖에 공유재산법에 따른 공유재산 중 일반인의 교통을 위하여 제공되고 있는 부지(이 경우 부지의 사용 형태, 규모, 기능 등 구체적인 기준은 시·도조례로 정할 수 있다)에 해당하는 도로'도 정비기반시설에 포함되었다는 점 등은 본장 각주 3을 참조하기 바란다.

방자치단체의 토지구획정리사업의 시행 결과 지방자치단체가 관리하는 공공시설의 하나인 도로용지가 된 경우, 그 토지는 적어도 지방자치단체의 토지구획정리사업의 시행으로 공공시설의 목적에 제공하는 토지라고 할 수 있다(대법원 1998. 8. 21. 선고 98다1607,1614 판결).
구 도시계획법 제2조 제1항에 따르면 도시계획사업은 토지구획정리사업으로도 가능하다. 지방자치단체가 도시계획사업의 일환으로 토지구획정리사업을 시행하여 설치한 도로는 구 도시계획법에 따라 도시계획으로 결정되어 설치된 공공시설이라고 보아야 한다.
구 국토계획법 부칙(2002. 2. 4.) 제12조, 제15조에 따르면, 구 도시계획법에 의하여 결정된 도시계획은 구 국토계획법에 의하여 결정된 도시관리계획으로 간주되고, 구 도시계획법에 의한 도시계획시설은 구 국토계획법에 의한 도시계획시설로 간주된다.
따라서 지방자치단체가 도시계획사업의 일환으로 토지구획정리사업을 시행하여 설치한 도로의 부지에 대해서는 구 국토계획법상 기반시설에 관한 도시관리계획 결정도 있는 것으로 간주되어 도로법에 따라 노선의 지정·인정 공고와 도로구역 결정·고시가 되었는지 여부와 상관없이 구 도시정비법 제65조 제2항 후단이 적용된다.

(7) 법 제97조 제2항에서 말하는 정비사업의 시행으로 인하여 용도가 폐지되어 사업시행자에게 무상으로 '양도'되는 정비기반시설은 '정비구역 안'에 있는 정비기반시설만을 의미하는 것으로 해석할 것이고(대법원 2012. 8. 30. 선고 2010 두24951 판결), 사업시행자가 정비사업의 시행으로 새로이 설치한 정비기반시설로서 국가 또는 지방자치단체에 무상으로 '귀속'되는 정비기반시설도 이와 마찬가지로 새겨야 할 것이다(대법원 2014. 2. 21. 선고 2012다78818 판결).

따라서 사업시행자가 정비사업의 시행으로 새로이 설치한 정비기반시설이지만 정비구역 밖에 위치한 것은 법 제97조 제2항에 의하여 당연히 국가나 지방자치단체에 무상으로 귀속된다고 할 수 없다(대법원 2012. 8. 30. 선고 2010두 24951 판결, 대법원 2014. 2. 21. 선고 2012다78818 판결).

(8) 앞서 제9장에서 본 바와 같이, 사업시행계획인가는 수익적 행정처분으로서 행정청의 재량행위에 속하므로, 인가관청으로서는 법령상의 제한에 근거한 것이 아니라 하더라도 공익상 필요 등에 의하여 필요한 범위 내에서 여러 조건이나 부담을 부과할 수 있다(대법원 2007. 7. 12. 선고 2007두6663 판결).

따라서 정비사업의 시행으로 정비구역 밖에 설치하는 정비기반시설이라 하더라도 사업시행 인가관청이 사업시행계획인가처분을 하면서 인가조건으로 그 시설을 설치하도록 하는 부담을 부과하고 사업시행자가 그 부담의 이행으로써 이를 설치한 때에는, 그 부관이 다른 법률의 규정에 위반되거나 부당결부금지의 원칙이나 비례의 원칙에 반하여 위법하다고 볼 특별한 사정이 없는 한, 그 인가조건의 내용에 따라 당해 정비기반시설은 무상으로 또는 정산을 거쳐 그 시설을 관리할 국가 또는 지방자치단체에 귀속될 수 있다고 할 것이다(대법원 2014. 2. 21. 선고 2012다78818 판결).

(9) 후단 규정은 '용도가 폐지되는 정비기반시설은 새로이 설치한 정비기반시설의 설치비용에 상당하는 범위 내에서' 무상양도하도록 규정하고 있어 반드시 용도폐지되는 정비기반시설에 대체되는, 즉 같은 종류의 정비기반시설의 설치비용 범위 내에서 무상양도하라고 한정하고 있지 아니하고, 달리 위 조항의 정비기반시설을 '같은 종류'의 정비기반시설이라고 한정하여 해석할 근거가 없으므로, '용도폐지되는 정비기반시설'로서 무상양도되는 범위는 같은 용도로 대체되어 새로 설치되는 정비기반시설의 설치비용으로 한정할 수는 없다(대법원 2007. 7. 12. 선고 2007두6663 판결).

(10) 국토계획법 제47조 제1항은, 그 본문에서 도시계획시설에 대한 도시관리계획 결정 고시일로부터 10년 이내에 당해 도시계획시설의 설치에 관한 도시계획시설사업이 시행되지 아니하는 경우 당해 도시계획시설의 부지로 되어 있는 토지 중 지목이 대인 토지의 소유자는 대통령령이 정하는 바에 따라 특별시장·광역시장·시장 또는 군수에게 당해 토지의 매수를 청구할 수 있다고 규정하면서, 단서 제2호에서 이 법 또는 다른 법률에 의하여 도시계획시설을 설치할 의무가 있는 자가 있는 경우에는 그에 해당하는 자에게 당해 토지의 매수를 청구할 수 있다고 규정하고 있는바(이하 위 단서 제2호를 "이 사건 단서규정"), 이러한 법규정의 문언 내용과 그 체계, 위와 같은 매수청구 제도를 두게 된 입법 연혁 및 그 입법 취지 등을 종합하여 보면, 이 사건 단서규정에서 말하는 '이 법 또는 다른 법률에 의하여 도시계획시설을 설치할 의무가 있는 자가 있는 경우'란 단순히 설치의무자가 잠재적으로 존재하는 것만으로는 부족하고, 그러한 설치의무자가 구체적으로 확정된 경우를 의미한다고 보아야 한다(대법원 2007. 12. 28. 선고 2006두4738 판결).

그런데 도시정비법에 의하면, 정비기반시설은 정비사업시행자가 이를 설

치할 의무를 부담하는 것이나(법 제92조 제1항), 한편으로 정비사업은 토지등소
유자나 토지등소유자로 구성된 조합이 그 사업시행자로 될 수 있고, 또 일정한
경우에는 시장·군수등, 토지주택공사등도 공동사업시행자로 될 수 있기 때문
에(법 제24조, 제25조 등) 적어도 토지등소유자가 스스로 사업시행자가 되어 사
업시행계획인가를 받거나 혹은 조합을 설립하여 조합설립인가를 받았을 때, 나
아가 시장·군수등이 공동사업자라면 사업시행자 지정고시가 있었을 때 비로소
정비사업시행자가 구체적으로 확정된다 할 수 있다. 따라서 비록 정비구역 안
에 있는 토지등소유자라 하여도 그러한 사정만으로 곧바로 정비기반시설을 설
치할 의무가 있는 정비사업시행자에 해당하게 되어, 도시계획시설의 설치의무
자로 된다고 할 수는 없다(대법원 2007. 12. 28. 선고 2006두4738 판결).

(11) 도시정비법 시행 전에 설치된 정비기반시설의 처리에 관한 법리

---

[대법원 2011. 7. 14. 선고 2009다97659 판결]

도시정비법(2005. 3. 18. 법률 제7392호로 개정되기 전의 것, 이하 '도시정비법'이라
한다) 제28조 제1항, 제30조 제2호에 의하면 정비사업을 시행하고자 하는 경우 사업
시행인가를 받기 위한 사업시행계획서에는 정비기반시설의 설치계획이 포함되어야
하고, 그 설치계획은 도시정비법상 정비계획에 따라야 하며, 도시정비법상 정비계
획은 구 국토계획법(2005. 3. 31. 법률 제7470호로 개정되기 전의 것, 이하 '국토계획
법'이라고 한다) 제2조 제4호 (다)목 및 (라)목 그리고 같은 조 제11호에 의하면 국
토계획법상의 기반시설의 설치·정비 또는 개량에 관한 계획과 함께 국토계획법상
의 도시관리계획에 해당하므로, 도시정비법 제65조 제2항 <u>전단에 의하여 국가 또는
지방자치단체에 무상으로 귀속되는 '정비기반시설'은 도시정비법이 시행되기 전에
다른 법에 근거하여 사업계획승인을 받은 경우에는 국토계획법에 의한 도시관리계
획에 따라 기반시설로 결정되어 설치된 시설을, 도시정비법에 근거하여 사업시행인
가를 받은 경우에는 도시정비법상 정비계획에 따라 정비기반시설로 결정되어 새로
이 설치된 시설을 의미한다고</u> 봄이 상당하다.
원심판결 이유에 의하면, 원심은 도시정비법이 시행되기 전에 구 주택건설촉진법
(2003. 5. 29. 법률 제6916호로 주택법으로 전부 개정되기 전의 것, 이하 '주촉법'이
라 한다)에 따라 사업계획승인을 받은 이 사건 재건축사업에서 도시정비법 제65조
제2항 전단에 의하여 피고에게 무상으로 귀속될 '정비기반시설'은 국토계획법상 도
시관리계획 결정에 의하여 새로이 설치된 기반시설에 한한다고 하면서, 보행녹도만
조성된 채 기부채납되지 않은 이 사건 공공보도에 대하여 도시계획위원회의 심의의

결, 피고의 사업계획승인 고시가 있었다는 것만으로는 국토계획법상 도시관리계획 결정이 있었다고 볼 수 없고, 달리 이 사건 공공보도가 국토계획법상 도시관리계획 결정에 의하여 지정·설치된 기반시설에 해당한다고 볼 자료가 없으므로, 도시정비법 제65조 제2항 후단에 의하여 사업시행자인 원고에게 무상으로 양도되는 피고 소유의 정비기반시설의 범위를 정함에 있어 이 사건 공공보도의 설치비용에 상당하는 부분은 제외되어야 한다고 판단하였다.

앞서 본 법리에 비추어 볼 때, 위와 같은 원심의 판단은 정당한 것으로 수긍이 되고, 거기에 상고이유의 주장과 같이 도시정비법상 정비기반시설의 무상양도 또는 귀속에 관한 법리를 오해하거나 자유심증주의의 한계를 벗어난 위법이 있다고 할 수 없다.

주촉법 제33조 제1항, 제4항 제1호, 제12호, 제8항, 같은 법 시행령(2003. 11. 29. 대통령령 제18146호로 주택법 시행령으로 전부개정되기 전의 것) 제32조 제2항 제6호, 국토계획법 제65조 제2항에 의하면, 주촉법에 따라 사업계획승인을 얻은 자가 사업지구 안에 새로이 공공시설을 설치하는 경우 그 공공시설은 국가 또는 지방자치단체에 무상으로 귀속되므로, 이러한 사업계획승인을 얻고자 하는 자는 관계 행정청에 공공시설의 귀속에 관한 사항을 기재한 서류를 제출하여야 하며, 사업계획승인을 얻으면 기반시설에 한하여 국토계획법상 도시관리계획 결정이 있는 것으로 간주되거나 사도법 제4조에 의한 사도개설허가가 있는 것으로 간주된다.

그런데 기록에 의하면, 원고가 도시정비법이 시행되기 하루 전인 2003. 6. 30. 주촉법에 따라 사업계획승인을 얻을 당시 이 사건 공공보도를 피고에게 귀속될 공공시설이라고 특정하여 사업계획승인을 신청하였다는 자료는 찾을 수 없고, 오히려 승인된 사업계획을 보면 이 사건 공공보도는 여전히 원고의 재건축 사업부지에 포함되어 있으면서도 일반의 통행에 제공될 사실상 사도로 조성될 예정이었음을 알 수 있으므로, 이 사건 공공보도에 대하여 국토계획법상 기반시설에 관한 도시관리계획 결정이 있는 것으로 간주된다고 볼 수 없다.

# 제 16 장

# 관련 자료의 공개, 보관과 인계

## 1. 개 관

추진위원장 또는 사업시행자(조합의 경우 청산인을 포함한 조합임원, 토지등소유자가 단독으로 시행하는 재개발사업의 경우에는 그 대표자, 이하 본장에서 같다)는 정비사업의 시행에 관한 다음 각 호의 서류 및 관련 자료가 작성되거나 변경된 후 15일 이내에 이를 조합원, 토지등소유자 또는 세입자가 알 수 있도록 인터넷과 그 밖의 방법을 병행하여 공개하여야 한다(법 제124조 제1항).

1. 법 제34조 제1항에 따른 추진위원회 운영규정 및 정관등
2. 설계자·시공자·철거업자 및 정비사업전문관리업자 등 용역업체의 선정 계약서
3. 추진위원회·주민총회·조합총회 및 조합의 이사회·대의원회의 의사록
4. 사업시행계획서
5. 관리처분계획서
6. 해당 정비사업의 시행에 관한 공문서
7. 회계감사보고서
8. 월별 자금의 입금·출금 세부내역

9. 결산보고서

10. 청산인의 업무 처리 현황

11. 그 밖에 정비사업 시행에 관하여 대통령령으로 정하는 서류 및 관련 자료[1]

이와 같이 공개의 대상이 되는 서류 및 관련 자료의 경우 분기별로 공개대상의 목록, 개략적인 내용, 공개장소, 열람·복사 방법 등을 대통령령으로 정하는 방법과 절차에 따라 조합원 또는 토지등소유자에게 서면으로 통지하여야 한다(법 제124조 제2항).

이를 좀 더 구체적으로 보면, 추진위원장 또는 사업시행자는 매 분기가 끝나는 달의 다음 달 15일까지 공개 대상의 목록, 공개 자료의 개략적인 내용, 공개 장소, 대상자별 정보공개의 범위, 열람·복사 방법 및 등사에 필요한 비용을 조합원 또는 토지등소유자에게 서면으로 통지하여야 한다(시행령 제94조 제2항).

추진위원장 또는 사업시행자는 위와 같이 공개 및 열람·복사 등을 하는 경우에는 주민등록번호를 제외하고 공개하여야 하며(법 제124조 제3항), 다만 토지등소유자 또는 조합원의 열람·복사 요청은 사용목적 등을 기재한 서면(전자문서 포함)으로 하여야 한다(시행규칙 제22조).

조합원, 토지등소유자가 법 제124조 제1항에 따른 서류 및 토지등소유자 명부, 조합원 명부, 그 밖에 대통령령으로 정하는 서류[2] 및 관련 자료를 포함하여 정비사업 시행에 관한 서류와 관련 자료에 대하여 열람·복사 요청을 한 경우 추진위원장이나 사업시행자는 15일 이내에 그 요청에 따라야 한다(법 제124조 제4항).

위와 같은 복사에 필요한 비용은 실비의 범위에서 청구인이 부담하며, 이 경우 비용납부의 방법, 시기 및 금액 등에 필요한 사항은 시·도조례로 정한다(법 제124조 제5항).

---

1) "대통령령으로 정하는 서류 및 관련 자료"란 다음 각 호의 자료를 말한다(시행령 제94조 제1항). 1. 법 제72조 제1항에 따른 분양공고 및 분양신청에 관한 사항, 2. 연간 자금운용 계획에 관한 사항, 3. 정비사업의 월별 공사 진행에 관한 사항, 4. 설계자·시공자·정비사업전문관리업자 등 용역업체와의 세부 계약 변경에 관한 사항, 5. 정비사업비 변경에 관한 사항.

2) 시행령은 이에 관한 규정을 두고 있지 않다.

위와 같이 열람·복사를 요청한 사람은 제공받은 서류와 자료를 사용목적 외의 용도로 이용·활용하여서는 아니 된다(법 제124조 제6항).

한편, 추진위원장·정비사업전문관리업자 또는 사업시행자는 법 제124조 제1항에 따른 서류 및 관련 자료와 총회 또는 중요한 회의(조합원 또는 토지등소 유자의 비용부담을 수반하거나 권리·의무의 변동을 발생시키는 경우로서 대통령령으로 정하는 회의3)를 말한다)가 있은 때에는 속기록·녹음 또는 영상자료를 만들어 청 산 시까지 보관하여야 한다(법 제125조 제1항).

시장·군수등 또는 토지주택공사등이 아닌 사업시행자는 정비사업을 완료 하거나 폐지한 때에는 시·도조례로 정하는 바에 따라 관계 서류를 시장·군수 등에게 인계하여야 하고(법 제125조 제2항), 시장·군수등 또는 토지주택공사등 인 사업시행자와 위와 같이 관계 서류를 인계받은 시장·군수등은 해당 정비사 업의 관계 서류를 5년간 보관하여야 한다(같은 조 제3항).

## 2. 관련 법리

(1) 도시정비법이 정비사업시행과 관련한 서류 및 자료를 공개하게 하고 이를 위반한 추진위원장 또는 조합임원 등에 대한 처벌규정까지 둔 취지는 정 비사업의 투명성·공공성을 확보하고 조합원 등의 알권리를 충족시키기 위한 것이다(대법원 2016. 2. 18. 선고 2015도10976 판결, 대법원 2017. 6. 15. 선고 2017도 2532 판결, 헌법재판소 2016. 6. 30. 선고 2015헌바329 전원재판부 결정 등).

(2) 현행법 제124조 제1항에 의하면, 제1항 각 호의 서류 및 관련 자료가 작성되거나 변경된 후 15일 이내에 이를 조합원, 토지등소유자 또는 세입자가 알 수 있도록 인터넷과 그 밖의 방법을 병행하여 공개하여야 한다.

그러나 구법 하에서는 공개 시기를 명확히 규정하고 있지 않아 이에 관한 다툼이 있었다. 대법원은 구법 하에서도 구 도시정비법 시행령 규정 등을 고려 하여 위 "서류 및 관련 자료의 공개는 공개 대상의 서면 통지 전에 이루어져야

---

3) "대통령령으로 정하는 회의"란 다음 각 호를 말한다(시행령 제94조 제3항). 1. 용역 계 약(변경계약 포함) 및 업체 선정과 관련된 대의원회·이사회, 2. 조합임원·대의원의 선 임·해임·징계 및 토지등소유자(조합이 설립된 경우에는 조합원) 자격에 관한 대의원 회·이사회.

하는 것으로 봄이 상당하고, 따라서 늦어도 매 분기가 끝나는 달의 다음 달 15
일까지는 위 서류 및 관련 자료를 공개하여야 한다.”고 보았다(대법원 2014. 7.
24. 선고 2013도1547 판결[4]).

(3) 법 제124조 제5항은 조합원의 열람·복사 요청이 있는 경우 사업시행자
가 그 요청에 따라야 하고, 복사에 필요한 비용을 청구인이 부담한다는 취지로
만 규정하고 있을 뿐 구체적으로 어떠한 방법으로 열람·복사 요청에 응하여야
하는지에 관하여는 규정하고 있지 않다.

또한 같은 조 제2항, 시행령 제94조 제2항 제5호에서 조합임원은 조합원에
게 열람·복사 방법을 서면으로 통지하도록 규정하여 개별 조합에 열람·복사의
방법을 구체적으로 정할 수 있도록 재량권을 주고 있다.

따라서 개별 조합에서 열람·복사의 방법을 특정하지 않았다면 현장교부
외에도 통상의 방법인 우편, 팩스 또는 정보통신망 중 어느 하나의 방법을 이용
하여 열람·복사 요청에 응하여야 한다고 해석함이 타당하다(대법원 2018. 4. 26.
선고 2016도13811 판결).

(4) 관련 자료의 공개의무(법 제124조 제1항)는 조합원의 요청이 없더라도
조합임원에게 그 의무가 발생한다는 점에서 법 제124조 제4항의 열람·복사 요
청에 응할 의무와 분리하여 규정된 것으로 보일 뿐이고, 열람·복사를 요청한
조합원이 복사에 필요한 비용을 부담한다는 규정만으로 현장에서만 열람 및 복
사할 것이 요구된다고 해석할 수 없다(위 대법원 2016도13811 판결).

따라서 조합이 조합원에게 열람·복사의 방법을 제한하지 않은 이상 조합
임원이 열람·복사신청을 받은 날로부터 15일 이내에 이에 응하지 아니하면 법
제124조 제4항의 의무위반이 성립한다고 할 것이지, 열람·복사를 신청한 조합

---

4) “구 도시정비법(2012. 2. 1. 법률 제11293호로 개정되기 전의 것) 제81조 제1항이 같은
항 각 호의 서류 및 관련 자료의 공개 시기를 명확히 규정하고 있지 아니하나, 구 도시
정비법 제81조 제2항이 ‘제1항에 따라 공개의 대상이 되는 서류 및 관련 자료의 경우
분기별로 공개 대상의 목록, 개략적인 내용, 공개 장소, 열람·복사 방법 등을 대통령령
으로 정하는 방법과 절차에 따라 조합원 또는 토지등소유자에게 서면으로 통지하여야
한다’고 규정하고 있고, 같은 법 시행령 제70조 제2항이 ‘매 분기가 끝나는 달의 다음
달 15일까지 공개 대상의 목록, 공개 자료의 개략적인 내용, 공개 장소 등을 조합원 또
는 토지등소유자에게 서면으로 통지하여야 한다’고 규정하고 있으므로, 위 서류 및 관
련 자료의 공개는 공개 대상의 서면 통지 전에 이루어져야 하는 것으로 봄이 상당하고,
따라서 늦어도 매 분기가 끝나는 달의 다음 달 15일까지는 위 서류 및 관련 자료를 공
개하여야 한다.”

원이 다시 조합사무실 등의 현장에 방문하여 열람·복사를 해야만 한다고 볼 수 없다(위 대법원 2016도13811 판결).[5]

　(5) 공개대상 자료는 정비사업의 시행에 관한 법 제124조 제1항 각 호의 서류 및 관련 자료인데, 참석자명부와 서면결의서는 제3호의 "추진위원회·주민총회·조합총회 및 조합의 이사회·대의원회의 의사록"의 관련 자료에 포함된다(대법원 2012. 2. 23. 선고 2010도8981 판결).

　법 제124조 제1항, 제4항(이하 "이 사건 의무조항"), 제138조 제1항 제7호(이하 "이 사건 처벌조항")의 내용과 체계에다가 이 사건 의무조항의 연혁과 입법취지, 정비사업조합이 수립하는 관리처분계획의 내용 등을 종합하면, 조합원의 전화번호와 조합원별 신축건물 동호수 배정 결과는 이 사건 의무조항에 따른 열람·복사의 대상이라고 보아야 한다(대법원 2021. 2. 10. 선고 2019도18700 판결). 정비사업조합의 '조합원'이자 '감사'인 사람이 정비사업 관련 자료의 열람·복사를 요청한 경우에도 특별한 사정이 없는 한 조합임원은 이 사건 의무조항에 따라 열람·복사를 허용할 의무를 부담하고, 이를 위반하여 열람·복사를 허용하지 않는 경우에는 이 사건 처벌조항에 따라 형사처벌의 대상이 된다고 보아야 한다(위 대법원 2019도18700 판결).

　하급심 판결 중에는 관할 행정청이 갑 주택재건축 정비사업조합에 토지등소유자인 을이 정보공개를 청구한 조합원명부와 서면결의서 중 주민등록번호를 제외하고 성명, 주소, 권리내역, 전화번호 등을 공개하라는 조치명령을 한 사안에서, 구 도시정비법 제81조 제3항(현행 제124조 제3항)이 공개대상 제외 정보를 주민등록번호에 한정하고 있는 점, 조합원명부 중 성명, 주소, 전화번호와 서면결의서 등 정비사업의 시행에 관한 정보는 추진위원회·조합의 해산 또는 정비구역 등의 지정해제를 희망하는 토지등소유자나 조합의 활동을 감시하기를 희망하는 조합원에게 공개하여야 할 공익상의 필요가 있으며, 구 도시정비법 제81조 제6항, 제7항(현행 제124조 제6항, 제7항)은 열람·복사의 청구인 자격과 자료의 사용용도를 엄격히 제한하고 있는 점 등에 비추어, 갑이 을에게 성명, 주소, 전화번호가 포함된 조합원명부, 서면결의서 등 관련 자료를 공개하는

5) 구 도시정비법(2009. 5. 27. 법률 제9729호로 개정되기 전의 것) 하에서는 조합원의 열람·등사 요청을 받은 추진위원장은 그 요청에 응할 수 없는 특별한 사유가 없는 한, 현장에서 곧바로 조합원이 요청한 서류 및 관련 자료를 열람하게 하거나 등사하여 주어야 한다고 보았다(헌법재판소 2011. 4. 28. 선고 2009헌바90 전원재판부 결정).

것이 구 도시정비법 제81조 제3항이나 개인정보 보호법의 취지에 어긋난다고 할 수 없으므로 조치명령이 적법하다고 한 사례가 있다(광주지방법원 2015. 7. 9. 선고 2014구합11076 판결).

(6) 법 제73조에 의하여 분양신청을 하지 아니하였거나 분양신청기간 종료 이전에 분양신청을 철회한 토지등소유자라도 아직 현금청산이 이루어지지 않아 토지 등의 소유권을 상실하지 아니한 경우에는 법 제124조와 제138조 제1항 제7호가 규정한 토지등소유자에 해당한다고 보아야 하므로, 법 제124조에 의하여 정비사업 시행에 관한 서류와 관련 자료에 대한 열람·등사를 요청을 할 권한이 있다(대법원 2012. 7. 26. 선고 2011도8267 판결6)).

(7) 도시정비법에 관한 것은 아니나, 대법원은 재건축조합의 조합원들에게 제공될 무상보상평수의 사업수익성 등을 검토한 자료가 「공공기관의 정보공개에 관한 법률」에서 정한 비공개대상정보에 해당하지 않는다고 보았다(대법원 2006. 1. 13. 선고 2003두9459 판결).

---

6) 이 대법원판결은 위와 같은 판단의 근거로 「법 제2조 제9호 (가)목에서 재개발사업의 경우 토지등소유자의 개념에 관하여 '정비구역 안에 위치한 토지 또는 건축물의 소유자 또는 그 지상권자'라고 규정하고 있고, 법 제124조와 제138조 제1항 제7호에서 규정한 토지등소유자도 이와 같은 의미라고 보아야 하는 것이 위 각 조항의 문언에 부합하는 점, 법 제73조에 의하여 분양신청을 하지 아니하였거나 분양신청기간 종료 이전에 분양신청을 철회한 토지등소유자가 현금청산을 하여야 하는 경우에 해당하여 조합원으로서의 지위를 상실하였다 하더라도, 재개발조합과 협의하여 청산금을 지급받거나, 그 협의가 성립되지 않을 경우 토지보상법에 의한 수용절차를 거쳐 보상금을 지급받을 때까지는 조합의 운영상황, 자산 등의 현황 등에 관하여 이해관계를 여전히 가지고 있는 점 등」을 들었다.

제 17 장

# 벌 칙

## 1. 뇌물죄 적용에서의 공무원 의제

(1) 법 제134조는 "추진위원장·조합임원·청산인·전문조합관리인 및 정비사업전문관리업자의 대표자(법인인 경우에는 임원을 말한다)·직원 및 위탁지원자는 형법 제129조부터 제132조까지의 규정을 적용할 때에는 공무원으로 본다."라고 규정하고 있다.

이 규정은 정비사업이 노후·불량 건축물이 밀집하여 주거환경이 불량한 지역을 계획적으로 정비하고 개량하여 주거생활의 질을 높이기 위한 공공적 성격을 띤 사업일 뿐만 아니라, 정비구역 내 주민들이나 토지등소유자들의 재산권 행사에 중대한 영향을 미치는 점을 고려하여, 정비사업조합의 임원 등의 직무수행의 공정성과 청렴성을 확보함으로써 정비사업이 공정하고 투명하게 진행되도록 하기 위한 것이다(대법원 2008. 9. 25. 선고 2008도2590 판결 등).

(2) 형법이 뇌물죄에 관하여 규정하고 있는 것은 공무원의 직무집행의 공정과 그에 대한 사회의 신뢰 및 직무행위의 불가매수성을 보호하기 위한 것이다(대법원 2014. 3. 27. 선고 2013도11357 판결 등 참조).[1][2]

---

1) 조합임원이 직무와 관련하여 금품을 수수하는 등의 비리를 저질렀을 경우에는 이를 공무원으로 보아 엄중하게 처벌함으로써 정비사업의 정상적인 운영과 조합 업무의 공정

앞서 본 법 제134조의 문언과 취지, 형법상 뇌물죄의 보호법익 등을 고려하면, 정비사업조합의 임원이 그 정비구역 안에 있는 토지 또는 건축물의 소유권 또는 그 지상권을 상실함으로써 조합임원의 지위를 상실한 경우나 임기가 만료된 정비사업조합의 임원이 관련 규정에 따라 그 후임자가 선임될 때까지 계속하여 그 직무를 수행하다가 후임자가 선임되어 그 직무수행권을 상실한 경우, 그 조합임원이 그 후에도 조합의 법인 등기부에 임원으로 등기되어 있는 상태에서 계속하여 실질적으로 조합임원으로서의 직무를 수행하여 왔다면 그 직무수행의 공정과 그에 대한 사회의 신뢰 및 직무행위의 불가매수성은 여전히 보호되어야 한다.

따라서 그 조합임원은 임원의 지위 상실이나 직무수행권의 상실에도 불구하고 법 제134조에 따라 형법 제129조 내지 제132조의 적용에 있어서 공무원으로 보아야 한다(대법원 2016. 1. 14. 선고 2015도15798 판결).

(3) 공무원이 얻는 어떤 이익이 직무와 대가관계가 있는 부당한 이익으로서 뇌물에 해당하는지 여부는 당해 공무원의 직무의 내용, 직무와 이익제공자와의 관계, 쌍방간에 특수한 사적인 친분관계가 존재하는지의 여부, 이익의 다과, 이익을 수수한 경위와 시기 등의 제반 사정을 참작하여 결정하여야 하고(대법원 2007. 4. 27. 선고 2005도4204 판결), 이는 법 제134조에 의하여 공무원으로 의제되는 정비사업전문관리업자의 임·직원의 경우도 마찬가지라고 할 것이다(대법원 2008. 9. 25. 선고 2008도2590 판결, 대법원 2011. 11. 24. 선고 2011도9585 판결).[3]

---

성 보장을 도모할 필요성이 있으므로 법 제134조가 조합임원을 뇌물죄의 적용에 있어서 공무원으로 의제한 것은 그 목적이 정당하고, 그 목적 달성을 위하여 적절하고 필요한 수단이라 할 것이며, 이러한 제한으로 인하여 보호하려는 공익과 침해되는 사익 사이에 불균형이 발생한다고 할 수 없으므로 과잉금지의 원칙에 위반된다고 볼 수도 없다(대법원 2007. 4. 27. 선고 2007도694 판결).

2) 도시정비법이 정한 설립 요건과 절차를 갖추어 법인 등기까지 마친 재건축조합은 같은 법에 따른 구체적인 조합활동이 없어도 같은 법이 정한 재건축조합으로 인정되므로, 구 주택건설촉진법(2002. 12. 30. 법률 제6852호로 개정되기 전의 것)에 의하여 설립인가를 받아 도시정비법 부칙(2002. 12. 30.) 제10조에 의하여 법인 등기를 마친 재건축조합의 조합장에게는 도시정비법의 공무원 의제조항이 적용된다(대법원 2006. 5. 25. 선고 2006도1146 판결).

3) 뇌물죄는 공무원의 직무집행의 공정과 이에 대한 사회의 신뢰 및 직무행위의 불가매수성을 그 보호법익으로 하고 있고 직무에 관한 청탁이나 부정한 행위를 필요로 하는 것은 아니기 때문에 수수된 금품의 뇌물성을 인정하는 데 특별한 청탁이 있어야만 하는

이때 임·직원이 얻는 어떤 이익을 직무와 대가관계가 있는 부당한 이익으로서 뇌물에 해당하는 것으로 보려면 정비사업전문관리업자가 반드시 조합이나 조합설립추진위원회와 사이에 특정 재건축·재개발 정비사업에 관하여 구체적인 업무위탁계약을 체결하여 그 직무에 관하여 이익을 취득하여야 하는 것은 아니다(위 대법원 2008도2590 판결, 대법원 2016. 1. 14. 선고 2015도15798 판결 등).

같은 취지에서 정비사업전문관리업자의 임·직원이 일정한 자본·기술인력 등의 기준을 갖추어 시·도지사에게 등록한 후에는 추진위원회로부터 정비사업전문관리업자로 선정되기 전이라도 그 직무에 관하여 뇌물을 수수한 때에 형법 제129조 내지 제132조의 적용대상이 되고, 정비사업전문관리업자가 추진위원회로부터 정비사업에 관한 업무를 대행할 권한을 위임받은 후에야 비로소 그 임·직원이 위 법의 적용대상이 되는 것은 아니다(위 대법원 2008도2590 판결).

물론 정비사업전문관리업자의 대표자 및 임·직원이 그 취급하는 업무의 성격상 뇌물죄의 적용에서 공무원으로 의제되더라도, 도시정비법에서 정한 직무 이외의 영업에 관해서는 사경제주체로서 활동할 수 있으므로, 도시정비법에서 정한 직무와 관련 없이 이루어진 금품 등의 수수에 대해서까지 뇌물죄로 처벌하는 것은 과잉금지의 원칙에 위배된다(대전고법 2008. 8. 8. 선고 2008노42 판결).

(4) 형법 제129조 제1항의 뇌물수수죄는 공무원이 그 직무에 관하여 뇌물을 수수한 때에 적용되는 것으로서, 공무원이 직접 뇌물을 받지 아니하고 증뢰자로 하여금 다른 사람에게 뇌물을 공여하도록 한 경우라 하더라도 그 다른 사람이 공무원의 사자 또는 대리인으로서 뇌물을 받은 경우 등과 같이 사회통념상 그 다른 사람이 뇌물을 받은 것을 공무원이 직접 받은 것과 같이 평가할 수 있는 관계가 있는 경우에는 형법 제129조 제1항의 뇌물수수죄가 성립하고, 이

---

것은 아니며, 또한 금품이 직무에 관하여 수수된 것으로 족하고 개개의 직무행위와 대가적 관계가 있을 필요는 없다(대법원 2001. 10. 12. 선고 2001도3579 판결 등). 공무원이 얻는 어떤 이익이 직무와 대가관계가 있는 부당한 이익으로서 뇌물에 해당하는지 여부는 당해 공무원의 직무내용, 직무와 이익제공자의 관계, 쌍방간에 특수한 사적인 친분관계가 존재하는지 여부, 이익의 다과, 이익을 수수한 경위와 시기 등의 제반사정을 참작하여 결정하여야 하고, 뇌물죄가 직무집행의 공정과 이에 대한 사회의 신뢰 및 직무행위의 불가매수성을 보호법익으로 하고 있는 점에 비추어 볼 때, 공무원이 이익을 수수하는 것으로 인하여 사회일반으로부터 직무집행의 공정성을 의심받게 되는지 여부도 뇌물죄의 성립 여부를 판단할 때에 기준이 된다(대법원 2011. 3. 24. 선고 2010도17797 판결 등). 이러한 법리는 도시정비법에서 공무원으로 의제되는 조합임원에게도 마찬가지로 적용된다(대법원 2014. 10. 15. 선고 2014도8113 판결).

러한 법리는 공무원으로 의제되는 정비사업전문관리업자의 임·직원이 직무에 관하여 자신이 아닌 정비사업전문관리업자 또는 그 밖의 제3자에게 뇌물을 공여하게 하는 경우에도 마찬가지라고 할 것이다(대법원 2010. 5. 13. 선고 2008도5506 판결, 대법원 2011. 11. 24. 선고 2011도9585 판결 등).

따라서 임·직원이 법인인 정비사업전문관리업자를 사실상 1인 회사로서 개인기업과 같이 운영하거나, 그렇지 않더라도 사회통념상 정비사업전문관리업자에 뇌물을 공여한 것이 곧 그 임·직원에게 공여한 것과 같다고 볼 수 있을 정도로 경제적·실질적 이해관계를 같이하는 것으로 평가되는 경우에는 형법 제129조 제1항의 뇌물수수죄가 성립한다(대법원 2008. 9. 25. 선고 2008도2590 판결).

(5) 여러 사람이 공동으로 뇌물을 수수한 경우에 그 가액을 추징하려면 실제로 분배받은 금품만을 개별적으로 추징하여야 하고 수수금품을 개별적으로 알 수 없을 때에는 평등하게 추징하여야 하며 공동정범뿐 아니라 교사범 또는 종범도 뇌물의 공동수수자에 해당할 수 있다(대법원 2001. 3. 9. 선고 2000도794 판결, 대법원 2004. 10. 27. 선고 2003도6738 판결 등). 그러나 공동정범이 아닌 교사범 또는 종범의 경우에는 정범과의 관계, 범행 가담 경위 및 정도, 뇌물 분배에 관한 사전약정의 존재 여부, 뇌물공여자의 의사, 종범 또는 교사범이 취득한 금품이 전체 뇌물수수액에서 차지하는 비중 등을 고려하여 공동수수자에 해당하는지를 판단하여야 한다(대법원 2011. 11. 24. 선고 2011도9585 판결).

그리고 뇌물을 수수한 자가 공동수수자가 아닌 교사범 또는 종범에게 뇌물 중의 일부를 사례금 등의 명목으로 교부하였다면 이는 뇌물을 수수하는 데에 따르는 부수적 비용의 지출 또는 뇌물의 소비행위에 지나지 아니하므로, 뇌물수수자로부터 그 수뢰액 전부를 추징하여야 한다(대법원 2011. 11. 24. 선고 2011도9585 판결).

(6) 누구든지 재개발사업 등의 시공자, 설계자 또는 정비사업전문관리업자의 선정과 관련하여 금품을 수수하는 등의 행위를 하면 법 제135조에 의한 처벌대상이 된다.

이 처벌규정은 조합임원에 대한 공무원 의제 규정(법 제134조)이 이미 존재하는 상태에서 2012. 2. 1. 법률이 개정되어 신설된 것으로서, 기존 도시정비법의 입법 취지, 적용대상, 법정형 등과 비교해 보면 시공자의 선정 등과 관련한 부정행위에 대하여 조합임원이 아닌 사람에 대해서까지 처벌 범위를 확장한 것일 뿐 조합임원을 형법상의 수뢰죄 또는 특정범죄가중법 위반죄로 처벌하는 것이 너무 과중하여 부당하다는 반성적 고려에서 그 형을 가볍게 한 것이라고는 인정되지 아니하므로, 조합임원을 법 제134조에 따라 특정범죄가중법 제2조에 근거하여 처벌하는 것은 적법하다(대법원 2016. 10. 27. 선고 2016도9954 판결).

또한 특정범죄가중법 제2조에 의하여 가중처벌되는 뇌물죄의 주체에 관한 요건인 "형법 제129조 · 제130조 또는 제132조에 규정된 죄를 범한 자"에는 다른 법령에 의하여 공무원 또는 공무원에 준하는 신분을 가지는 경우도 포함되고(대법원 2007. 4. 26. 선고 2007도1046 판결, 대법원 2008. 12. 24. 선고 2008도8864 판결 등 참조), 특정범죄가중법 제4조에 해당하는 기관 또는 단체의 간부직원에 한정하여 가중처벌 조항이 적용되는 것은 아니므로(대법원 2010. 5. 27. 선고 2010도3399 판결), 도시정비법에 의하여 공무원으로 의제되는 조합임원이 뇌물을 수수한 경우 특정범죄가중법 제2조 제1항에 의하여 수뢰액에 따라 가중처벌된다(대법원 2010. 12. 23. 선고 2010도13584 판결).

## 2. 법 제137조 위반죄(총회 의결사항 등)

(1) 법 제45조 제1항 제4호에서 '예산으로 정한 사항 외에 조합원의 부담이 되는 계약'을 총회의 의결 사항으로 규정한 취지는 이러한 계약이 조합원들의 권리·의무에 직접적인 영향을 미치는 사항이어서 조합원들의 의사가 반영될 수 있도록 절차적 보장을 하기 위한 것이고 이를 위하여 법 제137조 제6호에 벌칙 조항을 둔 것으로 해석되는 점, 총회의 사전 의결 없이 계약이 체결되어 이행된 경우 원상회복이 어려울 뿐만 아니라 법률관계의 혼란을 초래하고 이러한 상황이 조합원들의 자유로운 의사결정에 방해가 될 수 있는 점 등에 비추어 볼 때, 법 제137조 제6호에 정한 '총회의 의결'은 원칙적으로 사전 의결을 의미한다고 보아야 한다.

따라서 조합의 임원이 총회의 사전 의결을 거치지 아니하고 예산으로 정한 사항 외에 조합원의 부담이 될 계약을 체결하였다면 이로써 법 제137조 제6호에 위반한 범행이 성립된다고 할 것이고, 나중에 총회에서 추인 의결이 이루어지더라도 그 범행이 소급적으로 불성립하게 된다고 볼 수는 없다(대법원 2015. 4. 23. 선고 2014도4454 판결).

한편, 정비사업의 성격상 조합이 추진하는 모든 업무의 구체적 내용을 총회에서 사전에 의결하기 어렵더라도 도시정비법 규정 취지에 비추어 보면 '예산으로 정한 사항 외에 조합원의 부담이 되는 계약'을 체결하는 경우에는 사전에 총회에서 추진하려는 계약의 목적과 내용, 그로 인하여 조합원들이 부담하게 될 부담의 정도를 개략적으로 밝히고 그에 관하여 총회의 의결을 거쳐야 한다고 볼 것이다(대법원 2010. 6. 24. 선고 2009도14296 판결, 대법원 2015. 4. 23. 선고 2014도4454 판결 등).

(2) 형식적으로 총회의 의결을 거쳐 조합임원을 선임·해임하였다 하더라도 그 총회의 결의에 부존재 또는 무효의 하자가 있는 경우에는 특별한 사정이 없는 한, 그 조합임원의 선임·해임은 총회의 의결을 거치지 아니한 것에 해당한다고 보아야 한다(대법원 2009. 3. 12. 선고 2008도10826 판결).

조합이 조합임원의 선임을 조합장에게 위임하는 내용의 총회 결의를 한 경우 이 총회 결의는 무효이므로, 위 총회 결의에 따라 총회의 의결을 거치지 아니하고 조합임원의 선임을 추진한 조합장은 법 제137조 제6호의 적용을 받는다(대법원 2009. 3. 12. 선고 2008도10826 판결).

(3) 경쟁입찰방식에 의한 시공자 선정(변경)의무를 위반한 자에 대한 형사처벌을 규정한 구 도시정비법 제84조의2(현행 제136조) 시행 전에 정관에 위배되어 사법상 무효인 시공자 변경이 이루어지고 위 법 시행 후 이에 관한 추인결의가 이루어진 사안에서, 대법원은 위 법 시행 전에 사실상의 시공자 변경이 이루어졌다고 보아 구 도시정비법 제84조의2 위반죄에 해당하지 않는다고 보았다(대법원 2009. 10. 15. 선고 2008도9304 판결).

## 3. 행위주체(조합임원, 정비사업전문관리업자, 추진위원장)

(1) 법 제137조 제6호 위반죄 또는 제138조 제7호 위반죄는 각 규정에서 정한 행위자만이 주체가 될 수 있고, 여기에서 그 주체로 규정된 '조합임원'이란 법 제35조에 따라 정비사업을 시행하기 위하여 토지등소유자로 구성되어 설

립된 조합이 법 제41조에 따라 둔 조합장, 이사, 감사의 지위에 있는 자라 할 것이다.

또한 앞서 제7장(조합임원)에서 본 바와 같이, 법원이 선임한 임시이사와 직무대행자도 법 제137조 제6호에서 규정한 '조합임원'에 해당한다고 보아야 한다(대법원 2016. 10. 27. 선고 2016도138 판결, 대법원 2017. 6. 15. 선고 2017도2532 판결).

반면, 전임 조합장의 직무대행자가 선임된 상태에서 적법하게 소집된 총회의 결의에 의하여 후임 조합장으로 선임된 자가 직무대행자로부터 조합 사무를 인계받아 실질적으로 조합장 직무를 수행하였다면, 비록 대표권을 가지지 못한다고 하더라도[4] 형법 제129조 내지 제132조의 적용에서 공무원으로 의제되는 조합임원으로 보아야 한다(대법원 2010. 12. 23. 선고 2010도13584 판결).

한편, 법 제38조에 의하면 토지등소유자로 구성되어 정비사업을 시행하려는 조합은 관계 법령에서 정한 요건과 절차를 갖추어 조합설립인가처분을 받은 후에 등기함으로써 성립하며, 그때 비로소 관할 행정청의 감독 아래 정비구역 안에서 정비사업을 시행하는 행정주체로서의 지위가 인정된다. 여기서 행정청의 조합설립인가처분은 조합에 정비사업을 시행할 수 있는 권한을 갖는 행정주체(공법인)로서의 지위를 부여하는 일종의 설권적 처분의 성격을 가진다(대법원 2009. 9. 24. 선고 2008다60568 판결, 대법원 2010. 1. 28. 선고 2009두4845 판결 등).

따라서 토지등소유자로 구성되는 조합이 그 설립과정에서 조합설립인가처분을 받지 아니하였거나 설령 이를 받았다 하더라도 처음부터 조합설립인가처분으로서 효력이 없는 경우에는, 법 제35조에 의하여 정비사업을 시행할 수 있는 권한을 가지는 행정주체인 공법인으로서의 조합이 성립되었다 할 수 없고(대법원 2012. 3. 29. 선고 2008다95885 판결, 대법원 2012. 11. 29. 선고 2011두518 판결 등), 또한 이러한 조합의 조합장, 이사, 감사로 선임된 자 역시 도시정비법에서 정한 조합임원이라 할 수 없다(대법원 2014. 5. 22. 선고 2012도7190 전원합의체 판결).

---

4) 앞서 제7장에서 본 바와 같이, 가처분재판에 의하여 조합장의 직무대행자가 선임된 상태에서 새로운 조합장이 적법하게 소집된 총회의 결의에 따라 새로 선출되었다 해도, 사정변경 등을 이유로 가처분결정이 취소되지 않는 한 직무대행자만이 적법하게 조합을 대표할 수 있고, 총회에서 선임된 조합장은 그 선임결의의 적법 여부에 관계없이 대표권을 가지지 못한다(대법원 2010. 2. 11. 선고 2009다70395 판결).

이러한 법률 규정과 법리에 비추어 보면, 정비사업을 시행하려는 어떤 조합이 조합설립인가처분을 받았다 하더라도 그 조합설립인가처분이 무효여서 처음부터 법 제35조에서 정한 조합이 성립되었다고 할 수 없는 경우에, 그 성립되지 아니한 조합의 조합장, 이사 또는 감사로 선임된 자는 법 제137조 제6호 위반죄 또는 제138조 제7호 위반죄의 주체인 '조합임원'에 해당하지 아니한다고 해석함이 타당하며, 따라서 그러한 자의 행위에 대하여는 법 제137조 제6호 위반죄 또는 제138조 제7호 위반죄로 처벌할 수 없다 할 것이다(위 대법원 2012도7190 전원합의체 판결).5)

(2) 도시정비법은 정비사업전문관리업자가 법인인 경우 공무원으로 의제되는 '임원'에 관하여 더 이상의 자세한 규정을 두고 있지 아니하다.

따라서 위와 같은 '임원'에 해당하는지 여부는 민법, 상법, 기타의 실체법에 의하여 결정하여야 할 것인데, 그중 주식회사의 법률관계를 규율하고 있는 상법 제312조는 '임원의 선임'이라는 표제 하에 "창립총회에서는 이사와 감사를 선임하여야 한다."라고 하면서, 상법 제317조 제2항은 주식회사의 설립에 있어 등기하여야 할 사항으로 "사내이사, 사외이사, 그 밖에 상무에 종사하지 아니하는 이사, 감사 및 집행임원의 성명과 주민등록번호"(제8호), "회사를 대표할 이사 또는 집행임원의 성명·주민등록번호 및 주소"(제9호) 등을 규정하고 있다.

위와 같은 규정들의 문언·체계 및 그 취지 등을 종합하면, 도시정비법에서 정하는 '정비사업전문관리업자'가 주식회사인 경우 공무원으로 의제되는 '임원'은 형법 제129조 내지 제132조에 해당하는 수뢰행위 당시 상업등기부에 대표이사, 이사, 집행임원, 감사로 등기된 사람에 한정된다고 보아야 하며, 설령 실질적 경영자라고 하더라도 해당 주식회사의 임원으로 등기되지 아니한 사람까지 도시정비법에 의하여 공무원으로 의제되는 정비사업전문관리업자의 '임원'에 해당한다고 해석하는 것은 형벌법규를 피고인에게 불리한 방향으로 지나치게

---

5) 반면, 형법이 뇌물죄에 관하여 규정하고 있는 것은 공무원의 직무집행의 공정과 그에 대한 사회의 신뢰 및 직무행위의 불가매수성을 보호하기 위한 것이므로, 법령에 기한 임명권자에 의하여 임용되어 공무에 종사하여 온 사람이 나중에 그가 임용결격자이었음이 밝혀져 당초의 임용행위가 무효라고 하더라도, 그가 임용행위라는 외관을 갖추어 실제로 공무를 수행한 이상 공무 수행의 공정과 그에 대한 사회의 신뢰 및 직무행위의 불가매수성은 여전히 보호되어야 한다. 따라서 이러한 사람은 형법 제129조에서 규정한 공무원으로 봄이 상당하고, 그가 그 직무에 관하여 뇌물을 수수한 때에는 수뢰죄로 처벌할 수 있다(대법원 2014. 3. 27. 선고 2013도11357 판결).

유추하거나 확장해석하는 것으로서 죄형법정주의의 원칙에 어긋나는 것이어서 허용될 수 없다(대법원 2014. 1. 23. 선고 2013도9690 판결).

　　(3) 법 제135조 제4호와 제138조 제1항 제7호 위반죄의 범행주체인 '추진위원장'이란 법 제31조 제1항, 제33조 제1항에 따라 조합을 설립하기 위하여 토지등소유자 과반수의 동의를 얻은 후 시장·군수등의 승인을 얻어 구성된 조합설립추진위원회의 추진위원장을 의미하므로, 추진위원회의 부위원장이나 추진위원이었다가 추진위원장의 유고 등을 이유로 운영규정에 따라 연장자 순으로 추진위원장 직무대행자가 된 자를 법 제135조 제4호, 제32조 제2항, 제138조 제1항 제7호, 제124조 제1항에서 규정한 추진위원장에 해당하는 것으로 해석하는 것은 형벌법규를 피고인에게 불리한 방향으로 지나치게 확장 해석하거나 유추해석하는 것으로서 죄형법정주의의 원칙에 어긋나 허용될 수 없다(대법원 2011. 5. 26. 선고 2010도17145 판결, 대법원 2015. 3. 12. 선고 2014도10612 판결).

# 4. 기 타

　　(1) 법인의 이사를 상대로 한 이사직무집행정지 가처분 결정이 된 경우, 당해 법인의 업무를 수행하는 이사의 직무집행이 정지당함으로써 사실상 법인의 업무수행에 지장을 받게 될 것은 명백하므로, 법인으로서는 그 이사 자격의 부존재가 객관적으로 명백하여 항쟁의 여지가 없는 경우가 아닌 한 위 가처분에 대항하여 항쟁할 필요가 있다고 할 것이고, 이와 같이 필요한 한도 내에서 법인의 대표자가 법인 경비에서 당해 가처분 사건의 피신청인인 이사의 소송비용을 지급하더라도 이는 법인의 업무수행을 위하여 필요한 비용을 지급한 것에 해당하고, 법인의 경비를 횡령한 것이라고는 볼 수 없다(대법원 1990. 6. 26. 선고 89도1102 판결, 대법원 2003. 5. 30. 선고 2003도1174 판결 등).

　　따라서 조합장직무집행정지 가처분 신청의 항고사건의 경과, 주된 쟁점 등에 비추어 조합장이 조합의 대표자로서 위 항고사건에 대하여 항쟁하는 것이 필요하다고 인정되는 경우, 위 항고사건에 관하여 변호사 선임비를 조합의 예산으로 지출한 것은 조합의 업무수행을 위하여 필요한 비용을 지급한 것에 해당할 뿐, 조합의 경비를 횡령한 것이라고 볼 수 없다(대법원 2009. 3. 12. 선고

2008도10826 판결).

(2) 법 제137조 제9호, 제102조 제1항 제6호에 의하면 정비사업전문관리업 등록을 하지 않고 관리처분계획의 수립에 관한 업무의 대행을 한 자는 2년 이상의 징역 또는 2,000만 원 이하의 벌금에 처하게 된다.

여기서의 "관리처분계획의 수립"에는 경미한 사항이 아닌 관리처분계획의 주요 부분을 실질적으로 변경하는 것이 포함된다고 해석함이 타당하고, 이러한 해석이 죄형법정주의 내지 형벌법규 명확성의 원칙을 위반하였다고 보기 어려 우며, 그 이유는 아래와 같다(대법원 2019. 9. 25. 선고 2016도1306 판결).

① 도시정비법이 관리처분계획의 수립 또는 변경을 위하여 조합총회의 의결 및 행정청의 인가절차 등을 요구하는 취지는, 관리처분계획의 수립 또는 변경이 조합원, 현금청산 대상자 등(이하 '조합원 등'이라고 한다)에 대한 소유권이전 등 권리귀속 및 비용부담에 관한 사항을 확정하는 행정처분에 해당하므로 그로 인하여 자신의 권리의무와 법적 지위에 커다란 영향을 받게 되는 조합원 등의 의사가 충분히 반영되어야 할 필요가 있기 때문이다. 반면에 관리처분계획의 경미한 사항을 변경하는 경우에는 이러한 필요성이 크지 아니하기 때문에 행정청에 신고하도록 규정하고 있다.

② 구 도시정비법은 조합의 비전문성을 보완하고 사업추진의 효율성을 도모하기 위하여 도시정비사업에 관한 법률·행정·설계·시공·감리 등의 분야에서 전문지식을 갖춘 인력의 도움을 받을 수 있도록 정비사업전문관리업제도를 도입하였다. 정비사업전문관리업자는 시공자를 상대로 하여 조합을 위해 업무를 수행해야 하므로 동일한 정비사업에 관하여 건축물철거·정비사업설계·시공·회계감사 등의 업무를 병행할 수 없다. 정비사업전문관리업자는 조합의 수임자로서 조합과 조합원의 이익을 위하여 사업 전반에 관하여 자문하고 위탁받은 사항을 처리하지만, 정비사업의 공공성에 비추어 위탁받은 업무를 수행하는 범위 내에서 정비사업의 시행이라는 공공업무를 수행하고 있다고 볼 수 있다.

③ 대법원은 관리처분계획의 경미한 사항을 변경하는 경우와는 달리 당초 관리처분계획의 주요 부분을 실질적으로 변경하는 경우에는 새로운 관리처분계획을 수립한 것으로 해석하여 왔다.

④ 도시정비법 부칙(제14567호, 2017. 2. 8.) 제4조, 제5조 역시 계획의 수립에 최초의 수립과 변경수립이 포함되는 것을 전제로 하고 있다.

⑤ 구 도시정비법은 관리처분계획의 경미한 변경에 해당하는 경우를 대통령령으로 정하도록 하고 있고, 그 시행령에서는 경미한 변경에 해당하는 경우를 상세하게 규정하고 있어 경미한 변경에 해당하는지 여부가 불분명해지거나 처벌범위가 불합리하게 확대될 우려가 있다고 하기도 어렵다.

⑥ 이러한 상황에서, 조합원 등의 권리의무와 법적 지위에 중대한 영향을 미치는 관리처분계획을 최초로 수립하는 경우에는 전문성과 공공성을 갖춘 정비사업전문관리업자에게만 위탁을 할 수 있지만, 그 후 경미한 사항이 아닌 관리처분계획의 주요 부분을 실질적으로 변경하는 경우에는 무자격자의 관여가 허용된다고 해석하는 것은 법령의 취지와 목적에 부합하지 아니한다.

(3) 추진위원회가 추진위원회 구성승인을 받지 아니한 상태에서 정비사업전문관리업자를 선정하였다면 그 자체로서 도시정비법에 위반하여 추진위원회를 구성·운영한 것에 해당하여 도시정비법 제136조 위반죄가 성립한다 할 것이고(대법원 2007. 11. 29. 선고 2007도8556 판결), 이는 추진위원회가 구성승인을 받은 이후 동일한 정비사업전문관리업자와 재계약을 하였는지 또는 구성승인 이후 추진위원회의 구성에 동의한 토지등소유자가 과반수가 위 선정에 동의하였는지 여부에 따라 달라지는 것이 아니 할 것이다(대법원 2008. 11. 27. 선고 2008도6286 판결).

(4) 구 도시정비법(2009. 2. 6 법률 제9444호로 개정되기 전의 것) 제85조 제9호는 원심판결 선고 후인 2009. 2. 6. 법률 제9444호로 개정되어, 정비사업전문관리업 등록을 하지 아니한 자가 정비사업의 시행을 위하여 필요한 구 도시정비법 제69조 제1항 각 호의 사항과 관련하여 추진위원회 또는 사업시행자의 자문에 응하는 행위에 대한 기존의 벌칙조항이 삭제되었는바, 위 법 개정 당시 부칙 등에 그 시행 전의 정비사업전문관리업 무등록자의 자문행위에 대한 벌칙의 적용에 관하여 아무런 경과규정을 두지 않은 점 등에 비추어 보면, 비록 정비사업전문관리업으로 등록하지 아니한 자라고 할지라도 정비사업의 시행을 위하여 필요한 구 도시정비법 제69조 제1항 각 호의 사항에 관한 추진위원회 또는 사업시행자의 자문에 응하는 행위를 처벌대상으로 삼은 종전의 조치가 부당하다는 반성적 고려에서 위와 같이 도시정비법을 개정한 것으로 보아야 한다(대법원 2009. 9. 24. 선고 2007도6185 판결).

제 18 장

# 기 타

## 1. 노후불량 건축물(법 제2조 제3호 관련)

(1) 구 「도시재정비 촉진을 위한 특별법」에 따라 재정비촉진지구 안에서 도시정비법에 의한 도시환경정비사업을 시행하기 위하여 재정비촉진구역을 지정할 때에도 법 제2조 제3호에서 정한 노후·불량건축물의 개념이나 범위에 따라 그 지정요건의 충족 여부를 판단하여야 한다(대법원 2012. 11. 29. 선고 2012두16077 판결).

(2) 한편 법 제2조 제3호는 (라)목에서 '노후·불량건축물'의 하나로 '도시미관을 저해하거나 노후화된 건축물로서 대통령령으로 정하는 바에 따라 시·도조례로 정하는 건축물'을 들고 있고, 그 위임에 따른 시행령 제2조 제3항은 "법 제2조 제3호 (라)목에 따라 '시·도조례로 정할 수 있는 건축물'은 다음 각 호의 어느 하나에 해당하는 건축물을 말한다."고 정하면서, 그 제1호에서 '준공된 후 20년 이상 30년 이하의 범위에서 시·도조례로 정하는 기간이 지난 건축물'을 들고 있다.

이와 같이 법과 시행령이 준공된 후 20년 이상 30년 이하의 범위에서 조례로 정하는 기간이 지난 건축물을 노후·불량건축물로 규정하고 있는 취지는 준공된 후 일정한 기간이 경과하면 그에 비례하여 건축물이 노후화하고 그에 따라 결함 등이 발생할 가능성도 크다는 데 있다고 할 것이다.

따라서 시행령 제2조 제3항 제1호가 정하는 '준공된 후 20년 이상 30년 이하'와 같은 일정기간의 경과는 법 제2조 제3호 (라)목이 정한 철거가 불가피한 노후·불량건축물에 해당하는지 여부를 판단함에 있어 노후·불량화의 징표가 되는 여러 기준의 하나로서 제시된 것으로 보아야 하고, 위 기간이 경과하기만 하면 그로써 곧 법과 시행령이 정한 노후·불량건축물에 해당하게 되는 것은 아니라고 할 것이다(대법원 2010. 7. 15. 선고 2008두9270 판결, 대법원 2012. 11. 29. 선고 2012두16077 판결).

결국 법 제2조 제3호 (라)목과 시행령 제2조 제3항 제1호가 규정한 노후·불량건축물이란 준공된 후 20년 이상 30년 이하가 지난 건축물로서 그로 인하여 건축물이 노후화되어 철거가 불가피한 건축물을 말한다고 할 것이다(대법원 2012. 6. 18. 선고 2010두16592 전원합의체 판결, 대법원 2012. 10. 25. 선고 2011두10355 판결, 위 대법원 2012두16077 판결).

(3) 하자 있는 행정처분이 당연무효로 되려면 그 하자가 법규의 중요한 부분을 위반한 중대한 것이어야 할 뿐 아니라 객관적으로 명백한 것이어야 하므로, 행정청이 위법하여 무효인 조례를 적용하여 한 행정처분이 당연무효로 되려면 그 규정이 행정처분의 중요한 부분에 관한 것이어서 결과적으로 그에 따른 행정처분의 중요한 부분에 하자가 있는 것으로 귀착되고, 또한 그 규정의 위법성이 객관적으로 명백하여 그에 따른 행정처분의 하자가 객관적으로 명백한 것으로 귀착되어야 한다. 일반적으로 조례가 법률 등 상위법령에 위배된다는 사정은 그 조례의 규정을 위법하여 무효라고 선언한 대법원의 판결이 선고되지 아니한 상태에서는 그 조례 규정의 위법 여부가 해석상 다툼의 여지가 없을 정도로 명백하였다고 인정되지 아니하는 이상 객관적으로 명백한 것이라 할 수 없으므로, 이러한 조례에 근거한 행정처분의 하자는 취소사유에 해당할 뿐 무효사유가 된다고 볼 수는 없다(대법원 2009. 10. 29. 선고 2007두26285 판결).

'노후·불량건축물' 해당 여부는 결국 법과 시행령의 위임을 받아 제정된 시·도조례에 따라야 결정될 것인데, 앞서 본 법리에 의하면 시·도조례의 규정이 위법하더라도 그 시·도조례에 근거한 처분을 당연무효라고 보기는 어려울 것이다.

## 2. 정비구역 직권해제에 따른 추진위원회 구성승인 또는 조합설립인가 취소시의 보조금(법 제21조 관련)

　(1) 정비구역 지정권자가 법 제21조 제1항에 따라 정비구역등을 직권 해제하여 추진위원회 구성승인 또는 조합설립인가가 취소되는 경우 정비구역의 지정권자는 해당 추진위원회 또는 조합이 사용한 비용의 일부를 대통령령으로 정하는 범위에서 시·도조례로 정하는 바에 따라 보조할 수 있다(법 제21조 제3항).

　이에 근거한 추진위원회의 보조금 지원신청에 대하여 정비구역의 지정권자가 전부 거부하거나 일부 금액만 지급하기로 결정하는 경우 그 결정에 대해서는 항고소송의 방식으로 다투어야 하고, 정비구역 지정권자가 보조금 지원신청을 기각한 금액 부분에 관하여 당사자소송의 방식으로 보조금의 지급을 청구하는 것은 부적법하다(대법원 2019. 10. 31. 선고 2017두62600 판결).

　(2) 이러한 보조금 교부는 수익적 행정처분으로서 교부대상의 선정과 취소, 그 기준과 범위 등에 관하여 행정청에 상당히 폭넓은 재량이 부여되어 있으므로(대법원 2018. 8. 30. 선고 2017두56193 판결), 행정청이 상위법령의 위임 범위 내에서 보조금 교부에 관한 기준을 설정한 경우 그 기준이 객관적으로 합리적이지 않다거나 타당하지 않다고 볼 만한 특별한 사정이 없는 한 행정청의 의사는 가능한 한 존중되어야 하고, 그 기준의 해석·적용에 관해서도 문언의 한계를 벗어나거나, 객관적 합리성을 결여하였다는 등의 특별한 사정이 없는 한 그 기준을 마련한 행정청의 해석이 존중되어야 한다(대법원 2019. 1. 10. 선고 2017두43319 판결).

　또한 처분을 할 것인지와 처분의 정도에 관하여 재량이 인정되는 금전 부과처분이 그 처분의 전제가 되는 사실을 오인하는 등으로 재량권을 일탈·남용한 것인 경우에 법원으로서는 재량권의 일탈·남용 여부만 판단할 수 있을 뿐이지 재량권의 범위 내에서 어느 정도가 적정한 것인지에 관하여는 판단할 수 없으므로 그 전부를 취소하여야 하고, 법원이 적정하다고 인정되는 부분을 초과한 부분만 취소할 수는 없다(대법원 2009. 6. 23. 선고 2007두18062 판결).

# 3. 지상권 등 계약의 해지(법 제70조[1] 관련)

(1) 법 제70조는 제1항에서 "정비사업의 시행으로 인하여 지상권·전세권 또는 임차권의 설정목적을 달성할 수 없는 때에는 그 권리자는 계약을 해지할 수 있다."라고 규정하고, 제2항에서 "제1항에 따라 계약을 해지할 수 있는 자가 가지는 전세금·보증금 그 밖의 계약상의 금전의 반환청구권은 사업시행자에게 이를 행사할 수 있다."라고 규정하고 있다.

이처럼 법 제70조 제1항, 제2항이 정비사업 구역 내의 임차권자 등에게 계약 해지권은 물론, 나아가 사업시행자를 상대로 한 보증금반환청구권까지 인정하는 취지는, 정비사업의 시행으로 인하여 그 의사에 반하여 임대차목적물의 사용·수익이 정지되는 임차권자 등의 정당한 권리를 두텁게 보호하는 한편, 계약상 임대차기간 등 권리존속기간의 예외로서 이러한 권리를 조기에 소멸시켜 원활한 정비사업의 추진을 도모하고자 함에 있다(대법원 2020. 8. 20. 선고 2017다 260636 판결).

한편 임대차계약은 임대인이 임차인에게 목적물을 사용·수익하게 할 것을 약정하고 임차인이 이에 대하여 차임을 지급할 것을 약정하는 것을 계약의 기본내용으로 하므로(민법 제618조), 법 제70조 제1항, 제2항에서 말하는 '정비사업의 시행으로 인하여 임차권의 설정목적을 달성할 수 없다'는 것은 정비사업의 시행으로 인하여 임차인이 임대차목적물을 사용·수익할 수 없게 되거나 임대차목적물을 사용·수익하는 상황 내지 이를 이용하는 형태에 중대한 변화가

---

1) 제70조(지상권 등 계약의 해지) ① 정비사업의 시행으로 지상권·전세권 또는 임차권의 설정 목적을 달성할 수 없는 때에는 그 권리자는 계약을 해지할 수 있다.
② 제1항에 따라 계약을 해지할 수 있는 자가 가지는 전세금·보증금, 그 밖의 계약상의 금전의 반환청구권은 사업시행자에게 행사할 수 있다.
③ 제2항에 따른 금전의 반환청구권의 행사로 해당 금전을 지급한 사업시행자는 해당 토지등소유자에게 구상할 수 있다.
④ 사업시행자는 제3항에 따른 구상이 되지 아니하는 때에는 해당 토지등소유자에게 귀속될 대지 또는 건축물을 압류할 수 있다. 이 경우 압류한 권리는 저당권과 동일한 효력을 가진다.
⑤ 제74조에 따라 관리처분계획의 인가를 받은 경우 지상권·전세권설정계약 또는 임대차계약의 계약기간은 민법 제280조·제281조 및 제312조 제2항, 주택임대차보호법 제4조 제1항, 「상가건물 임대차보호법」 제9조 제1항을 적용하지 아니한다.

생기는 등 임차권자가 이를 이유로 계약 해지권을 행사하는 것이 정당하다고 인정되는 경우를 의미한다(위 대법원 2017다260636 판결).

(2) 법 제81조 제1항 본문에 따라 관리처분계획인가의 고시가 있을 때에는 종전의 토지 또는 건축물의 소유자·지상권자·전세권자·임차권자 등 권리자는 이전고시가 있은 날까지 종전의 토지 또는 건축물에 대하여 이를 사용하거나 수익할 수 없고, 사업시행자가 이를 사용·수익할 수 있게 된다.

이에 따라 사업시행자는 관리처분계획인가의 고시가 있게 되면 위 조항을 근거로 정비구역 내에 있는 토지 또는 건축물의 임차권자 등을 상대로 그들이 점유하고 있는 부동산의 인도를 구할 수 있다. 그 결과 임차권자는 임대차기간이 남아 있더라도 자신이 점유하고 있는 임대차목적물을 사업시행자에게 인도하여야 할 의무를 부담하게 되고 이로 인해 정비사업이 진행되는 동안 임대차목적물을 사용·수익할 수 없게 된다.

따라서 임차인은 원칙적으로 관리처분계획인가의 고시가 있다면 임차권의 설정목적을 달성할 수 없게 되었음을 이유로 법 제70조 제1항, 제2항에 따라 임대차계약을 해지하고, 사업시행자를 상대로 보증금반환청구권을 행사할 수 있다(위 대법원 2017다260636 판결).

다만 관리처분계획인가의 고시 이전이라도 정비사업 계획에 따라 사업시행자에 의한 이주절차가 개시되어 실제로 이주가 이루어지는 등으로 사회통념상 임차인에게 임대차관계를 유지하도록 하는 것이 부당하다고 볼 수 있는 특별한 사정이 있는 경우에는, 임차인은 법 제70조 제1항, 제2항에 따라 임대차계약을 해지하고, 사업시행자를 상대로 보증금반환청구권을 행사할 수 있다. 이 경우 임차인이 관리처분계획인가의 고시 이전에 해지권을 행사할 수 있는 특별한 사정이 있는지는, 정비사업의 진행 단계와 정도, 임대차계약의 목적과 내용, 정비사업으로 임차권이 제한을 받는 정도, 사업시행자나 임대인 등 이해관계인이 보인 태도, 기타 제반 사정을 종합적으로 고려하여 개별적·구체적으로 판단하여야 한다(위 대법원 2017다260636 판결).

(3) 법 제70조 제3항은 임차권자에게 보증금을 반환한 사업시행자의 토지등소유자에 대한 구상권의 법적 근거가 되는 규정이므로, ① 위 조항에 따라 사업시행자가 토지등소유자에게 구상권을 행사하려면 토지등소유자에게 임차권자에 대한 보증금반환채무가 있음을 전제로 하는 점, ② 법 제70조 제4항 또한

마찬가지로 토지등소유자의 임차권자에 대한 보증금반환채무 등을 전제로 한 규정이라고 볼 수 있는 점, ③ 토지등소유자에게 대항할 수 없는 무단 전차인 등의 경우까지 법 제70조 제2항에 기하여 사업시행자를 상대로 보증금 등 반환을 구할 수 있다고 본다면, 다른 법률관계에서는 임대차계약상 그 임대인을 상대로 한 보증금반환청구권을 갖는 데 불과한 무단 전차인 등이 '정비사업의 시행'이라는 우연한 사정에 기하여 임대인의 자력과 무관하게 보증금을 반환받게 되는 점, ④ 이러한 결과는 주택임대차보호법 등에 정한 임차권 보호의 취지와 부합하지 아니할 뿐 아니라, 사업시행자로 하여금 임대인의 무자력 등으로 구상을 하지 못할 위험까지 부담하도록 하는 것이어서 정비사업의 원활한 진행이라는 법 제70조의 입법 취지에도 어긋나는 점 등에 비추어 보면, 법 제70조 제3항에 따라 임차권자가 사업시행자를 상대로 보증금 등의 반환을 구하려면, 임차권자가 토지등소유자에 대하여 보증금반환청구권을 가지는 경우라야 한다(대법원 2014. 7. 24. 선고 2012다62561,62578 판결).

## 4. 정비사업비 부담과 보조(법 제92조 내지 제95조 관련)

(1) 법 제92조 및 제93조를 포함한 도시정비법령의 내용, 형식과 체계, 사업시행자가 토지등소유자에게 부과금을 징수하는 일반적인 과정 등에 비추어 보면, 주택재건축사업에서 사업시행자인 조합은 토지등소유자인 조합원에게 법 제93조 제1항[2]에 따라 정비사업비와 정비사업의 시행과정에서 발생한 수입의 차액을 부과금으로 부과·징수할 수 있으나, 조합원이 도시정비법이 정한 요건을 충족하여 현금청산 대상자가 된 경우에는 조합원의 지위를 상실하여 더 이상 조합원의 지위에 있지 않으므로(대법원 2010. 8. 19. 선고 2009다81203 판결 등), 조합은 특별한 사정이 없는 한 현금청산 대상자에게 법 제93조 제1항에 따른 부과금을 부과·징수할 수 없다.

따라서 조합 정관, 조합원총회의 결의 또는 조합과 조합원 사이의 약정 등에서 현금청산 대상자가 조합원의 지위를 상실하기 전까지 발생한 정비사업비

---

2) 제93조(비용의 조달) ① 사업시행자는 토지등소유자로부터 제92조 제1항에 따른 비용과 정비사업의 시행과정에서 발생한 수입의 차액을 부과금으로 부과·징수할 수 있다.

중 일정 부분을 분담하기로 미리 정하지 않았다면, 법 제73조에 따른 청산절차 등에서 이를 청산하거나 별도로 조합이 현금청산 대상자에게 반환을 청구할 수 없다(대법원 2016. 8. 30. 선고 2015다207785 판결).[3] 이는 조합원이 조합 정관에 정한 요건을 충족하여 현금청산 대상자가 되는 경우에도 마찬가지이다.

(2) 법 제95조 제3항은 "국가 또는 지방자치단체는 시장·군수등이 아닌 사업시행자가 시행하는 정비사업에 드는 비용의 일부를 보조 또는 융자하거나 융자를 알선할 수 있다."라고 규정하고, 시행령 제60조 제3항은 "법 제63조 제3항에 따라 국가 또는 지방자치단체가 보조할 수 있는 금액은 기초조사비, 정비기반시설 및 임시거주시설의 사업비, 조합 운영경비의 각 50퍼센트 이내로 한다."라고 규정하고 있다.

「서울특별시 도시 및 주거환경 정비조례」 제52조 제2항은 "시장은 도시정비법 제95조에 따라 다음 각 호의 어느 하나에 해당하는 경우 정비사업으로 인한 정비기반시설의 설치비용의 일부를 사업시행자에게 보조할 수 있다."고 규정하면서, 제2호에서 비용보조대상의 하나로 '주택정비형 재개발구역 안에 설치하는 너비 8미터 이상의 도시계획시설도로, 소공원, 어린이공원 및 녹지' 등을 들고 있다.

나아가 「서울특별시 지방보조금 관리조례」는, 지방보조금이 지급되는 대상사업·경비의 종목·시비보조율 및 금액은 매년 예산으로 정하여야 하고(제7조), 시장은 지방보조금을 예산에 편성하고자 할 경우에는 해당 지방보조사업의 성격 및 지방보조사업자의 비용부담 능력 등을 고려하여 적정한 수준으로 책정하여 편성하여야 하며(제5조 제1항), 지방보조금을 받고자 하는 자는 지방보조사업의 목적과 내용, 지방보조사업에 소요되는 경비와 교부받고자 하는 금액 등을 기재한 신청서 및 첨부서류를 제출하여야 하고(제20조 제1항), 지방보조금을 교부하기 전에 시행한 공사 또는 사업에 대하여는 지방보조금을 교부하지 아니하되, 특별한 사정에 의하여 사전에 시장의 승인을 받은 경우에는 예외로 한다(제23조 제2항)고 규정하고 있다.

이와 같은 정비사업에 소요되는 비용의 보조에 관한 관련 법령과 조례의 내용 및 그 취지 등을 종합하여 보면, 사업시행자가 법 제95조 제3항에 따라 서울

---

3) 대법원 2014. 12. 24. 선고 2013두19486 판결, 대법원 2016. 12. 27. 선고 2014다203212 판결도 같은 취지이다.

특별시로부터 정비사업에 소요되는 비용의 일부를 보조받기 위하여는 (사전에 시장의 승인을 얻는 등의 특별한 사정이 없는 한) 그 공사 또는 사업시행 이전에 보조금 교부를 신청하여야 한다고 해석된다(대법원 2015. 7. 9. 선고 2015두35468 판결).

## 5. 국·공유재산의 처분(법 제98조 관련)

　　구 도시재개발법 제57조 제2항(도시정비법 제98조 제4항)의 해석에 관하여 대법원은, 주택재개발구역 내의 시유지를 점유하는 무허가건축물의 소유자로서 주택재개발조합의 조합원이 된 자가 구 도시재개발법에 따라 서울특별시로부터 시유지를 매수하면서 체결한 매매대금 분납약정 등에 따라 준공검사 신청 전까지 분납금을 완납하거나 분납금 납부를 위한 담보를 제공한 후 소유권을 취득하여 준공검사 등 조합의 사업추진에 지장을 초래하지 않도록 하여야 함에도 불구하고 이를 이행하지 않자, 조합이 수차례 독촉한 후 연체 분납금과 기한 미도래 분납금을 전부 대위변제하여 구상권을 행사한 사안에서, 조합원은 담보제공의무의 불이행으로 기한의 이익을 상실하였으므로 기한 미도래 분납금에 관한 기한의 이익을 주장할 수 없다고 보았다(대법원 2010. 4. 15. 선고 2009다59541 판결).

　　한편, 법 제98조는 제4항에서 "정비구역의 국유·공유재산은 국유재산법 제9조 또는 공유재산법 제10조에 따른 국유재산종합계획 또는 공유재산관리계획과 국유재산법 제43조 및 공유재산법 제29조에 따른 계약의 방법에도 불구하고 사업시행자 또는 점유자 및 사용자에게 다른 사람에 우선하여 수의계약으로 매각 또는 임대될 수 있다."라고, 제6항에서 "제4항에 따라 정비사업을 목적으로 우선하여 매각하는 국·공유지는 사업시행계획인가의 고시가 있은 날을 기준으로 평가하며, 주거환경개선사업의 경우 매각가격은 평가금액의 100분의 80으로 한다. 다만, 사업시행계획인가의 고시가 있은 날부터 3년 이내에 매매계약을 체결하지 아니한 국·공유지는 국유재산법 또는 공유재산법에서 정한다."라고 각 규정하고 있다.

　　위 규정의 문언으로 보아 위 제6항 본문 전단은 제4항의 규정에 의하여 수의계약으로 매각하는 토지의 평가 기준일자를 규정하는 것이지 그 평가방법까지 규정하는 것으로 보이지는 아니하고, 위 조문의 순서나 체계, 국·공유재산 처분 특례의 목적 등을 고려하더라도, 위 규정은 도시정비사업이 비교적 장기 간에 걸쳐 시행되는 것임을 고려하여 국·공유재산에 대한 수의계약이 체결되 는 구체적인 시기에 따라 매수부담이 달라지는 것을 방지하기 위해 어느 시기 에 수의계약이 체결되더라도 그 가액은 사업시행계획인가의 고시가 있은 날을 기준시기로 이를 평가하도록 규정한 취지라고 보일 뿐, 반드시 그 기준시기의 현황에 의하여 평가하도록 하는 평가방법까지 함께 규정한 것이라고 해석하기 는 어렵다(대법원 2010. 1. 28. 선고 2009다69548 판결).

## 6. 감독(법 제113조 관련)

법 제113조 제1항4)에 근거한 철거중지명령은 그 문면상 철거와 관련된 일 체의 공사를 의미하는 것으로 해석할 여지가 충분하고, 따라서 완전한 건축물 의 철거뿐만 아니라, 위 철거중지명령 당시 이미 철거가 진행된 건축물을 마저 부수거나 그 철거 잔해물을 정리하는 것까지 금하는 취지로 해석함이 상당하다 (대법원 2007. 7. 26. 선고 2007도1440 판결).

시장·군수가 사업시행자가 아닌 정비사업전문관리업자를 상대로 '처분의 취소·변경 또는 정지, 그 공사의 중지 및 변경에 관한 명령'을 할 수 있는 것은 그 명령이 해당 정비사업전문관리업자가 추진위원회 또는 조합으로부터 위탁 받은 사항에 관련된 경우에 한정되고, 이와는 달리 그 명령이 해당 정비사업전 문관리업자가 수행할 수 없는 업무, 예컨대 건축물의 철거에 관련된 것인 경우 에는 정비사업전문관리업자를 상대로 '그 공사의 중지 및 변경'에 관한 명령을 할 수 없다(대법원 2008. 2. 29. 선고 2006도7689 판결).

4) 제113조(감독) ① 정비사업의 시행이 이 법 또는 이 법에 따른 명령·처분이나 사업시 행계획서 또는 관리처분계획에 위반되었다고 인정되는 때에는 정비사업의 적정한 시행 을 위하여 필요한 범위에서 국토교통부장관은 시·도지사, 시장, 군수, 구청장, 추진위 원회, 주민대표회의, 사업시행자 또는 정비사업전문관리업자에게, 특별시장, 광역시장 또는 도지사는 시장, 군수, 구청장, 추진위원회, 주민대표회의, 사업시행자 또는 정비사 업전문관리업자에게, 시장·군수는 추진위원회, 주민대표회의, 사업시행자 또는 정비사 업전문관리업자에게 처분의 취소·변경 또는 정지, 공사의 중지·변경, 임원의 개선 권 고, 그 밖의 필요한 조치를 취할 수 있다.

# [부 록]

## [정비사업 조합설립추진위원회 운영규정]

**제1조(목적)** 이 운영규정은 「도시 및 주거환경정비법」 제31조 제1항 및 제34조 제1항에 따라 정비사업조합설립추진위원회(이하 "추진위원회"라 한다)의 구성·기능·조직 및 운영에 관한 사항을 정하여 공정하고 투명한 추진위원회의 운영을 도모하고 원활한 정비사업추진에 이바지함을 목적으로 한다.

**제2조(추진위원회의 설립)** ① 정비사업조합을 설립하고자 하는 경우 위원장 및 감사를 포함한 5인 이상의 위원 및 「도시 및 주거환경정비법」(이하 "법"이라 한다) 제34조 제1항에 따른 운영규정에 대한 토지등소유자(이하 "토지등소유자"라 한다) 과반수의 동의를 얻어 조합설립을 위한 추진위원회를 구성하여 「도시 및 주거환경정비법 시행규칙」이 정하는 방법 및 절차에 따라 시장·군수 또는 자치구의 구청장(이하 "시장·군수등"이라 한다)의 승인을 얻어야 한다.

② 제1항에 따른 추진위원회 구성은 다음 각 호의 기준에 따른다.

1. 위원장 1인과 감사를 둘 것
2. 부위원장을 둘 수 있다.
3. 추진위원의 수는 토지등소유자의 10분의 1 이상으로 하되, 토지등소유자가 50인 이하인 경우에는 추진위원을 5인으로 하며 추진위원이 100인을 초과하는 경우에는 토지등소유자의 10분의 1 범위 안에서 100인 이상으로 할 수 있다.

③ 다음 각 호의 어느 하나에 해당하는 자는 추진위원회 위원이 될 수 없다.

1. 미성년자·피성년후견인 또는 피한정후견인
2. 파산선고를 받고 복권되지 아니한 자
3. 금고 이상의 실형을 선고받고 그 집행이 종료(종료된 것으로 보는 경우를 포함한다)되거나 집행이 면제된 날부터 2년이 경과되지 아니한 자
4. 금고 이상의 형의 집행유예를 받고 그 유예기간 중에 있는 자
5. 법을 위반하여 벌금 100만원 이상의 형을 선고받고 5년이 지나지 아니한 자

④ 제1항의 토지등소유자의 동의는 별표의 ○○정비사업조합설립추진위원회운영규정안(이하 "운영규정안"이라 한다)이 첨부된 「도시 및 주거환경정비법 시행규칙」 별지 제4호서식의 정비사업 조합설립추진위원회 구성동의서에 동의를 받는 방법에 의한다.

⑤ 추진위원회의 구성에 동의한 토지등소유자(이하 "추진위원회 동의자"라 한다)는 법 제35조 제1항부터 제5항까지에 따른 조합의 설립에 동의한 것으로 본다. 다만,

법 제35조에 따른 조합설립인가 신청 전에 시장·군수등 및 추진위원회에 조합설립에 대한 반대의 의사표시를 한 추진위원회 동의자의 경우에는 그러하지 아니하다.

**제3조(운영규정의 작성)** ① 정비사업조합을 설립하고자 하는 경우 추진위원회를 시장·군수등에게 승인 신청하기 전에 운영규정을 작성하여 토지등소유자의 과반수의 동의를 얻어야 한다.

② 제1항의 운영규정은 별표의 운영규정안을 기본으로 하여 다음 각 호의 방법에 따라 작성한다.

1. 제1조·제3조·제4조·제15조 제1항을 확정할 것
2. 제17조 제7항·제19조 제2항·제29조·제33조·제35조 제2항 및 제3항의 규정은 사업특성·지역상황을 고려하여 법에 위배되지 아니하는 범위 안에서 수정 및 보완할 수 있음
3. 사업추진상 필요한 경우 운영규정안에 조·항·호·목 등을 추가할 수 있음

③ 제2항 각 호에 따라 확정·수정·보완 또는 추가하는 사항이 법·관계법령, 이 운영규정 및 관련행정기관의 처분에 위배되는 경우에는 효력을 갖지 아니한다.

④ 운영규정안은 재건축사업을 기본으로 한 것이므로 재개발사업 등을 추진하는 경우에는 일부 표현을 수정할 수 있다.

**제4조(추진위원회의 운영)** ① 추진위원회는 법·관계법령, 제3조의 운영규정 및 관련행정기관의 처분을 준수하여 운영되어야 하며, 그 업무를 추진함에 있어 사업시행구역안의 토지등소유자의 의견을 충분히 수렴하여야 한다.

② 추진위원회는 법 제31조 제1항에 따른 추진위원회 설립승인 후에 위원장 및 감사를 변경하고자 하는 경우 시장·군수등의 승인을 받아야 하며, 그 밖의 경우 시장·군수등에게 신고하여야 한다.

**제5조(해산)** ① 추진위원회는 조합설립인가일까지 업무를 수행할 수 있으며, 조합이 설립되면 모든 업무와 자산을 조합에 인계하고 추진위원회는 해산한다.

② 추진위원회는 자신이 행한 업무를 법 제44조에 따른 총회에 보고하여야 하며, 추진위원회가 행한 업무와 관련된 권리와 의무는 조합이 포괄승계한다.

③ 추진위원회는 조합설립인가 전 추진위원회를 해산하고자 하는 경우 추진위원회 동의자 3분의 2 이상 또는 토지등소유자의 과반수 동의를 받아 시장·군수등에게 신고하여 해산할 수 있다.

**제6조(승계 제한)** 이 운영규정이 정하는 추진위원회 업무범위를 초과하는 업무나 계약, 용역업체의 선정 등은 조합에 승계되지 아니한다.

**제7조(재검토기한)** 국토교통부장관은 「훈령·예규 등의 발령 및 관리에 관한 규정」에 따라 이 고시에 대하여 2018년 7월 1일 기준으로 매3년이 되는 시점(매 3년째의 6월 30일까지를 말한다)마다 그 타당성을 검토하여 개선 등의 조치를 하여야 한다.

부칙 〈제2018-102호, 2018. 2. 9〉
이 운영규정은 2018년 ·2월 9일부터 시행한다.

## [○○정비사업조합설립추진위원회 운영규정]

### 제1장 총 칙

**제1조(명칭)** ① 이 재건축/재개발사업조합설립추진위원회의 명칭은 ○○○ 재건축/재개발사업조합설립추진위원회(이하 "추진위원회"라 한다)라 한다.
② 추진위원회가 시행하는 재건축/재개발사업의 명칭은 ○○○ 재건축/재개발사업(이하 "사업"이라 한다)이라 한다.
**제2조(목적)** 추진위원회는 「도시 및 주거환경정비법」(이하 "법"이라 한다)과 이 운영규정이 정하는 바에 따라 재건축/재개발사업조합(이하 "조합"이라 한다)의 설립인가준비 등 관련 업무를 충실히 수행하여 원활한 사업추진에 이바지함을 목적으로 한다.
**제3조(사업시행구역)** 추진위원회의 사업시행구역은 ○○ (시·도) ○○ (시·군·구) ○○ (읍·면) ○○ (리·동) ○○번지 외 ○○필지(상의 ○○아파트 단지)로서 대지의 총면적은 ○○㎡으로 한다.
**제4조(사무소)** ① 추진위원회의 주된 사무소는 ○○ (시·도) ○○ (시·군·구) ○○ (읍·면) ○○ (리·동) ○○ 번지 ○○호에 둔다.
② 추진위원회의 사무소를 이전하는 경우 사업시행구역 내 법 제2조 제9호 가목 및 나목에 따른 토지등소유자(이하 "토지등소유자"라 한다)에게 통지하여야 한다.
**제5조(추진업무 등)** ① 추진위원회는 다음 각 호의 업무를 수행한다.
1. 설계자의 선정 및 변경
2. 법 제102조에 따른 정비사업전문관리업자(이하 "정비사업전문관리업자"라 한다)의 선정
3. 개략적인 사업시행계획서의 작성
4. 조합의 설립인가를 받기 위한 준비업무
5. 추진위원회 운영규정 작성(다만, 추진위원회 설립승인시 토지등소유자의 과반수의 동의를 얻은 운영규정을 작성하여 시장·군수 또는 자치구의 구청장에게 신고한 경우는 제외한다) 및 변경
6. 조합정관 초안 작성
7. 토지등소유자의 동의서 징구

8. 조합의 설립을 위한 창립총회의 준비 및 개최

9. 그 밖에 법령의 범위 내에서 추진위원회 운영규정이 정하는 사항

② 삭제<2010.9.16>

③ 추진위원회는 주민총회에서 법 제29조에 따른 방법으로 정비사업전문관리업자를 선정하여 제1항 제2호를 제외한 제1항 각 호의 업무를 수행하도록 할 수 있다.

④ 시공자·감정평가업자의 선정 등 조합의 업무에 속하는 부분은 추진위원회의 업무범위에 포함되지 아니한다. 다만, 추진위원회가 조합설립 동의를 위하여 법 제35조 제8항에 따른 추정분담금을 산정하기 위해 필요한 경우 감정평가업자를 선정할 수 있다.

**제6조(운영원칙)** ① 추진위원회는 법, 관계 법령, 이 운영규정 및 관련 행정기관의 처분을 준수하여 운영되어야 하며, 그 업무를 추진함에 있어 사업시행구역 내 토지등소유자의 의견을 충분히 수렴하여야 한다.

② 추진위원회는 법 제31조 제1항에 따른 추진위원회 구성승인 후에 위원장 및 감사를 변경하고자 하는 경우 시장·군수 또는 자치구의 구청장(이하 "시장·군수등"이라 한다)의 승인을 얻어야 하며, 그 밖의 경우 시장·군수등에게 신고하여야 한다.

**제7조(추진위원회 운영기간)** 추진위원회의 운영기간은 추진위원회 승인일부터 법 제34조 제4항에 따라 조합설립인가 후 조합에 회계장부 및 관련서류를 인계하는 날까지로 한다.

**제8조(토지등소유자의 동의)** ① 추진위원회의 업무에 대한 토지등소유자의 동의는 「도시 및 주거환경정비법 시행령」(이하 "영"이라 한다) 제33조에 따른다.

② 법 제36조의 규정은 제1항의 규정에 의한 동의에 관하여 이를 준용한다.

③ 삭제<2018.2.9.>

**제9조(권리·의무에 관한 사항의 공개·통지방법)** ① 추진위원회는 토지등소유자의 권리·의무에 관한 다음 각 호의 사항(변동사항을 포함한다. 이하 같다)을 토지등소유자가 쉽게 접할 수 있는 장소에 게시하거나 인터넷 등을 통하여 공개하고, 필요한 경우에는 토지등소유자에게 서면통지를 하는 등 토지등소유자가 그 내용을 충분히 알 수 있도록 하여야 한다.

1. 안전진단 결과(재건축사업에 한함)

2. 정비사업전문관리업자의 선정에 관한 사항

3. 토지등소유자의 부담액 범위를 포함한 개략적인 사업시행계획서

4. 추진위원회 임원의 선정에 관한 사항

5. 토지등소유자의 비용부담을 수반하거나 권리·의무에 변동을 일으킬 수 있는 사항

6. 영 제26조에 따른 추진위원회의 업무에 관한 사항

7. 창립총회 개최의 방법 및 절차

8. 조합설립에 대한 동의철회(법 제31조 제2항 단서에 따른 반대의 의사표시를 포함한다) 및 방법

9. 영 제30조 제2항에 따른 조합 설립 동의서에 포함되는 사항

10. 삭제 <2018.2.9.>

② 제1항의 공개·통지방법은 이 운영규정에서 따로 정하는 경우를 제외하고는 다음 각 호의 방법에 따른다.

1. 토지등소유자에게 등기우편으로 개별 통지하여야 하며, 등기우편이 주소불명, 수취 거절 등의 사유로 반송되는 경우에는 1회에 한하여 일반우편으로 추가 발송한다.

2. 토지등소유자가 쉽게 접할 수 있는 일정한 장소의 게시판(이하 "게시판"이라 한다)에 14일 이상 공고하고 게시판에 게시한 날부터 3월 이상 추진위원회 사무소에 관련서류와 도면 등을 비치하여 토지등소유자가 열람할 수 있도록 한다.

3. 인터넷 홈페이지가 있는 경우 홈페이지에도 공개하여야 한다. 다만, 특정인의 권리에 관계되거나 외부에 공개하는 것이 곤란한 경우에는 그 요지만을 공개할 수 있다.

4. 제1호의 등기우편이 발송되고 제2호의 게시판에 공고가 있는 날부터 공개·통지된 것으로 본다.

**제10조(운영규정의 변경)** ① 운영규정의 변경은 토지등소유자의 4분의 1 이상 또는 추진위원회의 의결로 발의한다.

② 운영규정이 변경된 경우에는 추진위원회는 시장·군수등에게 이를 신고하여야 한다.

## 제2장 토지등소유자

**제11조(권리·의무의 승계)** 양도·상속·증여 및 판결 등으로 토지등소유자가 된 자는 종전의 토지등소유자가 행하였거나 추진위원회가 종전의 권리자에게 행한 처분 및 권리·의무 등을 포괄 승계한다.

**제12조(토지등소유자의 명부 등)** ① 추진위원회는 토지등소유자의 명부와 추진위원회 구성에 동의한 토지등소유자의 명부(이하 "동의자 명부"라 한다)를 작성하여 관리하여야 한다.

② 추진위원회 구성에 동의하지 아니한 자를 동의자 명부에 기재하기 위하여는 「도시 및 주거환경정비법 시행규칙」 별지 제4호 서식의 추진위원회동의서를 징구하여야 하며, 해당 토지등소유자는 추진위원회 구성에 동의한 토지등소유자가 납부한 운영경비의 동일한 금액과 그 금액의 지연납부에 따른 이자를 납부하여야 한다.

**제13조(토지등소유자의 권리·의무)** ① 토지등소유자는 다음 각 호의 권리와 의무를 갖

는다. 다만, 제3호부터 제5호까지의 규정은 추진위원회 구성에 동의한 자에 한한다.

1. 주민총회의 출석권·발언권 및 의결권
2. 추진위원회 위원(제15조 제1항에 따른 위원을 말한다)의 선임·선출권
3. 추진위원회 위원(제15조 제1항에 따른 위원을 말한다)의 피선임·피선출권
4. 추진위원회 운영경비 및 그 연체료의 납부의무
5. 그 밖에 관계법령 및 이 운영규정, 주민총회 등의 의결사항 준수의무

② 토지등소유자의 권한은 평등하며, 권한의 대리행사는 원칙적으로 인정하지 아니하되, 다음 각 호에 해당하는 경우에는 권한을 대리할 수 있다. 이 경우 토지등소유자의 자격은 변동되지 아니한다.

1. 토지등소유자가 권한을 행사할 수 없어 배우자·직계존비속·형제자매 중에서 성년자를 대리인으로 정하여 위임장을 제출하는 경우
2. 해외거주자가 대리인을 지정한 경우
3. 법인인 토지등소유자가 대리인을 지정한 경우(이 경우 법인의 대리인은 추진위원회의 위원으로 선임될 수 있다.)

③ 토지등소유자가 그 권리를 양도하거나 주소 또는 인감을 변경하였을 경우에는 그 양수자 또는 변경 당사자는 그 행위의 종료일부터 14일 이내에 추진위원회에 그 변경내용을 신고하여야 한다. 이 경우 신고하지 아니하여 발생되는 불이익 등에 대하여 해당 토지등소유자는 추진위원회에 이의를 제기할 수 없다.

④ 토지등소유자로서 추진위원회 구성에 동의한 자는 추진위원회가 사업시행에 필요한 서류를 요구하는 경우 이를 제출할 의무가 있으며 추진위원회의 승낙이 없는 한 이를 회수할 수 없다. 이 경우 추진위원회는 요구서류에 대한 용도와 수량을 명확히 하여야 하며, 추진위원회의 승낙이 없는 한 회수할 수 없다는 것을 미리 고지하여야 한다.

⑤ 소유권을 수인이 공동 소유하는 경우에는 그 수인은 대표자 1인을 대표소유자로 지정하고 별지 서식의 대표소유자선임동의서를 작성하여 추진위원회에 신고하여야 한다. 이 경우 소유자로서의 법률행위는 그 대표소유자가 행한다.

**제14조(토지등소유자 자격의 상실)** 토지등소유자가 주택 또는 토지의 소유권을 이전하였을 때에는 그 자격을 즉시 상실한다.

## 제3장 위원

**제15조(위원의 선임 및 변경)** ① 추진위원회의 위원은 다음 각 호의 범위 이내로 둘 수 있으며, 상근하는 위원을 두는 경우 추진위원회의 의결을 거쳐야 한다.

1. 위원장

2. 부위원장

3. 감사 _인

4. 추진위원 _인

② 위원은 추진위원회 설립에 동의한 자 중에서 선출하되, 위원장·부위원장 및 감사는 다음 각 호의 어느 하나에 해당하는 자이어야 한다.

1. 피선출일 현재 사업시행구역 안에서 3년 이내에 1년 이상 거주하고 있는 자(다만, 거주의 목적이 아닌 상가 등의 건축물에서 영업 등을 하고 있는 경우 영업 등은 거주로 본다)

2. 피선출일 현재 사업시행구역 안에서 5년 이상 토지 또는 건축물(재건축사업의 경우 토지 및 건축물을 말한다)을 소유한 자

③ 위원의 임기는 선임된 날부터 2년까지로 하되, 추진위원회에서 재적위원(추진위원회의 위원이 임기 중 궐위되어 위원 수가 이 운영규정 본문 제2조제2항에서 정한 최소 위원의 수에 미달되게 된 경우 재적위원의 수는 이 운영규정 본문 제2조제2항에서 정한 최소 위원의 수로 본다. 이하 같다) 과반수의 출석과 출석위원 3분의 2 이상의 찬성으로 연임할 수 있으나, 위원장·감사의 연임은 주민총회의 의결에 의한다.

④ 임기가 만료된 위원은 그 후임자가 선임될 때까지 그 직무를 수행하고, 추진위원회에서는 임기가 만료된 위원의 후임자를 임기만료 전 2개월 이내에 선임하여야 하며 위 기한 내 추진위원회에서 후임자를 선임하지 않을 경우 토지등소유자 5분의 1 이상이 시장·군수등의 승인을 얻어 주민총회를 소집하여 위원을 선임할 수 있으며, 이 경우 제20조 제5항 및 제6항, 제24조 제2항을 준용한다.

⑤ 위원이 임기 중 궐위된 경우에는 추진위원회에서 재적위원 과반수 출석과 출석위원 3분의 2 이상의 찬성으로 이를 보궐선임할 수 있으나, 위원장·감사의 보궐선임은 주민총회의 의결에 의한다. 이 경우 보궐선임된 위원의 임기는 전임자의 잔임기간으로 한다.

⑥ 추진위원의 선임방법은 추진위원회에서 정하되, 동별·가구별 세대수 및 시설의 종류를 고려하여야 한다.

**제16조(위원의 결격사유 및 자격상실 등)** ① 다음 각 호의 어느 하나에 해당하는 자는 위원이 될 수 없다.

1. 미성년자·피성년후견인 또는 피한정후견인

2. 파산선고를 받고 복권되지 아니한 자

3. 금고 이상의 실형의 선고를 받고 그 집행이 종료(종료된 것으로 보는 경우를 포함한다)되거나 집행이 면제된 날부터 2년이 경과되지 아니한 자

4. 금고 이상의 형의 집행유예를 받고 그 유예기간 중에 있는 자

5. 법 또는 관련 법률에 의한 징계에 의하여 면직의 처분을 받은 날부터 2년이 경과

되지 아니한 자

6. 법을 위반하여 벌금 100만원 이상의 형을 확정판결 받은 날로부터 5년이 지나지 아니한 자

② 위원이 제1항 각 호의 어느 하나에 해당하게 되거나 선임 당시 그에 해당하는 자이었음이 판명되거나, 위원장·부위원장 및 감사가 선임 당시에 제15조 제2항 각 호의 어느 하나에 해당하지 않은 것으로 판명된 경우 당연 퇴임한다.

③ 제2항에 따라 퇴직된 위원이 퇴직 전에 관여한 행위는 그 효력을 잃지 아니한다.

④ 위원으로 선임된 후 그 직무와 관련한 형사사건으로 기소된 경우에는 기소내용에 따라 확정판결이 있을 때까지 제18조의 절차에 따라 그 자격을 정지할 수 있고, 위원이 그 사건으로 받은 확정판결내용이 법 제135조부터 제138조까지의 벌칙규정에 따른 벌금형에 해당하는 경우에는 추진위원회에서 신임여부를 의결하여 자격상실여부를 결정한다.

**제17조(위원의 직무 등)** ① 위원장은 추진위원회를 대표하고 추진위원회의 사무를 총괄하며 주민총회 및 추진위원회의 의장이 된다.

② 감사는 추진위원회의 사무 및 재산상태와 회계에 관하여 감사하며, 주민총회 및 추진위원회에 감사결과보고서를 제출하여야 하고 토지등소유자 5분의 1 이상의 요청이 있을 때에는 공인회계사에게 회계감사를 의뢰하여야 한다.

③ 감사는 추진위원회의 재산관리 또는 업무집행이 공정하지 못하거나 부정이 있음을 발견하였을 때에는 추진위원회에 보고하기 위하여 위원장에게 추진위원회 소집을 요구하여야 한다. 이 경우 감사의 요구에도 불구하고 위원장이 회의를 소집하지 아니하는 경우에는 감사가 직접 추진위원회를 소집할 수 있다.

④ 감사는 제3항 직무위배행위로 인해 감사가 필요한 경우 추진위원 또는 외부전문가로 구성된 감사위원회를 구성할 수 있다. 이 경우 감사는 감사위원회의 의장이 된다.

⑤ 부위원장·추진위원은 위원장을 보좌하고, 추진위원회에 부의된 사항을 심의·의결한다.

⑥ 다음 각 호의 경우 해당 안건에 관하여는 부위원장, 추진위원 중 연장자 순으로 추진위원회를 대표한다.

1. 위원장이 자기를 위한 추진위원회와의 계약이나 소송에 관련되었을 경우

2. 위원장의 유고로 인하여 그 직무를 수행할 수 없을 경우

3. 위원장의 해임에 관한 사항

⑦ 추진위원회는 그 사무를 집행하기 위하여 필요하다고 인정되는 때에는 추진위원회 사무국을 둘 수 있으며, 사무국에 상근하는 유급직원을 둘 수 있다. 이 경우 사무국의 운영규정을 따로 정하여 주민총회의 인준을 받아야 한다.

⑧ 위원은 동일한 목적의 사업을 시행하는 다른 조합·추진위원회 또는 정비사업전문관리업자 등 관련단체의 임원·위원 또는 직원을 겸할 수 없다.

**제18조(위원의 해임 등)** ① 위원이 직무유기 및 태만 또는 관계법령 및 이 운영규정에 위반하여 토지등소유자에게 부당한 손실을 초래한 경우에는 해임할 수 있다.

② 제16조 제2항에 따라 당연 퇴임한 위원은 해임 절차 없이 선고받은 날부터 그 자격을 상실한다.

③ 위원이 자의로 사임하거나 제1항에 따라 해임되는 경우에는 지체없이 새로운 위원을 선출하여야 한다. 이 경우 새로 선임된 위원의 자격은 위원장 및 감사의 경우 시장·군수등의 승인이 있은 후에, 그 밖의 위원의 경우 시장·군수등에게 변경신고를 한 후에 대외적으로 효력이 발생한다.

④ 위원의 해임·교체는 토지등소유자의 해임요구가 있는 경우에 재적위원 3분의 1 이상의 동의로 소집된 추진위원회에서 위원정수(운영규정 제15조에 따라 확정된 위원의 수를 말한다. 이하 같다)의 과반수 출석과 출석위원 3분의 2 이상의 찬성으로 해임하거나, 토지등소유자 10분의 1 이상의 발의로 소집된 주민총회에서 토지등소유자의 과반수 출석과 출석 토지등소유자의 과반수 찬성으로 해임할 수 있다. 다만, 위원 전원을 해임할 경우 토지등소유자의 과반수의 찬성으로 해임할 수 있다.

⑤ 제4항에 따라 해임대상이 된 위원은 해당 추진위원회 또는 주민총회에 참석하여 소명할 수 있으나 위원정수에서 제외하며, 발의자 대표의 임시사회로 선출된 자는 해임총회의 소집 및 진행에 있어 추진위원장의 권한을 대행한다.

⑥ 사임 또는 해임절차가 진행 중인 위원이 새로운 위원이 선출되어 취임할 때까지 직무를 수행하는 것이 적합하지 아니하다고 인정될 때에는 추진위원회 의결에 따라 그의 직무수행을 정지하고 위원장이 위원의 직무를 수행할 자를 임시로 선임할 수 있다. 다만, 위원장이 사임하거나 해임되는 경우에는 제17조 제6항에 따른다.

**제19조(보수 등)** ① 추진위원회는 상근하지 아니하는 위원 등에 대하여는 보수를 지급하지 아니한다. 다만, 위원의 직무수행으로 발생되는 경비는 지급할 수 있다.

② 추진위원회는 상근위원 및 유급직원에 대하여 별도의 보수규정을 따로 정하여 보수를 지급하여야 한다. 이 경우 보수규정은 주민총회의 인준을 받아야 한다.


## 제4장 기관

**제20조(주민총회)** ① 토지등소유자 전원으로 주민총회를 구성한다.

② 주민총회는 위원장이 필요하다고 인정하는 경우에 개최한다. 다만, 다음 각 호의 어느 하나에 해당하는 때에는 위원장은 해당 일부터 2월 이내에 주민총회를 개최하여야 한다.

1. 토지등소유자 5분의 1 이상이 주민총회의 목적사항을 제시하여 청구하는 때
2. 추진위원 3분의 2 이상으로부터 개최요구가 있는 때
③ 제2항 각 호에 따른 청구 또는 요구가 있는 경우로서 위원장이 2개월 이내에 정당한 이유 없이 주민총회를 소집하지 아니하는 때에는 감사가 지체 없이 주민총회를 소집하여야 하며, 감사가 소집하지 아니하는 때에는 제2항 각 호에 따라 소집을 청구한 자의 대표가 시장·군수등의 승인을 얻어 이를 소집한다.
④ 주민총회를 개최하거나 일시를 변경하는 경우에는 주민총회의 목적·안건·일시·장소·변경사유 등에 관하여 미리 추진위원회의 의결을 거쳐야 한다. 다만, 제2항 각 호에 따라 주민총회를 소집하는 경우에는 그러하지 아니하다.
⑤ 제2항 및 제3항의 규정에 의하여 주민총회를 소집하는 경우에는 회의개최 14일 전부터 회의목적·안건·일시 및 장소 등을 게시판에 게시하여야 하며, 토지등소유자에게는 회의개최 10일 전까지 등기우편으로 이를 발송·통지하여야 한다. 이 경우 등기우편이 반송된 경우에는 지체없이 1회에 한하여 추가 발송한다.
⑥ 주민총회는 제5항에 따라 통지한 안건에 대하여만 의결할 수 있다.
**제21조(주민총회의 의결사항)** 다음 각 호의 사항은 주민총회의 의결을 거쳐 결정한다.
1. 추진위원회 승인 이후 위원장·감사의 선임·변경·보궐선임·연임
2. 운영규정의 변경
3. 정비사업전문관리업자 및 설계자의 선정 및 변경
4. 삭제<2010.9.16>
5. 제30조에 따른 개략적인 사업시행계획서의 변경
6. 제31조 제5항에 따른 감사인의 선정
7. 조합설립추진과 관련하여 추진위원회에서 주민총회의 의결이 필요하다고 결정하는 사항
**제22조(주민총회의 의결방법)** ① 주민총회는 법 및 이 운영규정이 특별히 정한 경우를 제외하고 추진위원회 구성에 동의한 토지등소유자 과반수 출석으로 개의하고 출석한 토지등소유자(동의하지 않은 토지등소유자를 포함한다)의 과반수 찬성으로 의결한다.
② 토지등소유자는 서면 또는 제13조 제2항 각 호에 해당하는 대리인을 통하여 의결권을 행사할 수 있다. 이 경우 서면에 의한 의결권 행사는 제1항에 따른 출석으로 본다.
③ 토지등소유자는 규정에 의하여 출석을 서면으로 하는 때에는 안건내용에 대한 의사를 표시하여 주민총회 전일까지 추진위원회에 도착되도록 하여야 한다.
④ 토지등소유자는 제2항에 따라 출석을 대리인으로 하고자 하는 경우에는 위임장 및 대리인 관계를 증명하는 서류를 추진위원회에 제출하여야 한다.

⑤ 주민총회 소집결과 정족수에 미달되는 때에는 재소집하여야 하며, 재소집의 경우에도 정족수에 미달되는 때에는 추진위원회 회의로 주민총회를 갈음할 수 있다.

제23조(주민총회운영 등) ① 주민총회의 운영은 이 운영규정 및 의사진행의 일반적인 규칙에 따른다.

② 의장은 주민총회의 안건내용 등을 고려하여 다음 각 호에 해당하는 자 중 토지등소유자가 아닌 자를 주민총회에 참석하여 발언하도록 할 수 있다.

1. 추진위원회 사무국 직원

2. 정비사업전문관리업자, 건축사 사무소 등 용역업체 관계자

3. 그 밖에 위원장이 주민총회운영을 위하여 필요하다고 인정하는 자

③ 의장은 주민총회의 질서를 유지하고 의사를 정리하며, 고의로 의사진행을 방해하는 발언·행동 등으로 주민총회질서를 문란하게 하는 자에 대하여 그 발언의 정지·제한 또는 퇴장을 명할 수 있다.

④ 추진위원회는 주민총회의 의사규칙을 정하여 운영할 수 있다

제24조(추진위원회의 개최) ① 추진위원회는 위원장이 필요하다고 인정하는 때에 소집한다. 다만, 다음 각 호의 어느 하나에 해당하는 때에는 위원장은 해당 일부터 14일 이내에 추진위원회를 소집하여야 한다.

1. 토지등소유자의 10분의 1 이상이 추진위원회의 목적사항을 제시하여 소집을 청구하는 때

2. 재적 추진위원 3분의 1 이상이 회의의 목적사항을 제시하여 청구하는 때

② 제1항 각 호의 어느 하나에 따른 소집청구가 있는 경우로서 위원장이 14일 이내에 정당한 이유 없이 추진위원회를 소집하지 아니한 때에는 감사가 지체 없이 이를 소집하여야 하며 이 경우 의장은 제17조 제6항에 따른다. 감사가 소집하지 아니하는 때에는 소집을 청구한 자의 공동명의로 소집하며 이 경우 의장은 발의자 대표의 임시사회로 선출된 자가 그 의장이 된다.

③ 추진위원회의 소집은 회의개최 7일 전까지 회의목적·안건·일시 및 장소를 기재한 통지서를 추진위원회의 위원에게 송부하고, 게시판에 게시하여야 한다. 다만, 사업추진상 시급히 추진위원회의 의결을 요하는 사안이 발생하는 경우에는 회의 개최 3일 전에 이를 통지하고 추진위원회 회의에서 안건상정여부를 묻고 의결할 수 있다. 이 경우 출석위원 3분의 2 이상의 찬성으로 의결할 수 있다.

제25조(추진위원회의 의결사항) ① 추진위원회는 이 운영규정에서 따로 정하는 사항과 다음 각 호의 사항을 의결한다.

1. 위원(위원장·감사를 제외한다)의 보궐선임

2. 예산 및 결산의 승인에 관한 방법

3. 주민총회 부의안건의 사전심의 및 주민총회로부터 위임받은 사항

4. 주민총회 의결로 정한 예산의 범위 내에서의 용역계약 등

5. 그 밖에 추진위원회 운영을 위하여 필요한 사항

② 추진위원회는 제24조 제3항에 따라 통지한 사항에 관하여만 의결할 수 있다.

③ 위원은 자신과 관련된 해임·계약 및 소송 등에 대하여 의결권을 행사할 수 없다.

**제26조(추진위원회의 의결방법)** ① 추진위원회는 이 운영규정에서 특별히 정한 경우를 제외하고는 재적위원 과반수 출석으로 개의하고 출석위원 과반수의 찬성으로 의결한다. 다만, 제22조 제5항에 따라 주민총회의 의결을 대신하는 의결사항은 재적위원 3분의 2 이상의 출석과 출석위원 3분의 2 이상의 찬성으로 의결한다.

② 위원은 대리인을 통한 출석을 할 수 없다. 다만, 위원은 서면으로 추진위원회 회의에 출석하거나 의결권을 행사할 수 있으며, 이 경우 제1항에 따른 출석으로 본다.

③ 감사는 재적위원에는 포함하되 의결권을 행사할 수 없다.

④ 제23조의 규정은 추진위원회 회의에 준용할 수 있다.

**제27조(의사록의 작성 및 관리)** ① 주민총회 및 추진위원회의 의사록에는 위원장·부위원장 및 감사가 기명날인하여야 한다.

② 위원의 선임과 관련된 의사록을 관할 시장·군수등에게 송부하고자 할 때에는 위원의 명부와 그 피선자격을 증명하는 서류를 첨부하여야 한다.

## 제5장 사업시행 등

**제28조 삭제**〈2010.9.16〉

**제29조(용역업체의 선정 및 계약)** 용역업체의 선정은 법 제29조에 따른다.

**제30조(개략적인 사업시행계획서의 작성)** 추진위원회는 다음 각 호의 사항을 포함하여 개략적인 사업시행계획서를 작성하여야 한다.

1. 용적률·건폐율 등 건축계획

2. 건설예정 세대수 등 주택건설계획

3. 철거 및 신축비 등 공사비와 부대경비

4. 사업비의 분담에 관한 사항

5. 사업완료 후 소유권의 귀속에 관한 사항

## 제6장 회계

**제31조(추진위원회의 회계)** ① 추진위원회의 회계는 매년 1월 1일(설립승인을 받은 당해연도의 경우에는 승인일부터 12월 31일까지로 한다.

② 추진위원회의 예산·회계는 기업회계원칙에 따르되, 추진위원회는 필요하다고

인정하는 때에는 다음 각 호의 사항에 관하여 별도의 회계규정을 정하여 운영할 수 있다.

1. 예산의 편성과 집행기준에 관한 사항
2. 세입·세출예산서 및 결산보고서의 작성에 관한 사항
3. 수입의 관리·징수방법 및 수납기관 등에 관한 사항
4. 지출의 관리 및 지급 등에 관한 사항
5. 계약 및 채무관리에 관한 사항
6. 그 밖에 회계문서와 장부에 관한 사항

③ 추진위원회는 추진위원회의 지출내역서를 매분기별로 게시판에 게시하거나 인터넷 등을 통하여 공개하고, 토지등소유자가 열람할 수 있도록 하여야 한다.

④ 추진위원회는 매 회계연도 종료일부터 30일 내 결산보고서를 작성한 후 감사의 의견서를 첨부하여 추진위원회에 제출하여 의결을 거쳐야 하며, 추진위원회 의결을 거친 결산보고서를 주민총회 또는 토지등소유자에게 서면으로 보고하고 추진위원회 사무소에 3월 이상 비치하여 토지등소유자들이 열람할 수 있도록 하여야 한다.

⑤ 추진위원회는 납부 또는 지출된 금액의 총액이 3억 5천만원 이상인 경우에는 「주식회사 등의 외부감사에 관한 법률」 제2조 제7호에 따른 감사인의 회계감사를 받는다. 제36조에 따라 중도 해산하는 경우에도 또한 같다.

⑥ 추진위원회는 제5항 따라 실시한 회계감사 결과를 회계감사 종료일부터 15일 이내 시장·군수등에게 보고하고, 추진위원회 사무소에 이를 비치하여 토지등소유자가 열람할 수 있도록 하여야 한다.

⑦ 추진위원회는 사업시행상 조력을 얻기 위하여 용역업자와 계약을 체결하고자 하는 경우에는 「국가를 당사자로 하는 계약에 관한 법률」을 적용할 수 있다.

**제32조(재원)** 추진위원회의 운영 및 사업시행을 위한 자금은 다음 각 호에 따라 조달한다.

1. 토지등소유자가 납부하는 경비
2. 금융기관 및 정비사업전문관리업자 등으로부터의 차입금
3. 지방자치단체의 장이 융자하는 융자금

**제33조(운영경비의 부과 및 징수)** ① 추진위원회는 조합설립을 추진하기 위한 비용을 충당하기 위하여 토지등소유자에게 운영경비를 부과·징수할 수 있다.

② 제1항에 따른 운영경비는 추진위원회의 의결을 거쳐 부과할 수 있으며, 토지등소유자의 토지 및 건축물 등의 위치·면적·이용상황·환경 등 제반여건을 종합적으로 고려하여 공평하게 부과하여야 한다.

③ 추진위원회는 납부기한 내 운영경비를 납부하지 아니한 토지등소유자(추진위원회 구성에 찬성한 자에 한한다)에 대하여는 금융기관에서 적용하는 연체금리의 범

위에서 연체료를 부과할 수 있다.

## 제7장 보칙

**제34조(조합설립 동의서)** ① 추진위원회가 법 제35조 제2항부터 제4항까지의 규정에 따라 조합설립을 위한 토지등소유자의 동의를 받는 경우「도시 및 주거환경정비법 시행규칙」별지 제6호서식의 조합설립동의서에 동의를 받아야 한다. 이 경우 다음 각 호의 사항에 동의한 것으로 본다.
1. 건설되는 건축물의 설계의 개요
2. 공사비 등 정비사업에 드는 비용
3. 제2호의 비용의 분담에 관한 기준(제1호의 설계개요가 변경되는 경우 비용의 분담기준을 포함한다)
4. 사업완료 후 소유권의 귀속에 관한 사항
5. 조합정관
② 추진위원회는 조합설립에 필요한 동의를 받기 전에 다음 각 호의 정보를 토지등소유자에게 제공하여야 한다.
1. 토지등소유자별 분담금 추산액 및 산출근거
2. 그 밖에 추정분담금의 산출등과 관련하여 시·도조례로 정하는 정보

**제35조(관련자료의 공개와 보존)** ① 추진위원장은 정비사업 시행에 관하여 다음 각 호(제1호부터 제9호까지를 말한다)의 서류 및 관련 자료가 작성되거나 변경된 후 15일 이내에 토지등소유자가 알 수 있도록 인터넷(인터넷에 공개하기 어려운 사항은 그 개략적인 내용만 공개할 수 있다)과 그 밖의 방법을 병행하여 토지등소유자의 주민등록번호를 제외하고 공개하여야 하며, 토지등소유자의 열람·복사 요청이 있는 경우 15일 이내에 그 요청에 따라야 한다. 이 경우 복사에 필요한 비용은 실비의 범위 안에서 청구인의 부담으로 한다.
1. 추진위원회 운영규정 등
2. 정비사업전문관리업자 및 설계자 등 용역업체의 선정계약서
3. 추진위원회·주민총회 의사록
4. 사업시행계획서
5. 해당 정비사업의 시행에 관한 공문서
6. 회계감사보고서
7. 월별 자금 입금·출금 세부내역
8. 연간 자금운용 계획에 관한 사항
9. 정비사업전문관리업자·설계자 등 용역업체와의 세부 계약 변경에 관한 사항

10. 토지등소유자 명부

② 추진위원회 또는 정비사업전문관리업자는 주민총회 또는 추진위원회가 있은 때에는 제1항에 따른 서류 및 관련 자료와 속기록·녹음 또는 영상자료를 만들어 이를 조합설립 인가일부터 30일 이내에 조합에 인계하여야 하고, 중도해산의 경우 청산업무가 종료할 때까지 이를 보관하여야 한다.

③ 토지등소유자가 제1항 각 호의 사항을 열람·복사하고자 하는 때에는 서면으로 요청하여야 하며, 청구인은 제공받은 서류와 자료를 사용목적 외의 용도로 이용·활용하여서는 아니된다.

④ 추진위원회는 제1항에 따라 공개의 대상이 되는 서류 및 관련 자료의 경우 매 분기가 끝나는 달의 다음 달 15일까지 다음 각 호의 사항을 토지등소유자에게 서면으로 통지하여야 한다.

1. 공개 대상의 목록
2. 공개 자료의 개략적인 내용
3. 공개 장소
4. 대상자별 정보공개의 범위
5. 열람·복사 방법
6. 등사에 필요한 비용

**제36조(승계)** ① 추진위원회는 조합설립인가일까지 업무를 수행할 수 있으며, 조합이 설립되면 모든 업무와 자산을 조합에 인계하고 해산한다.

② 추진위원회는 자신이 행한 업무를 조합의 총회에 보고하여야 하며, 추진위원회가 그 업무범위 내에서 행한 업무와 관련된 권리와 의무는 조합이 포괄승계한다.

**제37조(민법의 준용 등)** ① 추진위원회에 관하여는 법에 규정된 것을 제외하고는 민법의 규정 중 사단법인에 관한 규정을 준용한다.

② 법·민법 기타 다른 법률과 이 운영규정에서 정하는 사항 외에 추진위원회 운영과 사업시행 등에 관하여 필요한 사항은 관계법령 및 관련 행정기관의 지침·지시 또는 유권해석 등에 따른다.

③ 이 운영규정이 법령의 개정으로 변경되어야 할 경우 운영규정의 개정절차에 관계없이 변경되는 것으로 본다. 다만, 관계법령의 내용이 임의규정인 경우에는 그러하지 아니하다.

**부 칙**

이 운영규정은 ○○시장·군수·구청장으로부터 ○○주택재건축/주택재개발/도시환경정비사업조합설립추진위원회로 승인을 받은 날부터 시행한다.[1]

---

1) 별지 '대표소유자 선임동의서'는 생략한다.

# 찾아보기

## 저자약력

[약력]
변호사/원가분석사
배재고등학교
고려대학교
대법원 양형위원회 전문위원
서울고등법원 조정위원
대한상사중재원 중재인
서울고등검찰청 영장심의위원회 위원
현 법무법인(유한) 태평양 구성원 변호사


[저서]
주석 국가계약법(공저)
국토계획법의 제문제(공저)
온주 주택법(대표집필)

## 도시정비법의 주요쟁점

| | |
|---|---|
| 초판발행 | 2021년 9월 10일 |
| 중판발행 | 2022년 1월 15일 |
| 지은이 | 범현 |
| 펴낸이 | 안종만·안상준 |
| 편 집 | 심성보 |
| 기획/마케팅 | 조성호 |
| 표지디자인 | 벤스토리 |
| 제 작 | 우인도·고철민·조영환 |
| 펴낸곳 | (주) 박영사 |
| | 서울특별시 금천구 가산디지털2로 53, 210호(가산동, 한라시그마밸리) |
| | 등록 1959. 3. 11. 제300-1959-1호(倫) |
| 전 화 | 02)733-6771 |
| f a x | 02)736-4818 |
| e-mail | pys@pybook.co.kr |
| homepage | www.pybook.co.kr |
| I S B N | 979-11-303-4000-5 93360 |

copyright©범현, 2021, Printed in Korea

정 가    24,000원